本书系法治建设与法学理论研究部级科研项目成果

外国申诉专员法律选编

林莉红　陈菲　主编

WUHAN UNIVERSITY PRESS
武汉大学出版社

图书在版编目(CIP)数据

外国申诉专员法律选编/林莉红,陈菲主编.—武汉:武汉大学出版社,2016.12
ISBN 978-7-307-18544-9

Ⅰ.外… Ⅱ.①林… ②陈… Ⅲ.申诉—法规—汇编—世界
Ⅳ.D912.109

中国版本图书馆 CIP 数据核字(2016)第 193632 号

责任编辑:钱 静　　责任校对:汪欣怡　　版式设计:马 佳

出版发行:**武汉大学出版社**　(430072 武昌 珞珈山)
(电子邮件:cbs22@whu.edu.cn 网址:www.wdp.com.cn)
印刷:虎彩印艺股份有限公司
开本:720×1000 1/16　印张:31　字数:447 千字　插页:1
版次:2016 年 12 月第 1 版　2016 年 12 月第 1 次印刷
ISBN 978-7-307-18544-9　定价:68.00 元

编 译 说 明

为了配合我们所承担的司法部“失当行政行为救济研究”课题的开展，我们组织翻译了部分国家及地区申诉专员法律，作为项目的阶段性研究成果。不同国家及地区和条文由主编与各位译者共同选定，全部译稿最后由两位主编审校。选取的条文希望能够涵盖当今主要国家申诉专员制度的状况。原文基本来自各个国家申诉专员的官方网站。

由于这个项目持续时间长，参与翻译的人员众多，翻译水准参差不齐，故错误和缺漏在所难免，在此请各位读者不吝指正。

林莉红

2016 年 7 月 8 日

目　录

挪威议会行政监察专员法[①]

史艳丽　译

【翻译说明】

挪威议会行政监察专员制度由《挪威王国宪法》第75条创设。《挪威王国宪法》于1814年5月17日通过，后经多次修订，最新修订于2007年2月20日。该《宪法》第75条第（1）项规定由议会委任监察专员。挪威设有多种议会监察专员，除了行政监察专员外，还有国防监察专员、征兵监察专员、消费者事务监察专员、性别平等监察专员、儿童监察专员等。与其他针对特定处理对象的监察专员相比，行政监察专员处理的投诉涉及行政活动的各个领域②，因此又称普通监察专员。挪威议会行政监察专员的具体内容由《挪威议会行政监察专员法》和《对议会行政监察专员的指令》两部法律进行了详细规定。《挪威议会行政监察专员法》由挪威议会制定，并多次修改。《对议会行政监察专员的指令》由挪威

---

① 中国政法大学外语系范燕萍老师翻译了1996年3月15日修订的《挪威议会行政监察专员法》，并发表在《行政法学研究》1999年第1期。本次翻译以2004年1月16日的修订版为蓝本。此次翻译时对前文多有借鉴，在此笔者郑重地对范燕萍老师表示感谢！

② 行政监察专员的工作部门根据投诉所涉及的类型进行具体的分工，各负其责：第一部门负责税务方面的投诉处理工作，第二部门主要负责有关警察、监狱、医院以及外国人的投诉，第三部门负责儿童福利、住房补助、学校教育、社会福利等方面，第四部门负责建筑规划、农牧渔猎、环境污染、自然灾害救助等方面，第五部门则负责信息自由、政府雇员的任命与解职、工业许可、航空海运、行政登记等方面。参见吴天昊：《挪威议会行政监察专员与人权保护》，载《人权》2008年第6期。

议会根据《挪威议会行政监察专员法》第2条的内容所制定。这两部法律在全国范围内适用。

【法源一】

挪威王国宪法

（节选）

由制宪大会于1814年5月17日在埃茨沃尔制定

（其后历经多次修订，最新修订于2007年2月20日）

第七十五条

议会的权力：

（1）委任1人（非议会成员），以法定方式监督行政机关及其工作人员，确保公民不受非公正对待。

……

【法源二】

挪威议会行政监察专员法

（由挪威议会制定于1962年6月22日，后依次修订于1968年3月22日、1980年2月8日、1980年12月19日、1991年9月6日、1993年6月11日、1996年3月15日、2000年7月28日、2002年6月14日、2004年1月16日）

第一条　监察专员的选举

每次大选后的议会将选出1名公共行政监察专员，也称普通监察专员（以下简称监察专员）。选举从大选后第二年的1月1日起，每4年举行一次。

监察专员必须符合最高法院大法官的任职条件，并且不能是议会的成员。

如果监察专员因死亡或者其他原因不能履行职责，议会应选出新的监察专员，接任其剩余任期。这同样适用于监察专员辞职或者经议会 2/3 以上多数表决免去其职务的情形。

如果监察专员因患病或者其他原因暂时不能履行职责，议会应当选出 1 人在专员离职期间代为履行职责。如果离职时间不到 3 个月，监察专员可授权部门首长代理其职务。

如果议会主席团认为监察专员没有能力处理某一特定事项，它将选出 1 名代理监察专员来处理该事宜。

第二条　指令

议会有权对监察专员行使职务作出一般性指令。除此之外，监察专员独立于议会，自主地履行职责。

第三条　目的

监察专员的任务是，作为议会的代表以本法和议会指令规定的方式，努力确保行政机关秉公行事并尊重公民的人权。

第四条　权力范围

监察专员有权监察所有行政机关及在行政机关从事公务的人员。以下事项除外：

1. 议会或下院已经表明立场的事项；
2. 在国务委员会上经国王批准的决定；
3. 法院的职权；
4. 审计总长的活动；
5. 议会规定的由国防监察专员和征兵监察专员处理的事项；
6. 法律规定只可由市议会或郡议会通过的决定，除非这项决定是市政委员会、郡政委员会、常务委员会、市政执行委员会、郡政执行委员会根据 1992 年 9 月 25 日第 107 号法案第十三条关于市郡政府的规定作出的。如调查事项涉及本项所指的决定，监察专员可以依据法治原则或其他特殊原因自主决定是否进行调查。

议会可以在给监察专员的指令中规定以下内容：

1. 某一特定的公共机构或企业是否应当被视为公共行政或根据本法规定作为国家、市、郡的一部分；
2. 行政机关或公共机构的部分活动不属于监察专员的权力范围。

第五条　工作基础

监察专员可以根据投诉处理问题，也可以主动开展调查。

第六条　投诉的详细规定及时限

任何认为自己遭受行政机关不公正对待的人均可向监察专员投诉。

任何被剥夺了人身自由的人均有权使用密封信件向监察专员投诉。

投诉应注明投诉人的姓名，并且要在行政行为或事件发生或中止之日起1年内提出。如果投诉人已经向上一级行政机关提出投诉，那么时限从该机关作出决定之日起计算。

监察专员应决定是否有充分的根据去处理投诉。

第七条　获取信息的权力

为履行职责，监察专员有权要求行政官员和其他在行政机关工作的人员提供所需信息，包括会议备忘/会议记录和其他文件。

监察专员获取信息的权力可比照适用《民事争议法》第二百零四条至第二百零九条的规定。

监察专员有权要求法院依照《法院法》第四十三条第二款有关法院审判行为的规定提供证据。

法庭听证不得向公众开放。

第八条　进入行政机关办公场所的权力

监察专员有权进入其权力范围涉及的任何行政机关和企业的工作场所、办公室和其他处所。

第九条　查询文件和保密宣誓

监察专员的涉案文件是公开的。对于文件是否全部或部分免除公众查阅，监察专员有最终决定权。包括监察专员免除公众查阅文件在内的所有权力由《对议会行政监察专员的指令》作出进一步规定。

监察专员对于在履行职责过程中获取的个人信息负有保密义务。保密义务同样适用于经营信息和商业秘密。该义务在监察专员离职后仍然有效，其工作人员也负有同样的保密义务。

第十条　投诉案件的终止

监察专员有权对其权力范围内的案件发表观点。

监察专员有权指出行政机关的错误和过失。在针对特定官员的案件中，如果有充足的理由，监察专员可以告知检察机关或者人事任命机关对该官员采取适当的措施。如果监察专员断定被投诉的行政决定无效或者明显不合理，或者与良好的行政管理明显冲突，他可以表达出这个观点。如果有理由相信案件的重要情节存有疑点，监察专员有权提请有关行政机关注意。

对可能涉及赔偿的案件，监察专员可在适当的情况下向行政机关提出赔偿建议。

错误已经纠正或者解释已经作出后，监察专员应当结案。

监察专员应将案件的处理结果告知投诉人、其他涉案人员、涉案行政机关的上级机关。

监察专员有权决定是否将案件处理结果公之于众以及采取何种方式公之于众。

第十一条　告知法律和行政管理的缺陷

如果发现法律、行政法规或者行政管理中存在缺陷，监察专员应将该情况通知有关部门。

第十二条　向议会报告

监察专员应向议会提交年度工作报告。该报告应印刷出版。

如果存在具有重要影响或重大范围的过失或错误，那么监察专员应向议会和相关行政机关提交专门的报告。

第十三条　薪酬、退休金和兼职

监察专员的薪酬和退休金由议会决定。依据本法第一条第四款第一句的规定被任命行使监察专员职责的人，其酬劳同样由议会决定。依据第一条第四款第二句的规定被任命的人，其酬劳由议会主席团决定。

未经议会或议会授权的人批准，监察专员不得任职于任何公共机构或者私人机构。

第十四条　工作人员

监察专员公署的工作人员由议会主席团根据监察专员的提名任

命，或者由议会主席团依据任命委员会提出的意见作出决定。监察专员有权任命6个月内的临时工作人员。

议会主席团应就任命的程序和任命委员会的组成制定详细的规则。监察专员公署工作人员的工资应与议会工作人员的工资水平保持一致。

第十五条　生效

本法于1962年10月1日生效。

【法源三】

对议会行政监察专员的指令

（由挪威议会根据《挪威议会行政监察专员法》① 第二条规定于1980年2月19日制定，依据修订进行更新，最新修订于2003年12月2日）

第一条　目的（关于专员法第一条）

议会公共行政监察专员，也称普通监察专员（以下简称监察专员）应尽力确保行政机关秉公行事，努力使公务人员和比照本指令第二条第一句规定的其他行政机关从事公务的人依法行事、恪尽职守。

第二条　权力范围（关于专员法第四条）

除专员法第四条的规定外，监察专员的权力涉及所有行政机关以及在行政机关从事公务的人。

议会情报安全部门特别审查委员会不是专员法所指的行政机关。监察专员不得调查议会情报安全部门特别审查委员会已经处理过的涉及情报安全部门的投诉。

监察专员不得处理有关议会特惠金委员会的投诉。

专员法第四条第一款第三项有关法院职能的规定，还包括通过投诉、上诉或者其他救济途径向法院提起的决定。

① 以下简称专员法——译者。

第三条　投诉的形式和基础（关于专员法第六条）

投诉应直接向监察专员提起。投诉应以书面形式提出，并且有投诉人或者代理人的签名。如果投诉是口头提出的，那么监察专员应确保以书面的形式迅速记录下来，并由投诉人签名确认。

投诉人应尽可能地提供投诉的根据，并提交证据和其他与案件有关的文件。

第四条　投诉超过时限（关于专员法第六条）

如果投诉超过专员法第六条规定的1年时限，监察专员可主动开展调查。

第五条　投诉程序的条款和条件

投诉人有权请求行政机关的上级机关对行政决定进行审查，一旦投诉人行使了该权利，则监察专员不得处理投诉人对此行政决定提出的投诉，除非他发现案件中存在需要立即处理的特别情况。监察专员应建议投诉人通过行政渠道审查行政决定。如果投诉人因为超过时限而不能将案件提交审查，那么监察专员应根据案情决定是否受理该投诉。

如果投诉涉及其他可以向上级行政机关或者专门监督机构提出的事项，那么监察专员应该告知投诉人或者由监察专员自己将案件提交给这些机关，除非他有特别的原因需要立即处理此案。

第一款、第二款的规定不适用于投诉人仅向国王提出投诉的情形。

第六条　投诉调查（关于专员法第七条、第八条）

监察专员对投诉案件做进一步调查时，应通知涉案的行政机关或者公务人员。这同样适用于投诉人之后的陈述和信息。根据专员法第十条第二款、第三款的规定，在监察专员表达意见之前，相关行政机关或者公务人员应有机会向监察专员陈述观点。

由监察专员决定查明案件事实所需的步骤。根据专员法第七条规定，监察专员有权获取他认为必要的信息，并且有权以命令的方式对提供的信息和证明文件等设置期限。比照专员法第八条规定，他也有权对涉案的行政机关和企业作进一步的调查。

投诉人有权获得与案件有关的陈述和信息，除非根据涉及相关行政机关的规定，他无权知悉该行政机关的某些文件或信息。

如果有特殊理由，在必要时，监察专员可以获取专家意见。

第七条　应告知投诉人其投诉未被考虑（关于专员法第六条第四款）

如果发现调查投诉无理由，监察专员应立即将此结果告知投诉人，并建议投诉人通过其他可能存在的投诉渠道或者由监察专员自己将案件转交给有权处理机关。

第八条　主动开展调查（关于专员法第五条）

如果有理由，监察专员可以主动对行政程序、行政决定或者其他事情进行进一步的调查。本指令第六条第一款、第二款和第四款的规定同样适用于这些调查。

第九条　投诉程序的终止（关于专员法第十条）

无论案件是依投诉或由监察专员主动开展调查，如果存在明显会被驳回或继续调查已无意义的事由，监察专员可以自行或授权其工作人员作出决定予以终止。

比照专员法第十条的规定，监察专员对与其权力范围内的案件有关的问题，可以通过发表声明来作出决定。

第十条　对工作人员的指令（关于专员法第二条）

监察专员有权对其工作人员发布详细指令，有权授权其工作人员为案件的处理做必要的准备。

第十一条　公众有权查阅监察专员公署文件

监察专员的涉案文件是公开的，除非涉及保密宣誓的内容或者本条第二款、第三款和第四款的规定。监察专员的涉案文件是指与监察专员处理案件有关的准备文件。监察专员无权允许公众查阅行政机关在处理案件过程中准备的或者收集的涉案文件。

如果有特别理由，监察专员的涉案文件可以不受公众查阅。

监察专员的内部涉案文件可以不受公众查阅。

议会和监察专员交换的文件以及涉及监察专员预算和内部事务的文件可以不受公众查阅。

公众有权针对监察专员建立的有关既定案件的登记文档中的公

共内容提出查阅要求。《挪威档案法》（1992年12月4日第126号法案）和《档案条例》（1998年12月11日第1193号法案）的相关内容也适用于监察专员的职能行使。

第十二条　向议会提交年度报告（关于专员法第十二条）

监察专员应在每年的4月1日向议会提交年度报告，该报告应包括监察专员在上一年1月1日到12月31日的所有活动。报告的内容应包括：对个案进行调查过程中监察专员认为具有普遍意义的事项；监察专员已经提请有关方面注意的法律、行政法规或行政管理中存在的缺陷；依照专员法第十二条第二款规定，监察专员已作了专门报告的情形。

如果认为合适，监察专员无须在报告中提及投诉人和涉案行政机关的名字。报告中绝不应含有保密宣誓涉及的信息。

依照专员法第十条第二款、第三款、第四款的规定，监察专员对案件发表自己的观点时涉及的案件描述，应包括行政机关或者公务人员比照本指令第六条第一款第三句对相关投诉进行陈述的内容。

第十三条　生效

本指令于1980年3月1日起实施。即日起，1968年6月8日议会对监察专员作出的指令废止。

瑞典议会监察专员法

田志娟　译

【翻译说明】①

瑞典议会监察专员最初由1809年的瑞典《政府组织法》创设。现行瑞典《政府组织法》作为宪法性法律文件，为议会监察专员的设置和职责提供了宪法基础。根据该法第十三章第六条的规定，由议会选举的议会监察专员根据议会的授权对公共服务领域的法律和其他法规的实施进行监督。

《议会法》第九章、第十三章主要规定了议会监察专员的组织、职责、选举、解职以及起诉等内容。《信息和秘密公开法》第四十二章专门就议会监察专员在其工作过程中的信息保密原则作出了规定。

瑞典议会监察专员具体运作的核心法律依据是《议会监察专员指令法》，该法具体包括议会监察专员的任务、组织、投诉以及案件处理的一般性规定等内容。

---

① 此处瑞典议会监察专员相关法源的外文原文为瑞典议会监察专员官方网站（http：//www. jo. se）所载英文版本，登录时间为2015年底。法源具体包括《政府组织法》（1974年通过，1976年、1979年、2010年、2014年修订）；《议会法》（1974年通过，2010年、2014年修订）；《信息和秘密公开法》（2009年通过）；《议会监察专员指令法》（1986年通过，2014年修订）；《议会监察专员秘书处管理指令》（1993年制定，2008年修订）。另外，《瑞典的议会监察专员》一书（［瑞典］本特·维斯兰德尔著，程洁译，清华大学出版社2001年版）的附录部分对瑞典议会监察专员相关法律规范有系统性介绍，其中包括《议会监察专员指令法》、《议会监察专员秘书处管理指令》、《议会法》、《政府组织法》。此次翻译对前书有所借鉴，在此表示感谢！

《议会监察专员秘书处管理指令》进一步细化和完善了议会监察专员秘书处日常工作的管理流程和操作规范，不仅明确划分了各议会监察专员监察活动的职责范围，还在附录中列明了各职责范围所涵盖的领域。

【法源一】

政府组织法（节选）

第十三章

第六条　议会监察专员

由议会选举1名或数名议会监察专员根据议会的授权对公共服务领域的法律和其他法规的实施进行监督。监察专员可以根据上述授权在个案中启动法律程序。

法院、行政机关以及中央或地方政府的雇员应当根据监察专员的要求向其提供相应的信息和意见。处于监察专员监督权之下的其他人员亦负有类似义务。监察专员有权获取法院和行政机关的记录和文件。检察官须应要求对监察专员予以协助。

有关监察专员的更多细则由《议会法》和其他法律规定。

【法源二】

议会法（节选）

第九章　事务介绍

议会监察专员的提议

补充规定9.17.5

议会监察专员个人可以就监督活动中出现的问题向议会作出提议。有关提议的事项由《议会监察专员指令法》进一步规定。

第十三章　议会机构和委员会

议会监察专员

议会监察专员的组织和职责

第二条　议会根据《政府组织法》第十三章第六条的规定选

举监察专员对公共活动中的法律和其他法规的实施进行监督。

议会监察专员应为4人，即1名首席议会监察专员和3名议会监察专员。首席议会监察专员应为行政主管并决定监察专员们的工作重点。议会可另外选举1名或数名副监察专员。副监察专员担任此前议会监察专员的职务。

宪法委员会与监察专员的协商

补充规定 13. 2. 1

宪法委员会可自行或应某议会监察专员的请求就工作程序和其他组织性质事项与议会监察专员进行协商。

监察专员的选举

第三条 议会监察专员和副监察专员的选举分别举行。监察专员适用无记名投票方式选举的，发言人的选举亦适用相同的程序。

议会监察专员的任期自其当选之日或自当选日后国会确定时起，至当选后的第四年改选且继任者上任时止。改选年度届满后进行的选举无效。

副监察专员的任期为2年，自当选之日起或自当选日后国会确定时算起。

监察专员选举的筹备

补充规定 13. 3. 1

议会监察专员和副监察专员的选举由宪法委员会筹备。

监察专员的解职

第四条 应宪法委员会的提议，议会可以解除已失去议会信任的监察专员或副监察专员的职务。

如果议会监察专员提前退休，国会应尽快选举继任者履行职责，其任期为4年。

起诉

第二十四条 对下列官员执行公务中犯罪行为的起诉将依此决定：

1. 对瑞典中央银行总理事会会员或者瑞典中央银行执行委员会委员所涉案件的起诉只能由财政委员会决定；以及

2. 对议会委员会委员、选举审查委员会委员或者议会申诉委员会委员、议会监察专员、议会审计长或议会秘书长的起诉只能由宪法委员会决定。

第1项中关于瑞典中央银行执行委员会委员的起诉规定不适用于其依《外汇管制和信用调控法》行使中央银行决策权时所犯罪行。

【法源三】

信息和秘密公开法（节选）

第四十二章

第一条 仅在本章第二条至第四条规定的范围内，方可对议会监察专员办公室和司法总长办公室监督公共行为以及由司法总长办公室采取的旨在维护国家权益、向政府提供建议或对法律问题进行调查的措施实施保密。对于司法总长办公室就争议问题裁决的决定在任何情况下都不适用保密。

第二条 在实施第一条所规定的行为过程中，若某一议会监察专员或司法总长收到来自某一私人的信息，

1. 依照第十五章的规定，如果该信息的公开将有可能对王国构成重大损害，方可适用保密。

2. 只有在该信息依公共机构的保密条款属于隐私，而且该信息的披露将对该私人或与之有密切关系的人构成重大损害的情况下，方适用保密以保护个人隐私。

除上款规定之外，对于司法总长办公室在维护国家权益的行为过程中从个人处取得的信息，如果该信息来自某法律争议，并且国家作为争议一方的处境将会因该信息的披露而导致损害，则适用保密。

第三条 如果某议会监察专员或司法总长决定发起初步的刑事调查，第十八章第一条至第四条、第三十五章第一条、第二条、第六条至第十条将适用于他以公诉人身份采取的任何行动。

第四条 如果议会监察专员或司法总长在实施第一条所规定行为的过程中收到来自另一公共机构的秘密信息，议会监察专员办公

室或司法总长办公室应对之予以保密。但是，如果该信息已为监察专员采取相关行动后形成的文件所记载，则只有当该信息的泄露会导致公共利益或者个人利益遭受实质性的损害或者重大伤害的情况下，才予以保密。

【法源四】

议会监察专员指令法*

任务

第一条 根据《议会法》第十三章第二条，监察专员共4名：1名首席议会监察专员和3名议会监察专员。此外，还可以有副监察专员。

首席议会监察专员和议会监察专员将对本法第二条所列行使公共权力的人员在遵守法律和其他法规以及履行其他方面义务的情况进行监督。

第二条 监察专员的监督对象包括：

1. 国家和地方当局；

2. 上述机构中的官员和其他雇员；

3. 仅就其行为而言，工作或任务涉及公共权力行使的其他个人；

4. 公共企业中的官员和其他雇员，他们在企业活动中代表该企业，而政府通过企业的行政机构对企业活动施加着决定性的影响。

但是，对于武装部队中的军官，这种监督仅限于被授予少尉及以上军衔的现役军官，以及与之级别相当者。

监察专员的监督对象不包括：

1. 国会议员；

2. 议会行政委员会、议会选举复审委员会、议会申诉委员会

---

* 部分翻译参考了［瑞典］本特·维斯兰德尔著，程洁译：《瑞典的议会监察专员》，清华大学出版社2001年版。

或者议会职员；

3. 瑞典中央银行管理委员会委员、瑞典中央银行执行委员会委员，但是，在涉及依据《货币与信用法》行使瑞典中央银行决策权时除外；

4. 中央政府和各部大臣；

5. 司法总长；以及

6. 市、县议会成员；

监察专员无权相互监督。

除非另有申明，在本法中使用的术语“官员”是指受监察专员监督的人。

第三条 监察专员应特别确保法院和公共权力机关在其活动中遵循《政府组织法》中关于客观性和公正性的要求，以及公共行政活动不侵犯公民的基本权利和自由。

监察专员在对地方当局进行监督时，应考虑到地方行使自治权的方式。

第四条 监察专员应致力于补救立法上的缺陷。在监督过程中，如果有理由认为应对立法或者其他国家政策进行修改，监察专员可以根据《议会法》9.17.5之补充规定向议会或者向政府反映该情况。

监察专员在依上款规定反映情况之前应向首席议会监察专员请示。

第五条 监察专员通过审核公众投诉、视察以及其认为必要的其他调查来实施监督。监察专员应就拟展开的视察和其他调查向首席议会监察专员请示。

第五A条 议会监察专员亦负有履行根据《禁止酷刑和其他残忍、不人道或有辱人格的待遇或处罚公约》之《任择议定书》(2002年12月18日) 所确认的国家预防机制上的职责。

第六条 监察专员以裁决方式结案，裁决就行政机关或者官员所采取的措施是否违反法律或其他法规、是否错误或者不当陈述观点。

监察专员也可以提出旨在提升法律适用的统一性和适当性的

建议。

作为特别检察官，监察专员可以对疏于公职或授权而构成犯罪的官员提起诉讼，违反《新闻自由法》或侵犯言论自由权利的除外。如果针对案件的调查使监察专员有理由相信存在上述犯罪行为，则适用法律中关于初步司法调查、起诉和不予起诉的规定，该规定与其他关于检察官在适合提起刑事公诉案件中的权力的规定合并适用。只有存在特别的理由时，在地区法院提起诉讼的案件才可以一直上诉到最高法院。

对于官员疏于公职或授权造成错误的，如果可以用惩戒措施代替起诉，监察专员应当向有权采取该惩戒措施的机关通报。如果某人具有从医专业资格或者取得其他授权可以从事医疗行业，例如担任牙医、从事医疗产品零售，或者担任兽医，而其表现却基本不能胜任其专职工作，或者以其他方式表现出其明显不适于执业，则监察专员可以向有权决定撤销其资格或授权的机构提交报告。如果具有此类执业资格的人以某种方式滥用权力，监察专员也可以提出限制其从业资格范围的类似要求。如果某人具有某种专业资格，或者具有其他专门授权，可以从事医疗工作，例如担任牙医、从事医疗用品零售，但其表现不能胜任其专职工作或者以某种方式显示其不适于从事该职业，则监察专员可以向有权机构提出要求，责令其暂缓执业。

如果监察专员认为有必要将那些有犯罪行为、重大错误或者屡犯错误的官员解职或者暂时革职时，他们可以将该情况向有权采取相应措施的机关报告。

如果监察专员作出上述两款中的报告，他（她）有权将自己的调查结果补充到案件的报告中，并且可以对其他人进行调查的案件提出意见，此外，如果进行口头询问，他（她）也有权出席。但是，如果案件涉及暂时革职的，上述规定则不适用。

第七条 如果有关机关对某位官员的处理决定涉及法律或其他法规中有关纪律处分的官员和事项、因犯罪或不当行为被解职或暂时革职的特别规定的适用的，监察专员可以将案件移送至法院，要求法院修正该处理决定。上述规定同样适用于有关机关针对医疗或医护人员、兽医以及那些供职于武装部队的人员或者依《整体防卫纪律法》而受纪律约束的人员作出纪律措施的情况。此外，该规定还适用于有关机关针对试用期或者本法第六条第三款所规定的有关执业资格的处理决定。对上述事项更详细的规定以法律或者其他法规的形式予以公布。

根据现行规定，如果某位官员已经提请法院对上款所列决定类型予以修正，而且该决定的作出是基于监察专员的报告，则监察专员在争议存续期间应代表公众与该官员进行抗辩。这一规则同样适用于监察专员已经提出修正决定诉求的情形。

适用于雇主的法律或者其他法规中的规定，就本款所述争议之场合亦相应适用于监察专员。但是，《劳动争议诉讼法》第四条第七款和第五条第一款第一项的有关规定不适用于由监察专员提起诉讼的案件。

第八条　监察专员不得干涉无独立权力的下属官员的行为，特殊原因除外。

第九条　监察专员享有的针对最高法院、最高行政法院成员启动法律程序的权力、敦促其解职或者免除其职务的权力，或者要求官员服从医学检查的权力均规定在《政府组织法》中。

第十条　根据《政府组织法》第十二章第三条，监察专员有义务对那些宪法委员会决定追查的内阁成员提起法律程序，也有义务依法对议会委员会决定追查的议会或其代理机构内部的官员提起法律程序，但是，针对其他监察专员提起的法律程序除外。

监察专员就议会委员会对前款所述官员进行的初步调查亦负有协助义务。

第十一条　监察专员应当在每年 11 月 15 日之前，就上年 7 月 1 日至本年 6 月 30 日期间的工作情况提交一份书面述职报告。该报告应包括根据本法第四条第一款、第六条第二款至第四款和第七条所采取行动的说明以及监察专员发布的其他重大决定。报告还应当包括监察专员在其他方面活动的总结。

组织

第十二条　根据《议会法》第十三章第二条，首席议会监察专员是行政主管并指挥将要采取的行动。首席议会监察专员就这些行动向议会负责，并应确保行动有效实行且符合现行法律，其行为方式可信赖且公正，以及议会监察专员节约使用公共资金。

经与其他议会监察专员协商，首席议会监察专员以行政指令的形式就监察专员的运作机构和每位监察专员的职责范围发布规则，采纳运作方案以及决定年度报告和提出议会监察专员的国库预算额度。

关于内部审计的法律规范规定在瑞典议会、议会监察专员和瑞典国家审计署金融管理方面的法律中。

第十三条 设置秘书处。雇用1名行政主管、各部门负责人和与人员登记相匹配的其他行政工作人员。如果确有必要且经费允许，首席议会监察专员还可以任命其他工作人员、专家和顾问。首席议会监察专员有权决定分配给工作人员的各项任务。

行政主管领导秘书处的工作，向首席议会监察专员负责，此外，应监察专员的要求对其工作予以协助。

第十四条 除上述指令和首席议会监察专员行政指令中的指示外，首席议会监察专员有权发布秘书处工作所需的规章制度。

首席议会监察专员应当就重要的组织问题向宪法委员会咨询。

在向宪法委员会发起咨询之前，监察专员应当向首席议会监察专员咨询。

第十五条 无论行政指令重要与否，首席议会监察专员均可做出特别决定，将某一特定案件或者某一组案件分配给他自己或者其他监察专员。

此外，首席议会监察专员可以在行政指令中或者通过其他决议授权：

- 监察专员秘书处的官员在准备案件的过程中采取措施；
- 行政主管作出行政决定，但是，任命部门负责人的事项除外。

首席议会监察专员有权决定是否由某副监察专员来行使监察专员的职权。如果监察专员由于长期的疾病或者其他特别理由不能履行其职责，副监察专员可以被委任履行其职责，或者由于其他原因而使副监察专员履行监察专员的职责成为必要。

第十六条 当首席议会监察专员度假或者由于其他原因不能履行其职责时，由监察专员中供职时间最长者代行其职责。如果有两个或者更多的监察专员供职时长相同，则由其中最年长者代行其职。

投诉

第十七条 投诉应当以书面形式作出。书面投诉应当载明投诉哪个机构、投诉哪个行为、行为的日期，以及投诉人的姓名和地址。如果投诉人拥有对处理和评价该案件起重要作用的材料，这些材料应当一并附入。

被剥夺自由的人可以写信给监察专员，不受对其适用寄送信件和其他资料限制的制约。

应投诉人的请求，秘书处应当对投诉的收讫作出确认。

案件处理的一般性规定

第十八条 如果投诉所反映的问题更适合由某机关而不是监察专员来调查和评定，且该机关此前尚未对该问题进行过审查，则监察专员可以将投诉移送至该机关进行处理。但是，只有因投诉引起且事先征得其同意的案件，才能被移送至司法总长处。

如果投诉对象涉及的官员是瑞典律师公会成员，而且，如果根据《司法程序法》第八条第七款第四项的规定，投诉反映的问题能够由律师公会内部机构妥善处理时，则监察专员可以将投诉移送律师公会进行处理。

第十九条 监察专员应当及时告知投诉人其投诉是否被驳回、是否被受理、是否根据本法第十八条移送到其他机构，或者已进行调查的情况。

第二十条 监察专员不得就 2 年之前或者更早发生的事项进行追溯调查，存在特殊原因的除外。

第二十一条 监察专员有权采取为评定投诉或者其他案件所需要的各种调查措施。

根据《政府组织法》的规定，除已经决定进行初步调查的案件之外，当监察专员要求获取涉案资料和陈述时，他们可以对违反者科处不超过1万瑞典克朗的罚款。如果出现有关事由，监察专员可以作出该处罚。

如果有理由怀疑，受《官员委任法》中关于惩戒措施的有关规定制约的官员，犯有应予惩戒的过错，而且有理由担心，根据该法第十七条的规定而作出的书面警告并不能在其不当行为发生后的两年之内发出，监察专员就可以发出一个相应的警告。本款也适用于依其他法规而受惩戒措施规则、警告和相应通告制约的其他人。

第二十二条 监察专员可以授权其他人实施他（她）决定发起的某项调查、启动和进行他（她）所决定的法律程序，上述措施涉及最高法院或者最高行政法院法官的除外。

将判决或者决议向上级法院提起上诉的决定只能由监察专员作出。

在本法第七条规定的案件中，监察专员可以从其工作人员中任命1名官员代表监察专员例行法律程序。

在本法第六条第三款、第四款规定的案件中，监察专员可以授权其工作人员中的官员采取必要的程序措施。

监察专员可以通过特殊决定授权监察专员秘书处工作人员中的某官员进行视察，同时代表监察专员对投诉引发的案件作出决定。所授权力不包括：

1. 根据本法第四条第一款作出表述；
2. 根据本法第六条第一款作出陈述；
3. 根据第六条第二款、第三款、第四款针对官员采取行动；
4. 根据第十八条将案件提交其他有权机构，或者
5. 对已从有关机构或官员处获得必要书面声明或书面信息的案件作出决定。

第二十三条 案件在口头陈述之后结案，由监察专员秘书处工作人员中的官员或者其他特别指定的人员负责。但是，驳回或者受理案件的决定可以不经陈述程序而径行作出。其他案件，存在例外事由的，监察专员也可以不经过口头陈述结案。

提交给议会监察专员的与案件有关的文件在结案之前可不予返还。如果在一起案件中，有关当局的原始文件被征用，则在提交经

核证的文件复制本后，可以将原件返还。

第二十四条 记录所有案件以及采取的与案件有关的行动的日志应予以保存。

每项决定的文档记录均应当保存于监察专员秘书处，表明决定由谁作出，谁负责口头陈述，以及决定的时间和内容。

某些特别指定的决定还应当登记在册。在调查期间以及因其他原因所需时，应当保存书面记录。

其他规定

第二十五条 向议会提交年度报告时，日志、书面记录和涵盖同一期间的登记应当同时提交给宪法委员会。

第二十六条 监察专员秘书处在首席议会监察专员规定的期间向公众开放。

第二十七条 文档免费提供，特殊原因除外。

如果需要收费，一般应当根据有关公共权力机构的现行规定来确定。

对收费决定不服的，不得起诉。

收费所得由议会监察专员支配。

第二十八条 首席议会监察专员可以任命监察专员秘书处中的官员和其他工作人员，只要其尚未根据本法第十五条的规定将该任务委派给行政主管。

第二十九条 不服岗位任命或者其他影响监察专员秘书处工作人员的决定而申诉的，适用《议会及其附属机构行政决定申诉法》中的条款。

【法源五】

议会监察专员秘书处管理指令

1. 议会监察专员的监察活动划分为四个职责范围。这些职责范围所涵盖的领域显示在该指令的附录中。

监察专员对以下范围分工负责：

曼茨·玫琳 首席议会监察专员 范围 1

塞西莉亚·诺登费特 议会监察专员 范围 2

克尔斯汀·安德 议会监察专员 范围 3

汉斯-贡纳·安科斯贝格 议会监察专员 范围 4

监察专员认为有必要的，可在各自的职责范围内主动采取行动。议会监察专员应就涉及视察和其他拟实施的调查中的问题向首席议会监察专员咨请。其他事务凡在被要求之列也应当向首席议会监察专员咨请。

2. 涉及多个职责范围的案件由对案件涉及的主要范围负责的监察专员处理。若发生争议，则由首席议会监察专员来决定由谁来处理该案件。如果涉及多个职责范围的数案相互关联，将由首席议会监察专员来决定由谁来处理。如果议会监察专员由于利害关系冲突或其他原因不能处理本属于其职责范围内的案件，首席议会监察专员可以决定由谁来接管该案件。

根据《议会监察专员指令法》（以下简称《指令法》）第十五条第一款，首席议会监察专员被授权可以不考虑既定的职责范围划分，决定是否由他自己接管某个或者某类案件，或者将案件分派给其他议会监察专员。

3. 当首席议会监察专员由于生病、休假或者其他事由而不能履行职责时，应依《指令法》第十六条第一款的规定，由监察专员代行其职。监察专员不能处理事务期间，其职责范围应当由首席议会监察专员或者由首席议会监察专员指定的监察专员监管。

4. 监察专员在行政主管、分部门主管以及负有专家职责的执行官和基于短期合同的执行官的协助下，为投诉引起的或者由监察专员自己提起的案件以及与立法提案有关的案件进行准备。

若首席议会监察专员认为恰当，也可由一个行政部门和附属的工作人员协助其处理这些工作。该行政部门包括：协助每位监察专员处理案件行政方面事务的办事处；协助处理有关国际合作和其他国际关系问题的工作人员；协助处理财务、人事以及物资管理的工作人员；协助注册登记、文秘和清洁的工作人员。

监察专员秘书处还可以设置一个图书馆。

监察专员办事处、行政部门以及负责图书馆事务的人员的工作各有其规定。

5. 行政主管承担由首席议会监察专员指派的特别调查任务，就已分派给自己的案件进行准备并且根据首席议会监察专员的指示对监察专员予以协助。

行政部门向行政主管报告工作。行政主管还负责管理计算机的使用、文件归档、内部人员培训以及由秘书处使用的办公用房和办公设备。

对于指派给行政主管的案件，他可以决定待评议文件的流转和其他调查程序。经监察专员授权，他还可以展开视察工作。但是，根据《指令法》第六条第一款的规定，在视察工作中，他无权进行评议或者发表其他意见。

此外，行政主管可以对监察专员秘书处的相关人事事项（如任命、解雇等）作出决定，但是，其中不包括：

（1）因个人原因而解雇雇员，试用期除外；

（2）惩戒措施；

（3）倾向于提起刑事检控；

（4）中止审理或者医疗检查；

（5）聘任或者解聘分部门主管。

代表议会监察专员就所有已生效的协议和其他与议会及其机构有关的法规的适用与雇员组织进行谈判；

决定除他自己之外的其他监察专员秘书处的工作人员的假期和请假。但是，对于请假时间超过 1 个月的申请应当提交首席议会监察专员决定；

指定他人接替经批准而休假或请假的工作人员；

在公务员会计体系中会签发票和付款凭单、簿记收据等；

保存 L 格式股票的清单，监督小额现金的使用；

在服务执照、鉴定书和政府机关卡片上签字；

决定那些被委托出席口头陈述者和其他自由职业者的报酬；

签收寄给监察专员秘书处的挂号信；

监督月度和年度统计结果。

6. 分部门主管在他们自己的专门领域之内，并经咨询有关监察专员后，将案件分配给执行官员。他们还可以决定咨询文件以及其他委员会程序，处理与已结案件相关文档有关的问题。经有关监察专员授权，他们还可以进行视察。但是，根据《指令法》第六条第一款之规定，他们无权在视察工作中做出评定或者发表其他意见。

除了准备自己的案件外，分部门主管应确保案件以令人满意的方式及时得到处理。他们还要负责编辑那些将在议会监察专员年度报告中发表的评论和文章。

重大案件应当由分部门主管处理。

7. 负责口头陈述的执行官应当取得与指派给他们的案件相关的未做记录的信息资料，索取与案件有关的文档，并将这些文档交给投诉人征求意见。经有关监察专员特别授权，他们还可以处理与已结案件相关文档有关的问题。此外，经有关监察专员的特别授权，负有专家职责的执行官员可以决定咨询文件和其他委员会的询问，以及在有关监察专员的授权下进行视察。但是，根据《指令法》第六条第一款的规定，他们无权在视察中作出评定或者发表其他意见。

在分配案件时，应当考虑不同的执行官各自的特殊专门技能和经验。执行官之间的工作分配应当尽量均衡。专门领域内的特别重大问题应当尽可能由该领域内的权威专家来处理。

只要可能，应当给予每位执行官处理对其而言是新类型案件的机会。

8. 监察专员的最终裁决应当整编在同一份文件中，该文件应当由监察专员签字并且登记归档。

应复印多份复制件，以供分发。复制件中应当有一份送交投诉人，在适当的情况下，还应当送至那些在案件中作出陈述或者案件对其有特别影响的权力机关或者官员。决议的复制件应当附于案卷之中。

在一起案件当中，凡不属于终局性的裁决，在公布时，都应当由作出决定的官员或者该官员指定的其他人签署。

9. 为管理图书馆所需，建立图书馆委员会，该委员会由 1 位监察专员、行政主管和具体负责图书馆事务的官员组成。首席议会监察专员有权指定在图书馆委员会任职的监察专员。

图书馆委员会可以支配从议会监察专员的内部经费体系中拨付的款项，并且监督图书馆的运行。

10. 除了在具体的工作说明中详细规定的任务之外，登记处的工作人员应当对向公共机构、传媒和公众发布有关文件的任务予以协助，以及向索取者提供电子版的登记册和数据库所载信息、登记簿、日志、记录，以及秘书处可以提供的其他文档资料。

11. 涉及提供公共文件的问题，由对该案所属职责范围负责的监察专员代表官方决定，或者由首席议会监察专员决定。

12. 有关国家安全和紧急状态方面的问题由首席议会监察专员授权秘书处专门负责处理安全事务的官员决定。

13. 在任何案件中，监察专员只接待有预约的公众来访。

14. 登记处应当向公众开放，时间为每周周一到周五的上午9点整至12点整，下午1点整至3点整。经决定的特殊案件除外。秘书处的电话接访时间为每个工作日的上午9点整至11点半，下午1点整至3点整。

【附注】

职责范围1

法院、劳动法庭、土地出租及租赁裁判所；国家法院管理局；

公诉人；国家经济犯罪局；税务机关犯罪调查部分规定在《税务机关参与犯罪调查法》中。

警察部队（涉及外国人的案件除外）。

法律援助、犯罪侵害赔偿委员会、宽恕请愿、全国违纪委员会，以及其他涉及司法部及其下属机构的尚未列入其他职责范围的案件。

海关当局。

有关议会监察专员职权范围的案件、涉及投诉不确切的文件的案件。

职责范围 2

武装部队、文职机构及其他涉及国防部的案件。

监禁与缓刑。

国民保险（健康保险，退休金保险，双亲保险和工伤保险，与收入相关的失业金，儿童补贴，国家现役军人的生计贷款、家庭补贴及应支付的其他补助。）

公共采购、消费者保护、销售、工商业中的定价和竞争、价格规制、有限公司、合伙、商号、商业登记、专利、商标、已注册外观设计，以及其他与企业能源与通信部下属机构有关而不属于职责范围 4 的案件。

公共管理部门、行政发展部门；金融管理机关；法律、金融与行政服务部门，国家赔偿调解委员会；政府雇主机构；国有资产委员会；全国政府雇员退休金委员会；基金养老金管理局；财政监督机构、会计标准委员会、储蓄担保委员会；国家经济研究院；瑞典统计局、国家纪律处分委员会；海外补贴委员会。

反种族歧视监察专员，反性取向歧视官员，机会平等监察专员办公室，残障人士监察专员办公室，国家未成年人事务委员会；以及其他涉及社会融合与性别平等部下属机构但不属于职责范围 4 的案件。

与监护权有关的案件，不包括已被法院受理的案件。

职责范围 3

行政法院，移民法院除外。

《社会公益服务法》、《保护未成年特别法》、《特定情况下禁治产人保护法》的适用。《支持与服务体质残障人士法》以及其他照护形式法规的适用。

儿童监察专员。

健康与医疗保健，牙齿保健，药剂；法医机构，法医心理学；防止感染。其他与卫生与社会事务部的下属机构有关但不属于职责范围 2 或 4 的案件。

教育系统（包括瑞典农业科技大学）；其他与教育部下属机构

有关但不属于职责范围 4 的案件。

职责范围 4

公共就业服务、工作环境局；失业保险；其他与劳动就业部的附属机构有关但不属于职责范围 1 的案件；

规划与建筑、土地勘察与测绘机构；

执法机构；

不属于特别规制的市政管理；

交通（公共企业、高速公路、交通、驾驶执照、车辆注册登记、车辆适行性检测）；

所得税、增值税、财政监管（不包括《税务机关参与犯罪调查法》中规定的税务机关犯罪调查部门）；税款征收。

消费税与物价调节费、公路税；服务性收费、国家注册登记（包括涉及名称的情形）、居民地址登记委员会；其他与财政部及其附属机构有关但不属于职责范围 2 或者 3 的案件。

环境保护和公共健康，除环境法院外；农业和林业，土地取得，自然环境保护；防止虐待动物；捕鱼，驯鹿饲养；兽医服务；食品管制；其他与农业部和环境部附属机构有关但不属于职责范围 3 的案件。

涉及外国人的案件（在移民局、移民法庭和警察缺席的情况下处理）、国籍问题和有关移民归化的案件。

救援服务、与公共秩序有关的法律适用（但由警方处理的案件除外）、博彩业、餐饮服务许可证、汽车拆卸。

其他由郡县管理委员会处理而不属于职责范围 1、2 或者 3 的案件。

房屋与住宅（住房的提供，不包括在社会保险计划中的住房津贴）；全国住房信贷担保委员会。

属于文化部所属机构职责范围的。

墓葬，对宗教派别的政府许可。

政府域外行为以及其他与外交部附属机构有关的案件。

议会行政委员会、瑞典中央银行、国家审计委员会；普选。

其他不属于职责范围 1 至 3 的案件。

涉及官员的案件，有关言论、出版自由的案件，有关公众知情权与信息分类的案件，以及涉及由议会及内阁办公室发布的咨询性文件，应当根据其内容分属各职责范围。

冰岛申诉专员法

刘 慧 译

【翻译说明】

冰岛于1987年建立申诉专员制度，1997年颁布第85号法令后，申诉专员制度得以发展，影响扩大。《关于冰岛议会申诉专员的1997年第85号法令》详细规定了申诉专员的选任、作用、管辖权、案件调查、受理等内容。冰岛议会申诉专员由议会选任，4年为一任期。申诉专员在工作中完全独立，不听命于任何人，包括议会。冰岛议会申诉专员监督国家和地方政权，保护公民的合法权利。

【法源】

关于冰岛议会申诉专员的1997年第85号法令

第一条　议会申诉专员的选举

议会申诉专员由议会每4年选举一次。议会申诉专员应当满足法律规定的担任最高法院大法官的条件，且不得担任议员。

如果申诉专员死亡，或因为其他原因永久无能力履行职责，议会将重新选任专员。这也同样适用于如果申诉专员出于自己的意愿提出离职，或2/3议员投票决定免除他的职务的情况。

如果申诉专员暂时缺勤，议长会任命1名替代者在此期间代为专员。

第二条　议会申诉专员的作用等

议会申诉专员的作用在于监督，且在本法有进一步规定的情形下，代表议会管理国家和地方政府，保护公民相对于政府的权利。

申诉专员应当确保在公共行政中坚持平等原则，另外行政行为应与法律相符且采取合适的行政方式。

第三条　议会申诉专员的管辖权

议会申诉专员的管辖权范围包括国家和地方行政。

议会申诉专员的管辖同样及于得到法律授权，根据《行政法》第一条第二款之规定，对个人权利义务进行决定的私主体。

议会申诉专员的管辖权不及于：

1. 议会及其机构的行为，以本法第十一条为准；

2. 法院的诉讼行为；

3. 法律明确规定应寻求诉前救济的政府决议或其他行为，但不适用于第五条规定的情形。

第四条　向议会申诉专员提出的投诉

申诉专员可在接到投诉后受理案件。

任何个人认为受到了第三条第一、二款所指行为的不公正对待，可就此向申诉专员投诉。

被剥夺自由的人有权利用密封信件向申诉专员投诉。

第五条　案件的主动调查

申诉专员可以主动决定就某一事项进行调查。同样的，他可以使行政机关的行为和程序服从一般审查。

第六条　申诉受理的条件

向申诉专员投诉必须采用书面形式，且注明申诉人的姓名和地址。应当在申诉中描述引起申诉的行政决定或行政行为，并且附上所有与案件细节有关的有效证据。

申诉应当在质疑的行政行为作出后1年内提起。

如果案件申诉到上级行政机关，只有在上级行政机关作出裁定后才能提出申诉。第二款规定的1年时间期限，从上级行政机关裁定后起算。

第七条　案件的调查

申诉专员可以为了公务目的向行政机关索取有关信息以及要求提供书面说明，信息包括报告、文件、会议记录及与案件有关的所有其他物品。

申诉专员可以传唤国家和地方行政机关的官员在申诉专员的权限范围内进行听证，也可以要求他们作出与个案有关的口头说明和解释。

申诉专员为了进行调查可以自由进出所有行政机关的处所。在处所中有关行政人员应当向申诉专员提供所有的必要协助。

申诉专员不得要求获取关于国家安全或保密外交事务的信息，除非获得有关内阁大臣的准许。

申诉专员可以将某人传唤到地区法官处，就申诉专员认为重要的细节作证。这样的聆讯必须依据刑事诉讼法进行。此聆讯应当进行摄像。

申诉专员在有需要时有权得到专家的帮助，以及获取专门数据。

第八条　保密义务

对工作中了解到的有关事实，申诉专员应遵守保密义务，对合法的公共或私人利益保密。这也同样适用于申诉专员雇用的职员。其雇用终止后也仍应遵守保密义务。

第九条　有关当局的解释

在决定受理某一针对某管理机关的投诉时，申诉专员应当立即通知该机关了解投诉事项，除非这样做不利于调查。

通常，针对管理机关提起的投诉，申诉专员在依据第十条第二款得出案件结论之前，应给予相关机关解释的机会。申诉专员可为此设定一个特别的时间期限。

第十条　案件结论

申诉专员一旦发现投诉没有进行进一步调查的基础，或不满足本法的受理条件，申诉专员应当通知申诉人。对申诉专员而言，这即是案件的结束。

申诉专员一旦允许调查案件，可得出如下案件结论：

（1）专员在收到管理机关的解释或声明后可能不受理申诉。

（2）专员可能发布关于管理机关的行为是否与法律相抵触或在其他方面违反良好行政方式的判决意见。当某一行政行为成为专员责备或批评的对象时，专员会同时向该行政机关提出赔偿建议。

（3）如果申诉牵涉到原则上应由法院裁决的案件，专员应说明此点并结束申诉程序。

（4）如果申诉专员认为某一案件在他看来应当诉至法院的，申诉专员应当向司法部长建议提供相应的法律援助。

（5）申诉专员若发现行政机关违反法律并应受法律惩罚的，应将其通知有关当局。

第十一条　立法瑕疵等

申诉专员在现行立法或公共规则中发现立法瑕疵时，他应告知议会、有关大臣或有关地方当局。

第十二条　申诉专员的报告等

申诉专员应一年一次就其前一年的工作向议会报告。报告须在每年的9月1日之前提交。

如果申诉专员发现管理机关有主要错误或违反法律，他需要就此事项向议会或有关大臣提交一份专门报告。如果涉及地方政府官员，申诉专员则需要向有关当局提交一份专门报告。

申诉专员可依其自由裁量权决定是否报告某一案件以及以什么形式报告。

当申诉专员发出某一案件的报告时，申诉专员应对有关管理机关提交的答辩理由进行回应。

第十三条　议会申诉专员的薪酬等

申诉专员的薪金由议会常务委员会决定。在其他方面，申诉专员享有与最高法院大法官相同的薪酬。专员任期结束后，他有权依据《公务员权利与义务法》第四部分享有保留薪金。

申诉专员在现行财政拨款设定的范围内雇用自己的工作人员。在相同的范围内，专员可授权雇用人员从事专项任务。《公务员权利与义务法》第七条的规定不适用于申诉专员公署里的岗位。

议长与议会申诉专员的全体员工签订合同，参见《公务员薪酬协议法》第三条。

第十四条　当选资格及替代者

申诉专员不得代表公共行政机构有偿就业，也不得在私营企业有偿就业，除非得到议长的同意。

在申诉专员从某一案件中撤出的情况下，议长会委任一名替代者继续案件。替代者应满足申诉专员当选资格同样的条件，除了本条第一款规定的之外。

第十五条　审计

申诉专员的账户应由议长委任的独立特许审计师审计。

第十六条　对申诉专员的诉讼

根据申诉专员的要求，法官应驳回针对申诉专员依据本法第十条作出的决定提起的民事诉讼。

第十七条　工作程序规则

议会应制定关于申诉专员行为的一般规则。规则应发布于官方公报的第一部分。

第十八条　生效等

本法自颁布之日起生效。关于议会申诉专员的 1987 年 3 月 20 日第 13 号法令就此废止。

丹麦申诉专员法

叶元芬　译

【翻译说明】

1953 年 6 月 5 日通过的丹麦宪法第 55 条规定，丹麦议会应选举独立于议会的 1 至 2 人，监督公务和军事行政。宪法还授权丹麦议会制定关于这一新机构进行活动的详细规则。1954 年，丹麦申诉专员署（The Ombudsman）正式成立。丹麦申诉专员署有 82 名职员，包括 21 名高级行政官、24 名调查官、19 名行政工作人员和 12 名法律专业的学生。现任申诉专员是汉斯·格莫托夫特—汉森（Hans Gammeltoft-Hansen），他从 1987 年任职至今。

为了适应行政实践的发展变化，丹麦申诉专员法经过了很多次修改，现在生效实施的是 1996 年通过、2009 年修订的《申诉专员法》（*The Ombudsman Act*）。2004 年 5 月 19 日，丹麦议会同意批准联合国的《禁止酷刑公约》（OPCAT）。2007 年秋，丹麦政府任命议会监察专员作为丹麦防止酷刑的国家预防机制（the National Preventive Mechanism），并预设酷刑受害者康复和研究中心（the Rehabilitation and Research Centre for Torture Victims）和丹麦人权研究所（the Danish Institute for Human Rights）为其提供医疗专家和人权专家。2009 年《申诉专员法》的修改就是为了配合这一形势的现实需要。例如该法第 7 条第 1 款将申诉专员的管辖范围扩展到剥夺个人人身自由的私人机构等，第 19 条规定申诉专员有权要求私人公司提供资料。

【法源一】

宪法（节选）

第五十五条　［公务和军事行政监督］

丹麦议会应选举独立于议会的1至2人，监督公务和军事行政，并制定相关立法。

【法源二】

申诉专员法

第一章　选举、免职等

第一条

（1）在换届选举和职位出现空缺时，由丹麦议会选举申诉专员。

（2）申诉专员死亡后，由丹麦议会司法委员会确定履行其职能的人，直到丹麦议会选出新的专员。

第二条

（1）申诉专员不得是丹麦议会、省议会或市镇议会的议员。

（2）申诉专员应是法学专业毕业。

第三条

如果申诉专员失去丹麦议会的信任，议会有权将其辞退。

第四条

（1）申诉专员提出辞职，应提前6个月通知议会，辞职在届满时的月底生效。

（2）申诉专员在年满70岁时的当月月底须退任。

第五条

（1）丹麦议会决定申诉专员的工资。申诉专员有权要求参照《大臣法》第三、四、五部分关于薪酬和退休金的规定获得相应的离职金及退休金。

（2）在根据《大臣法》第五条关于薪酬和退休金的规定计算离职金和退休金时，申诉专员可以要求退休金的计算方式比照丹麦议会公务员即适用《公务员退休金法案》第一部分第二款的规定。所以申诉专员的任期计算在退休金的总服务期限内。

第六条

（1）如果申诉专员在没有接到通知时就被迫退休，他将在退休时获得3个月的额外工资。如果申诉专员在任期届满前死亡，去世时所有未偿付的工资应支付给他的配偶，如果无配偶，则支付给有权获得其子女抚恤金的子女。

（2）在有薪金期间，不得支付离职金或退休金。

（3）只有在本法本条第一款规定可支付时，《大臣法》第三条第二款关于薪酬和养老金的规定才能类比适用。

第二章　申诉专员的管辖范围

第七条

（1）申诉专员的管辖范围扩展到公共行政的各个部分，也扩展到剥夺个人人身自由的私人机构等，已经不再仅限于行政机构作出的或者经行政机构同意批准的决定。

（2）申诉专员的管辖范围不得扩大到法院的裁判。

（3）针对私人纠纷，采用当事人都同意的方式所作出的决定，申诉专员不受理相关投诉，即使决定所涉及的内容在其他环境中被认为是公共行政的一部分。

（4）对于法律上或行政上全部或部分适用公共行政的规则和原则的公司、机构、社团等，申诉专员有权决定将相应范围纳入其管辖。

第八条

对市和地区进行评估时，申诉专员应当考虑各机构运行的特殊情况。

第九条

申诉专员的管辖范围扩展到国立教会，直接或间接地涉及信条或教义的事项除外。

第三章　与丹麦议会的关系

第十条

申诉专员在履行其职能时独立于丹麦议会。丹麦议会规定申诉专员活动的一般规则。

第十一条

（1）申诉专员须向丹麦议会提交工作年度报告，并印刷出版。

（2）申诉专员参照本法第二十四条向丹麦议会、议长、省议会或市镇议会等报告某个案例，或者在其年度报告中涉及某个案例时，说明相关机关或有关人员的答辩意见。

第十二条

在处理具体案件的过程中，如果申诉专员发现现行法律或行政法规有缺陷，应当通知丹麦议会和责任部长。如果是省议会或市镇议会所制定的附例有缺陷，应当通知相应机构。

第四章　提出申诉

第十三条

（1）任何人可依照第七至九条向申诉专员投诉有关机关。被剥夺人身自由的人有权向申诉专员投递密信。

（2）申诉人应当载明其名字。

（3）应在事件发生后12个月内提出申诉。

（4）在特殊情况下，申诉专员可以延长本条第三款规定的期限。

第十四条

如果投诉是可以向其他行政机关提出的，申诉专员不能管辖，除非该有权机关已就此事作出了决定。

第十五条

对于任何剥夺人身自由的投诉，除刑事司法程序外，应按照宪法第七十一条第七款的规定提交议会监督委员会。如果该事项是针对申诉专员管辖范围内的人提出的，议会监督委员会在考虑这些投诉时，可要求申诉专员予以协助。

第十六条

（1）申诉专员有权决定申诉理由是否足以启动调查。

（2）对没有必要提出批评、建议等的投诉，参照第二十条第一款，申诉专员可以不等有关机构作出陈述就结束该案件。

第五章　主动启动调查和检查

第十七条

（1）申诉专员有权主动启动调查。

（2）申诉专员有权就行政机构案件处理程序进行普查。

第十八条

申诉专员有权检查在其管辖范围内的任何机构、公司或工作场地。除第二十一条规定的评估外，基于普遍人权和人道主义考虑，申诉专员有权评估这些场所及其运行情况，以及该场所工作人员的工作态度和活动。

第六章　案件的调查

第十九条

（1）在申诉专员管辖范围内的机构，有义务按申诉专员的要求提供相关资料、出示相关文件等。

（2）申诉专员有权要求在其管辖范围内的有关机构作出书面陈述。

（3）申诉专员可传讯有关人士提供对其调查非常重要的证据。参照《司法行政法》第六十八章的规定。

（4）申诉专员有权检查所有工作场所，并有权进入全部楼宇。

（5）参照第二章个人自由被剥夺或可能被剥夺时，如果申诉专员认为必要，并经适当的身份证明，可在没有法庭手令的情况下随时对这些私人机构等进行检查。如有必要，警方应当协助开展检查。

第二十条

（1）在有关机构或人员有机会作出陈述前，申诉专员不得发表批评、提出建议等。

（2）申诉专员有权决定在作出最终的陈述和解释之前，或报告送交有关机构之前，不得披露这些陈述、解释、报告，或者这些材料的初步版本，以及向有关机构提交的信件和这些机构所作的回应。

第七章　评估和反应

第二十一条

申诉专员有权评估其管辖范围内的机构或个人的行为是否违反

现有法例，或者在履行职责时是否存在过错或玩忽职守。此外，在开展相关检查时应依照第十八条的规定进行。

第二十二条

申诉专员有权提出批评、建议，陈述对案件的看法。

第二十三条

就其管辖下的案件，申诉专员有权建议给予投诉人免费法律援助。

第二十四条

如果案件调查表明，公共行政机构存在重大过错或玩忽职守，申诉专员应当向丹麦议会的司法委员会报告，同时报告给有关部长、省议会或市镇议会。

第二十五条

因申诉专员的决定、声明等而使他在民事诉讼中被诉，可因专员的反对而使诉讼被驳回。

第八章　职员、机构、职权等

第二十六条

申诉专员有权聘请和解雇自己的职员。职员的人数、薪金和退休金，按照丹麦议会的议事规则来确定。申诉专员办公室的开支，计入丹麦议会的预算。

第二十七条

申诉专员可以指派其职员暂时履行他的职能。

第二十八条

申诉专员应对其履行职能过程中获悉的有必要保密的事项予以保密。申诉专员职员应遵守同样的义务。

第二十九条

（1）如果某个案件中出现对其公正性产生质疑的情况，申诉专员应当告知丹麦议会的司法委员会，由委员会确定履行申诉专员职能的人。

（2）非经丹麦议会的司法委员会同意，申诉专员不得任职于公共或私人的公司、企业或机构。

第三十条

不得使用申诉专员或任何其他易引起混淆的名称，除非由丹麦议会以法律授权。

第九章　生效

第三十一条

（1）本法于 1997 年 1 月 1 日生效。

（2）下列与申诉专员法有关的法律法规现予废除：1986 年 9 月 17 日第 642 号综合法案，1962 年 2 月 9 日第 48 号关于申诉专员的指示，司法行政法第 779 条，以及经 1996 年 4 月 24 日第 291 号第四条修订的 1992 年 11 月 10 日第 905 号综合法案。

第三十二条

（1）参照 1995 年 6 月 30 日第 562 号综合法案，经 1996 年 4 月 1 日第 290 号第一条修订，外国人法作出以下修改：

1. 第三十三条第 5. 1 款予以废除。

2. 在第八章第五十八条之后插入如下新增段：

“第五十八条之一 除申诉专员法第十七条规定外，申诉专员的管辖范围，不得扩大到难民局。”

（2）本法生效前，就难民局的决定已经向申诉专员提出申诉的，申诉专员应根据以前的规则处理。

第三十三条

本法不适用于法罗群岛，但可能会鉴于法罗群岛上的特殊情况需要，转化为皇室偏差法令在法罗群岛上实施。

第三十四条

（1）对于法罗群岛，根据其特殊情况需要，随后可能通过皇室法令对本法予以修订。

（2）对于格陵兰岛，根据其特殊情况需要，随后可能通过皇室法令对本法予以修订。

芬兰议会监察专员法

曹少杰　译

【翻译说明】

芬兰在1919年的宪法中设置了议会监察专员一职，1920年该制度开始实施。2000年3月1日起实施的芬兰新宪法，更进一步明确规定了议会监察专员的资格、任命程序、任期、责任、义务、监督对象以及议会和弹劾法院对议会监察专员的制衡。

2002年制定的《议会监察专员法》详细规定了议会监察专员的职权行使、调查程序、利益回避、报酬、责任分工和提出报告等内容。该法在2011年5月进行了修改，细化了投诉调查方面的规定，并在议会监察专员公署之下增设了“人权中心”这一重要的机构。

【法源一】

芬兰宪法（节选）

（1999年6月11日通过，2000年3月1日起实施。）

第三十八条　议会监察专员

由议会任命1名议会监察专员和2名副监察专员，任期4年，监察专员和副监察专员应具备杰出的法律知识。关于监察专员的条款，在适当范围内适用于副监察专员。

在取得宪法委员会的同意后，议会基于特别重大的理由，通过由2/3以上投票所支持的表决可以解任任期未满的监察专员。

第四十八条　大臣、监察专员和司法总长的出席权

当议会监察专员和政府司法总长提交的报告或基于其主动调查

权提出的其他事项正在被议会全体会议所讨论时，他们即可以出席会议和参与辩论。

第一百零九条　议会监察专员的职责

当法院、其他机关和公务员、公共雇员以及其他人员执行公务时，监察专员应确保其遵守法律并履行其职责。监察专员对这些机构和人员履行职责过程中涉及公民基本权利和自由、人权的落实情况予以监督。

监察专员就其工作情况向议会提交年度报告。年度报告包括对司法行政状况和立法缺陷的观察。

第一百一十条　司法总长和监察专员提起指控的权力及职责分工

对职务中的不法行为的指控决定由司法总长或监察专员作出。司法总长和监察专员也可以就合法性监督范围内的其他事项提起诉讼或者发出命令。

关于司法总长和监察专员之间职责分工的条款可以由法律规定，但是，不得限制两者中任何一方对合法性监督的管辖权。

第一百一十一条　司法总长和监察专员获取信息的权利

司法总长和监察专员有权从公共当局或其他履行公共职责的机构获取其进行合法性监督所需的信息。

司法总长应当出席政府会议，以及政府向总统陈述相关事项的报告会。监察专员有权出席这些会议和报告会。

第一百一十二条　对政府和总统公务行为合法性的监督

如果司法总长认识到由政府、大臣或总统所做的决定或采取的措施的合法性将引发异议，司法总长应就上述决定或措施提出附理由的评论。如果该评论被忽视，司法总长可将评论列入政府会议记录中，必要时还可采取其他措施。监察专员也拥有相应的评论和采取措施的权力。

如果总统所做的决定违法，政府在得到司法总长的声明后应通知总统该决定不得实施，并提议总统修改或撤销该决定。

第一百一十五条　大臣法律责任的追究

宪法委员会可基于以下事由启动对大臣职务行为合法性的

调查：

（1）司法总长或监察专员向宪法委员会提交通告；

（2）10 名以上议员联名提出申请；或者

（3）议会下属其他委员会向宪法委员会提出调查请求。

宪法委员会可以公开对该大臣公职行为合法性的调查，其行使主动调查权的其他行为亦可公开。

第一百一十七条　司法总长和监察专员的法律责任

涉及政府阁员的本法第一百一十四条和第一百一十五条之规定适用于就司法总长和监察专员行为的合法性提出调查申请、对其职务不法行为提起指控，以及聆讯此类指控的程序。

【法源二】

议会监察专员法

2002 年

第一章　合法性监督

第一条　议会监察专员的监督对象

（1）根据宪法第一百零九条第一款的规定，为实现本法之目的，监察对象应包括法院、其他当局、官员、公共机构雇员，以及其他履行公共任务者。

（2）根据宪法第一百一十二条和第一百一十三的规定，监察专员应对政府、大臣和总统的决策与行为的合法性予以监督。以下有关监督对象的条款在适当范围内也适用于政府、大臣和总统。

第二条　投诉

（1）任何人认为受监督者在履行其任务中有违法或疏于职守的情形，均可在监察专员的职权范围内向其提出投诉。

（2）投诉应以书面形式提出。投诉应包括投诉人的姓名、联系方式，以及与投诉事项有关的必要信息。

第三条　对投诉的调查（2011 年 5 月 20 日修订）

（1）如果问题属于监察专员的职权范围并且有理由怀疑受监督者存在不法或疏于职守的行为，或者监察专员有其他理由认为进行调查是正当的，监察专员应当对投诉进行调查。。

（2）对于提起的投诉，监察专员应采取其认为从合法、受法律保护或就落实基本权利和人权的角度来看所必需的措施。监察专员应当获得其认为必需的相关信息。

（3）除非有特别的理由，对于发生已超过 2 年的事项的投诉，监察专员不予调查。

（4）如果根据第三款之规定或因不属于监察专员的职责范围、该事项尚待有权当局裁决、该事项依常规上诉程序为可上诉，或因其他原因不对该投诉事项采取措施，监察专员必须立即告知投诉人。监察专员可以同时告知投诉人该事项可获得的法律救济并给予其他必要指导。

（5）如果依事项的性质而存在正当理由，监察专员可以将所处理的投诉移交某有权当局。移交必须告知投诉人。该当局必须在监察专员设定的期限内将针对该投诉事项的决定或采取的其他措施告知监察专员。议会监察专员与政府司法总长之间的投诉移交问题另行规定。

第四条　主动调查

监察专员也可在其职权范围内自行发起调查。

第五条　巡察

（1）针对其职权范围内的监督事项，监察专员应对公共机构和组织实施必要的现场巡察。具体而言，监察专员应当巡察监狱和其他封闭性机构以监督被羁押者的待遇，以及巡察国防军和维和部队各单位以监督被征入伍者、其他军事人员和维和人员的待遇。

（2）在巡察中，监察专员和其代表有权进入所有公共机构和组织的场所和信息系统，并有权与该公共机构或组织的人员以及被羁押于该处者进行秘密会谈。

第六条　行政援助

如监察专员认为必要，有权从当局获得免费的行政援助，并有权获取所需的当局和其他主体的公文、档案的副本或打印件。

第七条　监察专员的知情权

监察专员为进行合法性监督而取得必要信息的权利由宪法第一

百一十一条规定。

第八条　指令警方调查或初步调查

监察专员可以依《警察法》指令警方调查，或依《议会调查法》指令进行初步调查以查明监察专员所调查的事项。

第九条　听证

如果有理由认为投诉事项可能会引起对受监督者行为的批评，则监察专员应当为受监督者保留在作出决定之前就该事项获得听证的机会。

第十条　训诫和意见

（1）对其职权范围内的事项，如果监察专员认为某受监督者行为违法或疏于职责，但又无必要就此案提起刑事指控或纪律处分，则申诉专员可向受监督者发出训诫以指引将来。

（2）如果必要，监察专员可就何为恰当遵循法律向受监督者发表意见，或者提请受监督者注意良好行政的要求或对基本权利和人权予以考量。

第十一条　建议

（1）监察专员可就其职权范围内的事项建议有权当局纠正错误或改正缺点。

（2）监察专员在其履行职责的过程中可以提请负责立法起草的政府或其他部门注意立法或官方规定中的缺陷，并可就立法和官方规定的发展以及立法缺陷的消除提出建议。

第二章　报告议会和财产申报

第十二条　报告

（1）监察专员应就其活动、司法实践状况、公共行政和公共任务的执行情况向议会提交年度报告。报告还包括所发现的立法缺陷，尤其要关注到基本权利和人权的落实情况。

（2）监察专员还可就其认为重要的问题向议会提交特别报告。

（3）监察专员可在提交报告时附带向议会提出有关消除立法缺陷的建议。如果所涉缺陷处于议会的审议中，监察专员亦可以向议会的相关机构通报其意见。

第十三条　财产申报

（1）凡当选监察专员、副监察专员或副监察专员替补者均应及时向议会进行财产申报，包括其商业活动、资产、纳税情况以及可能与其作为监察专员、副监察专员或副监察专员替补者的行为考核相关的其他收益情况。

（2）在任期内，监察专员、副监察专员或者副监察专员替补者应对上述第一款所涉信息的任何变化及时进行申报。

第三章　关于监察专员、副监察专员和人权中心主任的一般性规定

第十四条　监察专员和副监察专员的职权

（1）监察专员就其职权范围内的任何事项享有专属决策权。在听取副监察专员的意见后，监察专员也可决定其与副监察专员之间的职责划分。

（2）副监察专员在审议和决定监察专员分配的或自行提起的合法性审查事项时，享有与监察专员同样的权力。

（3）如果副监察专员认为在其办理的案件中有理由就政府、大臣或者总统的某项决策或行为发出训诫，或者有理由对总统、最高法院或最高行政法院的法官提起诉讼，应将此事项提交监察专员决定。

第十五条　监察专员的决定

监察专员或副监察专员的决定应以公署调查人员提供的草案为基础，特定情况下的特别决定除外。

第十六条　替补

（1）如果监察专员在任期内死亡或辞职，而议会尚未选举继任者，则应由资深的副监察专员履行其职责。

（2）当监察专员被撤换或无法履行其职责时，资深副监察专员应依照《议会监察专员公署程序规则》中更详尽的规定行使监察专员的职权。

（3）议会监察专员应在收到宪法委员会的意见后选出人员代替原副监察专员，其任期不超过 4 年。

（4）当某副监察专员被撤换或不能履行其职责，将由监察专

员或其他副监察专员依照《议会监察专员公署程序规则》中的更详细的规定行使以上职权，除非依照第十九条 a（1）的规定，监察专员邀请某替补者完成副监察专员的任务。上述第一款和第二款关于副监察专员的规定不适用于替补完成副监察专员任务者。

第十七条　其他职责和休假

（1）监察专员和副监察专员在其任职期内不得兼任其他公职。此外，监察专员和副监察专员也不得担任可能消减其作为合法性监督者的中立威信以及妨碍其适当履行监察专员或副监察专员职责的公共或私人职务。

（2）当选监察专员、副监察专员或人权中心主任者，当然享有作为监察专员、副监察专员或人权中心主任任职期内休假的权利。

第十八条　薪酬

（1）监察专员和副监察专员有权获取薪酬。监察专员的薪酬基准同于政府司法总长，副监察专员的薪酬基准同于副司法总长。

（2）如果当选的监察专员或副监察专员者受雇于某公共或私人机构，应放弃任期内依该雇用关系获得的报酬。在任职期内，监察专员和副监察专员还应放弃其雇用关系中或在其他因选举或任命所获职位而取得的可能会减损其作为合法性监督者的中立威信的任何福利。

第十九条　年假

监察专员和副监察专员均享有为期一个半月的年假。

第十九条 a　副监察专员的替补

（1）如果副监察专员长期不能履行其职责或者副监察专员的职位出现空缺，可由替补者履行其职责。替补副监察专员行使其职权者的邀请由监察专员决定。

（2）除非另有规定，本法或其他法律关于监察专员的规定准用于替补副监察专员完成其任务者。

第三章 A　人权中心（2011 年 5 月 20 日修改）

第十九条 b　人权中心的宗旨

应当成立一个隶属于监察专员公署的人权中心以促进基本权利

和人权。

第十九条 c　人权中心主任

人权中心应设主任 1 名，人权中心主任必须精通基本权利和人权。在收到宪法委员会的相关意见后，议会监察专员有权任命人权中心主任，任期 4 年。

主任负责领导和代表人权中心、负责解决那些依本法的规定未分配给人权代表团的属于人权中心职权范围内的事务。

第十九条 d　人权中心的任务

人权中心的任务包括：

（1）促进与基本权利和人权有关的信息、教育、培训和研究工作，以及与此相关的合作；

（2）起草基本权利和人权落实情况的报告；

（3）提出倡议和发表声明，以促进和实现基本权利和人权；

（4）参与促进和维护与基本权利和人权相关的欧洲和国际合作；

（5）承担其他类似促进和实现基本权利和人权的工作。

人权中心不处理申诉事宜。

为完成任务，人权中心有权免费从当局获得必要的信息和报告。

第十九条 e　人权代表团

人权中心应设置一个人权代表团，该机构由议会监察专员在听取人权中心主任的意见后任命，任期 4 年。人权代表团由人权中心主任担任主席。此外，人权代表团的成员数应为 20 人以上，40 人以下。该代表团应包括研究基本权利和人权的民间代表以及参与促进和维护基本权利和人权的其他实践者。代表团应从其成员中选出 1 人担任副主席。如果代表团成员在任期内辞职或死亡，监察专员应任命替补者以履行其余下任期内的职责。代表团成员的薪酬由议会办公委员会决定。

人权代表团的任务包括：

（1）处理与基本权利和人权有关的深远而重大的原则性事务；

（2）批准人权中心的年度运行计划和年度报告；

（3）充当基本权利和人权领域实践者的全国性合作机构。

由主席或副主席，以及过半数成员出席时方可达到代表团会议的法定人数。代表团决议由多数代表意见决定。在意见持平的情况下，由主席投决定性的一票。

为组织开展工作，代表团可以设立一个工作委员会以及各相关部门。

代表团可以批准程序规则。

第二十条　议会监察专员公署

应设置一个由议会监察专员领导的公署来处理由监察专员决定的案件的初步程序、履行监察专员的其他职责，以及向人权中心分配任务。

第二十一条　《议会监察专员人事条例》和《议会监察专员公署程序规则》

议会监察专员公署的职位以及各职位应当具备的特定资质由《议会监察专员人事条例》规定。

关于监察专员和副监察专员之间任务分配的更详尽的规定应由《议会监察专员公署程序规则》设置。监察专员、副监察专员和人权中心主任的替补安排，以及公署人员的职责和公署所实施的共同决策程序也规定在《议会监察专员公署程序规则》中。

议会监察专员在听取了副监察专员和人权中心主任的意见之后，有权批准《议会监察专员公署程序规则》。

第四章　议会监察专员公署和细节性规定

第二十条　议会监察专员公署

议会监察专员公署由议会监察专员领导，负责待决案件的初步程序和履行监察专员的其他职责。

第二十一条　《议会监察专员人事条例》和《议会监察专员公署程序规则》

（1）议会监察专员公署的职位以及各职位应当具备的特定资质由《议会监察专员人事条例》规定。

（2）关于监察专员与副监察专员之间的职责分工、公署职员的职责以及共同决策的进一步规定包含在《议会监察专员公署程序规则》中。

（3）在听取副监察专员的意见后，监察专员有权批准程序规则。

第五章　生效和过渡性规定

第二十二条　生效

本法自2002年4月1日起生效。

第二十三条　过渡性规定

行使监察专员和副监察专员职责者应依第十三条的规定在本法生效后2个月内进行财产申报。

（2011年5月20日修改）

本法自2012年1月1日起生效。

但是，本法第三条和第十九条a第1段自2011年6月1日起生效。

在本法生效之前，人权中心可采取发起行动所必要的措施。

波兰申诉专员法

刘欣琦　译

【翻译说明】

1987年7月15日，波兰国会颁布《申诉专员法》，波兰建立申诉专员制度。《申诉专员法》对申诉专员的任命、罢免、权利义务等都有详细的规定。1997年4月2日，波兰颁布新的宪法，《波兰共和国宪法》为申诉专员的设置、职责等提供了宪法基础。

波兰设置专门的申诉专员对儿童权利进行保护。2000年1月6日，波兰国会通过《儿童申诉专员法》，该法对儿童申诉专员的设置、职责、待遇及与其他申诉专员的关系等问题作了规定。2008年，国会对《儿童申诉专员法》进行了修改。

波兰申诉专员制度不断发展，针对不同领域可设置相应的申诉专员，如2003年5月2日波兰颁布的《保险及养老金的监管和保障申诉专员法》即设置了保险与养老方面的专员。

【法源一】

波兰共和国宪法（节选）

1997年4月2日

第二章　公民的自由、权利、义务

第七十二条　波兰共和国应当保护儿童的权利，任何人可以要求公众当局保护儿童免受暴力、虐待、隔离以及其他任何违反道德的行为侵害。

公众当局应当为孤儿提供关爱与帮助。

公众当局及儿童的法定监护人，在设置儿童权利时，就首先尽可能地考虑儿童自己的想法。

对儿童权利专员的任命权限和程序由法律规定。

第八十条 根据规约规定，任何人在自由与权利受到公众当局侵害时可以请求申诉专员对其进行保护。

第九章 对公民权利的监管和保护机关

第二百零八条

申诉专员应当保护宪法和法律赋予公民的自由与权利。

申诉专员的职权范围及行使权利的方式必须由法律规定。

第二百零九条

申诉专员经参议院提名后由众议院任命，任期为 5 年。

申诉专员不得担任其他任何职务，大学教授除外，也不得进行其他专业活动。

申诉专员不得隶属于其他任何政治性组织、贸易集团，不得参与与其身份不相符的社会活动。

第二百一十条 申诉专员独立于其他任何国家机关，仅在法定的范围内对众议院负责。

第二百一十一条 除非事先得到众议院的同意，任何组织不得要求申诉专员承担刑事责任，不得剥夺申诉专员的自由权。除非申诉专员因现行犯被捕，或者为了使正在进行的司法程序顺利进行必须对其进行拘留，申诉专员不受拘留和逮捕。申诉专员被拘留或逮捕的事实必须立即告知众议院议长，众议院议长可以直接决定将申诉专员释放。

第二百一十二条 申诉专员每年须将自己该年所做的工作以及波兰共和国公民自由和权利的状况向众议院和参议院报告。

【法源二】

申诉专员法

1987 年 7 月 15 日颁布

综合条文

第一条

1. 申诉专员依本法设立。

2. 申诉专员应当捍卫宪法和法律赋予给公民的自由权及其他

的公民权利。

2a 当涉及儿童权益保护问题时，申诉专员应当与儿童申诉专员共同维护儿童的权利。

3. 当案件涉及公民权利和自由的保护时，无论负责保护公民被侵害权利和自由的部门是否已开始调查，申诉专员均可介入调查此案。

第二条　出于道德素质和社会敏感度方面的考虑，申诉专员必须由精通法律、工作经验丰富且德高望重的波兰公民担任。

第三条

1. 众议院议长、35 人以上议员可推荐申诉专员候选人，经参议院提名后，由众议院任命。

2. 申诉专员提名候选人的具体程序由众议院决定。

3. 众议院议长应及时将众议院有关申诉专员任命的决议提交给参议院议长。

4. 参议院在接到众议院依本条第三款作出的有关申诉专员任命的决议之后，应该在 1 个月内作出是否同意的决议，1 个月后未作出决议的视为同意。

5. 当参议院不同意有关申诉专员任命的决议时，众议院应当重新任命新的申诉专员。任命程序同样适用本条第一至三款的规定。

6. 在新的申诉专员上任前，现任申诉专员不得停止工作。

第四条　申诉专员在就职之前，应当在众议院议员面前作出如下宣誓：

“我庄严地宣誓：作为申诉专员，在履行国家赋予我的职责时，严格遵守《波兰共和国宪法》，保护公民的自由权和其他权利，依法办事，严守社会规则和社会正义。我宣誓：我将公正地、尽职尽责地履行我的职责，捍卫申诉专员应有的尊严，保守国家和政府的秘密。”

宣誓以“上帝保佑”为结语。

第五条

1. 申诉专员的任期为 5 年，从宣誓之日起计算。

2. 申诉专员连续任期不得超过两届。

第六条 申诉专员任期届满后，可以回原岗位任职或者获得与原岗位相类似的职务。

第七条

1. 如有下列情形，众议院可提前终止申诉专员任期：

（1）拒绝履行职责；

（2）经过医疗确认，因病痛或者身体上的其他原因无法继续履行职责。

2. 当申诉专员存在违背誓言的情形时，众议院也可提前终止其任期。

3. 出现本条第一款第一项情形时，经众议院议长提名，由众议院提出撤换申诉专员的最终方案。

出现本条第一款第二项、第二款的情形时，经众议院议长、不少于35名议员组成的代表团或经参会1/2以上议员提名，由众议院提出撤换申诉专员的最终方案。参加会议的议员不得少于全体议员的3/5。

第八条 申诉专员应当依照本法搜集公民自由和人权受到侵犯的证据。

第九条

出现以下情况，申诉专员应当开展调查：

（1）公民或公民所在的组织提出申请；

（2）自治组织提出申请；

（3）个人动议。

第十条 申请无须缴费，并可以任何形式提出；申请必须列明申请者及权利、自由在案件中受影响的人的身份、案件标的。

第十一条 在了解申请者所陈述的案情后，申诉专员可以：

（1）受理案件；

（2）告知申请人有权采取哪些措施；

（3）将案件移送给有管辖权的其他部门；

（4）驳回申请，并告知申请人及利害关系人驳回的原因。

第十二条

案件受理后，申诉专员可以：

（1）开展调查；

（2）要求相关机关对案件或与案件有关的部分作出解释，尤其当案件相关机关是国家机构、国家监察部门、检察部门、专门部门及公共管制部门时；

（3）要求众议院将调查特殊案件的权力全部或部分授予给波兰最高审计署。

第十三条

1. 在开展调查时，申诉专员可以：

（1）进入任何部门的工作场所进行调查，要求政府、政府机构、联营组织、公民组织、专门组织以及法人组织、公社和地方政府组织的行政首长或法人代表提供与案件相关的材料，并对案件作出解释；

（2）要求法院、检察院、其他执法机构提供案件的进展情况，并在案件处理结束后向申诉专员办公室提供与案件相关的材料；

（3）获得专家意见。

2. 当案件涉及秘密信息时，申诉专员必须遵循保密义务。

第十四条　案件调查之后，监察专员可以：

（1）告知申诉者未发现侵害其自由和权利的情形；

（2）告知有关机关、组织或者机构其对公民的自由和权利造成侵害的事实，即使他们行为的出发点并非如此，但是他们违反了司法公正；

（3）要求以上单位的上级机关依法采取救济措施；

（4）启动民事诉讼程序，参与到诉讼程序中去，且与检察官享有同等的权利；

（5）要求具有法定职责的检察官对刑事案件提起公诉；

（6）提起行政诉讼程序，向行政法庭提出诉求，且在案件中与检察官享有同等的权利；

（7）在法律允许范围内撤销轻微的违法处罚，变更已经生效的轻微违法决定；

（8）依照法定程序撤销已生效判决或者针对生效判决提出特别上诉程序。

第十五条

（1）出现第十四条第二款情形时，申诉专员应当就案件的解决办法提出自己的观点和意见，也可以要求启动纪律处分或者行政处罚程序。

（2）在收到申诉专员通知之日起 30 日内，侵犯他人权利和自由的机关、组织和机构必须在告知申诉专员其采纳专员意见后所采取的行为并提出处理意见。如果申诉专员不同意该处理意见，可以要求以上单位的上级单位采取必要的措施。

第十六条

1. 在审查申诉案件时，申诉专员可以向相关的机关、组织和机构提出对公民自由和权利有效保护的意见，以方便相关案件的审理。

2. 申诉专员也可以：

（1）与提出立法建议或者修改有关公民自由和权利的其他法律建议的相关组织进行联系；

（2）针对《波兰共和国宪法》第一百八十八条规定的情形向宪法法院提出建议；

（3）在宪法申诉案件中向宪法法院报告并参与诉讼程序；

（4）要求最高法院就实践中不甚清晰的法律规定及相互冲突的法律规定进行法律解释。

第十七条

1. 相关机关、组织、机构必须配合和协助申诉专员的调查工作，特别是：

（1）根据本法第十三条规定向申诉专员提供相关文件和资料；

（2）提供申诉专员其所需要的资料并作出解释；

（3）提供作出决定所依据的事实和法律；

（4）虚心接受申诉专员的评价、建议和意见。

2. 申诉专员可以规定以上行为的完成期限。

第十七（A）条 申诉专员可以与保护公民权利和自由的协

会、公民组织或者其他具有同样目的的社会组织合作。

第十八条 本法同样适用于波兰境内的非波兰公民。

第十九条

1. 申诉专员应当向众议院和参议院汇报其年度工作情况，并介绍公民权利和自由的保障情况；

2. 上述信息应当公开。

3. 针对特殊案件，申诉专员应当向众议院和参议院提交特别工作报告；

4. 根据众议院议长的要求，申诉专员应当向众议长提供特殊案件的基本情况及其所采取的处理措施。

第二十条

1. 申诉专员在申诉专员局的帮助下履行职责。

2. 申诉专员局应当根据众议院颁布的法律设立。

3. 根据申诉专员的提议，众议院议长可任命 3 名副职申诉专员，副职申诉专员中必须有一位是军人。副职申诉专员的撤销程序与任命程序相同。

4. 副职申诉专员的职责范围由申诉专员确定。

5. 副职申诉专员以及申诉专员办公室的雇员适用与政府雇员的相同的法律规定。

第二十一条 申诉专员执行职务所需开支由中央财政负担。

第二十二条 根据众议院的提议，申诉专员可以在地方设立地方专员。

【法源三】

波兰儿童申诉专员法

2000 年 1 月 6 日

第一条

1. 儿童申诉专员依本法设立。

2. 儿童申诉专员（以下简称申诉专员）在尊重父母的权利和职责的前提下，应保护儿童依《波兰共和国宪法》、《儿童权利保护公约》和其他法律所享有的权利。

3. 申诉专员履行职责应以儿童的利益为本，还应当考虑儿童的天然成长环境是家庭这一事实。

第二条

1. 本法所指的儿童是指已经出生尚未成年的人。

2. 成年的年龄由专门法律进行规定。

第三条

1. 申诉专员依本法采取行动，在尊重和保护儿童尊严和人格的前提下确保儿童得到全面协调发展。

2. 申诉专员应该保护儿童的权利，特别是儿童的生命健康权、受抚养权、获得良好社会环境权、受教育权。

3. 申诉专员应该采取行动以保护儿童远离暴力、虐待、剥削、堕落、疏忽和其他虐待行为。

4. 对残疾儿童，申诉专员应给予特殊的照顾和帮助。

第四条

1. 众议院议长、参议院议长、15 人以上组成的代表团或 15 名以上议员联名可推荐申诉专员候选人，经参议院提名后，由众议院任命。

2. 申诉专员提名候选人的具体程序由众议院决定。

3. 众议院议长应及时将众议院有关申诉专员任命的决议提交给参议院议长。

4. 参议院在接到众议院依本条第三款作出的有关申诉专员任命的决议之后，应该在 1 个月内作出是否同意的决议，1 个月后未作出决议的视为同意。

5. 当参议院不同意有关申诉专员任命的决议时，众议院应当重新任命新的申诉专员。任命程序同样适用本条一至四款的规定。

6. 在新的申诉专员宣誓之前，有第八条第一款情形的，现任申诉专员仍应履行职责。

第五条

申诉专员在就职之前，应当在众议院议员面前作出如下宣誓：

“我庄严地宣誓：‘在履行《儿童权利申诉专员法》赋予我的

职责时，严格遵守《波兰共和国宪法》、捍卫法律法规赋予给儿童的权利、充分考虑儿童及其家庭的利益’。我宣誓：‘我将公正地、尽职尽责地履行我的职责，捍卫申诉专员应有的尊严，保守国家和政府的秘密’。”

宣誓以“上帝保佑”为结语。

第六条

1. 申诉专员的任期为 5 年，从宣誓之日起计算。

2. 申诉专员的任期因专员死亡或被罢免而结束。

3. 申诉专员连续任期不得超过两届。

第七条

1. 申诉专员独立于其他国家机构，仅对法律和众议院负责。

2. 除得到众议院的同意，申诉专员不受司法审查，不被剥夺自由，不受拘留、逮捕，但为了确保诉讼程序的顺利进行需要逮捕的除外。逮捕的请求必须不加迟延地向众议院议长报告，众议院议长可直接决定将其释放。

3. 申诉专员不得担任其他职务，不得从事任何其他专业性质的职业，不得从事与申诉专员的职责、尊严相违背的社会活动。

4. 申诉专员任期届满后，可以回原岗位任职或者获得与原岗位相类似的职务。

第八条

1. 经参议院同意，申诉专员存在以下情形的，众议院可以提前终止申诉专员的任期；

（1）申诉专员主动辞职；

（2）经过医疗确认，申诉专员因病痛或者身体上的其他原因无法继续履行职责；

（3）违背了自己的誓言。

2. 当众议院议长、参议院议长、15 人以上组成的代表团，或者不少于 15 人的议员提出罢免申诉专员的动议后，众议院应当作出通过罢免的决议。

3. 罢免的决议应当及时提交给参议院议长。

4. 参议院应当在接到本条第三款中所提到的罢免动议后 1 个

月内作出是否通过动议的答复。1 个月后仍未答复的，视为同意。

第九条 当申诉专员发现有侵害儿童权益的情形时，应当在其自由裁量权范围内采取措施。

第十条

1. 申诉专员有权查阅公共管理机构、组织或者协会的文件和记录，即使这些文件和记录中包含个人信息，并有权要求他们对相关信息作出必要的解释。有权要求包括人权申诉专员在内的机构和组织在他们力所能及的范围内从事有利于儿童权益的活动。

2. 人权申诉专员应当处理由儿童申诉专员指派给他的任务。

第十一条

1. 申诉专员应当将他们的想法和动议向有关公共管理机构、组织、协会沟通，以确保儿童权益获得有效保护，有关行动得以顺利进行。

2. 申诉专员也可以向有关机构提交动议要求启动立法，发布或修改其他法律法规。

3. 有关机关、组织和机构在接到本条第一款第二款所说的动议后 30 日内应当表态。

第十二条

1. 申诉专员应当向众议院和参议院汇报其年度工作情况，并介绍儿童权利保护状况。

2. 上述信息应当公开。

第十三条

1. 申诉专员在儿童申诉专员局的帮助下履行职责。

2. 儿童申诉专员局应当根据众议院颁布的法律设立。

第十四条 申诉专员工作开支由司法财政预算支持并纳入国家财政预算。

第十五条 在《国家行政机关工作人员待遇法》第二条第二款“人权申诉专员”后添加“儿童申诉专员”。

第十六条 在《政府雇员法》第一条第一款第七项后添加 7a“儿童申诉专员”，在第三十六条第五款第 9a 项后添加 9b“儿童申诉专员——儿童申诉专员局的官员”，第四十八条 1a 款中的“第

1，2，6，7，9，10 和 13 款”由“1，2，6，7，7a，9，10 和 13 款”，第 3 款中“1，2，6，7，9，10 和 13 项”，“第 1，2，6，7，7a，9，10 和 13 款”代替。

第十七条 在《人权发言人法》第二条第一款后添加第 2a“有关儿童的事务，发言人应与儿童申诉专员合作。”在第九条第二款后应添加 2a“根据儿童申诉专员申请”。

第十八条 在 1994 年 12 月 23 日颁布的《有关国家机关工作人员薪酬预算资金构成法》第二条第二款第一项“人权发言人”后添加“儿童申诉专员”。

第十九条 在 1996 年 5 月 9 日颁布实施的《有关执行众议院和参议院议员的授权法》第三十条第一款“民权发言人”后添加“儿童申诉专员”。

第二十条 在 1998 年 10 月 26 日颁布实施的《公共财政法》第八十三条第二款“民权发言人”后添加“儿童申诉专员”。

第二十条 本法自 2000 年 12 月 1 日开始颁布实施。

匈牙利申诉专员法

《关于保障公民权利的议会专员法》——1993年第59项法令

曹少杰　译

【翻译说明】

匈牙利的申诉专员是根据匈牙利宪法设定的，通过调查任何侵害宪法权利的不当行为，来保护公民权利。在匈牙利共有3类申诉专员，分别是普通的申诉专员（即通常所说的申诉专员），为了下一代申诉专员和少数民族权利申诉专员，而且上述3类申诉专员每年的年度报告也是各自独立的。本文翻译了《匈牙利共和国宪法》第三十二条B款和1993年的《申诉专员法》即关于普通申诉专员的法律，内容包括申诉专员的产生、任职条件和任期，职权的范围和行使职权的方式，及特殊申诉专员（为了下一代申诉专员）的相关规定等。

【法源一】

匈牙利共和国宪法

第32条B款

（1）申诉专员的职责是调查任何他认为滥用宪法权利的行为，并采取一般或特殊的救济措施。

（2）申诉专员的职责是保护各民族和少数民族的权利，或调查任何他认为滥用民族和少数民族权利的行为，并采取一般或特殊的救济措施。

（3）在法律规定的情况下，任何人都可以要求申诉专员履行职责。

(4) 公民权利申诉专员和少数民族申诉专员是由共和国总统提名，2/3 国会议员投票通过选举产生的。为了保护特定的宪法权利，议会有权选举单独的申诉专员。

(5) 民族和少数民族申诉专员的权力是由各民族和少数民族群体任命并由各民族和少数民族各派 1 个代表组成的议会选举产生的机构行使的。

(6) 各申诉专员每年要向议会报告他的活动和经验。

(7) 申诉专员必须获得 2/3 国会议员的赞同票，才能在法律上得到认可。

【法源二】

申诉专员法

公民权利议会专员的职责

第一条 公民权利议会专员（以下称申诉专员）的职责是，调查或者考察任何他所知的侵害宪法权利的不当行为，并采取一般或者特殊措施对其进行纠正。

申诉专员和特别申诉专员的选举

第二条 为了确保对基本权利的保护，申诉专员由议会选举，并仅对议会负责。

为了保护特定的基本权利，议会也可以依据法律选举经 2/3 多数表决的特别申诉专员。特别申诉专员有权在其职责范围内采取独立的措施。申诉专员不得插手特别申诉专员职权范围内的案件。

如果申诉专员被撤职，或者职位出现空缺，应当由该申诉专员指定的特别申诉专员代为履行其职责，如果缺少特别申诉专员或者所指定的申诉专员也被撤职，就由其他特别申诉专员中年纪最大的专员代为履行。

如果特别申诉专员被撤职，或者职位出现空缺，应当由申诉专员履行他的职责。

除非其他特别法有规定，本法案对申诉专员所作出的规定也适用于特别申诉专员。

第三条 任何毕业于大学法学院并且放弃了选举权的匈牙利公民，只要符合本条第二款和第三款的要求，都可以被推选为申诉专员。

议会应该从有丰富理论知识的律师或者有10年以上的专业实践经验的律师中选举申诉专员，他们在有关基本权利的实践、监督或者科学理论方面有着相当丰富的经验。

申诉专员候选人不得在选举提议提出以前的4年之中担任下列职务：议员、共和国总统、宪法法院成员、政府成员、国务卿、驻外大使、地方政府委员会的委员、公证员、检察官，匈牙利军队和执法机构的专业成员，或者任一党派的雇员。

第四条 共和国总统应在前任申诉专员任期结束前的3个月到45天内作出申诉专员继任人选的提案。

如果由于第十五条第一款第（b）到（f）项的规定，申诉专员被停职，共和国总统应在30日内提出申诉专员的建议人选。

议会委员会应当进行听证，审议被提名的人是否有能力胜任申诉专员的相关职责。

如果议会不同意被提名的人，共和国总统应当在30日内提名新的人选。

议会选举的申诉专员任期为6年，可连任一次。

利益冲突

第五条 申诉专员的任职不得与任何其他州、地方政府、社会组织、政治机关或委托机构的任职重复。

申诉专员不得从事任何营利性工作，并且不得在其他活动中接受任何报酬，除非科学、教育、艺术活动和那些列入知识产权保护的活动，或充当校对员、编辑。

申诉专员不能是商业组织的高级行政人员、监事会成员，进而言之，不能与商业组织进行私人合作。

除了其职权范围内的职责外，申诉专员不得从事任何政治活动和作出任何政治宣言。

财产申报

第五条A 申诉专员应该在其当选后的30天内申报其财产，

此后则依据国会议员法律地位的法案中的相关规定每 3 年申报一次。

第六条 （已废止）

申诉专员的法律地位

第七条 申诉专员在他的前任任期结束时就任，如果在前任的任期结束后当选，则在当选时就任。

申诉专员在就职时，应当在议会宣誓。

第八条 申诉专员在处理案件过程中保持独立，只服从宪法和法律。

第九条 申诉专员的基本薪酬和补贴应当与部长相同，作为高级官员的补充薪酬是部长级高官的补充薪酬的 1.5 倍。

申诉专员有权每年休假 40 个工作日。

第十条 关于申诉专员的社会保险待遇，应适用公务员的相关法规，根据公务员法律的相关附则规定，议会专员办公室承担雇主的义务。

申诉专员的任期，应被包括在雇佣的时间内，并据此计算服务时间，决定退休金额。

豁　免

第十一条 申诉专员享有同国会议员一样的豁免权。

国会议员豁免的程序性规则同样适用于申诉专员。

中止豁免权应当经议会 2/3 的多数票表决通过。当豁免权受到侵害时，议会议长应当采取必要的措施。

第六章　申诉专员任期的终止

第十五条 以下情形发生时，申诉专员的任期应当终止：

（a）任期届满；

（b）死亡；

（c）辞职；

（d）声明存在利害关系；

（e）免职；

（f）开除；

在上一款（a）到（c）项的情形中，应当由议会议长确认申诉专员任期的终止。(d) 到 (f) 项的情形，则应当由议会决定申诉专员任期的终止，经 2/3 以上的议员投票表决才能宣布任期终止。

辞职必须以书面的形式交由议会议长。自辞呈中所标识的日期之日起，申诉专员的任期终止。同意声明并不是辞职生效的必备条件。

在申诉专员当选后 30 日之内未能终止其已有利害关系，或在其活动中出现了利害关系，根据议会中任一议员提出的书面提案，并且在质询对该利害关系事项负责的委员会后，在收到提案的 30 日之内，如果有 2/3 以上的议员投票同意，议会应当宣告利害关系确实存在。在处理利害关系的程序中，如果申诉专员终止了和自己有关的利害关系，所确立的利害关系应当被忽略。

如果申诉专员不能胜任其职责，在任期开始后 90 日之后，即可被弹劾去职。任何议会议员都有权提出罢免。在被罢免的情形下，申诉专员有权获得 3 个月的特殊薪酬。

如果申诉专员因自己的过错在任期内超过 90 日不能胜任其职责，将会被开除而终止任期，包括故意逃避申报资产的义务或在资产申报时故意虚报重要的数据或事实，或者被终审判决判处刑事罪行。在审查缘由后，议会中的利害关系处理委员会将作出开除决定。

申诉专员的调查程序和调查措施

第十六条 任何人认为权力机关（第二十九条第一款）或者提供公共服务的机构（以下都与“权力机关”联用）的行为导致了与投诉人基本权利相关的不当情形，在穷尽了所有的行政法律救济方式后（但不包括对行政决定的司法审查），或者没有任何法律救济方式的情况下，都可以诉诸申诉专员。

在第一款所列举的情形发生时，为了终止影响基本权利的不当行为，申诉专员必须依法履行自己的职权。

任何人向申诉专员递交申请书不需要负法律责任。

如果投诉人在投诉书中明确要求，申诉专员不得泄露其身份。任何投诉人都不得因其向申诉专员投诉而陷于不利的处境。

第十七条 除本条第二款所包含的例外情形，申诉专员应当检查递交给他的投诉书，并在本法框架内自行选择有针对性的措施。

如果在申诉专员的裁决中认为投诉书中所涉及的不当行为不是很重要，那么他就没有义务调查投诉，同时通知提交投诉书的人。

在 1989 年通过的第 31 号法案正式生效后，申诉专员的调查权扩大至程序事项。

投诉人应在行政最终决定作出之日起 1 年之内向申诉专员递交投诉书。

法院已经对此决议启动司法审查程序，或者已经作出终局决定时，申诉专员不得继续调查案件。

第十八条 对于没有因上诉而终止的案件，除非有其他的单行法的规定，申诉专员可以进入地方行政机关。为了能够行使其权力，申诉专员可以在部长的监督之下进入匈牙利军队、国家安全部门、警察和执法部门的活动区域，但这种监管并不产生控制的效果。

申诉专员可以要求任何行政机关提供与其调查的作为或不作为有关的数据、信息等情况，此外，他还可以检查文档，并要求呈送该文档，如果不能呈送原件，可以提供副本。

申诉专员可以听取他所调查案件的主管官员或者负责行动的机关的任一雇员的意见。申诉专员还可以向有关机关的领导、该机关的监督机构的领导或者法律规定的其他授权机关的领导进行询问。

在调查中，申诉专员可以要求任一行政机关提供书面的解释、声明、信息或意见，以及根据本法案非国家机关的其他组织的意见，或者该机关组织内任职人员的意见。

国家秘密和公共秘密并不会阻碍申诉专员行使本章规定的权力，但是，相关的保密条款仍然对他有约束作用。即使申诉专员的任期结束，他也应当承担保密的义务。

在行使本章规定的权力的过程中，申诉专员所处理的与调查和申请相关的个人信息应以必要为限。申诉专员应当在一定程度以内，为了一定时期的调查工作的必要，处理个人信息。申诉专员有权公布他的调查结果。

在符合本法规定的限制条件下，申诉专员还有权查阅匈牙利军队、国家安全部门公共事务机构、公安机关、匈牙利税务调查机关、金融管制行政办公室、海关和财政监督部门、公诉人办公室调查机构的文件。

如果某个质询或者通知与申诉专员向匈牙利军队、国家安全部门公共事务机构、公安机关、匈牙利税务调查机关、金融管制行政办公室、海关和财政监督部门、公诉人办公室调查机构所收集的机密信息存在关联，申诉专员在起草关于他的答复的时候应当采取适当的方式，根据在个案中从上述列举的机构所收集的机密信息而得出调查结论，但不得泄露该信息。

本法令的附则应该包含匈牙利军队、国家安全部门公共事务机构、公安机关、匈牙利税务调查机关、金融管制行政办公室、海关和财政监督部门、公诉人办公室调查机构的文档，申诉专员不能直接检查它们。然而，如果申诉专员认为有必要检查附则中所列文档以彻底揭露事实，可以向相应的部长提出申请进行查阅，如果涉及部门为国家安全部门，则向安全部门主管提出申请，如果涉及部门为检察机关，则向首席检察官提出申请。被申请人有义务处理申诉专员要求的询问，或敦促询问得到处理，并且在 50 日之内通知申诉专员结果。

在听证过程中，如果出现如下情形，根据本条第三款接受问询的人可以拒绝回答，或者根据本条第四款之规定发出声明：

（1）根据民事诉讼法的规定，作为申诉专员行动基础的投诉书所涉及的人是他的亲属或者配偶。

（2）在回答或者作出声明的过程中，根据民事诉讼法典，他必须在相关问题中自证其罪、或说明其亲属、配偶实施了犯罪行为。

如果根据本条第二、三、四款中所列举的权利，申诉专员要求查询数据（信息、解释等），被请求的机关有义务在申诉专员规定的截止期限之前（该期限不得少于 15 日）满足其请求，本法另有规定的除外。

第十九条 申诉专员应当将调查结果和所采取的最终措施通知

投诉人。

申诉专员应当驳回明显无事实根据的投诉书，以及没有新事实和新证据而反复递交的投诉书，并且他也会驳回非经授权一方提交的投诉书和匿名投诉书。所有情形下的驳回都应有正当理由。

申诉专员应当将与案件相关但其没有管辖权的投诉书移交给有权的机关，同时告知投诉人。

第二十条 如果申诉专员根据已经完成的调查，得出结论认为关于基本权利的不当行为确实存在，他会向作出不当行为的机关的监督机关就救济问题提出建议，同时提交所涉机关的相关信息。监督机关应在收到建议之日起30日内告知申诉专员自己对于该建议中所涉及问题和所采取措施的看法。

如果监督机关不同意建议的内容，申诉专员在收到答复后50日之内，应当告知监督机关自己对于该建议维持、修改或者撤销等主张。

如果申诉专员修改了建议，就将要采取的措施而言，修改后的建议应当视为一项新的建议。

涉及政府、自治的公共行政机构、政府办公室的成员之时，申诉专员应当向作出不当行为的机关提出处理建议。

第二十一条 如果根据所获得的资料，作出影响基本权利的不当行为的机关能够凭借自身的能力终止不当行为，申诉专员可以和该机关的有关领导一起着手对不当行为进行救济。这种救济同样也可以由申诉专员直接（通过电话、口头的方式等）要求作出；在此情况下，申诉专员提出要求的期限、方式和内容应当记录归档。

相关机关应当在收到申诉专员要求之日起30日内告知申诉专员其对该要求和措施的看法。

如果被请求的机关（第二十条第四款所规定的机关除外）不同意申诉专员发出的意见，他应当在本条第二款规定的截止期限届满前，将附有其意见的方案提交该机关的监督机关。监督机关应当在收到陈述后30日告知申诉专员其意见和所采取的措施。

此外，第二十条第一款到第三款的规定原则上也适用于监督机关和申诉专员的进一步行动，并且，申诉专员应当以建议的方式告知监督机关，其发出的意见是否进行了修改。

第二十二条 申诉专员可以基于以下理由向宪法法院作出提议：

（1）对有关政府管理的立法、其他法律文件的违宪性进行事后的事实审查；

（2）对有关政府管理的立法、其他法律文件和国际协议是否相冲突进行审查；

（3）（已废止）

（4）因违宪而终止的行为本身存在疏漏；

（5）宪法条款的解释。

第二十三条 根据某部单行法的规定，申诉专员可以向首席检察官提起对某个检察官的抗议。

首席检察官应在60日之内通知申诉专员其对该抗议的意见和采取的最终措施。

第二十四条 在调查过程中，如申诉专员有充分理由怀疑存在违法违纪行为，可以和主管机关一起启动程序直接要求处理；另外，在申诉专员认为存在刑事犯罪的情形下，他也可以采取同样的措施。除非其他单行法律另有规定，被请求的机关应当在60日内告知申诉专员其对于启动该措施的意见，并在该程序结束后30日内通知最后调查结果。

第二十五条 若根据申诉专员的观点，与基本权利相关的不当行为是由于不必要的、明确的行政立法中的条款、政府的其他法律文件产生，或者是由于在特定问题上的法律规定的欠缺（不足）而造成的，为了在将来避免这种不当行为的发生，他可以向被授权立法的机关或者被授权制定这些文件的机关提议，修改、废止或者颁布法定文件（政府的其他法律文件）。被请求的机关应当在60日内告知申诉专员观点，以及所欲采取的最终措施。

第二十六条 如果被调查的机关没有能形成自己的观点，也没有采取相应的措施，或者如果申诉专员不同意有些观点和所采取的措施，他应当在其向议会提交的年度报告中阐述该情况——如果存在本条第二款规定的例外情况，他可以要求由议会调查该案件。如果根据其评估，这一不当行为极其严重，或者会给很多人造成不利的影响，他可以在提交年度报告之前，要求议会把对该事件的争议提上会议日程。议会应当决定是否将该议题提上日程。

根据第一款的情形，如果申诉专员采取了第二十二条所规定的措施，或者在第二十五条规定的情形下向议会提出申请，申诉专员应当表明他将采取的措施和被请求机关所采取的或未采取的措施。

在第一款规定的情形下，如果不当行为出现于匈牙利军队、国家安全部门公共事务机构、公安机关有关的行动中，并且它的公开将会影响国家秘密或公共秘密，申诉专员应当将这一情况随年度报告一起递交，或者如果不当行为极其严重并且会影响很多人，在年度报告之前，随机密报告一起递交给主管的议会委员会。该委员会将在封闭会议中决定是否将该议题提上会议日程。

申诉专员的年度报告

第二十七条 申诉专员应就行动中的实际情况，向议会作出年度报告——包括在制度框架之内，与官方活动有关的基本权利法律保护的情况，以及接受他的倡议、建议和结果的情况。该报告在每年度第一季度结束时应当提交给议会。

申诉专员的报告以议会的正式决议形式获得通过后，应当刊登在匈牙利的政府公报上。

根据第一款和第二款的规定，特别申诉专员应当提交独立的调查报告。

为了下一代议会专员

第二十七条 A 为了确保对环境健康基本权利的保护，议会将挑选为了下一代议会专员作为特别申诉专员。

为了下一代议会专员由议会挑选，并应符合本法第三条所规定的条件。此外，为了下一代议会专员还需要具备丰富的理论知识或者在环保领域、自然资源保护法领域至少 10 年的实践经验，他们在关涉环境保护、自然资源保护的实施、监督或者环境健康权的实施方面有着丰富的经验。

第二十七条 B 为了下一代的议会专员应当注意、评估和掌控法律条款规定情形的出现，以确保自然环境（以下简称“环境”）

的可持续发展。该专员的责任就是去调查他所意识到的与此相关的任何不当行为，并且采取一般的或特殊的救济措施。

为了下一代的议会专员应当在本法所规定的特殊的职责范围内行使本法规定的申诉专员的权力。

为了下一代议会专员

（1）可以要求非法危害、污染、损害环境（下文中统称为“环境损害”）的个人或组织停止活动；

（2）可以要求主管机关采取相关措施来保护环境；

（3）可以在他职责范围内发布一般性建议或者在个别情况下对特定机关、社会公共机构、当局或者个人发布建议；

（4）可以针对与自然环境情况有关的行政决定开展监督活动，并可以中止行政决定的执行，还可以在司法审查期间作为诉讼参与人介入诉讼；

（5）可以对法定文件的草案和其他与其职责有关的政府动议发表意见，并可以在他职责范围内提出立法建议；

（6）可以掌握长期计划和地方政府在发展、区域规划或者其他的直接影响下一代生活质量的因素的观念，并对其发表意见；

（7）可以针对以环境保护、自然资源保护为主题或者影响人类共同遗产和全人类的国际条约的强制性效果的提议表达意见，可以致力于根据这些国际条约而起草的国情报告的准备工作，此外，他应当留意、估测在匈牙利司法管辖权之下这些条约会出现的问题；

（8）可以在与其职责相关的情况下，对匈牙利在各国政府参加的欧盟机构里所提出的主张进行详细阐述；

（9）可以参加根据与其职责相关的法律条款而举办的强制性公共听证会。

第三款第（3）项所规定的建议信的收件人应当在收到建议信后的30日内作出回应。

尽管收到了为了下一代议会专员的要求，但与国家财政从属部分的相关财产拥有者或者管理者，仍然未能在60日内使针对损害自然环境的个人或者组织的赔偿要求发生法律效力，为了下一代议会专员基于财政预算的考量，可以根据单行法规定的要求，使赔偿要求发生效力。

为了下一代议会专员应当将以下内容告知公众：破坏环境的活动性质和措施、破坏环境的地点及其影响范围，当他提起的诉讼以及建议的内容和话题也包括个人资料时，也可以包括商业秘密。

第二十七条 C 为了下一代议会专员可要求破坏环境的个人或者组织终止破坏性的作为或不作为，并且恢复环境破坏行为之前的环境状况。

破坏环境的个人或组织应该在收到对所采取措施而提出的警告 30 日内回复为了下一代议会专员，或者应为了下一代议会专员的要求在 5 日之内立即采取行动。

如果为了下一代议会专员对所采取的措施以及所提供的信息感到不满意，他可以要求法院禁止个人或组织的破坏环境的行为，责成他们采取必要措施来阻止损害并且恢复破坏环境行为之前的环境状况。

第二十七条 D 为了下一代议会专员可以促使主管机关主动采取措施来阻止破坏环境的活动，并且防止损失和恢复破坏环境行为之前的环境状况。

当局应当立即通知为了下一代的议会专员其所采取的措施。

如果有必要，为了下一代议会专员可以调查被投诉机关的监督机关。

第二十七条 E 为了下一代议会专员对事件作出终局决定之前，决定机关指示执行未经上诉的非终局决定的，如果为了下一代议会专员认为该决定违法并且其执行将导致对环境不可挽回的损失，为了下一代议会专员可以与决定机关一起中止该决定的执行。

第二十七条 F 如果行政机关作出了终局的、可执行的违法决定行政决定，且未经法院审查，如果为了下一代议会专员认为执行该决定会破坏和损害环境的可持续发展，并且在很大程度上对环境损害造成威胁，可以与监管机关一起启动反对该决定的监督程序。

在监督程序中，监督机构应当在 30 天内作出决定，而法人的监督机构应决定其下次会议时作出决定，并且在其决定作出之后的

8 日内通知为了下一代议会专员决定已获通过。

如果监督机关不同意专员根据第 1 款提出的建议，或没有在给定的期限内执行，那么按照行政决定司法审查的规定，为了下一代议会专员可在决定提交 30 日内，或者在第二款规定的最后期限届满之后，启动对行政决定的司法审查。

为了下一代议会专员同样可以根据第一款的规定，在发现问题 30 日之内提议暂停执行行政决定，但不得迟于发布最终处理意见的 180 日之后。

如果在相关活动领域中，有关部门没有监督机构，根据行政决议司法审查有关制度，为了下一代的议会专员可以在发现问题后 30 日内提起关于行政决定的司法审查。议会专员也可以在最终决议公布 180 日内，提议暂停执行决议。

第二十七条 G　关于为了下一代议会专员根据本法所具备职责的公共听证，应当通知该专员参加。应专员要求，相关听证会记录也应提交给他。

在为了下一代议会专员工作职责范围内，他可以提议让地方政府、环保行政机关、自然资源保护机关和其他行政机构召开公众听证会。如果确定要举行公众听证会，同样适用第一款的规定。

第二十七条 H　为了下一代议会专员在履行职责的过程中，可以向可能影响环境状况和利用的任何相关人请求提供信息。

在调查过程中，为了自身调查活动的便利，为了下一代议会专员可以检查与其调查活动相关的文件，要求准备相关文件的副本，并且有权获知个人信息、其他资料、外在环境、事实和活动的相关信息。如果文件中还包含与调查活动主题不相关的资料，而根据证据性质，这些数据又不可能被分离出来，那么，为了下一代议会专员有权知道文件中所有的资料，他应当调查这些与诉讼无关的资料，以确保这些资料与本案无关联性。

在调查的过程中基于调查的便利，如果难以获得调查活动所需的必要资料、环境和事实的相关信息，为了下一代议会专员可以进入任何受不可挽回的环境损害行为威胁的区域和不动产进行调查。

单行法中规定的个人秘密、商业秘密、国家秘密、服务秘密或者其他秘密均不得妨碍为了下一代议会专员行使本条第一至三款规定的权力。但是，除单行法规定之外，有关保密规定对议会专员同样有法律约束力。

涉及国家秘密或服务秘密的数据管理过程中，为了下一代议会专员应该独立行使权力，或者根据他的提议，由其受国家安全防卫部门监控的同事来行使权力。

如果第一至三款中规定的那些信息被申请人、处理文件的人员和不动产的所有人或使用人拒绝配合为了下一代议会专员的工作，为了下一代议会专员应当通过布达佩斯市的市级法院来强制这些合作。在收到申请书 8 日内，布达佩斯市级法院应在庭外诉讼中作出裁决，如有必要可举办私人听证会。法院的这一正式决定不得被起诉。

议会专员办公室

第二十八条 申诉专员和特别申诉专员的行政工作和与职责相关的准备性工作，应由议会专员办公室来完成。

议会专员办公室的组织原则和运作原则应由申诉专员和特别申诉专员协商一致后建立。

申诉专员及其办公室的运作费用和雇员的数量应当在国家预算中单独作出预算。

申诉专员和特别申诉专员协商一致后，有权任免办公室主任和其他职员。特别申诉专员自己决定任免其雇员。

办公室主任的基本薪酬及奖金应和专业的国务秘书相同。申诉专员行使的雇主权利优于办公室主任。

申诉专员可以书面形式授权发布官方文件副本，但该副本不得包含办公室公务人员处理行政事务的信息资料。

补充条款

第二十九条 根据本法的目的，除第二款列举的情形之外，被调查机关应当是：

（1）履行公共行政任务的机构；

（2）在其权限范围内行使公共行政权的机构；

（3）匈牙利军队；

（4）执法机构；
（5）（已废止）
（6）检察官办公室，但不包括其调查机关；
（7）地方政府和少数民族地区的地方政府；
（8）公营公司；
（9）公证人；
（10）县级法院的法警或者一个自治地区的法警。
根据本法的目的，被调查机关不得是：
（1）议会；
（2）共和国的总统；
（3）宪法法院；
（4）国家审计局；
（5）法院；
（6）公诉人办公室，但不包括它的调查性机构。

本法自公布之日起生效。

根据本法的目的，涉及基本权利的不当行为是：侵害基本权利或由此直接产生危险行为，包括作为或不作为。

单行法中对于特别申诉专员可以规定一些不同于本法的规定。

1993 年 LIX 法案的附则

第一条 在有关匈牙利军队的调查过程中，申诉专员不得调查以下事项：

1. 涉及国防的重要发明、与国防建设、国防产品、国防工程、国防能力建设密切相关，并体现其核心内容的文件；

2. 包含匈牙利军队（以下简称“HA”）的军事命令的文件，包括部队级别，军用设施建立、维护和损坏率的数据；

3. 含有在特殊情况下和紧急状态下有关匈牙利军队行动计划的文件；

4. 涉及国家和军队领导指挥系统的文件；

5. 有关匈牙利军队战斗价值、警备系统和军售系统的文件，以及动员情况和战争动员潜力的总体能力的汇总文件，此外，还包括为军事区域的战争所准备的总计划，以及相同或更高水平的军事组织和与整个组织有关的文件；

6. 由负责国防和匈牙利军队的部长掌管的各军事部门之间交流的总体计划，密码本，以及关于其他被发明的、被采用的特殊信息保护方式的文件；

7. 匈牙利军队的详细预算、计算结果和发展的材料；

8. 国防部和其他国家的军队缔结的计划和合作协议，以及其他由双方共同宣布属于国家机密的军事工程的数据；

9. 包含匈牙利军队情报工作和反间谍工作的事务和流程的汇总数据文件。

第二条 在有关国家安全机构的调查中，申诉专员不得调查以下事项：

1. 包含国家安全防卫机构组织运作规则的文件；

2. 与国家安全防卫机构实体与人员相关的机密文件；

3. 人事登记和其他国家安全防卫机构的人事材料，但相关当事人提出书面要求的除外；

4. 涉及与国家安全防卫机构合作的个人的身份资料登记信息；

5. 包含国家安全防卫机构在收集机密情报时使用的手段和方式的技术数据的文件，或者可能泄露使用者身份的文件；

6. 有关计算机技术的数据、位置和运作方式的文件及应用的软件；

7. 有关机密活动，特殊地址及与之相关的官方监督的文件；

8. 有关机密文件保护和技术控制的文件；

9. 在安全保护过程中出现的文件，以及清理身处极其重要和机密的职位的人或提名该职务的人的文件，除非相关当事人提出书面要求的情形；

10. 所有可能让人知道信息提供者身份的文件；

11. 有关国家安全防卫的国际协议；

12. 知悉该文件，就可能侵犯国家安全防卫机构对外国合作者承诺的义务的文件。

第三条 在有关警察机关的调查中，申诉专员不得调查以下事项：

1. 涉及警察机关与国际组织、其他国家警察机关缔结的合作文件，以及在合作中采取的联合措施、数据和信息，并由某个警察机关提供，而缔约一方要求作为国家秘密或者国防机密保护这些数据的；

2. 涉及有关跨国有组织犯罪（包括毒品贸易，洗钱和恐怖主义行为）的侦查和预防的具体承诺的国际警务关系的生效文件和协议；

3. 与警察合作的国家安全防卫机构相关的数据，以及从本法附则第 2 条列明的数据而派生出来的相关数据；

4. 警察安全防卫计划，以及警察所保护的人、物和防卫装备、人员和岗哨的文件。

5. 案件中所涉人员的个人信息，但相关人员提出书面要求的除外；

6. 包含与警察秘密合作的个人身份信息的文件，但合作者认为存在违法行为，并要求进行调查的除外；

7. 包含警察在收集机密情报时使用的手段和方式的技术数据的文件，或者可能泄露使用者身份的文件；

8. 有关警察机密活动的数据、设备、文件和公文，以及有关为政府目的而经常使用的汇总数据；

9. 根据刑事诉讼法的相关规定密封保存的证人的个人信息。

……

第六条 在有关海关和财政缉私机关（以下简称“CFG”）的调查中，申诉专员不得调查以下事项：

1. 涉及 CFG 与国际组织、其他国家海关缔结的合作文件，以及在合作中采取的联合措施、数据和信息，并由某个海关机关提供，而缔约一方要求作为国家秘密或者合作机密保护这些数据的；

2. 涉及有关跨国有组织犯罪（包括毒品贸易，洗钱和恐怖主义行为）的侦查和预防的具体承诺的与 CFG 有关的国际关系的生效文件和协议；

3. 与 CFG 合作的国家安全防卫机构相关的数据，以及从本法附则第二条列明的数据而派生出来的相关数据；

4. 由 CFG 保护的人和物的安全防卫计划，以及 CFG 所保护的人、物，防卫装备、人员和岗哨的文件。

5. 有关 CFG 机密活动的数据、设备、文件和公文，以及有关为政府目的而经常使用的汇总数据；

6. 案件中所涉人员的个人信息，但相关人员提出书面要求的除外；

7. 包含与 CFG 秘密合作的个人身份信息的文件，但合作者认为存在违法行为，并要求进行调查的除外；

8. 包含 CFG 在收集机密情报时使用的手段和方式的技术数据的文件，或者可能泄露使用者身份的文件；

9. 包含有关海关行政机关侦查过程中的设备和操作的汇总数据的文件；

10. 被 CFG 应用的关于消费税密封和税务密封的保护方法的数据，以及与受国际监管的产品和技术的交易、监管计划、监督、担保和军事案件的命令有关的数据。

第七条 在有关检察机关的调查过程中，申诉专员不得调查以下事项：

1. 根据刑事诉讼法的规定应当保密的证人的个人信息；

2. 源于检察机关调查机构在机密信息收集活动中的数据；

3. 进行机密信息收集活动的机关与公诉机构的调查机构合作的有关数据；

4. 进行机密信息搜集工作的组织，在与公诉机关进行合作的过程中所产生的，由本法附件第二条到第六条所列举要点的信息，以及从中总结出的信息；

5. 案件中相关人员的个人材料，但相关人员提出书面要求的除外；

6. 包含与警察秘密合作的个人身份信息的文件，但合作者认为存在违法行为，并要求进行调查的除外。

立陶宛共和国议会申诉专员法

田勇军　译

【翻译说明】

20世纪末以来，行政申诉专员制度在世界上已被很多国家普遍采用，加上北欧诸国行政申诉专员制度的示范和引导作用，因此，在1992年通过的立陶宛宪法第73条中，明确规定建立相应的行政申诉机构。

1994年1月，立陶宛总统签署了议会申诉专员法，该法对申诉专员制度作出了明确规定，但是总统、议会议员、宪法法院、最高法院及其他法院法官被明确排除在监督范围之外。1994年12月8日立陶宛正式成立议会申诉专员公署。1998年12月，立陶宛第二部议会申诉专员法正式生效。该法将军队系统纳入了议会申诉专员的监督范围，其中包括军队、国防部、内务部、国家安全局及其下属机构，同时，对申诉专员行使职权的条件和程序加以修改和完善。2004年11月，立陶宛对1998年议会申诉专员法进行修改。该法将议会申诉专员的任期由4年延长至5年，明确设立议会申诉专员的目的是保护人权与自由。该法也扩大了议会申诉专员的调查范围，将检察官、警察和政府官员的程序性决定的合法性和有效性纳入议会申诉专员调查范围。此外，该法还进一步强化了议会申诉专员所提出的建议的强制效力。现行议会申诉专员法是在2010年5月修订通过的。

为了加强行政监督，立陶宛还在立法、司法、行政等领域设立了多个监督部门。其中包括宪法法院、议会反腐败委员会、议会最高道德规范委员会、行政争端解决委员会、行政法院和设立在内务部的特别调查局等。但是，与这些机构相比，申诉专员的调查、受理形式是多样的、免费的，处理方式是灵活的、广泛的，如检察机关和警察机关的职务活动，包括保障人权活动中的行为都会受到申诉专员的监督。

【法源一】

立陶宛共和国宪法（节选）

1992年立陶宛共和国全民公决通过
（2003年修订）

第四章　议会

第七十三条　议会相关责任人可以对公民就国家或者地方政府官员（法官除外）滥用职权、官僚作风等事项的投诉进行调查。有权据此建议法院对有罪的官员予以解职。

议会相关责任人的权力由专门的法律规定，如果有必要，议会将建立其他类型的申诉机构，该机构的组织和设置由法律规定。

【法源二】

立陶宛共和国议会申诉专员法（全文）

1998年12月3日，第VIII-950号
（最后修订于2010年5月13日，XI-808号）
维尔纽斯

第一章　总　　则

第一条　立法目的

本法是立陶宛共和国议会申诉专员（以下简称为申诉专员）和立陶宛共和国申诉专员办公组织机构（以下简称为申诉专员机构）的职权和活动的法律根据。

第二条　术语

本法有关术语定义如下：

（一）“官僚主义”是指官员不根据事情本身的是非曲直作出

公务行为，而是作出一些不必要的行为或者是故意设置繁琐的手续，应作为而不作为或者迟延作出决定，或者超越职权行为，或者作出其他渎职或者不当行为（如拒绝告知当事人的权利，故意误导或者提供错误的建议等）。官僚主义也包括不实施或者不适当实施法律、法规的工作作风。

（二）“官员”指国家和地方组织或者机构的雇员，以及其他行使公共管理职能机构的雇员；依法被赋予公共管理权力的公共组织和非政府组织的雇员，他们拥有对与其不存在隶属关系的外部相对人的行政管理权；由国家授权，行使国家依法赋予的权力之个人。

（三）“申诉人”意指向议会申诉专员机构就官员滥用职权或者官僚主义提出申诉的自然人或者法人。

（四）“滥用职权”意指官员不依法行使被授予的权力，其作为或者不作为是为了达到个人的目的或者为满足个人私欲（滥用职权、报复、嫉恨、野心、提供非法服务等），超越职权或者专断行为也属于滥用职权。

第三条　议会申诉专员活动的目的

议会申诉专员活动的目的是为了使公民享有以维护人权和自由为己任的公共行政，监督国家机关履行职责以便更好地服务人民。

第四条　议会申诉专员活动的基本原则

议会申诉专员的活动应当遵循下列原则：

（一）尊重个人和国家原则。遵守宪法中规定的国家机关应服务于人民的宗旨，议会申诉专员应该寻求有效途径以确保公民享有良好公共行政服务的权利。

（二）自由和独立原则。议会申诉专员应该独立于任何其他机构。每一位申诉专员在权责方面都是平等的，在其职权范围内行为独立。

（三）责任原则。议会申诉专员的活动向立陶宛国家议会负责。

（四）合法原则。议会申诉专员活动应该遵守立陶宛共和国宪法、本法和其他法律、法规，国际条约以及基本的法律理念。

（五）公平、公正原则。议会申诉专员应该保障所有公民公平、公正地享有权利，无论其民族、种族、性别、语言、出身、社会地位、宗教信仰或政治立场。申诉专员的活动应当客观、公正。

（六）比例原则。在保障人权和自由方面，议会申诉专员应该平衡个人利益与公共利益，在保障个人权利和自由的同时，不得侵害他人的权利和自由。

（七）公开原则。议会申诉专员应该公开其职务活动信息、官员滥用职权和官僚主义以及其他侵害人权和自由的信息。

第二章　议会申诉专员

第五条　议会申诉专员

议会申诉专员首先应该是由立陶宛共和国议会（以下简称为议会）任命的国家公务员，申诉专员旨在保障人权和自由，调查申诉人提起的关于滥用职权和官僚主义的申诉，以提升公共管理质量。

第六条　议会申诉专员的任职资格

每一个立陶宛共和国的公民，只要具有高尚的道德品格，具有法学学士或硕士学位，或者毕业于大学法学专业并且有从事 10 年以上法学实践或者教学工作的记录，均有担任议会申诉专员的资格。

第七条　议会申诉专员的任命

（一）议会可以根据立陶宛共和国议会议长的提名任命 2 名申诉专员，任期 5 年。

（二）在议会任命的 2 位申诉专员中，1 位负责对国家机关官员活动的调查，1 位负责对地方机关官员活动的调查。

（三）如果议会申诉专员提前终止职务任期，议会应任命新的议会申诉专员。

第八条　议会申诉专员宣誓

（一）在任职之前，被任命为申诉专员者应该向立陶宛国家宣誓效忠。对于宣誓时的誓词，当事人有权选择下列的一种：

1. “我，立陶宛共和国议会申诉专员，（姓名），发誓效忠立陶宛国家，遵守国家的宪法和法律，忠实履行自己的职责，保障人权、自由和合法利益，始终保持公正，保守秘密。上帝保佑”。

2. “我，立陶宛共和国议会申诉专员，（姓名），发誓效忠立陶宛国家，遵守国家的宪法和法律，忠实履行自己的职责，保障人权、自由和合法利益，始终保持公正、保守秘密”。

（二）（已废止）。

（三）该誓词应该向立陶宛共和国议会议长宣誓。

（四）共和国申诉专员应该在誓词上签字，誓词应该保存于议会。

第九条　议会申诉专员的任期

有下列情形之一的，申诉专员职权终止：

（一）任职期满；

（二）辞职；

（三）死亡；

（四）申诉专员暂时丧失工作能力时间连续超过120日或者在其任职期间的最后12个月内断续超过140日，但所患疾病属于法律规定可以在较长期间内保持任职的除外；或经过医学委员会或者残疾鉴定委员会鉴定已丧失工作能力。

（五）法院确认申诉专员有罪的判决生效；

（六）超过半数的议会议员对申诉专员作出不信任投票。

在本条第一款第（二）和（四）情形下，终止议会申诉专员职务的决定应由议会在议长的建议下作出。

在本条第一款第（四）情形下，议会只能在收到由卫生部长签署的医学委员会的结论时，才能考虑终止议会申诉专员的职务。

在本条第一款第（一）和（二）情形下，议会申诉专员应该继续履行其职责，直到新的议会申诉专员得以任命。

第十条　议会申诉专员执业禁止

议会申诉专员不得再由其他的国家或者地方组织和机构另行任命或者选举，不得受雇于私法主体。议会申诉专员不得接受除工资外的任何其他薪酬。在高等教育机构、公务员培训机构、非正式成人教育机构从事科学和教育工作的薪酬以及创造性成果所获劳酬除外。

第十一条　提交年度报告

议会申诉专员应该在每年的3月15日向议会提交上年度工作报告，报告应该经过议会的审查，报告全文应该在议会申诉专员办公网站上公布。

议会申诉专员应该定期向媒体公布其活动情况。

第三章　申诉的接受和调查

第十二条　议会申诉专员职权范围

(一) 议会申诉专员应该对被提出申诉的官员滥用职权或官僚主义以及其他在公共行政领域侵犯人权和自由行为进行调查。

(二) 共和国总统、议会议员、总理、政府（指政府整体)、国家元首、宪法法院和其他法院的法官，地方委员会（指委员会整体）均不在议会申诉专员的调查权限范围之内。

(三) 检察官作出的程序性决定的合法性和有效性问题以及对审前事项进行的侦查行为均不在议会申诉专员的调查权限范围之内，但是，如果是关于检察官和审前侦查官员的行为侵害了人权和自由的申诉，则属于议会申诉专员的调查权限范围。

(四) 议会申诉专员不得调查因劳动法律关系引起的申诉，以及对法院的判决、裁定和决定的合法性和有效性提起的申诉。

第十三条　申诉的提起

(一) 公民在认为其权利和自由受到官员滥用职权和官僚主义侵害时，有权向议会申诉专员提起申诉。

(二) 议会申诉专员还有权调查由议员送交的符合本法第十四条所规定的条件之申诉。

(三) 申诉原则上应该以书面形式提出。如果申诉是由口头、电话提出的或者是议会申诉专员通过媒体或者其他途径了解到的官员滥用职权、官僚主义或者侵犯人权和自由的行为，议会申诉专员可以自行启动调查程序。

(四) 无论口头或者书面形式的申诉，如果内容不是针对行政官员的申诉而是要求作出解释、提供信息或者文件等，则不应按照申诉对待。

第十四条　申诉要求

应该包括如下内容：

（一）收件人——议会申诉专员官员机构（申诉专员）；

（二）申诉人的全名和地址；

（三）被提起申诉方官员的全名和职务，该官员所隶属的机构或者组织；

（四）被申诉的行为或者决定，被申诉行为或者决定作出的时间和具体情形；

（五）明确的申诉要求；

（六）申诉人提交申诉状的日期和申诉人的签名。

附于申诉状的材料可能还包括：

（一）被申诉的决定书；

（二）可提供的证据或对证据的描述；

不能以申诉不符合本法本条第一款规定的形式或者没能够提供某些特定内容为由拒绝对申诉进行调查，匿名申诉且调查因缺乏有效的事实而无法展开，或经申诉专员的催告仍不能提供相关事实的，或申诉不合法的除外。

第十五条　提起申诉的期限

提起申诉的期限是自被申诉行为或决定作出后1年内。对于超过期限提起的申诉，除申诉专员认为确有必要外，不予调查。

第十六条　匿名申诉

匿名申诉除申诉专员认为确有必要外，不予调查。

第十七条　拒绝调查申诉

如果出现下述情况，申诉专员应自收到申诉之日起7个工作日内对申诉作出拒绝调查决定并告知申诉人：

（一）申诉专员认为该申诉没有实质意义；

（二）申诉的提起超过本法第十五条规定的期限；

（三）申诉所涉事项不属于申诉专员调查职权范围；

（四）申诉相关事项已经得到解决或者已经向法院提起诉讼；

（五）对申诉相关事项已经启动了审前调查程序；

（六）申诉专员认为该申诉事项由其他组织或者机构调查更为

适宜。

如果决定拒绝对某项申诉进行调查，必须说明拒绝调查的具体原因。在申诉不属于申诉专员职权范围的情况下，作出拒绝调查的同时应当告知申诉人有权受理其申诉问题的机构或者组织。

在调查实施后重复提起的申诉将不被调查，但新情况或者新事实出现的除外。如果申诉人滥用申诉权，申诉专员可以决定停止联系该申诉人。

如果在对申诉调查的过程中出现本条第一款规定的情形，则对该申诉事项的调查即行终止。

如果申诉人没有提供相应的信息，从而无法启动对申诉的调查，或者是申诉书的字迹不清难以辨认，申诉调查程序不予启动。

如果申诉专员收到申诉者停止调查的申请，则应停止调查程序。申诉专员也可以决定自行调查。

第十八条　申诉调查时限

对申诉必须进行调查并应自收到申诉之日起 3 个月内答复申诉人，在案情复杂、所涉信息量极大或者是被申诉行为有连续性的情形下，可以延长调查时限。申诉专员延长调查时限的决定应该告知申诉人，申诉调查时间应该尽可能缩短。

第十九条　申诉专员的职权

申诉专员在履行职责时享有下列职权：

（一）要求迅速提供与其履行职责相关的信息、资料和文件，有权依法定方式获取涉及国家、某些专业领域、商业或者银行业的秘密信息以及包含受法律保护的个人信息的文件。为保障其职权的行使，警察机关应当予以必要协助，对获取的文件信息应当列出适当的清单。

（二）如果公民被某个组织或机构（企业、服务业或者某种组织）限制在某一个场所长达 24 小时甚至更长，申诉专员可以持工作证明，在一天的任何时间，进入该组织或机构，不受限制地会见和询问该公民。如果进入法定组织或机构的场所，应该由该机构或组织工作人员陪同。

（三）要求被调查官员对其行为作出书面或者口头解释。

（四）询问官员及其他人员；

（五）参加议会、政府以及其他国家和地方机构和组织召开的与申诉专员活动有关或者与其调查的事项有关的会议。

（六）获得政府机构、部委或者地方当局的官员以及地方机构的官员和专家的协助和支持。

（七）将严重的违法或者不当行为、与法律相抵触和不符合法律要求的行为或其他违法行为等告知议会、中央或地方政府的部门或机构。

（八）向议会、国家或者地方机构和组织提出修改限制人权和自由的法律、法规的建议。

（九）对不遵守议会申诉专员要求的行政违法行为或干涉议会申诉专员履行职权的行为作出记录。

（十）请求行政法院就行政法规（或其部分）或者政府决定的合法性进行审查。

（十一）就法律、法规是否符合立陶宛共和国的宪法和法律的规定，请求议会向宪法法院提出审查建议。

（十二）如果发现存在犯罪的情况，把相关材料提交审前调查机构或者检察官。

（十三）向法院申请免去滥用职权或因官僚主义而构成犯罪的官员的职务。

（十四）向合议庭或有关行政官员建议废除、暂停或修改那些与法律、法规相冲突的决定，或者建议采纳那些因为滥用职权或官僚主义而没有被采纳的决定。

（十五）向合议机构、机构首长或者某些上级组织或机构提出建议，对那些作出错误行为的官员实施纪律制裁。

（十六）建议检察官根据法定程序向法院提起保护公共利益的诉讼。

（十七）提醒行政官员对公务过失、违反法律或者法规、违反职业道德、滥用职权、官僚主义或侵犯人权和自由的情况予以关注，建议采取措施消除违法行为和产生违法行为的诱因。

（十八）建议以法定方式对官员违法行为给当事人所造成的物

质和非物质损害予以补偿。

（十九）向议会、共和国总统或总理通报部长的违法行为或者其他向议会、共和国总统或者政府负责的官员的违法行为［本法第十二条第（二）所列人员除外］。

（二十）向高级官员道德委员会建议评估有关官员是否违反了《公共服务中公共利益和私人利益调节法》。

（二十一）对不属于申诉专员职权范围内的申诉不予调查，但是可以向有关组织或机构提出适当建议以提高公共管理水平，避免侵害人权和自由。

申诉专员可以在出具调查报告后 1 个月内，向法院建议对滥用职权或官僚主义构成犯罪的官员予以免职。

第二十条　议会申诉专员提出的要求之拘束力

（一）有关官员必须根据议会申诉专员的要求提供其履行职责的相关信息、文件或资料。

（二）在对申诉事项进行调查时，议会申诉专员有权要求被调查的官员在规定的时间内作出解释。

（三）收到申诉专员建议的组织和机构或者官员，应该就该建议进行调查并将调查结果呈报申诉专员。

（四）干涉议会申诉专员职务活动的人应依法承担法律责任。

第二十一条　申诉调查

申诉专员调查申诉事项，出具调查报告对所调查到的内容和搜集到的证据进行陈述，并对被调查官员的行为作出法律评估。调查报告由申诉专员签字。申诉专员调查报告应该送达申诉人并且在申诉专员办公网站上公布。该调查报告还应该提交被调查的组织或机构的首长或者被调查官员本人，同时，如果有必要，还应提交上级组织或机构以及相关的组织或机构的首长。如果调查报告内容涉及国家、官员、商业或者银行等方面的秘密或受法律保护的个人信息，则可以不必全文提交和公布。

第二十二条　申诉专员的决定

申诉专员在完成申诉调查后，应作出如下决定：

（一）宣布申诉有理；

（二）驳回申诉；

（三）停止申诉调查。

处理申诉超过规定的期限，申诉专员将会受到纪律处分，但调查申诉事项所耗费的时间不计算在法律规定的时限内。

如果申诉事项所涉情形在调查过程中已经不复存在或者申诉问题在申诉专员的调解下已得到很好解决，以及符合本法所规定的其他情形，则应当停止申诉调查。

第二十三条　对国家、他人秘密或者其他秘密的保护义务

议会申诉专员或者议会申诉专员机构其他工作人员，对其行使职权过程中获悉的依法属于国家秘密、专业秘密、商业或者银行的秘密以及个人秘密的信息具有保护义务。

第四章　议会申诉专员署

第二十四条　议会申诉专员署

议会申诉专员机构属财政列支的独立国家机关，是独立法人，具有专属的银行结算账户和印章，印章上应刻有立陶宛共和国国徽和“立陶宛共和国申诉专员署”字样，由国家财政支持。议会申诉专员机构负责人负责印章的使用和保管。

第二十五条　议会申诉专员署的构成

（一）议会申诉专员署由申诉专员、一般公务员和其他雇员构成。

（二）议会申诉专员署由其负责人直接领导。负责人缺席时由其他申诉专员代行其职务。

（三）议会委员会应该规定在议会申诉专员署中，根据劳动合同雇佣的由国家财政或政府基金支付薪金的公务员和其他雇员的最高人数。

（四）议会申诉专员可以聘请顾问。顾问为国家公务员。立陶宛国家的公民，只要具有法学学士或者硕士学位，或者接受法学本、硕连读教育者，均可成为议会申诉专员顾问。

第二十六条　（已废止。）

第二十七条　（已废止。）

第二十八条　议会申诉专员署负责人的职责

（一）由议会议长提名，议会可以任命1名首席申诉专员担任申诉专员署负责人。

（二）议会首席申诉专员是国家财政对该机构所拨款项的负责人。

（三）除了直接职责外，议会首席申诉专员还具有下列职权：

1. 作为议会申诉专员署的法人代表并组织本机构工作；

2. 批准议会申诉专员署的组织结构，规定其内部机构的组织结构和功能，确定申诉专员署工作人员，批准本机构的规章制度。

3. 依据法定程序任免本机构的公务员和其他雇员；

4. 根据劳动合同，设定雇员的薪水标准；

5. 批准本机构的职员和雇员的假期，派遣他们出差、接受培训；

6. 对职员和雇员的在职培训作出相关规定；

7. 对职员和雇员进行纪律惩戒；

8. 组织起草并提交本机构向议会提交的年度工作报告。

（四）议会首席申诉专员负责签发其职权范围内的有关命令。

第五章　对议会申诉专员活动的保障及其他有关保障措施

第二十九条　议会申诉专员的薪酬和社保

（一）议会申诉专员的薪酬及发放形式应该由《国家公务员及政务人员薪酬法》作出规定。

（二）议会申诉专员依照《立陶宛社会保险法》的规定享受社会保险保障。

（三）议会申诉专员每年享有28天的假期，如果该申诉专员在立陶宛国家的公共服务机关的任职年限超过5年的，可以在其后的3年公共服务任职期内再额外给予每年3天假期。但是每年的假期总数不能超过42天。

（四）对任期届满的申诉专员额外支付其相当于2个月薪水的卸任金。如果申诉专员由于健康原因不能履行职责而被解职的，享有3个月薪水的卸任金。如果申诉专员死亡，其家属将得到相当于其3个月薪水的死亡补偿金。上述开支将从国家财政拨付给议会申诉专员机构的经费中列支。但在下述情况下，申诉专员将不能获得卸任金，即申诉专员主动辞职、确认申诉专员有罪的判决生效、对申诉专员不信任投票由半数以上议员通过。

（五）任期届满的议会申诉专员，除因其有罪判决生效或者对其不信任投票获得半数以上的议员通过外，有权依据《立陶宛共和国公共服务法》规定的程序恢复其原有工作。

英国议会监察专员法

刘　慧　译

【翻译说明】

英国的议会监察专员制度始于1967年颁布的《1967年议会监察专员法》，该法是英国议会监察专员的主要依据，对议会监察专员的任用，案件调查范围、程序、方式，调查结果的处理、报告等作出了详尽规定。《1967年议会监察专员法》适用于英格兰及威尔士，并有专门对北爱尔兰适用的条款规定，但不适用于苏格兰地区。

1967年议会监察专员法

该法规定了议会监察专员的任命及职责，此类专员负责对代表王室所为的行政行为进行调查及其他相关工作。

1967年3月22日

议会行政监察专员

第一条　任命和任期

(1) 为了依据该法执行调查，需要任命1名专员，也即议会行政监察专员。

(2) 女王可以随时通过专用委任状委任某人为专员。

(2A) 被委任为专员的人应当担任公职直到任期结束。

(2B) 任期不能超过7年。

(2C) (2A) 款在第 (3) 款和 (3A) 款另有规定时除外。

(3) 被委任为专员的人——

（a）可以向女王辞职，或

（b）可以其行为不当为理由，经议会两院共同决定并由女王免职。

（3A）如果该专员因为健康因素出现如下情况，女王可以宣布该专员离职：

（a）无法胜任他的工作，且

（b）主动要求离职。

（3B）被委任为专员的人不能再度委任。

（4）（已废止。）

（5）（已废止。）

第二条　薪金与退休金

（1）申诉专员的薪金应等同于国家行政机构类似职位的薪酬，下议院可以随时通过决议来决定；根据这一条款所作出的决议自通过之日起生效，或自决议具体规定的其他日期起生效。

（2）在根据上文条款（1）所作出的决议生效前，专员的薪金应等同于行政系统中的常务副大臣。

（3）专员的退休金和其他退休福利根据本法附表 1 的规定确定。

（4）支付给申诉专员的薪金应扣除其之前在英国或其他地方被任命或被选举担任公职时支付给他的退休金金额；

（4A）为了上述附表 1 的目的计算申诉专员在任的薪酬时，无须考虑：

（a）依据上述第（4）款对薪金所作的扣除；

（b）为了国家利益对薪金的暂时扣除，以及

（c）自愿全部或部分放弃其薪金。

（5）本节规定的任何薪金、退休金或其他福利都由全国统一财政支付、发放。

第三条　行政规定

（1）专员可以根据财政部批准的人数和任职条件委任工作人员。

（1A）专员可以委任、雇佣中介机构或其他合适的人，协助专

员依据本法进行调查。

（2）本法所规定的专员的任何职能，均可以交由专员为实现特定目的授权的任何官员履行，威尔士公共信息专员的职员或英格兰公共卫生专员的官员也可根据这样的授权来执行职能。

（2A）为了执行一个与本法案 11ZAA 款相关的联合调查，本法案规定的专员的任何职能都可以由专员为特定目的而授权的人行使，从而履行或协助履行地方专员的某一职能。

（3）本法案所规定的专员开支应从议会提供的资金中支付，该开支金额须经财政部批准。

第三条 A　代理专员的委任

（1）专员职位空缺时，在任命新的专员之前，女王可以依据本节在空缺起 12 个月内的任何时间委任一人充当专员。

（1A）委任充当专员的人（代理专员）可以以专员的身份主持工作。

（1B）委任为代理专员的人应符合专员的委任条件，除非他曾经担任过专员。

（2）被委任为代理专员的人应根据下列条款，按照女王的意愿任职：

（2A）代理专员需任职直到委任新的专员，或自空缺之日起 12 个月期限届满；并且

（2B）同时符合财政部决定的关于委任的相应条款和条件。

（3）被委任为代理专员的人在任职期间除了本法第一条、第二条和本条规定之外，和专员享有同样待遇。

（4）依据本条所应支付的薪金、退休金和其他福利应由全国统一财政支出、发放。

专员的调查

第四条　接受调查的部门

（1）在符合本条规定和附表 2 所含注释的前提下，本法适用于附表 2 所列的政府部门、公司和非法人团体；并且本法所指的当局也包含任何类似的公司和团体。

（2）女王可以通过枢密院令变更、删除、新增任何条款或注

释，借此修改本法的附表2。

（3）枢密院令只在以下情况可以新增条款——

（a）枢密院令

（i）与一个政府部门有关；或

（ii）与代表王权行使职能的公司或团体有关；或

（b）枢密院令与一个公司或团体有关——

（i）该公司或团体依据女王的特权、或议会的法令、或枢密院令、或根据议会法令颁布的令状成立，或者通过另一种方式，由内阁大臣依其职权设立或由某政府部门设立；

（ii）其收入至少有一半直接来源于议会提供的资金、法令授权的税收、经过同样授权的其他收费，或者不只其中的一个来源，并且

（iii）该公司或团体全部或部分由女王、大臣或政府部门任命的人组成。

（3A）议会监察专员不得调查由威尔士公共服务专员依据《威尔士公共服务专员法2005》调查的行为。

（3B）不得新增——

（a）与苏格兰政府的任何部分有关的条款；

（b）与任何苏格兰政府当局综合职能或未保留职能有关的条款，其职能的含义规定于《苏格兰1988年法案》；或者

（c）与苏格兰议会法人团体有关的条款。

（4）若某公司或团体的唯一或主要活动包括在下面第（5）款所规定的具体活动之中，则不得新增关于该公司或团体的条款。

（5）上文第（4）款提及的活动有——

（a）提供教育或提供培训的行为，但依据《1982年工业培训法》进行的除外；

（b）课程开发、进行考试或批准教育课程的行为；

（c）对职业准入的控制，以及对职业成员行为的管理；

（d）针对公共机构就个人或团体提出的投诉进行调查或其后步骤所进行的监督或审查。

(6) 仅仅或主要以商业方式运营的公司或团体，经营或部分经营一个行业或事业的国有公司，不能设立与之有关的条款。

(7) 依据两院中任何一院的决议可以废除根据本节作出的任何行政条例或命令。

(8) 在本法中——

(a) 适用本法的政府部门，也包括该部门的部长大臣们和官员；并且

(b) 适用本法的权力机构，也包括该权力机构的所有成员和官员。

第五条　应受调查的事项

(1) 在符合本条的规定下，针对适用本法的政府部门或其他权力机关在行使其行政职能时采取或由他人代理的任何行动，则专员在以下情况下可以进行调查——

(a) 公民向下议院议员提出书面申诉，认为行动存在行政失当，使其遭受不公平待遇；并且

(b) 该申诉在申诉人的同意下被下议院议员提交给专员，要求之后立即调查。

(1A) 以下情况适用本条 (1C) 款——

(a) 公民向下议院议员提出书面申诉，声称有人未能对公众成员履行其有关职责，并且

(b) 该申诉在申诉人的同意下被下议院议员提交给专员，要求之后立即调查。

(1B) 本条 (1A) 款中的有关职责依据下列规范设定——

(a)《2004 年家庭暴力、犯罪和受害人法》第三十二条发布的业务守则 (受害人的业务守则)，或

(b)《2004 年家庭暴力、犯罪和受害人法》的第三十五条至第四十四条 (地方缓刑机构关于性犯罪或暴力犯罪被害人的职责)。

(1C) 若适用本条，专员应调查此申诉。

(2) 除下文另有规定外，专员不得依据本法对任何涉及以下事项的行为进行调查——

（a）该行为的受害人有权或曾有权向依据某法令或由女王特权建立的行政裁判所提出上诉、提出意见或申请审查；

（b）该行为的受害人可以或已经在法院通过诉讼的方法来救济。

但是，尽管受害人享有或有过此类权利或救济，如果专员认为在特殊情况下要求被害人诉诸或已经诉诸司法程序是不合理的，专员仍然可以进行调查。

（2A）关于根据《北爱尔兰1982年公平就业和待遇法》对非法歧视提起投诉的权利，适用本条（2）（a）款。该权利就是该款提及的上诉权利、提出意见或申请审查的权利。

（3）在不违背本条第（2）款的原则下，专员不得根据本条第（1）款之规定调查本法附表3列举的任何行为或事件。

（4）女王可以通过枢密院令修改上述附表3，排除枢密院令提及的行为或事项；依议会两院任一院的决议，任何依据本条作出的行政条例或命令应当废除。

（4A）在不违背本条第（2）款的原则下，专员不得根据本条第（1A）款之规定对涉及以下行为的投诉进行调查——

（a）由国务大臣采取或授权的保护国家安全的行为，包括有关护照的行为，或者

（b）本法附表3第1段至第4段以及6A段至11段列举的任何行为或事项。

（4B）女王可以通过枢密院令修改本条的（4A）款，以及排除该款（a）或（b）段中枢密院令规定的行为和事项。

（4C）依据议会两院任一院的决议，任何根据（4B）作出的行政条例或命令都应废除。

（5）在符合本条前述规定的前提下，可以自行决定是否启动、继续或终止本法所规定的调查；并且，投诉是否遵守了本法规定提出，也应由专员确定。

（5A）本条文所称的适用本法的政府部门的行政职能包括依据《苏格兰1998年法案》第九十三条代表苏格兰大臣的部门执行的职能。

（5B）按照本法，专员不得进行任何与苏格兰有关的调查，并且不得调查与《苏格兰1998年法案》所指的由跨边界公共机关施行或代表其施行的保留事项有关的行为。

（6）根据本条的立法意图，上议院大法官任命的法院或裁判所管理人员实施的行政职能是司法部的行政职能，在北爱尔兰是北爱尔兰法院服务处的行政职能。

（7）根据本条的立法意图，相关裁判所行政人员所行使的行政职能——

（a）属于适用本法的政府部门或权力机关；或者

（b）经此部门或机关同意（不论是报酬、服务条件和协议或其他方面）时，将作为该部门或机关的行政职能。

（8）本条第（7）段中“有关裁判所”指的是本法附表4中所列举的裁判所。

（9）女王可以通过枢密院令修改上述附表4，排除枢密院令提及的行为或事项；依议会两院任一院的决议，任何依据本条作出的行政条例或命令应当废除。

（9A）不应在上述附表4中设立有关苏格兰政府非内阁办公室的任何办公室负责人的条文，也不得设立有关《苏格兰1988年法案》所指具有复合职能或无保留职能的苏格兰公共机关的条文。

第六条　关于投诉的规定

（1）根据本法作出的投诉可由个人、法人或非法人团体提出，但下列情况除外：

（a）地方当局，或其他权力机构，或以公共服务为目的的团体，或地方政府，或为了国家所有权而经营的产业或企业，或产业、企业的一部分；

（b）下面（1A）款包括的任何权力机构或团体。

（1A）本款包括下列权力机构或团体：

成员由女王、内阁阁员、任何政府部门、苏格兰大臣、第一大臣或总检察长任命的；或者其收入全部或主要由议会提供资金，或用苏格兰统一财政金库支付应付款项（直接或间接的）。

（2）若依据本法的上述规定提出申诉的人已经死亡或由于任

何原因不能亲自提出申诉，可以由他的个人代理人或家庭成员或其他合适的个人代表其提出申诉；但除此之外，只有由受侵害者本人依据本法提出的申诉才能受理。

（3）申诉必须由权利受侵害人在第一次接到申诉事项的通知之后 12 个月之内向一名下议院议员提出，否则将不予受理；但是如果申诉专员认为有应当调查的特殊情况，专员也可对不在此期限内提出的申诉进行调查。

（4）除了以下第（5）款所述情况之外，只有权利受侵害人居住在联合王国（如果此人已经死亡，则是死亡之时居住在联合王国），或者申诉所涉与其有关的行为是他在联合王国时进行的，或者在《1964 年大陆架法》所指的特定区域的设施上，或者处于在联合王国登记的船舶或航空器上，或者权利义务关系发生、出现在联合王国或此种设施、船舶、航空器上，否则申诉将不予受理。

（5）以下情况，即便不属于上述第（4）款规定也可以依据本法予以受理——

（a）申诉所涉行为在联合王国以外的任何国家或领土上，由官员（非名誉领事官员）代表联合王国行使领事职能；并且

（b）权利受侵害人是根据《1971 年移民法》第二条规定在联合王国有居留权的联合王国或殖民地的公民。

第七条　调查程序

如果专员打算对依据本法第五条第（1）款提出的申诉进行调查，他应当给予有关部门或当局主要官员、申诉中所指的任何实施或授权实施被投诉行为的人陈述的机会，使其能够对申诉中包含的任何主张进行说明。

（1A）当专员打算对根据本法第五条第（1）款提出的申诉进行调查时，他应当给予与申诉有关的人对申诉中包含的任何主张进行说明的机会。

（2）依据本法进行的所有调查都应当是秘密进行的，但除此之外，专员可以采取他认为适合案件具体情况的调查程序；而且，在不损害前一款一般原则的情况下，专员可以通过他认为合适的方式从他认为合适的人那里获取信息，进行他认为合适的询问，决定

调查中任何人可否由法律顾问、事务律师或其他人代理。

(3) 如果专员认为合适，可以向提出申诉的人及为了依据本法进行调查参与或提供信息的人支付下列费用：

(a) 因调查造成的合理支出；

(b) 因误工而产生的津贴。

费用的标准和条件由财政部决定。

(4) 依据本法进行的调查不得影响有关部门或当局的任何行为和与申诉有关的人，也不得影响该部门、当局或个人就遭受调查的事项采取进一步行为的权力或职责；但是，如果权力受侵害人已经被根据《1914年外国人限制法》、《1919年外国人限制法》或《1971年移民法》制定的有效命令驱逐出联合王国，根据专员的指示，权利受侵害人可被准许以调查为目的再次进入并逗留联合王国，但要服从国务大臣指示的条件。

第八条　证据

(1) 为了依据本法第五条第（1）款进行调查，专员认为任何大臣、相关部门或当局的官员或成员，或任何其他人可以提供信息、出示调查有关文件、物件的，可以要求他们提供与调查有关的信息或出示有关文件、物件。

(1A) 为了调查依据本法第五条第（1）款提出的申诉，专员可以要求任何他认为可以提供与调查有关信息或出示与调查有关文件的人提供此信息或出示此文件。

(2) 为根据本法进行的调查，专员享有和法院一样在证人出庭、询问（包括进行宣誓或证实及国外证人的询问）、出示文件方面的权力。

(3) 法律规范规定的保密义务或其他约束的披露限制，不适用于基于本法进行调查的信息披露；王室在此类调查中不具有法律规定在诉讼中享有的出示文件或提供证据方面的特权。

(4) 不得依据本法要求或授权任何人提供与内阁及任何内阁委员会议程有关的信息，或回答与其有关的问题，或出示与这些议程有关的文件；为了本节的目的，经首相批准，内阁大臣签发的证明，证明的有关信息、问题、文件或文件的一部分都是结论性的。

（5）除本条第（3）款规定的情形，不得基于本法的调查权强迫任何人提供、出示任何不能在民事诉讼程序中呈堂的证据或文件、物件。

第九条　妨碍和藐视

（1）如果有人没有合法理由妨碍专员或专员的下属官员依据本法行使职责，或犯有与依据本法调查有关的犯罪（作为或不作为），如果该调查已进入法庭程序，即构成藐视法庭罪，专员可向法院证明此罪。

（2）如果依据本条证明了此罪行，法院可以调查此事，在聆讯过反对或支持被告的证人，听取答辩陈述后，法院可采取与他在法庭犯下此罪行同样的任何方式处理他。

（3）本条规定不得适用于本法第 7 节第（4）款提及的任何行动。

第十条　专员的报告

（1）无论专员依据本法进行调查或决定不进行调查，他都应向提请调查的下议院议员（若其已不是下议院议员，专员可选择其他他认为合适的议员）提交报告，说明调查结果或决定不进行调查的理由。

（2）如果专员依据本法第五条第（1）款进行调查，他必须将调查结果报告给有关部门或当局的主要行政人员，以及申诉宣称实施或被授权实施被申诉行为的人。

（2A）如果专员依据本法第五条第（1A）款对申诉进行调查，专员应当将调查结果送交给其他与申诉有关的人。

（3）如果依据本法第五条第（1A）款进行调查之后，专员认为受害人由于行政失当而引致不公正，但该不公正没有也将无法得到救济，专员可以就该案件分别向两院递交一份特别报告。

（3A）如果依据本法第五条第（1A）款进行调查之后，专员发现——

（a）投诉的相关个人未能履行其本应向受害人履行的相关职责，而且

（b）该失误没有也将无法补救。

专员可以在其认为合适的情况下，就该案件向两院分别递交一份特别报告。

（3B）本节（3A）款的“相关职责”是本法第五条（1B）款所指的。

（4）申诉专员应当每年度向议会两院提交有关他依据本法执行其职能的报告，而且应当随时向议会两院提交他认为合适的关于这些职能的其他报告。

（5）以下信息公开在诽谤问题上绝对豁免：

（a）专员依据本法向议会两院作出报告而公布任何事项；

（b）与专员或其职员有沟通的下议院议员为此目的公布任何事项，或者与议员有沟通的专员或其职员为此目的公布任何事项；

（c）下议院议员把根据本条第（1）款交给他的关于申诉的报告或声明公布给依据本法提出申诉的人；

（d）专员把根据本条第（2）款或第（2A）款提交的报告公布给该款所提到的人。

第十一条　信息保密条款

（1）（已废止。）

（2）专员或其职员不得披露依据本法进行调查，或为开展调查而获得的信息，除非：

（a）依据本法进行调查或在调查之上的任何报告；

（aa）由英格兰公共卫生服务专员或地方专员（或两者兼而有之）调查的事项。

（b）专员或其职员依据本法获得的信息涉及依据《1911年至1989年官方机密法》被指控犯有罪行的诉讼程序，或涉及依据本法进行调查过程中获得的信息被控伪证罪的诉讼程序，或者为了以上诉讼的目的进行的询问；

（c）任何依据本法第九条进行的诉讼程序。

而且不得要求专员及其职员在任何诉讼程序（除了上述诉讼程序）中就依据本法进行调查过程中知悉的事项提供证据。

（2A）如果专员同时担任英格兰公共卫生服务专员，有人以其公共卫生服务专员的身份向其提起申诉，而且该申诉与此人之前或之后依据本法提起的申诉有部分关联，专员及其职员为了履行职责，可以披露在依据本法调查或为了调查申诉过程中获得的涉及另一个申诉的信息。

（3）大臣可以向专员发出书面通知，说明按照其意见，对任何文件或信息或任何批次的文件与信息的披露将有害国家安全或侵害公共利益；如果作出了这样的通知，本法任何规定都不能被解释为授权或要求专员及其官员以任何目的告知任何人通知所指定的文件信息或指定的某等级的文件及信息。

（4）本条关于大臣的部分同样适用于海关专员与内地税收专员。

（5）为施行本条第（2）款规定，信息专员依据《2000年信息自由法》第七十六条第（1）款获取的信息会被当做依据本法进行调查获取的信息，关于这些信息，同时还应参考针对该条第（a）段所作的注释。

第十一A　议会监察专员与其他专员的协商

（1）如果在依据本法进行调查的任何阶段，专员认为投诉部分与威尔士公共服务专员、苏格兰公共服务专员或英格兰公共医疗卫生服务专员所主管的事项有关，则

（a）除非他也担任上述一专员，否则应该与相关专员商议有关投诉；并且

（b）如果他认为必要，可以通知依据《2005年公共服务监察专员法（威尔士）》、《1993年公共医疗卫生服务专员法》、《苏格兰2002年公共服务专员法》提出投诉的人参加。

（2）如果专员根据上述第（1）款与威尔士公共服务专员、苏格兰公共服务专员或英格兰公共医疗卫生服务专员协商依据本法提出的有关投诉，他们也可协商与投诉有关的任何事项，包括——

（a）对该投诉进行调查的任何行动；以及

（b）调查结果报告的形式、内容和公布。

（2A）如果一个职权机关适用本法，同时也是《2002年苏格兰公共服务专员法》所列的适用机关，专员必须与苏格兰公共服务专员在行使有关职权时在适当范围内合作。

（3）本法第十一条第（2）款专员或其职员在依据本条进行协商的过程中不应进行信息披露。

第十一ZAA 议会监察专员与其他专员之间的协作

（1）如果专员在依据本法进行调查的任一阶段认为投诉部分与——

（a）英格兰公共医疗卫生服务专员；

（b）地方专员；

（c）或二者共同所辖事务有关，除本条第（2）款另有规定外，他应当与该专员（们）依据本法联合调查。

（2）专员进行本条第（1）款所指的联合调查前须取得受害人或依据本法第六条第（2）款的代表人同意。

（3）如果专员认为某事项是——

（a）英格兰公共医疗卫生服务专员；

（b）地方专员；

（c）或两者共同调查事务，且该事项与其管辖有一定关系，除了本条第（4）款另有规定外，专员会依据本法与该专员（们）就该事项进行联合调查。

（4）除非已经依照本法第五条作出了有关事项的投诉，否则专员不会依据本条第（3）款与其他人联合调查。

（5）如果专员与其他人进行联合调查，第十条的要求（就专员依据本法进行调查的个案有关）则为与联合调查人共同作出报告。

（6）除了识别政府部门或其他有关当局之外，专员和地方专员依据本条第（5）款准备的报告不得——

（a）提到任何人名，或

（b）包含任何专员和地方专员认为可能辨别出任何人的细节，

除非，不但考虑投诉人和其他人利益而且也考虑公共利益，专员和地方专员认为有必要将人名等细节包括在报告内。

（7）本条第（6）款的规定并不阻止报告——

（a）提到名字，或

（b）包含细节。

伦敦市长或伦敦议会成员。

第十一 AA　议会监察专员向信息专员的信息披露

(1) 如果信息涉及下列情形，专员依据本法或为了本法的施行，专员可以向信息专员披露任何其获取的或向其提供的信息：

(a) 事项关于信息专员行使任何由以下授予的职权：

(i)《1988 年数据保护法》第五部分（强制执行）；

(ii)《2000 年信息自由法案》第 48 条（实践建议）；或

(iii)《1988 年数据保护法》第四部分。

(b) 因违反下列规定犯下的罪行：

(i)《1988 年数据保护法》的任何规定，除了附表 9 的第 12 节（阻碍执行令）；或

(ii)《2000 年信息自由法案》第七十七条（变更记录意图阻止披露罪）。

(2) 本法第 11 条第（2）款的规定不得适用于依据本条涉及的信息披露。

第十一 B　犯罪伤害赔偿计划

(1) 基于本法意图，犯罪伤害赔偿计划的执行者可行使的行政职能（简称“计划职能”）应当被视为适用本法的某一行政部门的行政职能。

(2) 为了本条的施行，以下是计划的管理员：

(a) 依据《1995 年暴力伤亡赔偿法》第三条第（4）（b）款委任的索赔官员；

(b)（已废止。）

(c) 由《1995 年暴力伤亡赔偿法》第一条第（4）款规定的计划经理，以及他委派的执行计划有关职责的任何人。

(3) 对已作出投诉采取措施，下列人员为赔偿计划的负责官员：

(a) 在索赔官员的行为被投诉的情况下，为了本段的施行，国务大臣可即时委任负责官员；

(b)（已废止。）

(c) 在措施由计划经理或其他本条第（2）（c）款提到的人采

取时，计划经理为主要官员。

（4）依据本法调查的进行，涉及计划功能采取的措施，不会影响——

（a）任何此类措施；或

（b）任何人对与调查有关事项采取进一步行动的职责的权力。

补充条款

第十二条　解释

（1）在本法中，下列用语在此分别有指定含义，即

“行为”包括不作为，其他含有行为之意的用语也都应据此解释；

“专员”指的是议会行政监察专员；

“法院”对英格兰和威尔士指的是高等法院，对苏格兰指的是最高民事法院，对北爱尔兰指的是北爱尔兰高等法院；

“法律的制定”包括北爱尔兰议会的法令以及依据法令制定的任何文件；

“地方专员”指的是依据《1974年地方政府法》第三部分的地方专员；

“官员”包括其雇员；

“受害人”包括：

（a）在依据本法第五条第（1）款提出的投诉中，声称或被指称已遭受本法第五条第（1）款（a）项提及的不公正的人。

（b）在依据本法第五条第（1A）款提出的投诉中，未向其履行或被指称未履行本法第五条第（1A）款（a）项所指的责任。

“法庭”包括一个人组成的独任制法庭。

（2）本法提及的立法文件，指的是通过其他立法修改或扩充的立法文件。

（3）特此声明，本法不授权或要求专员询问政府部门或其他权力机构在被授予自由裁量权范围内作出无行政失当决定的是非曲直。

第十三条　在北爱尔兰的适用

（1）在符合本条规定的情况下，本法适用范围扩及北爱尔兰。

（2）不能把本条解释为授权本法适用于北爱尔兰政府的任何部门或机构，以及北爱尔兰议会设立或授权设立的机构或团体；但如果该机构或团体代理本法所适用的部门或机构采取行动，则适用本法。

（3）本法第六条提及的内阁大臣或政府部门以及议会，应当包括北爱尔兰大臣、北爱尔兰政府部门及北爱尔兰议会。

（4）本法第八条所提及的内阁，应该包括所提及的大会的执行委员会，而且涉及委员会所提及的首相应当替代为首席大臣和副首席大臣。

第十四条　简称和生效

（1）本法可被简称为《1967 年议会专员法案》。

（2）本法自女王通过枢密院令所指定的日期起生效。

（3）无论何时产生的事件都可依据本法提出投诉；本法通过之日与生效之日之间所经历的时间（但不包括这些日期之前的时间）不应计入本法第六条第（3）款所规定的期间。

【附表】

附表 1　退休金和其他福利

任命之日之后就职

1A. 如果专员在任命之前就参加了司法退休金计划，担任专员的人从任命之日或之后有权利选择：

（a）司法退休金计划下的退休金计划和其他福利（他之前的计划）；

（b）（如与他之前的计划有不同）由《1993 年法案》（“1993 年计划”）第一部分组成的退休金计划和其他福利；和

（c）退休金计划和其他福利可依据《1972 年退休金法案》第一条适用于国家文职人员（“文职人员计划”）并且，如果没有给他权利根据本段作出选择，或他具有此权利但未能作出选择，应当视其已给权利并选择了文职人员计划。

被任命人任命日之前的过渡性条款

2.（1）如果被任命为专员的人在任命日之前依据前法令选择

了旧司法计划，应当给他权利依据本分段选择：

(a) 旧司法计划；或

(b) 1993 年计划。

如果他没能依据本段作出选择，视为他选择了旧司法计划。

(2) 如果被任命为专员的人任命日之前：

(a) 已经依据之前规定选择了公务员计划，或

(b) 没能依据这些规定作出选择（因此视为他选择了公务员计划）。

须视为已给予他权利根据本附表作出选择而且他选择了公务员计划。

前述附表选择的后续影响

3. 如果专员依据本附表选择他之前的计划，那么除了本附表另有规定外，计划应当适用于他担任专员的情况。

选择 1993 年计划的影响

4. (1) 若其依据第 1 段 (b) 款或第二段 (1) (b) 款选择了 1993 年计划，当他终止专员职务时，应依据《1993 年法案》第 1 部分给予他适当年度比率的退休金（该法案所指），如果他任职 5 年以上，并且：

(a) 已满 65 周岁；或

(b) 因其长期虚弱失去履行专员职责的能力。

并且，受以下规定和条例限制，本附表、《1993 年法案》的第一部分 [除了第 1 条 (1) 至 (4) 款]、第 19、20、23 节、附表 2，《1993 年法案》（规定涉及收入超过退休金上限薪酬的福利、累算权益的申诉和转移）应可以适用于他和他担任的专员工作，就如同适用于《1993 年法案》第一部分适用的人一样。

(2) 受本附表的规定规限，依据上一段第 (1) 款适用《1993 年法案》规定选择了 1993 年计划的，应当：

(a) 将专员的职务类同于一种司法资格职务（该法所指），包含在该法附表 1 第一部分规定的职务之中；

(b) 将专员依本附表的选择权类同于该法第一条第 (1) 款第 (d) 段提及的选择权（因此，尤其应当适用该法第十二条，规定

将累算权益转移到计划中)；

(c) 将专员依本附表所得的退休金类同于依据该法第二条获得的退休金（并且因此是由该法所指的司法退休金)；并且

(d) 为了确定，如果专员死亡，其未亡配偶和子女抚恤金的应付比率依据该法第五条至第八条涉及专员职责的部分，就像参照这几条中已故者司法退休金的年度比率一样，是参照：

(i) 如果已经依据上述第（1）段以适当年度比率开始支付退休金；或

(ii) 没有开始依据上述第（1）段按照应当支付给他退休金的适当年度比率向其支付退休金，他没有死亡，但是已经长期虚弱并永久失去了履行职责的能力；

并且，在专员适用该法时［不论是以上的第1段（a）款还是（b）款还是第2段（1）（b）款］，大臣适当参考第十三条（个人退休金的选择权），第十九条（养老金封顶薪水的超额收益福利），第二十条（申诉）和附表2（累算权益的转移），该法将作为财政部的参考依据，而且附表2的第2段给予了财政部运用规定的权力。

选择或继续公务员计划的影响

5. 如果其依据本附表选择了公务员计划，《1972年退休金法案》第二条所指的主要公务员养老金计划随着时间的推移生效，受本附表规定的期限限制，其担任专员的经历应视同为担任国家公务员。

选择继续旧司法计划的影响

6. 如果其依据本附表选择了旧司法计划，根据本附表规定，附表和之前的法令将继续对专员本人及其工作有效。

选择的时间和方式

7. 任何依据本附表作出选择的权力应当在本附表规程规定的时间以规定的方式行使。

规程

8. (1) 财政部为了补充本附表的其他条款可以制定规程。

(2) 这些规程在不违反《1965年退休金法案》第三十八条、

第三十九A条（担任一个以上的公职）的原则下，可以制定与支付退休金和其他福利的特别规定，以及使某个个人适用原本适用于专员以外公务人员的计划的特别规定：

（a）他之前的计划；

（b）1993年计划；

（c）公务员计划，或

（d）旧司法计划。

（3）依据以上第（2）分段制定关于如下问题的规定：

（a）关于下列计划的，从而决定赋予有关福利的资格、授权和数量：

（i）适合他之前的计划、1993年计划或专员的旧司法计划的工作；

（ii）将专员工作和这样的其他工作一并计算。

（b）为了增加依据以上（a）（i）段提及计划所支付福利的数量，在其被任命为专员之前就适用了有关计划的情况下，如果他因为久病难愈，恰好在任命前退休，将金额提升到依据计划应当支付的。

（4）任何依据本附表制定的行政条例或条令应依下议院决议受到废止。

从统一基金中提取退休金和福利

9. 依据本附表给予的任何退休金或其他福利都应从统一基金提取、发放。

解释

10. 在本附表中

“1981年法案”指的是1981年司法退休金法。

“1993年法案”指的是1993年司法退休金及退休法。

“指定日”指的是1993年法案附表4第II部分生效之日。

“前法令”指的是附表1对该法来说，在指定日之前就不时有效。

“司法退休金计划”指任何公职退休计划，定义于——

（a）1993年退休金计划法第1节，或

（b）北爱尔兰 1993 年退休金计划法第 1 节

依此应向担任一个以上 1993 年法案所指司法资格职位的支付退休金和其他福利，但不包括公务员计划；

“旧司法计划”指的是退休金和其他福利的法定计划，适用依据 1981 年法案第一条所列举的司法职位。

附表 2　受调查部门

放射性物质咨询管理委员会
顺势疗法产品注册咨询委员会
广告咨询委员会
动物饲料咨询委员会
耐药性和医疗保健相关感染咨询委员会
临界物质咨询委员会
碳减排咨询委员会
临床卓越奖咨询委员会
消费者参与咨询委员会
危险病原体咨询委员会
政府艺术收藏委员会
有害物质咨询委员会
历史沉船遗址咨询委员会
食物的微生物学安全性咨询委员会
国家历史性船只咨询委员会
新型食品及处理咨询委员会
有机标准咨询委员会
农药咨询委员会
环境释放咨询委员会
血液、组织和器官安全咨询委员会
咨询、调解和仲裁服务委员会
历史手稿顾问委员会
图书馆顾问委员会
滥用药物顾问委员会

国家记录和档案顾问委员会
公共记录顾问委员会
肝炎咨询组
医学对策咨询组
信标理事会顾问小组
公共部门信息顾问小组
计划检察标准顾问小组
农舍咨询委员会
英格兰和威尔士管理农业工资委员会
农业工资委员会
农学和园艺发展委员会
空气质量专家组
酒精教育研究委员会
动物福利咨询委员会
动物程序委员会
公益公司申诉官员
人文研究委员会
英格兰艺术委员会
授权转易管理委员会
优化管制委员会
大乐透基金
生物技术和生物科学研究委员会
养老金保障基金
商业局
英格兰边界委员会
北爱尔兰边界委员会
苏格兰边界委员会
威尔士边界委员会
英国文化委员会
英国教育传播和技术机构
英国电影协会

英国金银制品纯度检验委员会
英国图书馆委员会
不列颠博物馆
英国药品委员会
英国旅游局
英格兰建筑规程委员会
内阁办公室
能力培养者
实业资本有限公司
护理质量委员会
退休金及补偿款中央咨询委员会
中央教育交流和访问局
中央情报局
认证官员
英国慈善委员会
北爱尔兰刑事司法总稽查
子女赡养和执行委员会
子女和家庭法庭顾问和支持服务委员会
民用航空管理局
民事司法委员会
煤炭管理局
建筑和建筑环境委员会
平等与人权委员会
医疗保健审计和检查委员会
综合交通委员会
卫星城委员会
农村社区委员会
社会福利检查委员会
受害人和证人委员会
血液和组织移植的生物安全性委员会
食物、消费品和环境中化工品致癌性委员会

人类药物委员会
空气污染医学问题委员会
环境辐射医学问题委员会
食物、消费品和环境中化学品的致突变性委员会
放射性废物管理委员会
设备安全委员会
公共生活标准委员会
食物、消费品和环境中的化学品毒性委员会
英国联邦奖学金委员会
社区发展基金
竞争委员会
竞争服务机构
建筑业培训委员会
饮用水消费者委员会
惩教服务认证委员会
科技委员会
皇家财产局
东米德兰文化协会
东北方文化协会
西北方文化协会
东南方文化协会
西南方文化协会
西米德兰文化协会
英格兰自行车协会
达尔文咨询委员会
防卫核安全委员会
防御科学咨询委员会
英国环境科学咨询委员会
商业、企业管制革新部
商业、创新和技能部
子女、学校和家庭部

社区和地方政府部
文化、传媒和体育部
能源和气候变化部
环境、粮食及农村事务部
创新、大学和技术部
国际发展署
交通部
就业和退休保障部
卫生部
设计委员会
残疾人交通咨询委员会
经济与社会研究委员会
选举委员会
工程建筑业培训委员会
工程和物理科学研究委员会
英国动物健康和福利策略执行组
英国体育协会
英国旅游委员会
环境署
伦理小组：国家 DNA 数据库
少数民族商务论坛
艾滋病专家咨询小组
空气质量标准专家小组
出口信贷担保署
高等教育公平入学主管
家畜福祉委员会
英格兰和威尔士电影工业培训委员会
消防有限公司
海军航空兵博物馆
英国食品咨询公司
英国食品标准局

足球牌照局
外交和联邦事务部
森林委员会
燃料匮乏咨询组
未来建造者顾问小组
博彩委员会
雇主许可机构
天然气和电力市场管理局
杰弗里博物馆
基因疗法咨询委员会
一般科学咨询委员会
一般社会关怀委员会
遗传学和保险委员会
政府精算师部
政府平等办公室
英中协会
卫生与安全管理局
健康保护署
税务海关总署
文书局
财政部
草药咨询委员会
英格兰高等教育基金委员会
英格兰历史建筑和遗迹委员会
历史皇家宫殿
内政部
家庭和社区署
霍尼曼公共博物馆和公共公园信托
赛马投注征税委员会
住房公司
人工受精和胚胎管理局

人类遗传学委员会
移民事务专署局
帝国战争博物馆
性健康及艾滋病独立咨询组
独立限制委员会
独立生活基金（2006）
独立重构委员会
健康保健信托基金独立管制委员会
广告独立审查小组
边缘产品分类的独立审查小组
牛结核病独立科学小组
工业开发咨询委员会
信息专员
基础设施规划委员会
国际铁路管制处
英国投资人认证机构
预防接种及免疫联合委员会
自然保护联合委员会
地政局
法律委员会
英格兰学习与技能委员会
租赁咨询服务处
法定送存咨询小组
法律服务委员会
法律服务投诉委员会
以下灯塔局
领港公会公司
北方灯塔专员
东部生活会
地方优化管制局
英格兰地方政府边界委员会

低工资委员会
海洋管理组织
马歇尔计划纪念委员会
医学研究委员会
医务工作者常务咨询委员会
国防部
司法部
曼彻斯特科学与工业博物馆
博物馆、图书馆及档案馆委员会
国家陆军博物馆
英国国家生物学标准化委员会
全国临床审计咨询小组
全国社区论坛
全国消费者委员会
国家雇主咨询委员会
国家科技艺术基金会
国家森林公司
国家美术馆
国家遗产纪念基金会
全国住房和规划咨询处
国家社会保健信息治理委员会
国家联合注册指导委员会
国家彩票委员会
国家航海博物馆
国家科学与工业博物馆
默西塞德郡国家博物馆及画廊
改善局
国家肖像美术馆
全国专家调试咨询小组
自然环境研究委员会
自然历史博物馆

北爱尔兰法院服务署
北爱尔兰人权委员会
北爱尔兰法律委员会
北爱尔兰法律服务委员会
北爱尔兰事务办公室
北爱尔兰警方基金
北爱尔兰警务委员会
核能除役署
核责任基金
核研究咨询委员会
营养论坛
教育、儿童服务及技能标准办公室
租户和社会房东办公室
儿童专员办公室
通信办公厅
公平贸易办公室
公共部门信息办公室
考试和资格管理办公室
铁路管理局
公益公司管理办公室
可再生燃料署
苏格兰事务大臣办公室
官方接管人
最高法院法定代表律师
石油和管道局
奥林匹克交付管理局
奥运会彩票经销商
陆地测量部
北爱尔兰游行委员会
假释裁决委员会
学校合作伙伴机构

养老金监管局
私人账户交付机构
杀虫剂残留委员会
邮政服务委员会
医学研究生教育与培训委员会
北爱尔兰缓刑委员会
感化信托机构
公共借阅权注册处
公共档案馆
资历及课程发展局
质量改进局
铁路乘客委员会
铁路遗产委员会
地区发展署（不同于伦敦发展署）
地方工业发展委员会
有限公司
可再生能源咨询委员会
剩余机构
艺术品出口评估委员会
皇家空军博物馆
皇家军械博物馆
皇家植物园
皇家环境污染委员会
皇家历史手稿委员会
皇家海事博物馆
皇家铸币局
皇家海军博物馆
皇家海军潜艇博物馆
皇家警察乔治十字勋章基金会
学校食物信托基金会
技术设施委员会

营养科学咨询委员会
渔业局
安防管理局
英格兰、威尔士量刑委员会
量刑咨询委员会
量刑指导委员会
打击严重有组织犯罪署
索恩爵士博物馆
简化贸易程序委员会
社会基金专员
社会科学研究委员会
海绵状脑病咨询委员会
英格兰标准化委员会
牙科常设咨询委员会
统计委员会
知识产权政策战略咨询委员会
可持续发展委员会
泰特美术馆
技术战略委员会
剧院信托
学校训练与发展局
财产估价委员会
财政部律师处
英国禁止化学武器公约的国家权威咨询委员会
英国就业和技能委员会
英国电影委员会
英国民族权力机构咨询小组
联盟的现代化基金监事会
英国原子能管理局
英国体育委员会
英国异种器官移植过渡管理局

无关联匿名调查指导小组

英国全部都市开发区的城市开发公司

城市复兴机构

估价法庭服务

兽医产品委员会

兽药残留委员会

受害人咨询小组

维多利亚与艾伯特博物馆

威尔士事务部

华莱士收藏馆

战争抚恤金委员会

水务监管局

威斯敏斯特民主基金会

全国妇女委员会

英国工作风险投资公司

约克郡文化局

英格兰青少年学习机构

英格兰和威尔士青少年司法委员会

动物园论坛

注释

概述

关于此前并不适用本法的代表王权行使职责的部门或机构，如本法生效后开始适用本法，所涉及的适用本法的部门或机构可包括其他部门或机构，前提是该部门或机构：

（a）在本法生效前停止行使职权的；或

（b）属于本法先前适用范围内的部门或机构在本法生效后行使职权的。

养老金保障基金委员会

至于养老金保障基金委员会，只有当涉及的行为是与依据2004年退休金法通过条例设立的经济援助计划有关的职能时，才可以进行调查。

内阁办公室

所提及的内阁办公室不包括任何部长（包括联合情报委员会主席和首相安全顾问分别执行情报和安全职能的）、内阁部长办公室和公务员首长。所提及的内阁办公室包括枢密大臣，内阁办公室的执行机构，任何由议会提供开支服务于内阁办公室的部长办公室。

新城镇委员会

环境署

所提及的环境署是指除了由1991年水资源法所指的防汛职能之外的全部职能；任何关于环境署职能涉及威尔士行为的（2006年威尔士政府法所指），不得进行调查。

森林委员会

至于森林委员会，任何关于森林委员会职能涉及威尔士行为的（2006年威尔士政府法所指），不得进行调查。

政府精算部

至于政府精算部，只有当涉及在2001年4月26日之前行使提供建议的职责时才可以进行调查。其依据为：

（a）1982年保险公司法第二部分；或

（b）其他任何与该法所指保险公司有关的法规。

健康保护署

关于健康保护署，任何健康保护署进行或代表其进行关于苏格兰的行为，在职责下放权限（1998年苏格兰法第54条所指）范围内行使职责的，不得进行调查。

财政部

所提及的财政部，包括其下属部门，以及所有部长的办公室，由议会向其提供经费支付开支而服务于财政部；但不包括国家储蓄和投资部。

家庭和社区署

关于家庭和社区署，任何涉及其关于城市和国土规划职能的行为不得进行调查。

灯塔与引航公会

关于灯塔与引航公会，只有当涉及与其作为总灯塔管理局职能相关的行为时才可以进行调查。

国防部

所提到的国防部包括国防委员会、海军部、陆军部、空军部。

司法部

所提及的司法部包括公共信托人，但不包括枢密院办公室和枢密院司法委员会办公室。

严重有组织犯罪署

至于严重有组织犯罪署，只有当涉及行使担任税务海关总署专员职能，依据《2002 年犯罪收益法》第三百一十七条第（2）款、三百二十一条第（2）款和第三百二十二条第（2）款（收益职能）的，才可以进行调查。

统计部

关于统计部，如果其职责只涉及苏格兰的发展统计（2007 年统计与注册服务法第六十六条所指），不得调查任何统计部进行的或代表其进行的行使职责的行为。

财政部律师

所提及的财政部律师不包括提及的财政部法律局长。

城市开发公司

关于城市开发公司，不得调查任何与其城市和国土规划职能相关的行为。

城市再生署

附表 3　不受调查的事项

1. 国务大臣或其他内阁阁员证实的，影响英国政府与其他政府、国际组织间关系与交往的事项中进行的行为。

（1）任何英国以外的国家或领土，由官员或代表官员依王权采取的行动，或任何英国政府的其他官员，除非

（a）行动由一名官员（非名誉领事官员）采取，代表英国政府行使领事职责；

（b）行动由一名官员在管制地区或辅助管制地区内采取；或者

（c）行动由英国海渔行政人员采取。

（2）在本段中——

（a）“管制地区”由英法海底隧道（国际安排）1993 年令附表 1、英法海底隧道（其他规定）1994 年令附表 1 和 2002 年国籍、移民和庇护法 2003 年令规例 2 共同规定；

（b）“辅助管制地区”由英法海底隧道（国际安排）1993 年令附表 1 规定；

（c）“英国海渔行政人员”由 1968 年海洋渔业法第七条规定。

3. 任何英国之外国家或领土，构成英国主权一部分或英国有管辖权的，与其政府行政相关的行为。

4. 国务大臣依据 2003 年引渡法采取的行为。

5. 国务大臣为了调查犯罪或保护国家安全采取的行动，包括采取的与护照有关的行动。

6. 在英国任何法院开展或进行民事或刑事诉讼，服役法律诉讼［由 2006 年武装部队法第三百二十四条第（5）款任何一处或 1955 年空军法规定］，及国际法院或法庭的诉讼。

6A 由上议院大法官任命的任何一个法院或法庭的行政成员采取的行动，只要行动遵照指引，或被授权（不论明示或暗示），在其司法能力内或其作为法庭成员的职能范围内的行为。

6B（1）由相关法庭的行政成员采取的行动，只要行动遵照指引，或被授权（不论明示或暗示），在其作为法庭成员职能范围内。

（2）本段中，“相关法庭”由本法第五条第八款所指。

7. 任何特赦权的行使，以及国务大臣将任何人的案件提交至高等刑事法院或军事上诉法院的权力。

8（1）代表国务大臣，由战略卫生局、初级保健信托机构或特殊的卫生主管机关采取的行动。

（2）为了本段的施行，由战略卫生局、初级保健信托机构或特殊的卫生主管机关行使国务大臣的职能应视为代表其行使。

9. 适用本法的任何政府部门或机构，以及本法第六条第1款(a)、(b) 项提及的机构或团体在联合王国境内外，为进行契约交易而进行的活动，但下列交易除外：

(a) 强行征收土地或可能需要强行征用土地的情况；

(b) 处理多征用的土地或根据条款情况需多征收的土地。

10 (1) 采取与任命、免职、付薪、惩戒、退休金或其他人事事项有关的行动，涉及：

(a) 服役于国家的任何武装部队，包括预备役、辅助部队和军校学员；

(b) 在政府或本法所适用机构的任何职位、职业工作；

(c) 在任何职位、职业或依据劳务合同工作，关于采取行动、决定或批准采取行动有关事项的权力属于女王、内阁阁员及前述机构。

(2) 国务大臣采取的与下列各项有关行动（除基于本附表进行的调查之外），不适用上述 (c) 条：

(a) 国务大臣依据1980年国外开发和合作法第十二条第 (1) 款，或根据2002年国际开发法第一部分行使其权力达成的某一协议，涉及提供任何职业的条款和条件的资料；

(b) 根据上述协议选派任何人员而产生的补助、补贴或任何津贴（不包括与退休金有关的）。

11. 官方授予荣誉、奖励或特权，包括授予皇家特许令。

12 (1) 本附表不包括的行为，任何法院的法官依据英格兰、威尔士或北爱尔兰法律遵照指示或被授权（不论明示或暗示）在行使行政职能的过程中采取的行为。

(2) 在本段中，“法官”包括：

(a) 依据1981年最高法院法第八十九条，及附表2第2部分或第3部分任命的人；

(b) 依据1978年法官法（北爱尔兰）第七十条，及附表3所任命的聆案官或地方法院法官。

附表4　为第五条第（7）款施行的有关裁判所

依据暴力伤亡赔偿2002年令第七条（1）（b）任命的审判员。

依据1947年农业法第七十三条建立的农业用地法院。

依据1998年社会保险法第一部分第一章建立的上诉法院。

依据1963年博彩法在苏格兰设立的上诉审裁小组被称为苏格兰赛马投注征收上诉裁判小组。

上诉法庭依据1939年伦敦建筑法（修订案）第一百零九条设立。

护理标准法庭依据1999年儿童保护法第九条设立。

中央仲裁委员会依据1992年工会和劳资关系（合并）法设立。

下议院专员依据1965年下议院注册法第十七条设立。

竞争上诉法院依据2002年企业法第十二条设立。

版权法院依据1998年版权、设计和专利法第一百四十五条设立。

英格兰及威尔士就业裁判所和苏格兰裁判所依据2004年就业裁判所规则（组成和程序规则）第五条设立。

劳工上诉法庭依据1996年就业裁判所法第二十条继续存在。

国外赔偿委员会依据1950年国外赔偿法第一条设立。

英格兰、威尔士赛马和投注征费上诉法庭依据1963年博彩法第二十九条设立。

资讯法庭依据1998年数据保护法第六条设立。

破产从业裁判所是1986年破产法第三百九十六条所提及的。

精神健康康复裁判所是依据1983年精神健康法第六十五条及附表2设立的。

国民医疗保健制度（价格与收益）上诉裁判所依据2000年国民医疗保健制度（价格与收益）规则第七条设立。

养老金保障基金委员会专员是依据2004年养老金法第二百零九条委任的。

养老金专员依据1993年养老金计划法第一百四十五条设立。

个人消费信贷许可的上诉听证人依据1998年消费信贷许可

（上诉）规则第二十四条委任。

房地产经纪人的上诉听证人依据 1981 年房地产经纪人（上诉）规则第十九条委任。

植物品种和种子裁判所（1997 年植物品种法第四十二条所提及）

参考委员会依据 1967 年森林法第二十七条设立。

租金评估委员会依据 1977 年租借法第六十五条及附表 10（包括运用 2004 年住宅法第二百二十九条规定的住宅物业裁判所的审判权），还有被称为评估裁判所的，为了依据 1967 年租赁改革法第二十一条（1）、（2）、（3）进行测定，而且继续作为租赁裁判所依据 1997 年租赁法第五部分的规定提供参考意见。

残疾人特殊教育裁判所依据 1996 年教育法第三百三十三条设立。

交通专员依据 1981 年公共交通工具法第四条委任。

估价裁法庭依据 1989 年估价和人头税法院规则第三条规定继续存在。

荷兰国家申诉专员法

王　灏　译

【翻译说明】

荷兰国家申诉专员法于1982年2月4日颁行，本稿为2005年2月5日最新修订版。荷兰申诉专员制度于1982年正式建立，主要负责调查政府的行为。申诉专员由下议院任命。工作范围包括针对涉及总务、外交事务、司法、移民、内务、教育科学等近30项不同领域的投诉。

荷兰国家申诉专员法的法源除了申诉专员法外，还包括宪法第七十八条和一般行政法第九章。

【法源一】

宪　　法

第四章　国务委员会、审计院、国家申诉专员和永久咨询机构

第七十八条　国家申诉专员依投诉人的投诉或者自己的记录，可以调查中央政府行政机关或者法律授权的行政机关的行政行为。

国家申诉专员和副申诉专员由下议院任命。任期、连任和退休年龄由国会立法规定。申诉专员职务的中止和解除由下议院根据国会立法决定。申诉专员的其他法律地位和权利应该由国会立法规定。

申诉专员的权限和工作方式由国会立法规定。

国会立法可以赋予国家申诉专员其他职责。

【法源二】

一般行政法

第九章

第十七条　本法中的申诉专员是指：

（1）国家申诉专员；

（2）根据各省法、市法、水委员会法和综合执法法的特别规定设置的申诉专员。

第十八条　任何人有权通过书面投诉的方式要求申诉专员对行政机关作出的具体行政行为进行调查。

申诉专员接收到无权处理的投诉的，应将受理日期记录在案，并立即将投诉移交有管辖权的申诉专员，且同时通知投诉人。

除非第九章第二十二条、第二十三条或者第二十四条适用，根据第一款的规定，申诉专员有义务处理投诉。

第十九条　投诉受理后，申诉专员认为投诉无理，或者应该接受司法审查，或者有其他救济程序的，应该告诉投诉人，并立即将投诉移送至有权处理机关，投诉人明确表示会继续投诉的除外。

本法第六章第十五条第三款可以参照适用。

第二十条　向申诉专员提出投诉之前，投诉人应该向作出被投诉行政行为的有关机关提出异议，投诉人没有能力提出的除外。

被投诉行为是行政机关的异议处理行为的，不受第一款规定限制。

第二十一条　本法第二章适用于申诉专员，第二章第三条第一款除外。

第二十二条　以下情形，申诉专员无权实施或继续实施调查：

（1）涉及一般政府政策性的，包括法律维护政策，或行政机关事务的一般政策；

（2）一般约束性规章；

（3）被投诉行为已经为其他投诉机关或者法院受理的，但其他机关过期未处理的除外；

（4）被投诉行为受行政法院生效判决约束的；

（5）被投诉行为在行政诉讼之外的其他救济程序审查或者上诉的；

（6）被投诉行为正在被司法审查的。

第二十三条 以下情况，申诉专员无须实施调查或继续调查：

（1）投诉不满足本法第九章第二十八条第一款和第二款的要求；

（2）投诉明显不成立；

（3）被投诉行为损害利益轻微或被投诉行为轻微瑕疵的；

（4）投诉人与被投诉行为没有利害关系的；

（5）被投诉行为已经由申诉专员处理中，没有妥善处理或者被拖延的除外；

（6）投诉人申请申诉专员、司法审查或者其他救济程序处理过的；

（7）被投诉行为被行政法院之外的其他司法机关处理过的；

（8）不满足本法第九章第二十条第一项规定的；

（9）与被投诉行为相同的行为正在被申诉专员审查的，但新的事实和理由出现，表明经申诉专员已经处理的决定需要重新考虑的除外；

（10）提起诉讼或者行政内救济或者投诉之前，行政行为程序尚未完结的；

（11）投诉提起行政诉讼或者其他司法救济之前为完结的救济程序的；

（12）在投诉处理程序中，被投诉行政机关改变被投诉行为，满足投诉人诉求的；

（13）被投诉行为正在或已经被其他专门、独立的申诉专员处理的。

第二十四条 从行政机关通知投诉人行政行为之日或行政机关处理投诉人的异议终结之日或者根据本法第九章第十一条规定终结之日起，超过1年提起的投诉，行政机关不应该处理。

投诉人不能被合理期待首先向行政机关提出异议的，根据第一款的规定，投诉的期限是从行为发生之日起1年。

被投诉行为从作出之日起1年之内已经提交到行政法院或者普通法院，或者被异议、其他行政机构审查或者投诉的，1年期限的起算之日是：

（1）法院判决生效之日；

（2）其他救济程序终结之日。

第二十五条 申诉专员根据本法第九章第二十二、二十三和二十四条规定，决定不对投诉实施调查的，应该立即以书面方式通知投诉人，并说明不实施调查的理由。

申诉专员决定不对投诉实施调查的，应该通知作出被投诉行为的行政机关和相关公务人员。

第二十六条 除非本法第九章第二十二条适用，申诉专员有权决定主动调查被投诉的具体行政行为。

第二十七条 调查后，申诉专员应该就被投诉行政行为是否正当作出判断。

法院已对被申诉专员调查的行政行为作出判决，申诉专员应该部分或者全部考虑法院判决的法律依据。

根据调查结果，申诉专员可以向被投诉机关提出建议。

第二十八条 投诉申请书应该签名并至少包含以下内容：

（1）投诉人的名字和住址；

（2）投诉申请提出的日期；

（3）被投诉行为的具体内容，被投诉行为可能涉及的其他利害相关人；

（4）投诉的理由；

（5）被投诉行为已经向被投诉机关申请异议的详细情况，以及被投诉机关对于异议的调查结果、看法和处理意见。

投诉申请书是外国文字，投诉程序有需要的，投诉人应该提供翻译文本。

投诉申请书不满足本条的规定或者根据第二章第十五条的规定，需要部分或者全部修改的，申诉专员应该告知投诉人具体的修改时间让其修改。

第二十九条 与被投诉行为无利害关系的人可以参与协助

调查。

第三十条 申诉专员应该给予被投诉机关、被投诉行为负责人和投诉人说明理由和表达意见的权利。

说明理由和表达意见时，是通过书面还是口头，是否需要对方当事人在场，由申诉专员决定。

第三十一条 被投诉行政机关、行政机关工作人员、行政机关退休人员、证人和投诉人有义务提供申诉专员在调查程序中所需信息，申诉专员要求其出庭的，必须亲自出庭。任何行政机关有上述义务，负有此义务的行政机关可以决定由本机关的何人代为履行义务，除非申诉专员认为该公务人员不合适。申诉专员有权要求必须出庭人员亲自出庭。

申诉专员需要部长或者行政机关的政策信息的，只能从行政机关工作人员和行政机关获得关于政策方面的信息。当公务员被调查时，信息提供机关应该在场。

被投诉行政机关、被投诉行为利害关系人和其他相关人员应该根据申诉专员的书面通知在指定的期限内提交所拥有的文件材料。

根据第一款规定有义务出庭的人或者根据第三款规定有义务提交文件材料的人，有重大理由的，可以拒绝提供信息或者提交文件材料或者告知申诉专员信息或者文件只能向他本人披露。

申诉专员有权决定第四款规定的拒绝或者限制披露是否正当。

申诉专员认为拒绝披露是正当的，披露义务无须履行。

第三十二条 申诉专员有权将调查委托专家行使。为了提高调查质量，申诉专员有权获得专家或者翻译人员的帮助。

邀请的专家或者翻译人员应该出庭给予公正、专业的服务。根据第三十一条第二至第六款的规定也适用于专家和公务员。

申诉专员决定证人是否被听证，翻译人员只有宣誓或者作出郑重承诺才被允许行使职责。证人必须宣誓他们会告诉整个真实事实，翻译人员必须宣誓他们凭良知履行职责。

第三十三条 应申诉专员通知出庭的投诉人、证人、专家和翻译人员有权获得报酬。报酬由作出被投诉行为的相关行政机关支付。作出被投诉行为的机关为各省、市、水利委员会和依综合执法法设置机关的，由各行政主体统一支付。其他投诉中的费用，由国家支付报酬。报酬支付的条件可以参照刑事案件法的相关规定。

第一款中应申诉专员通知出庭的人是公务员的，没有获得报酬的权利。

第三十四条 申诉专员可以实施现场调查。在合理实施调查职责的范围内，申诉专员有权进入任何场所，但住宅必须经过占有人同意。

申诉专员实施上述调查时，行政机关应该力所能及地提供帮助。

申诉专员应该就调查准备一份官方的报告。

第三十五条 终结调查之前，申诉专员应该以书面方式与下列人沟通：

（1）与被投诉行政相关的行政机关；

（2）调查程序中的利益相关人；

（3）投诉人。

申诉专员应该给予上述人在一定期限内对调查结果发表意见的机会。

第三十六条 调查终结后，申诉专员应立即完成一份调查报告，报告的内容包括调查结果和处理决定。撰写调查报告时，申诉专员应该参考政府信息公开法第十条。

申诉专员认为被投诉的行政行为失当的，他应该在调查报告中明确指出行为适当的标准。

申诉专员应该将报告送达被投诉行政机关、投诉人和被投诉行为利害关系人。

申诉专员依据本章第二十七条第三款规定给行政机关提供建议的，行政机关应该告知申诉专员会在一定期限内考虑他的建议。行政机关决定不予采纳建议时，应该告知申诉专员，并说明理由。

任何人有权向申诉专员请求获取调查报告复印件或者摘要。调查报告复印件或者摘要费用的收取参照民事案件收费法的规定。申诉专员应该保存一份调查报告在他指定的地点，以便接受公众监督。

【法源三】

荷兰国家申诉专员法

第一章　定义和适用范围

第一条　本法中：

（1）申诉专员是指第二条中所指的国家申诉专员。

（2）公务人员包括在职公务人员、离职公务人员、行政机关依民事合同聘用或者聘用过的人员、在强制性兵役终止之前或之后服役的人员，以及正在或者曾经以行政机关名义行为的人员。

第一款

本法适用于下列行政机关的行为：

（1）各部长；

（2）各省、市、水利委员会和依综合执法法设置的机关，根据省法典第七十九条第17项，市法典第八十一条第16项，水利委员会法第五十一条第2项和综合执法法第十条第四款等规定设置有专门、独立投诉制度的除外。

（3）依据法律规定有警察权或者行使警察权相关职责的机关。

（4）为各省、市、水利委员会和依综合执法法设置的机关从事特别调查工作的机构。

（5）其他行政机关，但根据国会命令排除管辖的行政机关除外。

（第二段于2003年6月30日失效）

本法不适用于平等机会委员会依据平等待遇法实施的行为。

公务人员行使职责的行为应被视为他所在行政机关的行为，由行政机关对其行为负责。

第二款

申诉专员收到命令涉及省法典第七十九条第17项，市法典第八十一条第16项，水委员会法第五十一条第2项或第3项和综合执法法第十条第四款的规定，应该立即确认收到。

申诉专员应该不断更新第一条第一款第2项中提及的独立的投

诉制度，并予以公布。

第三款

第一条第一款第 2 项所指的各省、市、水利委员会和依综合执法法设置的机关应该向他们体系内的机关支付处理投诉的费用。费用金额由内政部统一规定。

下列事项，须国务委员会通过命令确立：

（1）费用的计算；

（2）费用的支付方式；

（3）费用的支付日期。

第二章　国家申诉专员

第二条　国家应该设置 1 名国家申诉专员。

申诉专员应该由下议院任命。国务委员会副主席、最高法院院长和荷兰审计院院长联合提名至少 3 名候选人，下议院综合考虑各方意见后确定。

申诉专员每一届任期 6 年。

下议院决定申诉专员连任时，可以不考虑国务委员会副主席、最高法院院长和荷兰审计院院长的联合提名。

下议院不能及时任命新的国家申诉专员的，下议院应暂时代为行使申诉专员的职务，此时适用第十条第五款至第七款的规定。

第三条

众议院应在申诉专员年满 65 周岁后第一个月开始时终止其任命。

众议院在以下情况也应当终止申诉专员的任命：

（1）应申诉专员申请的；

（2）因疾病或伤残致使永久性无法履行职责的；

（3）因担任新职位，且根据本法规定新职位不能同时担任申诉专员的；

（4）丧失荷兰国籍的；

（5）被判决有犯罪，或者其他被法院判决被最终剥夺自由的；

（6）被法院最终判决属于被监护人，或被宣布破产，或被许可延期给付债务，或因债务被监禁的；

（7）因为申诉专员的某些行为或不作为，严重削弱下议院对他的信任的。

第四条 根据下列情况，下议院应中止申诉专员的工作：

（1）申诉专员被拘留的；

（2）被法院判定有罪或剥夺自由，但不是最终判决的；

（3）被法院判决为被监护人，或被宣布破产，或被许可延期给付债务，或因债务被监禁，但不是最终判决的。

申诉专员被怀疑犯罪的，或者有充分证据或者事实怀疑其可能被免职的，以及根据第三条第二款第2项规定可能被终止任命的，下议院应该暂时停止其工作。

上述中止的期限为3个月。如果有必要，下议院可延长一次。延长期限为3个月。

中止事由消失，下议院应立即解除中止。

下议院可决定申诉专员停职期间没有薪水或者仅有部分薪水。

中止解除后，被解雇的情形除外，下议院应将申诉专员尚未获取的全部或部分薪水支付给他。

第五条 国家申诉专员不得：

（1）担任由法律规定需要选举产生的公共机构的成员；

（2）担任有固定薪水或报酬的公职；

（3）担任政府的永久性咨询机构的成员；

（4）充当律师、法务人员或公证人。

申诉专员不得担任任何妨碍其正确行使公务，妨碍其工作的公正性、独立性，影响公众对其信任的职位。

申诉专员应当公布他担任的其他职务。

第六条 申诉专员被认为是下议院的成员，一般退休金法适用于申诉专员。

第七条 申诉专员生病时的权利，以及成文法未规定的涉及申诉专员法律地位的其他权利和职责通过命令制定。

第八条 接受职位前，申诉专员应向下议院院长宣誓或郑重申明：

（1）为了获得任职，他没有直接或间接地以自己名义或者他人名义给予或承诺任何人任何事；执行职务时，他不会直接或者间接地接受任何礼物，承诺任何人。

(2) 效忠宪法。

第九条 在申诉专员的要求下，如果必要，众议院可以任命1名或多名副申诉专员为助手。副申诉专员由申诉专员推荐。推荐时至少提名3人。

副申诉专员的任期由任命他的申诉专员决定，最长不超过1年。

下议院连续任命副申诉专员的，无须申诉专员再次推荐。

本法第三条至第八条、第十五条和一般行政法第九条第21项、第30至34项的规定经必要变通也适用于副申诉专员。

副申诉专员的行为由申诉专员负责。

申诉专员可以委托副申诉专员行使本法第十六条第三款和一般行政法第九条第二十七款、第三十五款和第三十六款规定的权限。申诉专员可以制定以上权力行使的指南。

第十条 申诉专员暂时不能行使其职责时，应安排1名副申诉专员代为行使。

没有副申诉专员或者副申诉专员不能胜任时，下议院应当及时准备代为行使职权。原申诉专员可以恢复职务时，代为行使结束。申诉专员被中止职务后，恢复职务的，代为行使也立即结束。

申诉专员死亡或因本法第三条规定被免职，下议院应立即让副申诉专员暂时代为申诉专员。

没有副申诉专员可用时，下议院应立即代为行使申诉专员职务。

当新申诉专员行使职务时，代为行使申诉专员职务自动结束。

本法第二条第二款、第三款、第四款、第三条第一款，第六条和第九条不适用依本条第二款或第四款委托或代为行使申诉专员职务的人员。

依据上述第六款规定替代行使或者代为行使申诉专员职务的，或者依据本法第五条第一款中的第2项和第3项规定即将任命为申诉专员的，在行使其原职务期间，依法应暂停代为行使申诉专员的职务。

第十一条 申诉专员应该有自己的办公室。

申诉专员办公室人员的任命、晋升、暂停职务和解除等由申诉专员推荐，下议院决定。

下议院决定申诉专员办公室人员的任命、晋升、暂停职务和解除等。

第三章 关于调查的补充

第十二条 根据一般行政法第九条第十八款第1项的规定，申诉专员应该实施或者继续实施调查。与被投诉行为相同的行为正在被上议院或下议院授权的议员审查的，新出现的事实和理由表明经申诉专员已经处理的决定或议会议员提交给上下议院或者联席会议的建议需要重新考虑的除外。

第十三条 一般行政法第九条第三十一款第1项的第三句规定，不适用于各部部长。

第十四条 各部部长认为申诉专员的某项调查会妨碍国家安全的，可以拒绝。

第十五条 经过传唤拒绝参加申诉专员调查的人，申诉专员可以命令警察强制其参加调查。

第十六条 申诉专员每年应该向国会上下两院、各部部长、各省、市、水利委员会和依综合执法法设置的机关提交年度报告，报告每年的工作，以及每年处理的各机关的投诉情况。政府信息公开法第十条适用于申诉专员。申诉专员应当与国会议员、各部部长多交流沟通。

申诉专员应当以公众方便知晓的方式公开年度报告。

调查终结后，申诉专员应当与国会上下两院、各省、市、水利委员会和依综合执法法设置机关的代表沟通调查结果和处理意见。申诉专员认为早期沟通对被投诉机关有必要或者被投诉机关需要获取相关调查信息的，也可以沟通。

第四章 过渡性规定和最终规定

第十七条 对执行本法的命令的建议可以通过内务部部长提交下议院。

第十八条 各部部长、各省、市、水利委员会和依综合执法法设置机关有独立的申诉专员制度的，独立的申诉专员没有处理投诉之前，申诉专员应该保留处理的权力。

第十九条 根据本法第一条第一款第5项的规定国会法令排除在申诉专员受理范围之外的行政行为被投诉，行政机关处理期限超过1年的，该投诉必须转交给国家申诉专员。

第二十条 本法为国家申诉专员法。

斯洛文尼亚人权申诉专员法

罗　英　译

【翻译说明】

斯洛文尼亚共和国人权申诉专员机构设立的基础是《斯洛文尼亚共和国宪法》（1991 年 12 月 23 日通过）。该宪法第 159 条第 2 款规定在特定领域设立专门的申诉专员。尽管如此，迄今为止，通行的做法仍然是设立具有广泛职责的申诉专员。《宪法法院法》第 23 条、第 50 条和第 52 条对人权申诉专员的权力、职责作出了相应的规定。斯洛文尼亚在 1993 年 12 月通过了专门的《人权申诉专员法》，以斯堪的纳维亚模式为基础规范了申诉专员的职责与职权。《人权申诉专员程序规则》则具体规定了人权申诉专员的组织、工作方法、工作范围、程序和职责等内容。

大量其他的法律也规定了人权申诉专员的职权。例如，《消费者权益保护法》第 65 条规定了人权申诉专员在保护消费者权益方面的权限；《环境保护法》第 15 条规定了人权申诉专员在健康生存环境权这一特定领域内的法定权限。再如，根据《国防法》第 52 条的规定，如果军人认为自己的人权或者基本自由在服兵役期间受到限制或者侵犯，他们可以提议启动人权申诉专员的工作程序。本部分主要翻译了《斯洛文尼亚共和国宪法》、《宪法法院法》中的相关条文和《人权申诉专员法》、《人权申诉专员程序规则》的全部条文。

【法源一】

斯洛文尼亚共和国宪法（节选）

（1991 年 12 月 23 日通过）

第一百五十九条　为了保护与国家机关、地方自治组织和授权组织相关的人权和基本自由，依法设立人权申诉专员机构。

在特定领域也可依据法律设立专门的人权申诉专员。

【法源二】

宪法法院法（节选）

第二十三条 可以通过以下组织或个人提交请求：

（1）国民议会；

（2）至少1/3以上国民议会议员；

（3）国民协商会；

（4）政府；

（5）如果在程序中出现了合宪性或者合法性的问题，则为法院、国家公诉人、斯洛文尼亚银行、审计法院；

（6）与所讨论的个案相关的人权申诉专员；

（7）如果地方社区的权利受到侵害，则为地方社区的代表；

（8）如果工人的权利受到侵害，则为这一地区的工会代表。

上述组织或个人，不能请求对它们自己适用并执行的、由公共机构颁布的一般性法律和规章，启动评估程序。

第五十条 在本法规定的条件下，任何人如果认为其人权和基本自由受到国家机关、地方自治组织或者法定机关的特定行为的侵害，都可以向宪法法院提起违宪审查的请求。

在法律规定的条件下，人权申诉专员可以就正在讨论的特定事项向宪法法院提起违宪审查的请求。

第五十二条 自违宪审查请求所针对的特定法律通过之日起60日内，应当提起违宪审查请求。

在特定情况下，人权申诉专员获得人权和基本自由受保护的个人的同意，方可提交违宪审查请求。

在有特定事实基础的案件中，宪法法院可以根据本条第一款规定期限之后提出的违宪审查请求，作出特别决定。

【法源三】

人权申诉专员法

（1993年12月通过）

一、总则
二、人权申诉专员及其副职的选举与职位
三、人权申诉专员的管辖权
四、程序
五、人权申诉专员的权利
六、人权申诉专员公署
七、罚则
八、临时性条款和最终条款

一、总　　则

第一条　为了保护人权和基本自由免受国家机关、地方自治机关和受政府委托的机关的不利侵害，本法建立人权申诉专员制度，并规定了他/她的管辖权和权力。

第二条　人权申诉专员［以下简称：申诉专员、他（的）］由共和国总统提名，经议会选举产生。

第三条　申诉专员可以依照宪法条款，以及有关人权与基本自由的国际法履行职责，也可以援引公正与善治的原则。

第四条　申诉专员应当具有自主性，独立地履行其职责。

第五条　申诉专员应当向议会提交有关其工作的综合性年度报告和专题报告。

申诉专员的工作经费由议会从国家财政预算中划拨。

第六条　国家机关、地方自治机关和受政府委托的机关（以下简称机关）应当根据申诉专员的要求，提供其职权范围之内的所有密级的信息和数据，并协助申诉专员进行调查。

第七条　申诉专员可以提出建议，并且将建议、意见和批评送交有关机关。有关机关必须予以考虑，并在申诉专员指定的期限内进行回复。

第八条 申诉程序应当保密。

申诉专员应当将其对事实的调查结果和已经采取的措施告知公众和议会。

第九条 任何公民，只要认为一部法案或一项政府行为侵犯了其人权或基本自由，都可以向申诉专员申诉，以启动程序。申诉专员亦可主动启动程序。

申诉专员也可以处理涉及人权和基本自由的保护，或斯洛文尼亚公民法律保障的更具普遍性的争议。

申诉人向申诉专员提起的申诉程序是非正式的，并且是免费的。

申诉专员应当进行公正和中立的调查，应当在每一个案件中获取所有相关当事人的意见。

第十条 申诉专员公署设在卢布尔雅那。

申诉专员应在程序规则和其他的一般法案中明确其公署的组织计划与工作。

二、申诉专员及其副职的选举与职位

第十一条 申诉专员只能由斯洛文尼亚共和国的公民担任。

第十二条 申诉专员应当由议会所有议员的2/3多数选票通过，任期为6年。任期届满，他仅可连续任职一届。

第十三条 申诉专员任期届满前的6个月，他的下一任的选举程序应当开始。

议会应当在共和国总统提交申诉专员提名名单后的45日内作出决定。

第十四条 关于宪法法院法官候选人的法律规定，可以逐条地适用于申诉专员候选人。

第十五条 申诉专员应有2至4名副申诉专员。副申诉专员经申诉专员提名，由议会任命。申诉专员应当在副申诉专员任职期限届满6个月前向议会递交副申诉专员的提名。

议会应当在收到提名后的45日内决定是否任命副申诉专员。

第十六条 副申诉专员每届任期6年。任期届满可以连任。

第十七条 申诉专员缺位、死亡或任期届满，以至于永远不能或暂时不能履职时，由其副职代理其职位。

申诉专员应当说明副职代理其职位的顺序。

第十八条 申诉专员及其副职应在议会宣誓后才能就职。誓约是：

“我宣誓，我将依照宪法和法律履行我的职责，我将保护人权和基本自由，我将认真且公平地履行职责，而且在履行以上职责时，我将坚持公正和善治的原则。”

第十九条 担任人权申诉专员不得同时兼任任何国家机关、地方自治机关、政党及工会的职位，或者履行其他依法不得兼任的公共职位的职能。

应当依法停止或暂停与人权申诉专员职位无法兼任的职位。

从主管的议会委员会确认人权申诉专员作出的与利益有关的行为有违法律对其职位的规定之日起，若人权申诉专员没有在30日内停止其行为，那么其职务将终止。

第二十条 当申诉专员履行其职权时，他不应对他提出的意见或建议负责。

未经议会同意，不得因申诉专员履行职能而对其提起检控并进行刑事羁押。

第二十一条 只有申诉专员本人提出要求，才可提前解职。如果他因罪行被宣告有罪且被判决入狱，或永久丧失履行其职责的工作能力，可以被免职。

申诉专员的免职程序应由1/3以上的议员申请启动。

议会对申诉专员的免职决定应当由2/3以上出席的议员投票通过。

第二十二条 本法案第十九条、第二十条和第二十一条也适用于申诉专员的副职。

三、申诉专员的管辖权

第二十三条 本法规定，申诉专员的权力高于国家机关、地方自治机关和受政府委托的机关的权力。

第二十四条 申诉专员不得干预法院或其他法律程序中正在进行的案件，除非在程序上有不当延迟或明显地滥用权力的情形。

第二十五条 申诉专员可以从保护人权和基本自由的角度，就他所调查的案件，与各个机关进行交流，而不论这些机关正在实施的程序类型或阶段。

四、程　序

第二十六条 任何人只要认为法案或国家机关、地方自治机关、受政府委托机关的行为或失当行政行为侵害了其人权或基本自由，都可以向申诉专员申诉以启动程序。

申诉专员亦可主动启动程序。

如果申诉专员主动或者依代表受害者的第三方提出的申请启动程序，必须征得受害者的同意。

第二十七条 递交给申诉专员的每一份申诉书应有签名，且有申诉人所有的个人资料以及所有作为诉状基础的细节、事实和证据。申诉人也必须陈述是否已经采取法律救济途径，若已经诉诸法律救济途径，还应当陈述法律救济途径的具体内容。

每个启动程序的申诉书（以下简称申诉书）通常要求书面形式，对其格式与律师的法律援助则都没有具体要求。

被剥夺自由的人有权利用密封信封向申诉专员递交申诉书。

第二十八条 收到申诉书后，申诉专员应当基于以下理由进行审查，并作出决定：

（1）对案件进行“快速通道”处理；或

（2）进行全面的调查；或

（3）驳回申诉书；或

（4）不予受理申诉书，因为它是匿名的，或过分迟延，或是滥用申诉权利而辱骂他人。

如申诉专员根据前款第3项和第4项规定的原因驳回或不予受理申诉书，应当尽快将决定告知请愿人，且说明理由；如果有可能，应指出解决问题的其他适当途径。

第二十九条 当实际情况和所有相关当事人的观点，从申诉书本身和附属文件来看已是明显时，申诉专员尤其应决定对案件进行“快速通道”处理（第二十八条第一款）。

第三十条 申诉专员尤其应根据以下理由驳回申诉书（第二

十八条第三款)：

(1) 从现有的资料和情况看，人权或基本自由明显没有被侵犯，或行政行为并无不当；

(2) 申诉书不完整，且没有按申诉专员的要求完成；

(3) 正在诉讼程序中的案件，除非本法有明确规定的案件；

(4) 涉及公职人员、属于议会调查委员会管辖的案件；

(5) 未穷尽所有常规的和特别的法律救济途径，除非他认为申诉人启动或继续那些救济程序是无用的，或者申诉人同时会遭受巨大的或不可弥补的损害；

(6) 申诉书明显涉及一个不太重要，并且经过调查也难有适当结果的案件。

第三十一条 申诉专员关于不予受理或驳回申诉书的决定是终局的。

第三十二条 如果不当行为或机关终局决定超过 1 年，申诉专员不能启动程序。除非他认为申诉人因正当理由而逾期申诉，或案件有如此重大影响，以至于他必须进行调查，而不论它是否超过期限。

第三十三条 当申诉专员决定进行调查（第二十八条第二款)，他应当将此决定告知申诉人和被申诉的机关，并且要求他们提供必要的解释和其他信息。

申诉专员应当指定机关按照前款规定提供解释和信息的期限。该期限不得少于 8 天。如果机关没有在指定的期限内向申诉专员提供解释或信息，必须立刻告知申诉专员没有满足其要求的原因。

申诉专员可将前款规定的迟延情况直接告知上级机关。

拒绝或忽视申诉专员的要求应被视为妨碍申诉专员的公务。

申诉专员可用特别报告向议会的特别工作组或者议会陈述上述事实，亦可将此事实公开。

第三十四条 所有的国家机关都有义务协助申诉专员进行调查，按他的要求提供充分的帮助。

第三十五条 在其工作范围内，申诉专员有权不受限制地使用主管机关所有的资料和文件。

机密文档的保密法则应适用于申诉专员、其副职及职员。

第三十六条 本法第六条规定的机关的所有官员及其他雇员都必须回应申诉专员在调查中的合作要求，并提供解释。

申诉专员可就其正在处理的案件传唤任何证人或专家进行面谈。被传唤者必须回应申诉专员的传唤。

第三十七条 如果申诉专员确定案件已经通过其他方式解决了，或者申诉人在调查中无正当理由而不合作，或者申诉人的行为已明显表明其对进一步的调查没有兴趣时，申诉专员可以停止调查程序。

第三十八条 在调查结束后，申诉专员应就其调查的事实起草一份报告，并送达相关各当事人。在申诉专员设定的最终期限到来前，当事人可就报告草案中所述之事实发表评论或意见，以期完善。

情势紧迫之时，抑或当申诉专员基于已有资料认定事实无从争辩，其可以仅凭自身调查的事实作出决定和给予建议，而无须依前款规定事先征求意见。

第三十九条 在申诉专员的最终报告中，他应就该个案的事实与情节作出评价，并确认在该案中人权或基本自由是否被侵犯，抑或存在其他处理失当之情形。

同时，申诉专员应当建议如何补救业已认定的不法行为。对此，他可提议行为主体依法再为某一特定程序、支付损害赔偿金，或者其他可以弥补不法行为对个体所造成的不利后果的方法。在建议中，申诉专员不应干涉个体要求损害赔偿金的法定民事权利。

对于被确定因行政行为失当而导致不公平的公职人员，申诉专员可以提议启动惩戒程序。

第四十条 在第三十九条中提及的机关必须在30日内告知申诉专员其已采取的措施，以符合申诉专员的提议、主张、批评或建议。

如果该机关没有遵照申诉专员的建议提交一个报告，或建议只是被部分采纳，申诉专员可直接通知其上级机关或相应部门，或向议会提交一个特别报告，或者公开相关事实。

如果该机关经再次要求，仍未能充分回应申诉专员的提议或建议，申诉专员可以在大众媒体上公布他的报告和建议，费用由该机关负担。

第四十一条 在处理地方自治机关的法令和失当行政行为时，申诉专员一定要考虑地方自治机关的特殊立场，尤其是他们作出决定的方式。

第四十二条 申诉专员或其授权的代表有权进入任何国家机关、地方自治机关、政府委托机关的办公场所。

申诉专员有权检查监狱或其他拘留公民的地方以及其他限制人身自由的机构。

申诉专员有权与前款规定中的机构人员进行私下谈话。

第四十三条 申诉专员应当向议会提交综合报告和专题报告，内容主要涉及他的工作和其有关斯洛文尼亚共和国公民的人权、基本自由、法律保障方面的调查。

申诉专员最迟应当在本年度 9 月 30 日以前提交上一年的年度报告。

申诉专员可以向议会中的特别工作组或直接向议会提交专题报告。

第四十四条 在议会会议上就综合年度报告进行答辩时，申诉专员可以自行呈递一份报告的摘要及结论。

申诉专员的综合年度报告应当予以公布。

第四十五条 申诉专员可以提议议会和政府在其职权范围内修改法律或其他法令。

申诉专员可以建议国家机关、公共机构和公共授权组织改善工作和恰当对待当事人。

第四十六条 议会主席、总理以及部长必须在申诉专员提出请求之后的 48 小时之内安排亲自接见，听取意见。

五、申诉专员的权利

第四十七条 申诉专员应享有和宪法法院院长同等的薪酬。

副申诉专员应享有和宪法法院法官同等的薪酬。

第四十八条 如果申诉专员当选之前一直在法官或者另一个国

家机关设置的终身岗位上任职，他告知主管机关希望重新回到以前的工作岗位，那么他有权在其任期届满 3 个月之内担任原来的职务。

如果申诉专员当选时已经有特定工作，他有权在任期结束后的 3 个月内重新回到以前的工作岗位，或者得到与其教育程度和专业技能相当的其他工作。

第四十九条 任期届满的申诉专员因正当理由，既不能继续其以前的工作，也不能获得另一个可胜任的工作，或者按照一般法律的规定他未满足退休的条件，则有权获得其以前工作的替代工资，直到他被雇佣或者按照一般法律的规定满足退休的条件为止，但仅限于其专员任期届满 1 年以内。

第五十条 第四十八条和第四十九条的规定同样适用于副申诉专员。

六、申诉专员公署

第五十一条 在获得议会中特别工作组的意见后，申诉专员必须通过程序规则。这个程序规则应详细说明工作范围的划分、工作机构和处理申诉的方法，并且应当公布在斯洛文尼亚共和国的政府公报上。

第五十二条 申诉专员可以获得专家的帮助。必要的时候，申诉专员可以任命或者解雇他的法律顾问或者其他雇员。

申诉专员应任命秘书长，由秘书长来管理申诉专员公署。

第五十三条 申诉专员可以从国家机关工作人员中任命顾问或者其他专家，为其提供一段固定时间的服务。当他们的任期届满以后，他们有权重新担任他们以前的职务或工作。

第五十四条 在薪水、酬劳和其他个人收入、津贴以及权利方面，《国家公务员法》中的条款适用于秘书长，关于国家机关雇员的法律条款适用于申诉专员公署中的其他雇员。

第五十五条 申诉专员的工作经费从斯洛文尼亚共和国的财政预算支出。具体数目由议会根据申诉专员的建议来确定。

七、罚　　则

第五十六条 下列人员因犯较轻的罪将被处以 10000 斯洛文尼

亚托拉尔以上的罚款：

（1）没有按照申诉专员的要求向其提供资料的机关负责人（第六条）；

（2）拒绝申诉专员传唤会见的人（第三十六条）。

八、临时性条款和最终条款

第五十七条 在所需专家已经任命，办公场所与其他条件具备后，申诉专员应开始工作。

从申诉专员开始工作之日起，人权和基本自由委员会将按照本法停止运作。

申诉专员接手人权和基本自由委员会的文件、未处理的案件和财产。

第五十八条 申诉专员开始工作之日起，《人权和基本自由委员会法》（斯洛文尼亚共和国14/09号政府公报）失效。

第五十九条 本法自斯洛文尼亚共和国政府公报公布之日起15日后生效。

【法源四】

人权申诉专员程序规则

一、总则

二、组织机构和工作体系

三、工作程序

四、其他条款

五、临时性条款和最终条款

一、总　　则

第一条 本程序规则用于调整人权申诉专员（以下简称申诉专员、他或他的）的工作机构和体系，详细规定了工作领域的划分和处理申诉的程序。

第二条 申诉专员的官方语言是斯洛文尼亚语。

不精通斯洛文尼亚语者，有权用其母语向申诉专员提出申诉。

第三条 申诉专员的印章应该是圆形的，中心应该刻有斯洛文尼亚共和国的国徽，四周环绕着“斯洛文尼亚共和国人权申诉专员”字样。

第四条 涉及人权申诉专员公署的组织机构和申诉专员工作体系的问题，若没有在人权申诉专员法或者本程序法则中予以规定，则适用其他申诉专员法规中的一般性具体规定。

第五条 申诉专员应和外国的相关机构及其协会、相应的国际组织合作。

第六条 申诉专员应通过定期的年度报告、特别报告、在记者招待会上发布工作简报、新闻公报、在大众媒体与特定的出版物上出版报告与建议，向公众告知其工作。

在这样做时，申诉专员应当遵守数据保密规则和与申诉专员法相一致的保密程序。

第七条 申诉专员直接或通过他的专业服务处向公众告知。

第八条 向申诉专员申诉的程序应当保密。

程序完成后，申诉专员应该就其发现的事实，以最后报告的形式向申诉人以及申诉人提及的机构进行反馈。

申诉专员没有义务向任何相关当事人出示文件。

二、组织机构和工作体系

第九条 申诉专员的服务应当在人权申诉专员公署中组织（以下简称申诉专员公署）。

申诉专员公署由以下部门组成：

（1）申诉专员的专业服务处；

（2）秘书长办公室。

申诉专员的专业服务处在申诉专员的管辖权范围内，执行申诉专员及其副职各自的专业任务；对申诉进行分类，确保申诉处理的流畅，处理申诉和准备观点、提议、建议，开展调查工作；制作与申诉相关的调查结果报告，为申诉人提供与其申诉相关的信息。专业服务处还承担在申诉专员及其副职管辖权范围内的行政性、技术性、资料性以及其他方面的任务。专业服务处由其负责人主管，他根据申诉专员及其副职设置的准则来组织与指导专业服务处的顾问、专家及行政人员。

秘书处办公室应当独立或与外部团体合作，履行所有对申诉专员公署的职能有必要的，涉及组织、法律、管理、物质、金融和人事的任务。

秘书长办公室由申诉专员秘书长直接领导。

第十条 在管理人权申诉专员公署和处理劳资关系方面，秘书长根据行政法的规定享有行政主管的权力与义务，除非这些权力被人权申诉专员法或其他一般性法律明确地授予了申诉专员。

秘书长有权决定申诉专员公署工作经费的使用。

秘书长应就其工作向申诉专员负责。

当秘书长缺位时，由专业服务处的负责人或申诉专员任命的其他官员代理。

第十一条 申诉专员管辖事务分为以下领域：

（1）宪法权利；

（2）人身自由的限制（人身保护令状）；

（3）社会保障；

（4）雇佣关系；

（5）行政事项；

（6）法院程序；

（7）环境和计划；

（8）公共服务；

（9）住房。

每个领域都由一位副申诉专员主管。

申诉专员应依照以下标准，对各个领域进行更细致的明确分类：

（1）问题涉及的主题；

（2）国家机关与其他授权机构的组织与程序类型；

（3）与专业领域的一致性。

第十二条 副申诉专员在其主管领域内，享有与其工作有关的、法律赋予申诉专员的所有权力。

当申诉专员公署的官员或者雇员进行调查活动或者其他必要的

活动时，申诉专员应当对他们进行一般的或者特别的授权。

第十三条 申诉专员公署中的申诉专员、副申诉专员、官员和被授权的雇员，应该携带附有他们照片、身份资料和职权内容的官方身份证明。

身份证明的格式和发行程序由申诉专员明确。

申诉专员的秘书长应对身份证明的发行以及所发行身份证明上的记录保存负责。

第十四条 人权申诉专员公署的工作时间由申诉专员决定，以便与行政机关的工作时间相协调。

第十五条 申诉专员可以不在办公室工作。

第十六条 申诉专员及其副职按照事先约定的时间和申诉人谈话。

如果事先没有约定谈话的时间，但申诉人希望谈话，则他有权与秘书长指定的专业雇员或者顾问谈话。

第十七条 启动申诉专员程序的申诉或其他投诉、信件，由总办公室收取。

三、程　　序

第十八条 确认人权或者基本自由受到侵犯的程序由当事人申诉而启动。

启动程序的申诉书，可以由认为其人权或者基本自由受到法令或者国家机关、地方自治机构、政府委托机构的行为侵犯的任何人提出。

申诉专员也可以主动启动程序。

当侵犯人权或者基本自由的特别重要案件发生，或者其他失当行政行为发生时，申诉专员可以主动启动程序。

如果申诉专员为个案而主动启动程序，必须征得受害人的同意。

第十九条 启动程序的申诉书通常要求以书面形式提交。

按照申诉人的要求，申诉书可以口头提出，并由秘书长指定的专业雇员或者顾问记录。

在紧急案件中，申诉专员可以通过电话来接收申诉书。

这样的申诉书必须随后由申诉人以书面的形式提出。如果在1个月以内未提出的，程序将被终止。

第二十条 启动程序的申诉书必须有申诉人的签名，而且应包括其个人资料以及以下事实和证据事项：

（1）申诉书针对的国家机关、地方自治机构或者政府委托机构（以下简称机构）；

（2）对人权或者基本自由受到侵害的描述，或者上述机构的失当行政行为；

（3）申诉书所依据的事实和证据目录；

（4）对案件已经适用的法律救济的描述。

如果第三人代表受害者提出申诉，必须附上受害者的书面同意和授权。

第二十一条 申诉专员的秘书长或者专业服务处负责人负责对不符合启动程序要求的申诉书与其他信件进行答复。

第二十二条 如果申诉书不完全或者难以理解，申诉人应当获得合理的时间来完成或者修改申诉书。

第二十三条 如果确认、澄清、判断某一对案件的解决具有重要意义的事实需要专业知识，且这一专业知识不能从申诉专员公署获得，那么专家可以参加到程序中去。

专家的聘用事宜由申诉专员决定。

第二十四条 关于淘汰、记录、传唤、服务、指定的期限和事实的调查结果，要考虑向申诉专员提起的申诉程序的非正式特征，合理适用一般行政程序法的条款。

第二十五条 在决定申诉书的处理程序之前，申诉专员可以进行必要的初步调查。基于这个目的，他可以在指定期限内，从各个机构获得说明以及所有必要事项的信息与其他数据。

第二十六条 如果可能，在整个过程中，申诉专员应力求通过调解途径，以及双方同意的和解方式来解决案件。

当和解协议达成时，已经开始的申诉程序应当终止。

运用和解方式解决的案件并不意味着申诉专员没有形成自己的调查结果、没有依法作出提议或者提出救济的建议。

第二十七条 根据已经确认的相关事实，申诉专员可以从保护人权和基本自由的角度，就他所调查的案件，和任何机构交流他的观点，而不论这些机构正在实施的程序的类型或阶段。

第二十八条 申诉专员按照“快速通道”处理方式对申诉书作出决定，特别是当相关事实和有关当事人的观点已经清楚地反映在启动申诉程序的相关文件中时。

这个决定应当包括确认的相关事实、对人权或基本自由受到侵犯或者失当行政行为的判断，以及矫正侵害行为或不法行为的方法。

第二十九条 申诉专员在进行调查之前应当首先作出启动调查的决定。

第三十条 启动调查的决定应特别包括以下几点：

(1) 申诉书的概要和申诉书针对的机构的陈述；

(2) 关于人权或基本自由受到侵犯或者其他不法行为的代表性事实的陈述；

(3) 将具体实施调查的人。

第三十一条 如果申诉专员确信这个案件已经通过其他方式解决，或者申诉人因为不合理的原因而不配合调查工作，或者申诉人的行为明显表明其对于继续调查没有任何兴趣，申诉专员可以停止调查。

调查工作的停止将导致申诉处理程序的终止。

程序的停止应当告知申诉人和申诉所针对的机构。

第三十二条 在调查结束后，申诉专员应就其调查的事实制作一份报告草案，并送达相关当事人。在申诉专员设定的最终期限到来前，当事人可发表评论或意见，以期完善报告中所述之事实的调查结果。

在紧急案件中，或者当申诉专员基于已有资料认定事实无从争辩，他可以仅凭自身调查的事实作出决定和给予建议，而无须依前款规定进行事先征求意见。

第三十三条 在申诉专员的最终报告中，他应就该个案的事实与情节作出评价，并确认在该案中人权或基本自由是否被侵犯，或存在其他失当行政行为之情形。

同时，申诉专员应当对业已认定的违法行为的救济方式提出建议。对此，他可提议行为主体依法重新遵循特定的程序作出行为、支付损害赔偿金，或者其他可以弥补违法行为对个体所造成的不利后果的方式。在建议中，申诉专员不应干涉个体要求损害赔偿金的民事法定权利。

如果有关当事人对申诉专员的报告草案有意见，且申诉专员没有考虑这些意见，那么，申诉专员应该在其最后报告中阐明他对这些意见的观点。

对于被确定因行政行为失当而导致不公平的公职人员，申诉专员可以提议启动惩戒程序。

第三十四条 申诉专员或其授权的人有权进入任何国家机关、地方自治机关、政府委托机构的办公场所。

申诉专员或其授权的人可以在与其工作相关的范围内，不受限制地使用主管机关的资料和文件。.

第三十五条 申诉专员有权检查监狱或其他拘留公民的地方，以及其他限制人身自由的机构。

申诉专员有权与前款规定中的机构的人员进行私人谈话。

开展调查不必事先通知。

谈话的人应完全随机的选择。

第三十六条 在处理对人权与基本自由保护和公民的法律保障而言显得特别重要，且具有普遍性的问题时，申诉专员应当获取主管机构之前处理该问题的信息和观点。

在案件调查完毕以后，申诉专员可以在提议或建议中说明其观点。

他应将其观点传达给主管机构，也可以将之传达给斯洛文尼亚共和国的议会和政府。

四、其他条款

第三十七条 针对所处理的个案，对于以实施公权力为目的的行政规章与其他单行法令，申诉专员可以提出合宪性与合法性的审查请求。

第三十八条 在法律规定的情况下，申诉专员可就其正在处理的个案向宪法法院提起宪法诉讼。

只有事先取得在特定案件中人权或基本自由正在受到申诉专员保护的人的同意，申诉专员才能提起宪法诉讼。

第三十九条 接收的申诉书及其处理应有统计记录。

第四十条 年度报告应包括：人权和基本自由以及斯洛文尼亚共和国公民法律保障水平的调查结果、必要问题的描述、接收数据的统计调查、申诉的处理、个别侵权或者失当行政行为的典型案件的描述以及申诉专员其他活动的报告。

五、临时性条款和最后条款

第四十一条 在本规则生效之前已经启动的申诉程序应继续，并且根据本规则的规定作出决定。

第四十二条 本规则的修正案自在斯洛文尼亚共和国政府公报公布之日起 15 日后生效。

保加利亚申诉专员法

王小红　译

【翻译说明】

保加利亚申诉专员制度分为国家申诉专员制度和地方申诉专员制度，都属于议会申诉专员制度。2003 年 5 月 8 日，保加利亚国民议会通过申诉专员法，对国家申诉专员的目标、活动范围、选任、身份、能力、作用和程序进行了规定，该法于 2003 年 5 月 23 日在保加利亚官方公报国家公报公布，并于 2004 年 1 月 1 日生效。由于保加利亚实行地方自治，某个地方是否设立地方申诉专员制度取决于地方议会，由国民议会通过的申诉专员法只对国家层面的申诉专员制度作出规定。

保加利亚国家申诉专员产生与存在的法律依据主要是申诉专员法和申诉专员组织和活动条例，地方申诉专员产生和存在的法律依据主要是地方自治和地方管理法的相关条款和各地方出台的地方申诉专员条例。为指导和规范地方申诉专员制度，保加利亚几个机构联合成立专家工作小组研究制定了市申诉专员组织和活动示范规则，该规则对各地申诉专员制度仅具有示范性和指导性，没有法律强制力。

【法源一】

申诉专员法

2003 年 5 月 23 日国家公报第 48 号公布，2004 年 1 月 1 日生效。

第一章　总　　则

第一条　本法规定申诉专员的法律地位、组织和活动。

第二条　当公民权利和自由受到国家和地方机关及其职能部门以及被授权从事公共服务活动的工作人员的作为或者不作为侵犯时，申诉专员应当采取本法规定的措施予以调停。

第三条　申诉专员独立开展工作，只服从宪法、法律和保加利亚批准参加的国际条约，根据个人良心和道德行事。

申诉专员应当遵照申诉专员机关组织和活动条例开展工作，该条例由申诉专员起草，国民议会决定通过，在《国家公报》公布。

第四条　申诉专员的活动应当公开。

第五条　副申诉专员辅助申诉专员工作。

第六条　国家和地方机关及其职能部门、法人及公民都有义务向申诉专员提供其掌握的信息，协助申诉专员处理申诉。

第七条　申诉专员及其职能部门的活动由国家预算资金和其他公共资金支持。申诉专员是财政资金使用的首要负责人。

第二章　任职及法律地位

第八条　申诉专员由国民议会选举产生，5 年一任，可以经选举连任一次。

第九条　拥有大学学历、诚实正直、符合当选议会议员条件的保加利亚公民可以被选举为申诉专员。

第十条　议会议员和议会团体可以提名申诉专员候选人。

国民议会通过秘密投票选举申诉专员，赢得参加投票的参会议员半数以上票数的候选人当选申诉专员。

如果第一轮投票没有人获得半数以上多数票，应当就获得票数最多的 2 名候选人进行第二轮投票，第二轮投票中获得参会的半数以上参会议员的赞成票的候选人当选申诉专员。

第十一条　副申诉专员应当在申诉专员选出 1 个月后，由国民议会根据申诉专员的建议和本法第八条规定选举产生。

副申诉专员应当符合本法第九条规定的任职条件。

第十二条　申诉专员在国民议会宣誓后就职。誓词如下：“我以保加利亚共和国的名义发誓：遵守国家宪法和法律，忠实公平履行职责，保护人权和基本自由。”

第十三条 新任申诉专员的选举至少应当在现任申诉专员任职期满2个月之前进行。现任申诉专员应当继续履行职责至新申诉专员上任为止。

第十四条 申诉专员职务和副申诉专员职务与其他任何国家官职、商业公司管理职务、非营利法人职务以及政党成员和工会组织成员不相容。申诉专员和副申诉专员不应当从事商业活动。

第十五条 申诉专员和副申诉专员在任职期满前，有下列情形之一的，由国民议会决定终止其职务：

1. 存在职务不相容或者资格不符的情况；
2. 超过6个月无能力履行职务；
3. 因故意犯罪被执行刑罚；
4. 玩忽职守，违反国家宪法、法律或者公认的道德准则；
5. 辞职；
6. 死亡。

申诉专员和副申诉专员任职届满前终止其职务的决定，在符合第一款第1、2、4项规定的情况下，由国民议会基于1/5以上议会成员的要求作出，在符合第一款第3、5、6项规定的情况下，由国民议会主席议长在国民议会中宣布。

除第一款的规定外，国民议会可以根据申诉专员有正当理由的提议对副申诉专员免职。

在第一款第1、2、4、5项规定情形下，申诉专员和副申诉专员有权向国民议会陈述申辩。在第三款规定情形下，副申诉专员同样享有陈述申辩权。

第十六条 申诉专员享有与议会议员同样的豁免权。

申诉专员豁免权的解除规定和程序要求与议会议员相同。

第十七条 在申诉专员任职期满前终止职务的情况下，新一任申诉专员应当在第十五条第1款第1、2、4项决定生效后或者在第十五条第一款第3、5、6项宣布后1个月内选举产生。

申诉专员任职期满前被终止职务的，副申诉专员应当代行其职务至新一任申诉专员选出为止。

第十八条 申诉专员的工资应当是公务员和公共部门雇员平均3个月的工资，该工资数据以国家统计部门公布的数据为准。

副申诉专员的工资是申诉专员工资的80%。

申诉专员和副申诉专员不应领取公务员或者公共部门雇员所享有的其他报酬。

第三章 职 权

第十九条 申诉专员应当：

1. 接收对国家和地方机关及其职能部门以及被授权从事公共服务活动的人员侵犯权利和自由的申诉。

2. 对收到的申诉进行调查。

3. 在1个月内书面回复申诉人。需要进行进一步调查的案件应在3个月内书面回复申诉人。

4. 向第一项规定中的机关及其职能部门和人员作出恢复被侵害权利和自由的建议书。

5. 在行政机关和相关人员之间就解决权利和自由被侵害的问题进行调解，协调双方关系。

6. 就消除侵犯权利和自由问题产生的诱因和条件发出建议书。

7. 如果认为需要进行宪法解释或者某项法律应当被宣布违宪，应当通知宪法第一百五十条所规定的部门将该问题提交宪法法院。

8. 如果有证据证明存在犯罪应当被提起公诉，应当通知检察机关。

申诉专员在认为公民的权利和自由无法通过申诉得到保护时，可以进行主动调查。

申诉专员可以将其部分职权授予副申诉专员行使。

第二十条 申诉专员有下列权力：

1. 与第二条规定的机关、职能部门及工作人员进行接触，有权列席其讨论和决定。

2. 要求第二条规定的机关、职能部门及工作人员提供并获得及时、准确和广泛的信息。

3. 公开表达包括在各种媒体上表达其立场和观点。

申诉专员无权公开其在履行职责时获悉的国家、官方、商业秘密及私人信息。

第二十一条 申诉专员对收到的口头和书面申诉及其办理情况应当进行公开登记。

第二十二条 申诉专员应当在每年 3 月 31 日前就其活动向国民议会提交年度报告。

报告应当包含下列内容：

1. 收到的申诉和相关材料及对其调查的情况；
2. 调解成功的案件；
3. 调解未成功的案件及调解未成功的原因；
4. 发出的建议书以及建议的内容是否被采纳；
5. 本领域生效法律对人权和基本自由的尊重程度及其实施现状；
6. 有关开支的报告；
7. 摘要。

第一款规定的报告应当公开。

申诉专员应当根据国民议会的要求或者主动对特定案件提交报告。

第二十三条 申诉专员应当就其工作情况出版年度公报。

第四章 提交申诉

第二十四条 每一个自然人，不分国籍、性别、政治面貌或者宗教信仰，均可向申诉专员提起申诉。

第二十五条 申诉可以是书面或者口头形式，亲自递交或者通过邮寄及其他传统通信方式递交。

申诉书应当写明申诉人的姓名和永久地址、侵犯权利和自由的事实描述、被申诉的机关、管理机构或者个人，并附书面证据。

匿名申诉和对侵权行为发生时间已逾 2 年者之申诉，不予受理。

对口头申诉应当制定包括第二款规定的信息的申诉格式。

第二十六条 向申诉专员提起的申诉免费。

第二十七条 收到的申诉应当根据第二十一条的规定登记。对每个案件采取的措施和相应的结果也应当登记。

第二十八条 第二条规定的机关和个人应当在收到申诉专员的观点和建议后的14日内，对申诉专员的观点和建议认真考虑，并将所采取的措施通知申诉专员。

第五章 行政制裁规定

第二十九条 任何妨碍申诉专员行使职权的人，在没有受到其他更严厉的处罚的情况下，应当被处以最高600列弗的罚款。

第三十条 任何没有按照申诉专员的要求提交资料、文件或者证书的人，在没有受到其他更严厉的处罚的情况下，应当被处以最高500列弗罚款。

第三十一条 任何没有履行本法或者相关实施条例规定的其他义务的人，在没有受到其他更严厉的处罚的情况下，应当被处以最高300列弗罚款。

第三十二条 第二十九条至第三十一条规定的行政制裁由地方法院作出。对当事人违反相关规定的说明即行政制裁的理由，由申诉专员机关工作人员起草，申诉专员决定，并递交相关地方法院。

第三十三条 法院应当将收到第三十二条规定的材料的情况通知拟受制裁人，规定拟受制裁人了解相关材料、提出异议并提交支持自己观点证据的期限。该期限应当不少于1个月。

第三十四条 第三十三条规定的期限期满后，举行公开审理。

申诉专员在认为有必要时，可以参加法庭审理程序。

第三十五条 地方法院应当就案件进行审理，并就是否应当对拟受制裁人作出本法所规定的行政制裁进行裁决。

对地方法院的裁决不服可以依据最高行政法院法的规定向地区法院提出撤销原裁决的上诉。申诉专员也可以对裁决提出上诉。

第三十六条 除本法另有规定外，应当适用《行政违法处罚法》的规定。

附则

第一项 本法下列用语的含义：

1. “公共服务活动”是指教育、医疗和社会活动；供水、供热、供电活动；邮政电信活动；商业活动；安保和运输安全以及其他类似活动，旨在满足公众需要并与行政服务活动相关。

2. “传统通信方式”是指书信、电话、电报、电传、传真和电子邮件。

过渡条款和最后条款

第二项　国民议会应在本法生效后3个月内选举申诉专员。

第三项　申诉专员应在上任1个月内批准申诉专员机关组织和活动条例并提交国民议会。

第四项　本法于2004年1月1日起生效。

本法于2003年5月8日由国民议会通过并加盖国民议会公章。

【法源二】

申诉专员组织和活动条例

2005年5月31日国家公报公布

第一节　总　　则

第一条　本条例旨在对申诉专员及其内部职能部门的组织和活动、申诉的接收和受理程序，对申诉专员主动调查的规范，申诉专员的调解和建议等方面进行调整。

第二条　申诉专员法和本条例均无规定的申诉专员的活动和内部组织结构问题，由申诉专员通过内部行为如指导、法令、命令、决定以及指令等予以调整。

第三条　副申诉专员辅助申诉专员工作，申诉专员应当通过书面形式确定副申诉专员的职权职责。

第四条　申诉专员工作的法定语言是保加利亚语。不懂保加利亚语的人可以用其他语言与申诉专员沟通。

第五条　申诉专员可以和其他国家具有类似功能的机构以及国际组织进行合作。

申诉专员应当与市申诉专员（地方公众调解员）以及保加利亚其他类似机关保持联系并给予协助。

第六条　申诉专员的活动应当公开。

申诉专员应当通过在报刊登稿件、向媒体发布、召开记者招待会、电子媒体等方式向公众汇报其工作。

申诉专员对在行使职权过程中所了解的国家、官方或者商业秘密、个人秘密负保密义务。

第七条 申诉专员文件不可侵犯，不受检查和没收。

申诉专员与申诉人之间的通信不可侵犯，不受检查，不得在任何程序中作为证据使用。

第二节 申诉专员机关活动的基本原则

第八条 申诉专员活动应当遵守下列基本原则：

1. 公正、独立；

2. 遵守国家法律，保持公正；

3. 根据良心判断是否达到善治的要求。

第九条 申诉专员应当：

1. 受理因国家、地方机关及其职能部门以及承担公共职能或者有偿为公共服务的机构在实施行政行为时损害权利和自由或者没有为权利和自由的实现提供必要条件的申诉；

2. 审查、受理申诉；

3. 在认为其有必要介入以保护权利和自由时，采取主动调查；

4. 向第 1 项规定中的人就尊重权利和自由、消除已经对权利和自由造成的损害后果、消除损害后果发生的原因提出建议；

5. 在认为有必要进行宪法解释或者宣告某项法律违宪的情况下，建议宪法第一百五十条第一款规定的组织提请宪法法院处理；

6. 调解第 1 项规定中的机构与受侵害人之间的侵害争议，协调双方关系；

7. 要求第 1 项规定的人对相关案件提供信息；

8. 检查，包括实地调查第 1 项规定的人的活动，列席其讨论和决定；

9. 公开阐明其保障权利和自由的观点，要求列席国民议会；

10. 在检查过程中发现有犯罪情况时，通知检察机关；

11. 准备并向国民议会提交年度报告；

12. 对侵害权利和自由的个别案件向国民议会汇报并提交专门

报告；

13. 出版公报；

14. 实施其他与保护权利和自由有关的活动。

申诉专员机关不应当涉及：

1. 国民议会、宪法法院、最高司法委员会、审计署；

2. 法院、检察院司法权的实施和调查活动；

3. 关系到国家安全和外交政策的事务。

申诉专员不能以申诉人的名义引导程序进行，不能在法院和第1项第1段规定的机关代表申诉人出席。

第三节　申诉专员内部机构

第十条　申诉专员内部机构由秘书长管理，由理事会和各处室组成。

申诉专员有权任命和解雇机关内部人员，决定内部人员的职权和工资报酬。

申诉专员有权决定内部机构的工作时间和公众接待时间。

第十一条　申诉专员内部设接待处。

申诉专员应当按照其规定的时间按时亲自接待公众。

工作人员应当按照秘书长规定的月度安排，按日轮流在接待处工作。

申诉专员可以在其他地方设临时接待处。

第十二条　在申诉专员机关内部机构工作的人分正式工和合同工两种。由申诉专员决定需要由正式工工作的工作岗位。

申诉专员内部工作人员的工作应视为专业性和独立公务性的劳务活动。

申诉专员、副申诉专员和工作人员在完成其应当完成的工作时间后，有权获得最高12个工作日的带薪假期。具体假期天数由申诉专员决定。

第十三条　申诉专员的活动可以由外部专家、民事合同领域或者公共领域的专业工作者协助。

第十四条　申诉专员可以组成由申诉专员、副申诉专员或其内部机构的其他代表、学术界代表、媒体代表、公民组织代表、外部顾问代表等组成的顾问委员会。

第十五条 申诉专员可以设立地方顾问委员会，以便与地方申诉专员相互联系和协作共进。地方顾问委员会由申诉专员、申诉副专员或其内部机构的代表、不同地方的地方申诉专员和地方机关代表、媒体代表、公民组织代表等组成。

第四节 申诉的接收和受理

第十六条 向申诉专员提交的申诉可以是书面或者口头形式，申诉的接收应当在申诉专员接待处进行。

申诉书的格式没有特别要求，但应当包含下列内容：

1. 申诉人的个人信息，包括联系方式；
2. 对侵犯其权利和自由的行为的描述；
3. 侵犯其权利和自由者的基本信息；
4. 侵害行为发生的时间；
5. 该案件是否正在法院或者其他机关处理；
6. 如果要求损害赔偿，则要说明引起损害发生的原因。

缺少第二款规定内容的申诉不影响受理。在申诉提交时或者提交后，还需要进一步提供一些必要的信息。

书面申诉应当亲自递交或者通过信件、传真、电报、电子邮件递交。申诉专员应当制作不强制使用的书面申诉范本。

口头申诉应当当面或者通过电话方式递交。

申诉的提交和整个审理程序对申诉人免费。

第十七条 收到的申诉应当在登记处由工作人员根据各处室职责予以受理。

第十八条 接待处的值班工作人员应当将收到的口头申诉予以记录，记录包括申诉人的姓名和永久地址，侵权行为描述，被申诉的机关、内部机构或具体工作人员。

记录应当送交登记处。

登记处工作人员收到记录后，应当将申诉分配给内部处室受理。

第十九条 如果申诉人希望自己的身份对登记处保密，可以不说明其身份信息。

第二十条 接待处的工作人员可以参与登记处的工作。匿名申诉以及侵权行为已经发生 2 年以上的申诉不予受理。

如果根据前款规定不予受理的案件涉及重大公共利益，工作人员应当建议由申诉专员进行主动调查。

第二十一条 分配到各处室的申诉应当由该处室 1 个工作人员具体负责。

在申诉案件涉及几个处室时，各部门应当相互合作。

涉及腐败资料的申诉应当单独存档。

第二十二条 具体负责某一案件的工作人员应当审查该案件是否符合受理条件。

工作人员应当在收到申诉后 2 周内书面通知申诉人对申诉是否受理，对受理的申诉应当告知申诉人案件的受理号和负责案件的处室或者工作人员，对不予受理的申诉应当告知申诉人不应再次提起申诉。

必要时，可以要求申诉人提交补充资料。

申诉专员不得借口案件有其他救济途径而拒绝受理申诉案件。如果申诉涉及上级行政机关或者其他机关，申诉专员除认为案件有必要由自己受理外，应当建议申诉人向相关机关要求处理。

申诉不属于申诉专员受案范围的，应告知申诉人不予受理并告知有权受理的机关。

申诉专员在申诉人同意的情况下，可以将申诉转交其他有权受理机关。

第二十三条 负责案件审理的工作人员应当负责案件的资料审查、文件的收集和检查、审查第九条第一款第一项规定的机关及其工作人员的行为、进行讯问等。

对案件的调查也包括从申诉人那里收集资料、询问第九条第一款第 1 项规定的机关和人员等。

申诉专员如果认为案件审理所必要，应当安排进行调查和由专家作出报告。

第二十四条 调查结束应当作出书面报告。

第一款规定的报告应当反映调查结果，并包括下列内容：

1. 实施调查的原因；
2. 侵权行为事实；
3. 负责案件的处室和工作人员；
4. 进行的工作；
5. 收集到的证据；
6. 调查发现和结论；
7. 如果有必要，提出解决建议；
8. 其他有关该案的重要信息。

报告由申诉专员或者其授权的人签署。

报告应当送交利益各方各一份。

报告的编号和日期应当在申诉登记处登记。

申诉专员可以提前将特定案件的报告草稿送交相关当事人，相关当事人应当在申诉专员规定的时间内提出意见。

第二十五条 申诉登记应当包括：

1. 收到申诉的编号和日期；
2. 申诉人的姓名和地址，第十九条规定的情形除外；
3. 第十九条第一款第 1 项规定的机关名称；
4. 申诉的主要内容；
5. 负责该申诉案件的处室或工作人员；
6. 处室的申诉受理书；
7. 报告的编号和日期；
8. 申诉专员的指示，对案件采取的其他措施；
9. 调解的实施情况及其结果；
10. 该案件是否包括在申诉专员的年度报告或者特别报告中。

登记处的登记工作由接收和审查申诉案件的工作人员准备，由秘书长或者机关工作人员实施。

任何人都有权查询登记处登记的信息。

第五节 调 解

第二十六条 申诉受理后，申诉专员可以在任何时候建议申诉人与第九条第一款第 1 项规定的机关或者人员进行自愿调解来解决案件。

第二十七条 申诉专员可以自主决定对案件是亲自进行调解还是安排机关工作人员或者副申诉专员进行全部或者部分调解工作。

第二十八条 在第二十六条规定的案件中，申诉专员应当直接对申诉人和被申诉人提出调解建议。

对双方接受调解的申诉案件，申诉专员应当为解决争议提供各种帮助（包括联系当事人、为谈判过程提供支持等）。申诉专员为此可以随即召开由双方当事人参加或者一方当事人单独参加的会议。

在会议各个阶段，申诉专员都应当听取当事人的陈述，帮助当事人为解决争议采取各项措施，包括提供解决争议的方案。

申诉专员在只有一方当事人单独参加的调解会议上获得的信息，只有在经该方当事人明确同意后，才能告知对方当事人。

如果案件经调解成功解决，应当制作调解协议，由双方当事人和申诉专员或者申诉专员授权的人签名。

如果调解不成，申诉专员可以实施法律和本条例规定的其他职权。

第六节 申诉专员主动调查

第二十九条 申诉专员如果发现公民和组织的权利和自由无法通过申诉得到保护，可以进行主动调查。

申诉专员进行主动调查时，可以对已经超过 2 年的侵权案件实施调查。

申诉专员进行主动调查应当在申诉登记处的专门机构进行单独登记。

申诉专员进行主动调查时，可以安排副申诉专员或者一个或者多个工作人员对案件进行调查。

申诉专员在安排副申诉专员或者一个或者多个工作人员对案件进行调查时，应当规定调查期限。

第三十条 申诉专员主动调查的实施和终止，本节没有规定的，适用对一般申诉案件调查的相关规定。

第七节 建　　议

第三十一条 在对申诉案件调查结束后的报告中，申诉专员在认为适当时可以提出建议：

1. 实施或者终止实施某项行政行为；
2. 恢复受侵害的权利和自由；
3. 消除导致侵害权利和自由行为产生的原因；
4. 消除不良行政，改善管理工作。

第三十二条 报告和建议送达的机关或者个人在收到报告或建议后 14 日内，应当认真考虑报告和建议内容，并将采取的措施通知申诉专员。

如果受送达机关或者个人没有采取任何措施，申诉专员应当将该案件写入向国民议会递交的个别案件报告中。

第三十三条 如果申诉专员认为案件的调查结果表明，某项法律规定是侵犯权利和自由行为产生的原因，申诉专员可以直接提出立法修改建议。

立法修改建议应当送交国民议会和内阁。

立法修改建议及为此采取的行动应当在申诉登记处登记并包括在申诉专员年度报告中。

第八节　年度报告、个别案件报告

第三十四条 申诉专员应当就其工作向国民议会提交年度报告。

报告应当在第二年 3 月 31 日前提交，报告应当包含下列内容：

1. 已经接收并审查完毕的申诉；
2. 通过申诉专员的干预产生效果的案件；
3. 申诉专员的干预没有产生效果的案件及没有产生效果的原因；
4. 作出的建议以及建议是否被采纳；
5. 本领域对权利和自由保护的立法及其效果；
6. 立法修改建议；
7. 收支情况；
8. 摘要；
9. 申诉专员认为对完整准确地说明其所做工作有必要写明的其他信息。

第一款规定的报告应当公开。报告的全文在申诉专员接待处自由索取。

年度报告摘要应当在国家公报公布。

第三十五条 申诉专员基于国民议会的要求或者基于其主动调查，可以对个别案件准备和提交报告。

第一款规定的报告应当公开。

个别案件报告的副本应当送达报告所涉及的机关及其工作人员。

第三十六条 申诉专员应当出版公报，公布其进行的活动、保护权利和自由方面存在的问题、本领域立法的实施情况、调查研究成果、其他国家类似机关的活动等。

第九节 预 算

第三十七条 申诉专员及其机关的工作由国家财政和其他资金支持。

申诉专员是预算资金的首席负责人。

第三十八条 申诉专员机关人员的月工资由申诉专员根据内部工资规则和每年可支配的预算资金决定。

第三十九条 有关申诉专员的日常活动、会计和自我监督、预算资金的使用，应当遵守保加利亚法律的一般规定。

最后条款

单独条款 本条例已经根据申诉专员法（国家公报第48/03号公布）第三条第二款的规定，由国民议会决定批准。

【法源三】

地方自治和地方管理法（摘录）

1991年9月17日国家公报第77号公布，自1991年9月17日实施；经国家公报1995年3月14日第24号、1995年5月30日第49号、1995年7月21日第65号、1996年10月24日第90号、1997年12月19日第122号、1998年3月24日第33号、1998年11月5日第130号修订，自1998年12月6日实施；1998年12月

28日第154号、1999年7月27日第67号、1999年8月3日第69号修订，自1999年8月3日实施；2000年3月29日第26号、2000年10月17日第85号修订，自2000年10月17日实施；2001年1月2日第1号修订，自2001年3月31日实施；2002年3月19日第28号、2002年4月30日第45号、2002年12月27日第119号修订，自2003年1月1日实施；2003年8月5日第69号修订，自2003年10月27日实施。

第二十a条 （1995年第65号国家公报颁布，1999年第69号国家公报废止，2003年第69号国家公报颁布）市议会可以选举1名市申诉专员。

市申诉专员旨在提升地方自治机关和地方管理部门尊重公民权利和合法利益的程度。

市申诉专员的组织和活动遵守市议会制定的规则。

市申诉专员的选举和免职应由全体市议会议员的2/3多数通过。

最后条款 地方自治和地方管理法修订补充（国家公报2003年第69号）

第四十三条 本法在2003年地方选举日后实施。

【法源四】

市申诉专员组织和活动示范规则

________市

市申诉专员组织和活动规则仅具有示范性，供各市选择而不是强制性适用。各市所采用的最终文本完全取决于市议会的决定，市议会应根据各地的特点和需要决定是否设立市申诉专员机关。

本规则由民主研究中心、2000联盟、保加利亚共和国地方国民联盟、地方政府改革基金会、美国国际开发署资助的地方能动和政府公开能动计划、索菲亚市申诉专员、拉兹格勒市向公民开放计划的专家工作小组研究制定。

第一章 总　　则

第一条 本规则依据《地方自治和地方管理法》第二十一a条第三款以及《市议会、市委员会组织和活动及其与市行政机关互动条例》第____条制定通过。

第二条 市申诉专员旨在提升地方自治和地方管理中对公民及公民组织合法权益的保护水平。

第三条 市申诉专员独立开展工作，只服从宪法、法律以及保加利亚共和国参加和批准的国际协定，依据个人良心和正直诚实品格行事。

市申诉专员应当根据本规则开展工作。

第四条 市申诉专员的活动应当公开。

第五条 市申诉专员履行职责的方式是向地方政府和地方管理部门提出建议。

市申诉专员的活动旨在提高市机关公共服务的便民程度和服务质量。

第六条 地方政府应当协助市申诉专员查明申诉所涉内容。

第七条 市申诉专员应当与保加利亚共和国申诉专员相互配合、相互合作，互通信息。

市申诉专员应当与其他市的市申诉专员保持相互联系和合作。

第二章 原　　则

第八条 市申诉专员的活动应当遵循以下原则：法治、独立、公平、公正、正义、透明、公开、人性化和宽容。

市申诉专员应当为公民请求保护其合法权益提供平等机会，无论公民的性别、种族、国籍、血缘、社会背景、年龄、财产状况、政治派别和宗教信仰如何。

第三章 市申诉专员的选举、任期和卸任

第九条 市议会应当在初审程序经过后，选举市申诉专员。

市申诉专员的选举程序从市议会通过电子媒介和印刷媒体向公众宣布时开始。

第十条 担任市申诉专员的资格：在______市范围内拥有永久或者当前住址的保加利亚公民，没有故意犯罪记录，学士以上学位，5年以上工作经验，为人正直，有坚定的人道主义和民主思想。

参加市申诉专员选举的候选人应当提交：

1. 申请书；
2. 个人简历；
3. 治安记录证明；
4. 从事公务工作记录或者证明公务工作年限的证明文件；
5. 高等教育文凭；
6. 不兼任第十一条规定的职务的声明；
7. 推荐信；
8. 对市申诉专员工作认识的陈述，要求3张标准打印页。

第十一条 市申诉专员不得兼任如下职位：

1. 中央或者地方政府中的职位；
2. 公司或者非营利法人中的管理职位；
3. 政党或者工会组织成员。

市申诉专员不应当：

1. 接受基于雇用合同、行政合同、私人服务合同的报酬；
2. 从事商业活动；
3. 从事私法人活动；
4. 行使其他公共职能。

第十二条 市议会应当为初选市申诉专员候选人设立特别委员会，并批准选举规则。

初选候选人特别委员会应当由市议会投票选举产生的代表市议会的市顾问组成。

特别委员会可以由在本市登记和活动的非营利组织的代表参与，这些代表有建议性投票权。

第十三条 符合第八条第一款的要求并根据第八条第二款的规定提交相应文件的候选人应当由特别委员会进行市申诉专员的初选面试。

面试旨在考察候选人有关地方政府、地方政府与公民之间的关系、公民权益保护途径等领域的知识。

特别委员会应当根据市议会批准的考察标准对每个候选人进行评价并拟定考察结果。

委员会应当把初选排名第一和第二的候选人向市议会推选。

第十四条 市申诉专员由市议会全体议员采用秘密投票的方式，以 2/3 的多数选出。

如果无人当选，应当在市申诉专员初选后 2 个月内进行新一轮选举。

第十五条 市申诉专员任期 3 年，连任不得超过 2 届。

第十六条 市申诉专员从市议会公布选举结果时开始行使职权。市申诉专员应当履行职责，签署就职令，在市议会的当选会议上宣誓。

誓词如下："我宣誓遵守保加利亚共和国宪法和法律，尽全力公平、公正地保卫________市公民的权利和自由。"

第十七条 市申诉专员应当享有雇用合同中规定的所有权利，但与其法律地位相抵触或者不相容的除外。

市申诉专员的月薪由市议会决定。工资总额不应低于市行政管理部门工作人员平均工资总额的 2 倍。

市申诉专员享有不少于每年 25 个工作日的带薪假期，并应当向市议会议长书面报告这些假期如何使用。

第十八条 有下列情形之一的，市申诉专员应当提前终止任期：

1. 向市议会辞职；
2. 存在第十三条规定的不相容的情况；
3. 超过 3 个月无能力履行职责；
4. 超过 3 个月经常完不成工作；
5. 严重违反本规则；
6. 因故意犯罪被执行刑罚；
7. 死亡。

第一款第 2、3、4 项提前终止任期的决定由市议会经 1/5 以上议员提出，全体议员 2/3 多数通过；第一款第 1、5、6 项由市议会议长在市议会会议上宣布。

市申诉专员提前终止任期的，市议会应当在会议上同时决定开始选举新一任市申诉专员的程序。

第十九条 新的市申诉专员选举至少应当在现任市申诉专员任期终止前 2 个月进行。

市申诉专员应当继续履行职责至新市申诉专员就职为止。

第四章 市申诉专员的权力

第二十条 市申诉专员应当：

1. 受理和调查自然人和法人对地方政府和地方管理机关侵犯其权利的申诉；

2. 对有关申诉的相关情况进行调查；

3. 向有关机关提出对损害的权利予以恢复的补救措施建议；

4. 作为调解者在地方政府和地方管理机关与相关当事人之间就消除损害进行调解；

5. 提出建议以消除侵犯公民权利和自由的行为产生之原因；

6. 如果案件属于国家申诉专员的权限范围，可以向国家申诉专员提出建议；

7. 就有关违法犯罪证据向有关执法机关提出建议；

8. 有权向大众传媒以及其他政府机关和非政府组织寻求协助。

第二十一条 市申诉专员有下列权力：

1. 对特定的申诉资料要求地方政府和地方管理机关提供及时、准确、完整的信息，包括有权参加地方政府和地方管理机关与此有关的讨论和决定。

2. 公开表达与其活动有关的相关观点，包括在大众传媒发表相关观点。

市申诉专员有下列义务：

1. 处理案件公正无偏私；

2. 为再向地方管理机关申诉提供机会；

3. 遵守本规则。

地方政府和地方管理部门应当在市申诉专员向其提出提供相关

信息要求后 2 周内提供信息。

市申诉专员在认为公民及其组织的合法权益无法通过申诉得到保护的情况下，可以进行主动调查。

市申诉专员对任何在处理申诉中拒绝合作或者拒绝提供与其展开调查的申诉有关信息的行为，应当书面告知市议会和市长。

第二十二条 市议会议长应当将市申诉专员所反映的属于市议会权限范围的问题在市议会下一次会议上提出，协助市申诉专员工作。

第二十三条 市申诉专员不应当：

1. 公开市申诉专员在任何情况下履行职责时所知悉的国家秘密、公务秘密、商业秘密或者个人隐私；
2. 参与政治问题或者公开表达对政治问题的观点。

市申诉专员的权力不适用于：

1. 案情发生已超过 2 年才向市申诉专员提起的案件；
2. 有关公民私生活的问题；
3. 案件的解决超出地方政府权力之外的案件；
4. 案件已经法院审理并作出生效裁判的案件。

第二十四条 向市申诉专员提交的申诉书及附件都应当公开调查。

申诉人可以要求对申诉书进行秘密调查。在此情形下，对申诉书及附件的调查不应当公开。

市申诉专员展开调查时应当将申诉书送交相关机关，秘密申诉也同样需要送交相关机关。市申诉专员调查的秘密申诉应当在其年度报告中以匿名形式出现。

第二十五条 市申诉专员不能在法庭上作为向其提出申诉的人的代表。

第二十六条 申诉的递交及其调查不收费。

第二十七条 市申诉专员应当在其所公布的规定时间和地点接待来访公民。

市申诉专员应当在市内不同的社区接待来访。

第五章　向市申诉专员递交申诉

第二十八条　自然人和法人可以就该市地方政府和地方管理机关的作为和不作为行为向市申诉专员提起申诉。

第二十九条　申诉可以通过书面或者口头方式递交，可以亲自递交也可以由代理人代为递交。

申诉书应当包括申诉人的姓名和永久地址，侵权行为事实，被申诉人的名称、地址，并附书面证据。

匿名申诉以及对侵害行为发生时间已经超过2年的申诉不予受理。

对口头申诉，应当将第二款规定的相关信息予以记录，记录由申诉人和市申诉专员签名。

第三十条　公民及其组织在下列情况下可以向市申诉专员递交申诉：

1. 地方政府和地方管理机关违反法律或者法规；
2. 地方政府和地方管理机关在立法程序及其行为中违法；
3. 地方政府和地方管理部门实施行政行为及其他行为或者不作为行为产生了不良影响；
4. 没有遵守行政行为和公共服务的期限及程序要求；
5. 侵犯了信息获取权利；
6. 不胜任、行为不诚实，对公民尊严缺乏尊重和保护不力。

对超出市申诉专员管理范围的申诉，市申诉专员应当在1周（2周）内向申诉人介绍能够保护其权益的其他救济途径。

对递交的申诉，市申诉专员应当在1个月内书面说明其对案件的看法。

第三十一条　市申诉专员应当对书面申诉和口头申诉予以登记，并记录案件的处理过程。

第三十二条　市申诉专员向地方政府部门和地方管理机关说明其观点、建议的，地方政府部门和地方管理机关应当在2周内予以受理，并应当在收到市申诉专员的观点和建议后1个月内，向市申诉专员告知其所采取的措施。

市申诉专员如果没有收到第一款所规定的采取措施信息，应当向市议会报告该案件。

第六章 资金提供

第三十三条 市申诉专员活动由市财政和（或）其他资金支持。

市申诉专员的活动也可以由其他地方和外国提供的对市申诉专员或者市机关没有任何附加条件限制的捐赠资金支持。

市长应当为市申诉专员提供必要的办公场所和办公设备。

市申诉专员基于其在地方年度预算和地方管理结构中可支配的活动经费考虑，向市长提出任命或者解雇市申诉专员助理的建议，由市长任命或者解雇市申诉专员助理。

在收到第二款规定的资金后1个月内，市长应当向市议会提交报告，说明：

1. 捐赠者姓名；
2. 资金来源；
3. 市申诉专员活动使用资金的具体用途。

不允许接受匿名来源的资金。

第七章 责任承担

第三十四条 市申诉专员应当每6个月向市议会和市长提交一次申诉案件总结。

第三十五条 市申诉专员应当在次年1月31日前提交上年年度工作报告。

第三十六条 报告应当包含下列内容：

1. 申诉案件的信息；
2. 对申诉案件的调查结果；
3. 调解成功的案件信息；
4. 没有调解成功的案件信息及没有调解成功的原因；
5. 提出建议的情况以及建议被予以考虑的情况；
6. 对保护公民合法权益救济方式的看法；
7. 地方机关提交的改善公共服务的建议；
8. 摘要。

市申诉专员可以主动提供或者根据市议会的要求提供个别案件

的处理报告。

第三十七条 报告应当在当年 3 月 31 日前在市议会会议上讨论。

市长或者其他市议员可以就申诉专员工作报告发表意见。

第三十八条 市申诉专员的报告和总结应当公开，在地方官方网站登载，会议对报告的讨论和评议也应公开。

报告的复印本应当放在市申诉专员机关和市机关供公民及其组织索取。

最后条款

单独条款 本规则在市议会通过后生效。

罗马尼亚申诉专员法

王小红　译

【翻译说明】

罗马尼亚1991年宪法规定设立申诉专员制度，1997年颁布的《申诉专员机关组织和职责法》（2004年、2007年修订）和2002年颁布的《申诉专员机关组织和职能条例》（2004年、2007年修订）对申诉专员的地位、职能、组织结构、人员地位、申诉处理程序等作了详细的规定，罗马尼亚1992年《宪法法院组织职能法》、2004年《行政行为司法审查法》的颁布实施对罗马尼亚申诉专员制度的发展也产生了很大影响。

罗马尼亚申诉专员机关设在首都布加勒斯特，为方便住在首都之外的公民向申诉专员提出申诉，2003年开始设立申诉专员地方办事处。

【法源一】

罗马尼亚宪法

第二部分　基本权利、自由和责任

第四章　申诉专员

第五十八条　任命与职能

申诉专员旨在保护公民的权利和自由，5年为一任期。副申诉专员根据分工履行各自职责。

申诉专员和副申诉专员除高等教育的教学职务外，不得从事任何其他公职和私职。

申诉专员机关的组织和职能由一部组织法规定。

第五十九条 权力行使

申诉专员应在法律规定范围内，依职责主动行使职权或根据权利和自由受到侵害人的要求行使职权。

公共机关应当对申诉专员行使权力予以必要的支持。

第六十条 向议会提交报告

申诉专员应当向议会两院提交年度报告及议会所要求的报告。报告可以包括对有关公民权利和自由保护方面的立法或措施建议。

【法源二】

申诉专员机关组织和职责法

1997 年第 35 号法律

第一章 总 则

第一条 申诉专员机关的设立目的是在公民与公共机关的关系中保护公民的权利和自由。

申诉专员机关设在布加勒斯特。

第二条 申诉专员机关是依法独立于其他机关的自治性公共机关。

申诉专员不能代替其他任何公共机关行使职权。

申诉专员不受任何强制性的或代议机关命令。任何人不得强制申诉专员服从任何命令或指令。

第三条 申诉专员、副申诉专员以及申诉专员机关工作人员的职务行为均具有公共属性。

申诉专员可以基于一定的理由或者根据权利和自由受到侵犯的公民的请求决定对自己的行动保密。

第四条 公共机关应当与申诉专员保持沟通，并在必要的情况下依法将其持有的与申诉专员所受理申诉相关的文件、资料等信息提供给申诉专员，为申诉专员履行职责提供支持。

第五条 申诉专员应当向参众两院联席会议提交年度报告或者议会所要求的报告。报告内容应当包括申诉专员机关的履行职责情况，以及对保护公民权利和自由相关的立法或措施的完善建议。

年度报告应当体现申诉专员机关一年的工作情况，在次年2月1日前向议会提交，以供参众两院联席会议辩论。年度报告应当公开。

第二章 申诉专员职权

第六条 申诉专员由议会参众两院联席会议任命，任期5年，可以连任一次。

凡符合担任宪法法院法官资格的罗马尼亚公民都有担任申诉专员的资格。

第七条 候选人由参众两院常设机构根据参众两院团组的推荐提名。

参众两院司法委员会应当对候选人进行听证。在听证中，候选人应当提交证明其本人符合宪法和本法所要求的申诉专员任职资格的相关文件。候选人应当出席听证辩论。

申诉专员由出席会议的参众两院人员投票产生，由得票最多的候选人当选。

第八条 申诉专员在议会两院议长前宣誓任职，誓词如下："我宣誓：遵守国家的宪法和法律，忠诚公平履行申诉专员职责，保护公民的权利和自由。上帝保佑!"

宣誓也可以不按宗教形式进行。

拒绝宣誓的候选人不得任职，同时启动申诉专员另选程序。

申诉专员的任职时间至下一任申诉专员宣誓任职时止。

第九条 有下列情形之一的，申诉专员提前终止履行职务：辞职；免职；与担任其他公职相冲突；无能力履行职务状态超过90天；经专门医学检查证明（不能正常履职）；死亡。

对违反宪法和法律的申诉专员的免职，由参众两院常设机构根据参众两院司法委员会的共同报告提出建议，由参加参众两院联席会议的参众两院议员投票表决，多数票通过。

参众两院的常设机构应当在申诉专员发生辞职、任职冲突、无能力履职或者死亡等情形发生后10日内发布公告终止申诉专员职务。

第三章 副申诉专员

第十条 副申诉专员协助申诉专员行使职权，分管下列不同领域：

（1）人权，男女机会平等，宗教团体和少数民族；

（2）儿童、家庭、青年、退休养老人员和残疾人；

（3）军队、司法、警察、监狱；

（4）财产、劳工、社会保障、税费。

副申诉专员除分管各自领域的工作外，还应承担申诉专员交办的其他事务。

申诉专员暂时不能履职时，副申诉专员按照申诉专员对其排名的先后顺序，代为履职。

第十一条 副申诉专员由参众两院常设机构根据申诉专员的建议，征求参众两院司法委员会的意见后任命，副申诉专员的任职资格由《申诉专员机关组织和职能条例》规定。

副申诉专员的任命应当刊登在《罗马尼亚官方观察》第一部分。

第十二条 第八条第一款的含义是指：宣誓应当在申诉专员、众议院 1 名副议长和参议员 1 名副议长前进行。

第四章 申诉专员职责

第十三条 申诉专员履行下列职责：

（1）协调申诉专员机关的活动；

（2）受理公民对其权利和自由受到公共机关侵害的申诉，分配申诉审理工作并作出相应的审查决定；

（3）追踪所受理申诉的依法解决，要求相关公共机关或公务员停止对公民权利和自由的侵害，恢复申诉人的权利，赔偿对申诉人造成的损害；

（4）根据宪法法院的要求，明确提出自己的主张；

（5）在违宪的法律发布之前，提请宪法法院审查；

（6）直接向宪法法院提出法律法令的违宪异议；

（7）在申诉专员机关与参众两院、其他公共机关以及任何与自然人和法人的关系中代表申诉专员机关；

（8）雇用申诉专员机关职员并对职员行使惩戒权力；

（9）作为公款开支的第一核准人；

（10）行使《申诉专员机关组织和职能条例》中规定的其他职责。

第十四条 申诉专员依职权主动履行职责或者根据受侵害人依据本法第十三条第2项规定所提起的申诉履行职责。

任何人，无论国籍、年龄、性别、政治面貌和宗教信仰，都有权提起申诉。

第十五条 向申诉专员提起的申诉应采用书面形式，申诉书要写明受侵害人的姓名和住址、受到侵害的具体权利、相关行政机关或者公务员，申诉书应当证明行政机关对其提出的依法解决请求拖延不处理或者拒绝处理。

匿名申诉不予受理。对公共行政机关侵害公民权利或自由的申诉应当自侵害发生或者相关人知悉侵害事实后1年内向申诉专员提起。

对明显没有事实根据的申诉，或者需要其他相关信息才能对案件进行分析和解决的申诉，申诉专员可以根据裁量拒绝受理。

对众议院、参议院或者议会颁布的法令提起的申诉，对罗马尼亚总统、参议员、众议员的行为的申诉，对罗马尼亚政府、宪法法院、立法委员会主席和司法机关的申诉不属于申诉专员受案范围，一概不予受理。

第十六条 向申诉专员提起申诉免交印花税。

第十七条 监狱、未成年人管教所、监狱医院、检察院和警察机关在任何情况下，都应当允许犯人、被逮捕或者被拘留人、管教所的未成年人通过任何方式，因其权利和自由被侵犯而向申诉专员提起申诉。法律有限制性规定的除外。

上述规定同样适用于在部队服役的军官因其权利和自由被侵害向申诉专员提起的申诉。法律有限制性规定的除外。

第十八条 如果申诉专员发现向其提起的申诉正处于司法机关管辖之下，申诉专员可以根据案件情况，通知司法部长、检察长或者法院院长，后者应当向申诉专员报告已经采取的相关措施。

第十九条 在申诉专员向宪法法院提请对有关公民权利和自由的违宪法律法令进行无效审查时，宪法法院可以要求申诉专员说明理由。

第二十条 申诉专员有权依法获得公共机关持有的（包括保密信息在内的）任何解决申诉案件所必需的信息。

申诉专员有义务对其获取的保密信息保守秘密。该义务在申诉专员停止工作后仍然存在，并同样适用于副申诉专员和申诉专员机关职员，违者将承担刑事责任。

第二十一条 在行使职责过程中，申诉专员提出的建议不受议会或者司法控制。

申诉专员以建议书的形式通知行政机关违法的行政行为或行政事实。公共机关对争议行为的不作为或者拖延处理也视为行政行为。

第二十二条 申诉专员有主动调查权，有权要求公共行政机关提供调查所必需的任何信息，听取并获取公共行政部门行政首长或者能为解决申诉提供有价值信息的公务员的证言。

上述第一款规定适用于公共行政机关、公共部门以及任何隶属于公共行政机关的公共服务机构。

第二十三条 如果申诉专员审查后发现申诉成立的，申诉专员应书面通知侵犯申诉人权利的公共行政机关，要求其修正或者撤销行政行为，对造成的损害予以救济，对当事人的权利予以恢复原状。

相关公共机关应当立即采取所有必要措施纠正违法行为，赔偿损失，消除导致侵害申诉人权利行为产生的原因，并将采取的各项措施及时反馈给申诉专员。

第二十四条 如果公共行政机关或者公务员在收到申诉专员通知后30日内没有纠正违法行为，申诉专员将逐级上报上级行政机关，上级行政机关应当在收到通知后45日内通知申诉专员已经采取的措施。

如果相关公共机关或者公务员属于地方公共行政机关，申诉专员应当通知地方行政长官。45日期限自申诉专员向地方行政长官办公室发出通知之日起计算。

第二十五条 申诉专员有权就中央和地方公共行政机关的任何违法行政行为或行政事实向中央政府通报。

中央政府对申诉专员通报的违法行政行为或行政事实在20日内未能采取措施的，申诉专员应将该问题提请议会。

第二十六条 申诉专员应当告知申诉人所申诉事项的解决途径。申诉专员在取得相关当事人同意并遵守本法第二十条有关秘密信息和文件规定的前提下，可以通过媒体公开处理结果。

如果在调查过程中，申诉专员发现存在立法漏洞、存在严重腐败案件或者违反国家法律的行为，应当向参众两院议长报告，或者根据情况向总理报告。

第二十七条 法律法令的制定者在制定涉及罗马尼亚宪法规定的公民权利和自由以及涉及罗马尼亚参加的国际公约及其他国际条约中有关基本人权规定的条款时，应当向申诉专员咨询。

第二十八条 本法规定同样适用于自治性管理中的行政行为。

第二十九条 申诉专员应当根据本法附件的规定，设立地方办事处行使本法规定的职权。本法附件是本法的组成部分。地方行政长官办公室应当为申诉专员地方办事处的运行提供必要的办公场所。

第五章 责任、冲突和豁免

第三十条 申诉专员和副申诉专员在遵守法律，履行本法规定的职责时，其观点或行为不受法律追究。

第三十一条 除本法第三十条规定外，申诉专员在任职期间可以因刑事犯罪被调查和起诉，但未经议会两院议长批准不受拘留、搜查和逮捕。

除本法第三十条规定外，副申诉专员可以因刑事犯罪被调查和起诉，但对副申诉专员的搜查或逮捕必须事先告知申诉专员。

申诉专员和副申诉专员如果因刑事犯罪被逮捕或起诉，应被停职，直至法院作出终审裁决。

第三十二条 申诉专员和副专员在履职期间，不得参加任何政党，不得从事任何其他公职或者个人职务。在高等教育领域的学术性职务或学术性活动除外。

本条第一款关于任职冲突的规定同样适用于管理岗位的业务职员和业务执行职员。

第六章 申诉专员机关

第三十三条 申诉专员机关工作所必需的组织结构、职位设置和人员编制应当由申诉专员在年度预算范围内批准。

第三十四条 管理岗位、业务执行岗位以及申诉专员机关的部分内部机构，可以依法采取考试录用方式。

第三十五条 违反本法或者违反《申诉专员机关组织和职能条例》的人员应当视情节承担刑事责任、纪律责任或者行政责任。纪律责任根据《申诉专员机关组织和职能条例》的规定予以追究。

第七章 暂时条款和最后条款

第三十六条 申诉专员机关享有单独预算，属于国家预算的组成部分。为提供财政支持，年度预算法案可以批准由申诉专员自主支配的资金。

预算计划由申诉专员咨询公共财政部意见后批准并提交中央政府，作为国家预算立法中的专门内容。申诉专员对政府预算计划的反对意见应当提交议会解决。

申诉专员职位相当于部长职位。副申诉专员职位相当于局首长职位。管理和业务执行职位相当于议会结构中的类似职位。

本法在《罗马尼亚官方观察第一部分》公布30日内，政府和布加勒斯特总理事会应当为申诉专员提供必要的办公地点。

第三十七条 如果被提名担任申诉专员的是地方法官，应当保持其职务。

第三十八条 《申诉专员机关组织和职能条例》由申诉专员提请参众两院常设机构批准。

＊1997年第35号法律根据2004年第233号法律对第二条的修改，于2004年6月22日重新在《罗马尼亚官方观察第一部分》第553号公布，文本编号随之更新。

1997年第35号法律于1997年3月20日在《罗马尼亚官方观

察第一部分》第48号公布以来，经历了如下修改和完善：

1998年6月24日在《罗马尼亚官方观察第一部分》第229号公布的1998年第125号法律。

2002年4月22日在《罗马尼亚官方观察第一部分》第268号公布的2002年第181号法律。

附件：　**申诉专员机关地方办事处（略）①**

办事处编号	地点	辖区（管辖县域）
1	阿尔巴尤利亚	阿尔巴、锡比乌、胡内多阿拉
2	皮特什蒂	阿尔杰什、沃尔恰
3	巴克乌	巴克乌、尼亚姆茨
4	奥拉迪亚	比霍尔、萨图马雷
5	苏恰瓦	苏恰瓦、博托沙尼
6	布拉索夫	布拉索夫、科瓦斯纳
7	布加勒斯特	克勒拉希、朱尔朱、雅洛米察、伊尔福夫、奥尔曼
8	克卢日-纳波卡	克卢日、讷瑟乌德、马拉穆列什、瑟拉日
9	康斯坦察	康斯坦察、图尔恰
10	克拉约瓦	多尔日、戈尔日、梅赫丁茨、奥尔特
11	加拉茨	加拉茨、布勒伊拉、弗朗恰
12	雅西	雅西、瓦斯路伊
13	特尔古穆列什	穆列什、哈尔吉塔
14	普洛耶什蒂	普拉霍瓦、布泽乌、登博维察
15	蒂米什瓦拉	蒂米什、阿拉德、塞维林

① 2004年9月15日在《罗马尼亚官方观察第一部分》第844号公布。

【法源三】

申诉专员机关组织和职能条例

第一章　总　　则

第一条　申诉专员，下文简称为“机关”，应当按照《罗马尼亚宪法》第五十八、五十九、六十条，1997年第35号法律《申诉专员组织和职责法》，以及本条例和本条例的修订案予以组织和行使职责。

第二条　申诉专员机关组织和职能条例，下文简称“条例”，规定申诉专员机关的组织结构、权限、申诉提起和解决的法定程序、职员地位以及纪律责任。

第三条　本条例遵守1997年第35号法律《申诉专员组织和职能法》的规定，随该法的修改完善而修订，本条例的修订内容适用于申诉专员机关的业务职员及合同职员。

第二章　机关管理

第一节　申诉专员

第四条　申诉专员管理机关，行使法律授予的权限以及下列权限：

（1）按年度或者按议会专门要求向议会两院提交报告；

（2）对个人资料运用享有监督权，并可授权机关内部人员行使该项权力；

（3）根据欧洲议会和欧洲理事会95/46/EC号指令的规定，发布申诉专员保护个人信息方面活动的报告；

（4）签署报告、意见、对违宪行为的反对意见以及提请违宪行为无效的文件、建议书以及其他机关行使职能需要签署的文件；

（5）批准机关职员的工作安排和岗位职责；

（6）批准机关人事竞争考试的组织安排；

（7）依法任命、提拔、开除职员；

（8）批准职员在内部部门之间转岗；

（9）批准职员出国旅行；

（10）批准、指导、协调业务人员的职业培训计划；

（11）为提高机关工作效率，授权业务人员行使自己的部分权力；

（12）批准年度休假计划；

（13）批准加班工作报酬；

（14）制定和批准公众接待安排计划；

（15）行使法律赋予的其他权力。

第五条 在机关内部事务中，申诉专员通过发布命令、指示、制定规章制度等方式行使职权。

第二节 副申诉专员

第六条 副申诉专员行使下列职权：

（1）在其分工管理的范围内对工作进行指导和协调；

（2）协调个人资料保护工作；

（3）向申诉专员汇报部门工作；

（4）向部门分配申诉处理工作；

（5）签署报告、对违宪无效的意见、建议书以及其他需要呈报申诉专员批准的文件；

（6）在申诉专员暂时无法履行职责时，按申诉专员确定的前后排名顺序代为行使职责；

（7）完成申诉专员依法交办的各项事务。

第七条 被任命为副申诉专员的资格如下：

（1）获得法学、行政学、政治学或经济学大学毕业文凭；

（2）在法官、检察官、律师、公证人、法律顾问、经济师、警官以及其他同类岗位工作10年以上；

（3）掌握一门外语并有正式证书证明；

（4）工作经验丰富，品行端正，有较高声望；

（5）身体健康状况能够满足工作需要；

（6）无犯罪记录；

（7）无党派关系。

第三节 秘书长

第八条 秘书长通过业务技能的公开选拔或者单独考试，由申诉专员任命。秘书长通过行使职权，确保机关管理和工作任务顺利有效完成，保障机关内部的有效交流。

秘书长的主要权力和职责有：

（1）指导、负责下属部门工作，确保申诉专员和下属部门领导之间的联系沟通；

（2）加强与其他公共部门秘书长之间的合作；

（3）监督按照生效的规定拟定申诉专员定期统计报告；

（4）监督部门内部人力资源管理决定的实施；

（5）组织对机关财产的管理工作，采取措施确保机关财产的完整性；

（6）组织申购和维护各种设备，通过专门服务部门的安排，保证机关设备和财物的安全和合理使用；

（7）监督公共设施如水、热、电、电话等的合同规程；

（8）对机关财产每年制作财产清册并向申诉专员提交财产清册报告；

（9）负责监督资金的合法使用，包括机关的预算开支以及拟定年度预算草案；

（10）负责机关 IT 网络的组织和运转；

（11）对机关财产的移转采取相应的措施；

（12）组织安全防火和安全生产活动；

（13）负责机关的外交礼仪和外交关系，拟定机关对外关系计划并确保计划的实施；

（14）核准受赠图书的资产价值；

（15）行使其他法律规定或者申诉专员授予的其他权力。

第三章　组织结构

第九条　机关的组织结构见附件一，附件一是本条例的组成部分。

在机关组织结构内，申诉专员可以通过特别令设立临时内部机构和执行岗位，并为每个内部机构分配特定工作和必要人员，以满足机关依法行使职能的需要。

申诉专员依法负责设立地方办事处。

第十条 机关设咨询委员会，由申诉专员、副专员、顾问、秘书长以及由申诉专员令任命的其他人员组成。

咨询委员会由申诉专员负责召集。

第十一条 审计活动由申诉专员依法直接组织实施。

第十二条 申诉专员顾问行使下列权力：

（1）对机关在组织和职能中存在的问题进行检查并提出解决建议；

（2）全面或者部分参与制定通知、调查研究、评估报告及其他综合性活动，对机关特定工作施加影响，并在随后的立法活动中提供综合资料；

（3）签署由申诉专员签发的命令、指令、条例、合同及其他文件；

（4）通过对申请的定期记录和档案处理来参与年度报告和专门报告的准备工作；

（5）向申诉专员反馈职务行为的社会反响包括社会的反对意见，并视情况与其他部门开展合作；

（6）协助申诉专员的通信联络工作；

（7）对大众媒介反映的有关机关工作的问题迅速向申诉专员反映，并及时作出答复；

（8）代表申诉专员出席法庭或者其他司法部门；

（9）经预算负责人同意，确保法律行为以及其他文书的收集归档工作，以保障机关工作的顺利开展，通过科学文献资金，将行政活动过程记录下来并由图书馆（文献中心）保存；

（10）行使其他法律规定或者申诉专员授予的权力。

第十三条 在下列专门领域设立组织结构时，应当考虑这些领域的专门法律规定：

（1）人权、男女机会平等、宗教团体和少数民族；

（2）儿童、家庭、青年、退休养老人员、残疾人；

（3）军队、司法、警察、监狱；

（4）财产、劳工、社会保障、税费。

第四章　机关职能

第一节　机关登记

第十四条　机关登记包括：

（1）收发总登记处应当登记机关来往的所有文件，对每项文件登记编号并登记日期；

（2）档案登记，包括对申请的调查和决定文书；

（3）公众来访登记；

（4）对申诉专员行使职权就机关内部工作签发的文件的登记（按年月日次序进行登记）；

（5）对秘密通信的特殊登记；

（6）按照字母顺序排列列表；

（7）档案登记；

（8）个人资料使用登记；

按照字母顺序列表归档的文件还应当制作电子格式。

每年年底，各项登记结束后，应当起草总结报告，交秘书长签署。

第十五条　为了机关工作的高效进行，申诉专员可以根据法律授予的权力，批准对本条例第十四条规定之外事项的登记方案。

第二节　申请的接收和受理程序、依职权通知程序

第十六条　向申诉专员提出的申请应当遵守法律规定的条件，采用书面形式，通过邮寄、电子邮件、传真、个人亲自递交或者通过委托人递交。

通过授权委托提交的申请应当同时提交身份证明。

申诉人如果有正当理由，可以要求口头提出申请，或者通过申诉专员热线服务提出申请，由承担该项工作的工作人员按照本条例附件2和附件3的格式进行记录。

第十七条　申请书应连同信封交到登记处，由登记处汇总到收发总登记处编号并登记，按照申诉专员的规定提交给副申诉专员。

副申诉专员根据内部部门各自的工作领域，将收到的申请书分配给不同的内部部门。

如果一项申请书分属两个或多个内部部门负责，副申诉专员应

当指定一个部门主管该申请的解决，其他相关部门有义务配合。

申请的递交和接收应当在登记簿上签字确认。

第十八条 接收申请的官员负责承办案件，应当分析案情并拟定解决方案草案，提交其部门领导决定。

如果申请不属于申诉专员职权范围，解决方案草案由分管部门领导审核签署。

如果申请属于申诉专员的职权范围，负责承办的官员应当查证该申请的要求是否符合法律规定，在申请符合法律规定的情况下，经部门领导同意，视情况通过电话或者书面要求申请人提供补充证据。必要时可以要求申请人到场，对案件进行公开查证。这类案件应当根据第十七条的规定进行编号。

第十九条 如果有必要对案件进行初步调查，负责案件的官员应当向部门领导提出调查建议。申诉专员应当批准调查并指定承担调查工作的人员。

第二十条 申诉专员在认为申请已经得到圆满解决或者申请的理由已经不再存在的情况下，应当终止调查。

终止程序应当及时告知申请人。

第二十一条 根据上述程序，如果初步调查询问的结果证明申请人的申诉正当，申诉专员应当书面通知侵害申诉人权利的公共行政机关，要求纠正或者撤销该行政行为，救济因此造成的损害，并将受侵害人的权利恢复原状。

如果申诉人的权利被严重侵害，或者行政机关的文件违法，申诉专员应当向严重损害申诉人权利或者发布违法文件的公共行政机关发出建议书。

第二十二条 如果公共行政机关对申诉专员的建议予以实施，申诉专员或者其指定的案件负责人应当批准案件结案。

如果公共行政机关没有采纳申诉专员的建议，申诉专员应当通知上级行政机关。

无论上述哪种情况，解决方案都应当及时告知申请人。

第二十三条 不允许匿名申请，对匿名申请不予受理。

对同一案件再次提出申请，又没有新的证据支持的，应当由负责归档的官员对案件处理提出建议。

最终决定由分管部门领导作出。

第二十四条 申诉专员无论通过何种方式知悉公民权利或自由被侵犯，都有权依据职权进行主动调查。

依据职权进行的主动调查应当在收发总登记处进行登记。

调查程序应当遵循本节前述规定步骤。

依据职权进行的主动调查程序在权利受侵害人要求停止的情况下，应停止进行。

第五章 机关职员地位

第二十五条 申诉专员职员适用于《议会专门机构人员编制法》和本条例的规定。

第二十六条 除副申诉专员职位外，对管理岗位和执行岗位人员的任职要求由申诉专员规定。

第二十七条 对职员业务工作的评估适用对议会内部人员评估条例的规定。

第二十八条 执行岗位和管理岗位职员的权利适用于法律对议会内部同类岗位的规定。

第二十九条 执行岗位和管理岗位的职员工资报酬适用于法律对议会内部同类岗位的规定。

第三十条 机关职员根据任职期限长短和申诉专员批准的休假条例，享有带薪休假的权利。

根据第一款的条例规定，职员应休假而没有休假的，应当按日获得补偿。

机关职员享有进修假、补充假期、病假、无薪假、带薪假、超时工作报酬等法定权益。

第三十一条 机关职员应当专业化，忠诚、公平地履行职责，不断提高和改善业务水平。

第三十二条 机关职员在与公民的关系方面，履行下列职责：

（1）表示关心和礼貌；

（2）在作出和实施决定以及解决申请人的申诉过程中，确保平等对待，不存在优待或歧视；

（3）只能按照法律规定的目的履行职责；

（4）公务行为不受任何个人利益或者政治干预；

（5）确保公民获取法律允许获取的文件；

（6）佩戴职务标志。

第六章　惩戒责任

第三十三条　机关职员应对其违反职责的行为承担惩戒责任。

惩戒责任的承担需根据违法行为人违反法律规定作为或者不作为的情节、本条例规定、个人劳动合同规定、部门领导的命令和处理等因素综合确定。

对应受惩戒行为按照《劳动法典》进行制裁。

对惩戒措施的调查、适用和争辩程序按照本条例和《劳动法典》的规定。初步调查由申诉专员令授权的人员进行。

第三十四条　由申诉专员授权进行初步调查的人应当提出明确的报告，说明应当采取的惩戒措施或者得出的最后结论。

申诉专员应当根据情况，亲自发布惩戒命令或者授权副申诉专员或者秘书长发布惩戒命令。

对惩戒不服的工作人员可以向有管辖权的行政法院就惩戒命令提起诉讼。

第三十五条　如果受到惩戒的工作人员没有再犯，惩戒措施实施1年后即行终止。

终止惩戒措施不影响其既有效力。

第三十六条　劳动记录根据劳动法典的规定终止。

第七章　最后条款

第三十七条　申诉专员应当与外国同类部门保持良好关系，参加与工作领域相关的国际组织的活动，加入申诉专员领域相关的国际组织。

第三十八条　外交礼仪、国外旅行、汽车购置、每月的燃料消费等花费的标准，由申诉专员依法发布命令规定。

第三十九条　本条例经参众两院常设机构批准，自在《罗马尼亚官方观察第一部分》发布后生效。

第四十条　本条例生效后，公布于1999年8月19日《罗马尼亚官方观察第一部分》第 393 号的《申诉专员机关组织和职能条例》同时废除。

本条例生效后，本条例的规定即适用于机关全体职员。

附件 1—3 属于本条例组成部分。

* 根据参众两院常设机构 2004 年第 1 号决定批准的 2004 年 7 月 8 日发布在《罗马尼亚官方公报第一部分》第 619 号的《申诉专员组织和职能条例》重新发布。

《申诉专员组织和职能条例》由参议员常设机构 2002 年第 5 号决定批准，2002 年 5 月 16 日发布在《罗马尼亚官方公报第一部分》第 326 号。

希腊申诉专员法

王小红　译

【翻译说明】

希腊于1997年4月18日公布第2477/1997号法律《申诉专员及公共行政监察审计机关》，规定设立希腊申诉专员，对申诉专员的设立和任务、任命和任期、权限、调查程序、高级调查员和秘书处等方面作了明确规定。1999年10月22日，总统法令第273/1999号《申诉专员条例》公布，对申诉专员署的日常工作程序作了进一步的详细规定，标志着申诉专员组织制度的进一步完善。

2001年4月6日希腊宪法修订，修订后的希腊宪法第101A条规定了独立机关制度，其中第103条明确规定申诉专员为独立机关，申诉专员的组织结构和权限范围由专门法律规定。为落实2001年修订的宪法，2003年1月22日第3094/2003号法律《申诉专员及相关规定》公布，代替原来的第2477/1997号法律，对申诉专员的组织、人员和权限、工作机制等重新作了规定。2008年6月27日希腊宪法修订，对独立机关制度的规定未做变动。

目前，希腊申诉专员存在的法律依据是：2008年宪法、第3094/2003号法律和第273/1999号总统法令。

【法源一】

希腊宪法（摘录）

2001年4月6日

第六部分　行政

第一章　行政管理

第一百零一A条　宪法规定设立的独立机关，其成员应当有一定的任期，在人事安排和职权行使方面依法独立。

对公共服务部门的专业人员和其他人员的选拔和任用方面的问题专门立法，以保障独立机关的正常运行。独立机关工作人员依法享有通信保障。工作人员的选拔根据议会议长委员会规则进行，应当取得委员会成员的全体一致赞成或者4/5多数赞成。选拔应当遵守议会规定的选拔程序。

议会和独立机关的关系以及议会对独立机关的控制方式由议会立法加以规定。

第一百零三条 希腊申诉专员作为独立机关，其结构和权限由法律规定。

【法源二】

希腊申诉专员及相关规定

第一条 任务

“申诉专员”为一独立机关，其任务在于调解公民与公共服务部门、地方机关、本法第三条第一款所规定的公共组织及私人组织的关系，旨在保护公民权利，与管理不善行为做斗争，确保对法律的尊重。申诉专员的另一任务是保护和促进儿童权利。

申诉专员由5个副申诉专员协助工作，其中1个副申诉专员负责儿童事务。副申诉专员应当由公众公认，有高级专业资格和广泛的社会认同度。申诉专员和副申诉专员履行职责的言论和行为不受追究、不被起诉、不受调查，只在有诽谤或者违反保密制度行为时才存在起诉的例外。

第二条 任命和任期

副申诉专员由内政部部长根据申诉专员的推荐任命。

申诉专员在缺席或者无论何种原因暂时不能履行职责时，可以指定1名副申诉专员代其履行职责。

申诉专员可以因为身体或者精神上的原因不能履行职务而被解职。副申诉专员因身体或者精神上的原因不能履行职务或者履行职责不适当的，可以由内政部部长根据申诉专员的建议决定解除职务。申诉专员无论何种原因任期终止，都将在事实上导致副申诉专员的任期同时终止。副申诉专员应当在任命新任副申诉专员前继续工作，但至迟必须于新任申诉专员任命后3个月内终止职务。

副申诉专员在任期内不得从事其他公共事务，不得担任任何公共部门和政府法人实体的职务。副申诉专员的工作是全职和专一性的，不允许进行其他职业活动，但在高等教育机构担任兼职教学人员除外。

第三条　权限

申诉专员有权管辖下列主体提供的公共服务：（1）公共部门，（2）地方和地区当局，（3）其他公共组织、国家私法实体、公营公司、地方政府企业，以及其他直接或间接由国家通过行政决定或者通过股东身份进行管理的企业，银行和雅典证券交易所除外。本法中“公共服务部门”一词是指上述所列举的服务机关。为保护儿童权利，申诉专员有权涉及第四条所规定的侵犯儿童权利的自然人和法人的私法事务。

申诉专员无权管辖政府各部长和副部长的政治行为、宗教公法团体行为、司法机关行为、军队中的国家保卫和安全行为、国家情报部门行为、外交部有关国家外交政策或者国际关系行为、国家法律委员会和独立机关的职务行为。申诉专员无权调查有关国家安全的案件，无权管辖涉及公务人员公职身份的问题。

对侵犯自然人或者法人合法权益的公务人员的行政作为或者不作为或者实质行为，申诉专员应当进行调查。申诉专员应当特别注意调查公共部门的下列单独或者共同行为：

（1）损害宪法和法律保护的权益的作为或者不作为；

（2）拒绝履行法院最终裁决所确定的特定义务的行为；

（3）拒绝履行法律规定或者特定行政行为所确定的特定义务的行为；

（4）违反公平行政和透明原则，滥用权力，不具有正当合法性的行为。

申诉专员对正在法院或者其他司法机关审理的案件不予调查。

申诉专员对副申诉专员进行职责分工并监督和协调其工作。申诉专员应当拟定年度报告，说明申诉专员机关工作，介绍重要的案件，阐述对公共服务部门提出的工作改进建议和必要的立法完善建议。申诉专员报告应于每年3月提交议会议长，并根据议会规则进行讨论，由国家文书局专门编辑出版。申诉专员还应当在年内向总理和议会议长提交专门报告，就专门案件与相关部长进行沟通。

第四条　调查程序

申诉专员有权对直接利害关系人包括自然人、法人或者共同申诉人递交的署名申诉，在其权限范围内进行调查。申诉专员也可以接收有直接关系的儿童、儿童的父母、两代以内直系血亲或旁系血亲关系的亲属、儿童的法定监护人或临时监护人、其他直接了解儿童权利被侵犯事实的第三方所提起的申诉。在本法规定中，儿童是指年龄不超过18岁的人。

申诉专员也可以对案件进行主动调查。

对只能由法院撤销的已经对第三方产生了权利或者有利结果的行政行为，申诉专员不展开调查。但对显然违法的行为或者与环境保护密切相关的案件除外。

申诉应当自申诉人完全知悉其所申诉的作为或者不作为作出之日起6个月内向申诉专员提出并进行登记。申诉应当在法定期限内提起，不能进行重复申诉或者在申诉的同时向其他机关提出同类申诉。对已经向行政机关提起复议的案件，申诉专员在复议机关作出决定前或者复议申请递交3个月之内将不对案件进行调查。申诉专员在处理案件之前，应当询问当事人是否提起行政复议。申诉专员对申诉内容明显不明确、无根据、滥用申诉权以及违反诚实原则的申诉，应当予以驳回。

申诉专员在案件调查过程中，可以要求公共行政监察审计机关或者其他行政审计机关予以协助。申诉专员可以要求公共服务部门向其提供有关案件的任何信息、文件或者其他证据，可以对个人进行检查，进行现场调查，要求提供专家报告。在文件或者其他证据调取期间，除非该调查涉及国防、国家安全、国际关系的事项，否则不能调用已被列为机密的事项。任何公共服务部门都有义务采取各种方式协助调查。对调查不予合作的公共服务部门，申诉专员将通过专门报告向相关部长反映。为保障儿童权利，申诉专员可以通过适当的、有说服力的文件提出要求，申诉书中所涉及的个人应当提供文件和其他证据，被归类为秘密文件的不应当调用。申诉专员必须保护个人的身份和职业秘密，不能发布可能导致这些秘密被识别的信息。如果私人拒绝提供这类证据，申诉专员可以要求公共服务部门、专业协会或者团体以及检察机关予以协助。

调查结束后，根据案件性质的需要，申诉专员可以就其调查结果拟定报告，与相关部长和当局沟通，采取各种方式进行调解以解决申诉问题。申诉专员在给公共服务部门的建议中，可以规定一个回复期限，公共服务部门有义务在规定期限内通知申诉专员落实其建议的情况或者不接受建议的原因。申诉专员如果认为拒绝接受其建议的理由不合理，可以将情况公之于众。

如果申诉的对象是私人，申诉专员应当采取所有必要的措施使申诉问题引起此人的重视，并提出保护相关儿童权益应采取的必要措施建议。尤其是，如果私法人的工作条件损害儿童权利，申诉专员应当建议改善组织结构和工作方式。该私法人必须在规定期限内告知申诉专员其所采取或者拟采取的措施。申诉专员认为私法人拒不接受其建议没有正当理由的，可以将情况公之于众。

申诉专员在任何案件中都应当告知相关人案件结果。

申诉专员署工作人员有责任对案件调查过程中获知的根据规定属于秘密的信息，或者根据行政程序法第十六条以及其他相关规定不属于行政公开范围的文件，承担保密义务。

公务人员或者行政人员在申诉专员调查过程中拒绝协助的，属于违纪行为，行政人员可以因此被调换。如果在调查过程中，申诉专员认为公务人员或者其他行政机关工作人员有非法行为，应当向相关部门提交报告，并可以要求对责任人员进行纪律处分，或者建议在无法采取纪律处分的情况下采取其他措施。申诉专员可以根据具体情况规定进行纪律处分或者采取其他措施的合理期限，如果期限届满但处理决定仍未作出的，申诉专员可以亲自作出处理决定。申诉专员在较严重的案件中，也可以通过书面文件形式，要求相关部门对上述在执行纪律处分方面不作为的公务人员予以惩戒。如果申诉专员报告显示某个公务人员在3年内2次妨碍申诉专员进行调查，或者在没有重要理由的情况下对申诉专员工作不予合作，该公务人员应当被免职。

如果有充足的证据表明某个公务人员或行政工作人员有犯罪行为，申诉专员应当向相关检察官提交报告。在保护儿童权利方面，如果相关司法机关或其他公共服务部门有必要介入，申诉专员应当向这些部门提交相关报告。

第五条　高级调查员和助理调查员秘书处

设立75个高级调查员职位和50个助理调查员职位，均为无限期民事劳务合同。候选人资格要求如下：

（1）高级调查员应当符合总统法令第50/2001号第二条第一款“公共机关任职资格要求的规定”的规定。

（2）助理调查员应当具有希腊大学学位或者外国大学的同等学位，掌握一门外语。

（3）有关任职最高年龄限制的规定不予适用，但养老金领取人员不能担任上述职位。第3051/2002号法律第四条第一、二款对“合宪设立的机关内部公共部门招聘制度及相关安排的修正和补充”的规定，适用于本条规定的助理调查员职位。工作经验是评估候选人非常重要的一个方面。工作经验是指曾从事过与拟任岗位相关的工作或者在与申诉专员类似的独立机关工作过。高级和助理调查员的职位公告公开发布，应当在2种以上广泛流通的雅典报纸上登载，招聘在任何情况下都应遵守公开、透明、客观和精英原则。每次公告均应专门说明对基本学位和研究生学位、外语熟练程度、工作经验以及计算机技能的要求。外语熟练程度要求适用第50/2001号总统法令第二十八条规定。对调查员和其他工作人员的选拔由申诉专员担任主席、2位副申诉专员和申诉专员机关指定的2位大学教授组成的5人委员会负责。职位公告和本条对所有工作人员选拔的未尽事宜，适用总统第291/1998号法令“申诉专员机关工作人员招募程序规则”的规定。

评价考核高级和助理调查员及其相关部门的标准、时间、次数、形式和程序，由申诉专员决定。

申诉专员可以借调25名公务员作为高级调查员，借调人员可以是职业公务人员或无期限民事劳务合同工作人员以及公共部门、地方和地区当局、公法团体和私法团体的工作人员，借调人员应当满足本法第三条第一款规定的要求，或者是满足大学毕业、有8年以上工作经验、外语程度优秀的条件的公务员。对借调公务员的选拔应当在上述第一款规定的程序之后进行。借调由相关部长根据申诉专员的建议和相关规定作出决定。借调期限为3年，可以续借一次或多次，每次续借期限仍为3年，并必须在工作人员档案中作出记录。本规定也适用于第3013/2002号法律第二十八条第三款对借调的扩充规定。

根据第3051/2001号法律第四条第四款规定，高级和助理调查员的报酬由经济财政部长和内政部长根据申诉专员机关的建议共同决定。在部长共同决定作出之前，应当适用公布生效的本法规定。申诉专员机关其他工作人员的报酬应当根据生效条款规定决定。

高级调查员、助理调查员以及借调的高级调查员，在因执行职务行为或者不作为而被提起的诉讼中，由国家法律委员会成员代理其出庭应诉。

借调到申诉专员机关的公务员无论什么情况，都应当享受全额报酬及其工作岗位津贴、费用补助、福利、岗位补偿，但不再享受与其借调前的部门中岗位相关的责任津贴和工作福利。借调人员还可以根据第3051/2002号法律第四条第四款的规定享受额外特别费用补助。第2733/1999号法律第二十一条第十款的规定适用于根据上述第三款借调到申诉专员机关的公务人员。

申诉专员机关秘书处主任由公务员法典（第2683/1999号法律）第七十九条第二款规定的主任级公务人员担任。本条规定的主任由申诉专员任主席、副申诉专员任成员的特别委员会根据在公开招聘规定期限内提交的候选人申请决定任命。申请应当附个人简历，包括官方人事档案信息。只有公共服务部门、公共组织、地方政府和独立机关中符合公务员法典（第2683/1999号法律）第八十二条第二款晋升主任资格规定的职业公务员，才能提出候选人申请。特别委员会通过对候选人面试，考察候选人是否具备主任岗位所要求的能力和个性。本条第一款的规定以及对工作经验含义的确定，适用于对主任的选拔。将被选拔为主任的公务人员，无须征求服务机关董事会的意见，由相关部长根据规定作出晋升主任决定并同时进行调动。根据第 2477/1997 号法律第五条第三款实施的对主任的借调将在上述调动手续完成后立即终止。考虑到各方利益，借调期间计入公务员法典（第 2683/1999 号法律）第七十九条规定的在主任级别的任职期间。

第六条　机关称谓

为避免公众将申诉专员机关与其他机关混淆，任何自然人或者法人都不得使用“申诉专员”或者类似名称。

第七条　最后条款和过渡条款

第 2477/1997 号法律第五条第一款规定的高级调查员岗位（由第 3013/2002 号法律第二十八条第一款修订）以及第 2623/1998 号法律第八条第四款规定的初级调查员岗位应当继续存在，直至担任这些岗位的工作人员的劳动合同终止或者在劳动合同终止前由于其他原因导致岗位空缺才能废止。

第 216/1974 号法令第十条第二款作为修订和补充规定，同样适用于申诉专员机关的借调公务员。第 3051/2002 号法律第五条第八款规定同样适用于从地方政府和独立机关中被申诉专员机关借调的职业公务员。

与本法不相一致的一般规定或者特别规定应予废除。以前对第 2623/1998 号法律第八条第一款的适用仍然继续有效，并根据对副申诉专员的要求增加一个副申诉专员岗位。

在本法实施后首次招聘高级和初级调查员之时，本法第五条第一款规定的委员会应当由申诉专员、2 名大学教授、独立行政机关的 2 名现任成员或者前任成员组成。

第八条　在第 2266/1994 号法律第十五条第六款末尾增加下列内容：在公共服务部门、公法组织或者私法组织借调人员的权利应受到现行规定的规制而被克减，任职期间应当计算在公务人员晋升下一级之前的任职期间内。本条款自 2002 年 11 月 1 日生效。

第九条　第 3074/2002 号法律（官方公报 296 A’）第一条第

三款 b 项下增加下列内容作为第二小段："其职务任期 5 年，可以根据相同程序连任。"

第十条 希腊行政学学会从 2004 年财政年度起，按年度接受内政部的一般财政补助，作为组织和参加国际行政学学会学术会议的经费。补助总额由内政部部长根据学院董事会提交的合理理由作出决定，每年补助总额不超过 14674 欧元。该限额可以根据经济财政部长和内政部长的联合决定进行调整。2002 年和 2003 年对希腊行政学学会的补助总额，应当为其 2001 年根据第 2738/1999 号法律（官方公报 180 A'）第二十六条第八款从公共投资计划中为组织第 25 届国际行政学会议而获得的补助总额中的剩余金额。

第十一条 生效条款

本法自在官方公报公布后实施，条款中另订实施时间的除外。

2003 年 1 月 22 日

【法源三】

希腊申诉专员条例

总统法令第 273 号

基于下列考虑：

1. 下列规定：

（1）第 2477/1997 号法令（官方公报 59/A'/97）第五条第九款"申诉专员和公共行政调查员检查员机关"。

（2）第 1558/85 号法令第 29A 条规定，经第 2081/1992 号法令第二十七条增补和第 2469/1997 号法令第一条第 2a 款修订。

（3）第 2362/1995 号法令第二十二条第三款"公共支出审计和其他规定"（官方公报 247/A'）。

（4）总理和财政部长第 1107147/1239/006/4. 10. 1996 号决定（官方公报 922/B'/96）"财政部长对财政副部长的授权"。

2. 申诉专员 1999 年 5 月 18 日发表的内容一致的观点。

3. 实施本总统令在本财政年度需要花费国家预算约 2500 万希

腊币，在2000—2001财政年度约5000万，2002—2003财政年度约6000万，2004财政年度约8100万。

上述费用将列入独立行政机关特别机关07-610“申诉专员”（KAE组第0200和0871号）专门机关预算，在随后的财政年度将列入为此所列的上述预算。

4. 国家委员会第386/1999号咨询回复，以及内政部部长和财政副部长的建议，我们决定：

第一条

1. 申诉专员作为根据第2477/97号法令（官方公报59/A'/97）设立的独立行政机关，根据第2477/97号法令的明确规定，其任务在于调解公民和公共服务部门之间的关系，以保护公民权利，确保法律得到遵守，与不良行政做斗争。

2. 在本总统令中，公共服务部门是指第2477/97号法令第三条第一款所定义的那些部门。

在国际关系中，“申诉专员”是指“希腊申诉专员”或者“希腊共和国调解专员”。

第二条 申诉专员机关的工作由下列4个部门完成：

（1）人权部；

（2）健康和社会福利部（社会政策、健康、保险、儿童福利、老年和特殊需要人群）；

（3）生活质量部（环境、城市规划、土地利用、公共工程、文化）；

（4）国家与公民关系部（信息交流、提供公共服务的质量、在地方管理和公共设施公司组织方面的管理不善、运输、通信、工作、工业、能源、税收、关税、财政问题、商业和国家供应、农业和农业政策、教育）。

上述每个部的工作由1名副申诉专员负责。

高级调查员和初级调查员由申诉专员安排在这4个部门。每个部门负责其管辖权限范围内的案件调查事宜。案件涉及两个以上部门的管辖权限范围时，由部门之间开展合作调查。

申诉专员机关工作由第2477/1997号法令第五条第一、二款规定的高级调查员和第2623/1998号法令（官方公报139/A’/98）第八条规定的初级调查员具体承担。

每个部门的高级和初级调查员根据信息交流和国际关系处制定的每周计划安排，每日轮流到公民接待和信息局值班。

第三条

1. 申诉专员对案件的调查在署名申诉提交申诉专员机关后进行。申诉可以亲自或通过邮寄、传真、电子邮件方式递交。如果申诉人不会书写，可以在申诉书的申诉人签名位置做个标记，由申诉专员机关或者在通过邮寄递交申诉的情况下由其他公共当局证明该申诉人已经宣称其没有书写能力，该标记视同申诉人签名。

申诉人可以要求自己的姓名和其他个人信息对被申诉的公共服务部门保密。如果对该案件的调查在对其姓名保密的情况下无法进行，应当将此通知申诉人。在此情形下，未经申诉人同意，调查不得开始。

2. 申诉人应当自知悉其向申诉专员要求调解的作为或者不作为行为发生之日起6个月内提出申诉。在特别和例外情况下，尤其是在案件属于公共机关没有告知行政复议权、没有回复当事人的复议申请、或者对当事人申请复议的回复无理由拖延超出法定期限，或者当事人由于身体原因或者其他特殊情况不能递交申诉，则6个月期限超过后，申诉专员仍然可以对案件进行受理和调查，并在相关报告中说明理由。

3. 申诉书应当写明以下信息：（1）申诉人的身份信息；（2）通信信息；（3）案件情况的清楚描述及公共服务机关的答复情况；（4）公共服务机关的名称，有可能的情况下同时提供处理该案件的公务员的姓名；（5）知悉对其不利的行政行为的准确时间，对不作为行为提起的申诉，从其递交申请起所经历的时间或者公共服务机关超出法律规定答复期限的时间。（6）该案或者类似案件是否正在法院审理过程之中；（7）申诉人受到的实质伤害以及通过何种方式能够使申诉人满意。同时应当递交所有与案件相关的文件或者证据，以利于案件调查。

4. 申诉人可以将上述信息简单地写在一页纸上，也可以写在申诉专员机关向申诉人提供的专门表格中。根据第四条第一款规定，缺少本条上述第三款所规定的相关信息的申诉，并不影响申诉专员对申诉案件的调查工作。

递交申诉后，案件调查所需任何其他必要信息仍然需要提供。

第四条

1. 公民提交的申诉经过专门的电子系统分配到相关部门。不属于申诉专员管辖范围的申诉或者申诉明显含糊不清、没有理由或者没有意义的，或者滥用权利重复提交的没有新证据的申诉，应当由相关的副申诉专员对其进行归档保存，并书面告知申诉人。

2. 相关部门应当通过信件方式告知申诉人收到申诉，并告知申诉人处理其案件的调查员的姓名和电话及其他联系方式。在信件中还可以要求申诉人提交其申诉书没有提供的其他信息。

3. 调查由高级调查员在初级调查员协助和负责该案件的副申诉专员监督下完成。

高级调查员收到分配的案件后，应当联系公共服务部门，并在其认为必要的情况下对公共服务部门进行走访并进行现场调查。也可以与申诉人或者与案件调查相关的任何第三方进行合作。调查完成后应当拟定报告。报告应当包含对案件的说明、已经提交和使用的证据、所进行的调查活动、结论和建议。报告应当包含该案件所涉及的公共服务部门的观点。简单的案件应当作出包含所采取措施和最后结果的简单书面记录。该记录如果包含必要的详细说明，也可以信件形式送交申诉人。

4. 报告还应当送交相关部长、地方行政首长或者上级行政机关、相关部门及法人实体以及申诉人。报告应当规定相关公共服务部门在规定期限内告知申诉专员其对申诉专员建议的实施情况以及不接受申诉专员建议的理由。如果不接受申诉专员建议并没有充分恰当的理由，申诉专员可以将公共服务部门不接受其建议的情况公之于众。

5. 如果经过调查，证明问题无法得到解决，应当通过专门信件向申诉人说明导致问题无法解决的原因以及已经采取的措施。

6. 如果通过对若干申诉案件的调查，发现效率低下、管理不善、对公民公共服务质量低下等问题普遍存在，申诉专员可以在案件相关部门合作下找出解决问题的方法，建议相关部门进行组织上或者结构上的调整以改善公共服务，更好与公民沟通，并进行必要的立法或者规章修订，以在可能的范围内最大限度地消除上述现象，改善国家与公民关系。

第五条 申诉专员可以依职权对涉及公共利益的案件进行调查。

申诉专员的调查决定应当明确需要调查的案件和相关理由，并包含调查的时间安排。申诉专员的决定应当送交案件所涉及的公共服务部门，并在一种以上日报上刊登。申诉专员如果认为有必要，可以将与之有关的其他决定公开。

调查结束后，申诉专员的调查发现和建议应当通过所有可能的途径公开。

第六条

1. 如果满足下列全部条件，申诉专员可以要求专家报告：(1)根据案件性质绝对必要；(2)行政机关没有进行过专家调查，申诉人对行政机关的专家报告结论的公正性提出质疑的除外；(3)调查员在其工作职责范围内不可能完成此类调查。

申诉专员可以要求被调查的公共服务部门任命专家，该公共服务部门应当根据第2477/97号法令第四条第五款的规定予以任命。

申诉专员可以要求任命大学、议会和其他公法组织的专家。

申诉专员应当从法院专家名单中指定1名专家。

特别紧急的案件以及上列专家不具备相关专门知识的案件，或者被指定的专家不接受指定的案件，申诉专员可以类推适用刑法典第一百八十六条的规定指定专家。

专家报酬由申诉专员预算负担。报酬的支付程序类推适用《部委联席决定》的规定，由刑法典第五百八十一条第二款规定的机关或者其代理人签发时生效。

2. 在现场调查不可能由申诉专员机关工作人员在其职责范围内完成的情况下，对专家的任命和报酬支付规定也适用于现场调查。

3. 所有公共服务部门都有义务通过各种方式协助调查。公共服务部门对调查不合作将导致申诉专员就此向相关部长提交专门报告。申诉专员在案件调查过程中，有权要求公共行政监察审计机关的协助。

第七条

1. 申诉专员作出年度报告，阐述机关工作，介绍最重要的案件，系统阐述对公共服务的改进建议及所采取的必要立法措施。年度报告以本条第三款规定的报告为基础作出。

2. 报告阐述申诉专员机关的工作、收到的申诉情况、完成的调查情况、公共服务部门对申诉专员提出的解决办法和建议的接受情况、依据职权进行主动调查的情况以及有助于说明申诉专员工作的其他资料。

报告的特别部分包括对改进公共服务和进行必要立法修订的建议。

3. 副申诉专员负责的每个部门应当作出季度工作报告，并在每年 1 月作出上年的年度报告。

4. 申诉专员报告于每年 3 月提交总理和议会议长，并送交内政部。

5. 年度报告由政府文书局专门编辑出版，分发给公共服务部门、公民、大众传媒，总之通过各种方式公开。

6. 申诉专员年度内，可以就特别重要的问题，尤其是其依职权调查的案件，向总理、议会议长提交报告，并与相关部长沟通。

第八条

1. 申诉专员是申诉专员机关首长，领导和协调申诉专员机关工作，旨在尽最大努力完成申诉专员任务。具体而言，申诉专员：

（1）协调副申诉专员的工作；

（2）对高级调查员、初级调查员和秘书处工作人员进行监督、指导和考核；

（3）任命各工作部门的高级调查员和初级调查员以及秘书处各部门其他工作人员，负责内部工作人员在部门之间的交流；

（4）组成委员会、工作和任务小组来完成与申诉专员机关任务相关的调查研究工作；

（5）负责机关预算的实施并确定年度开支。

2. 申诉专员负责对调查员和行政人员进行纪律处分，可以进行训斥或者最高额为 1 个月工资的罚款。申诉专员的纪律处分权还包括公务员法典对职业公务人员的规定以及第 410/88 号总统法令对签订民事劳动合同人员的规定。

3. 副申诉专员协助申诉专员工作，为其所负责部门的部门负责人，指导和协调部门工作以及申诉专员分配的其他工作。副申诉专员对本部门的高级和初级调查员负责监督、指导和考核。

4. 高级调查员进行调查工作以及申诉专员或者本部门副申诉专员安排的其他工作，以及本总统法令所规定的工作。

5. 初级调查员支持并配合高级调查员工作以使部门工作能够良好运行，完成申诉专员或者本部门副申诉专员安排的其他工作、高级调查员对其安排的工作，以及本总统法令所规定的工作。

第九条 机关办公室是指：

（1）申诉专员办公室和副申诉专员办公室；

（2）机关秘书处。

第十条

1. 申诉专员办公室协助申诉专员行使职权，负责通信、相关记录以及资料，安排申诉专员与公民、司法机关和公共服务机关、总统和议会总秘书处以及其他公共组织之间的交流。

2. 副申诉专员办公室工作职责与申诉专员办公室类似。

第十一条

1. 机关秘书处的地位相当于申诉专员机关的一个部门，包括下列机构：

（1）处：

①行政处；

②财政管理处；

③秘书后勤处；

④计算机应用处；

⑤信息交流和国际关系处。

（2）办公室：

①行政办公室；

②后勤办公室。

行政支持办公室隶属于行政处，后勤办公室隶属于财政管理处。

2. 行政处负责处理所有的有关申诉专员机关工作人员的人事身份事项，并提供行政支持。

行政支持办公室隶属于行政处，负责机关办公室的安全、卫生和秩序。

3. 财政管理处负责：

（1）制定、修订和执行一般年度预算以及公共投资预算；

（2）安排并支付申诉专员、副申诉专员和机关其他工作人员的工资及其他报酬；

（3）对每项开支进行管理，负责募集资金。

后勤办公室隶属于财政管理处，负责：

（1）评估和记录申诉专员机关所需家具、设备、书写用品、卫生及其他用品；

（2）供应各种用品；

（3）对各种用品进行处理（购领、记录、库存、分发）；

（4）分配任务并监督实施；

（5）资产清算。

4. 秘书后勤处的职权：

（1）维护通信系统和特别申诉登记系统（2477/97 号法令第四条第三款）；

（2）通信转发和文件、资料的复制；

（3）确认文本的副本或者影印本或证明文件是原件的真实副本，确认签名的真实性。

5. 计算机应用处负责计算机应用的计划、发展和维护；计算机系统的平稳运转；机器设备的维护等整个电子系统的支持。

6. 信息交流和国际关系处负责：

（1）组织申诉专员机关与公民、公共服务部门和私营服务部门、大众传媒之间的公共关系；

（2）图书馆运转；

（3）组织安排申诉专员机关的国际关系。

根据权限分工，信息交流和国际关系处负责信息宣传册发行、大众传媒的记录登记、组织会议、代表申诉专员机关参与国家级和国际级会议。该处还应根据本总统法令第二条第三款的规定制订每周计划安排。

第十二条

1. 设30个职业公务员岗位，类别和领域如下：

6个岗位为行政财政领域的大学毕业生；

3个岗位为信息交流领域的大学毕业生；

3个岗位为计算机领域的大学毕业生；

3个岗位为行政会计领域技术学院毕业生；

2个岗位为计算机领域的技术学院毕业生；

9个岗位为行政财政领域的中学毕业生；

2个岗位为初等教育毕业的辅助人员；

2个岗位为中学毕业生，承担司机等技术人员工作。

2. 这30个职业公务员岗位在秘书处的分配如下：

（1）行政处：3个行政财政领域大学毕业生，3个行政财政领域中学毕业生，2个担任司机的中学毕业技术人员。

（2）财政管理处：3个行政会计领域大学毕业生，2个行政财政领域技术教育毕业生，2个行政财政领域中学毕业生。

（3）秘书后勤处：1个行政会计领域技术教育毕业生，3个行政会计中学毕业生，2个初等教育毕业的辅助人员。

（4）计算机应用处：3个计算机科学领域大学毕业生，2个计算机科学领域技术教育毕业生。

（5）信息交流和国际关系处：3个信息交流领域大学毕业生和1个行政会计领域中学毕业生。

3. 第一款对各种岗位规定的任职资格要求，除了信息交流领域的大学毕业生外，均适用第194/1988号总统法令规定，并须具备良好的计算机知识。

信息交流领域大学毕业生的任职资格要求是：国内大学文凭或外国大学信息交流、新闻、大众传媒领域的同等文凭。在招募申请公告中每次均应明确要求申请者至少应精通 1 门外语（英语、法语、德语），并具备良好的计算机知识。

4. 申诉专员机关除了上述岗位外，还有 30 个第 2477/1997 号法令第五条第一款规定的高级调查员岗位，30 个第 2623/1998 号法令第八条第一款规定的初级调查员岗位，7 个第 2623/98 号法令第八条第一款规定的民事劳动合同人员岗位。

第十三条

1. 秘书处由主任负责。根据第 2477/97 号法令第五条第三款规定，主任由申诉专员选定。主任应当是职业公务员，大学毕业，根据第 2683/1999 号法令（官方政府公报 19/A’/99）第八十二条规定有晋升为主任级别的资格。

2. 选拔秘书处主任首先应当在 2 份日报上登载公告。在公告中，申诉专员邀请对该岗位有兴趣的人在公告规定的期限内提交候选申请。提交申请的期限规定不得少于 10 日。公告应明确候选人的领域及应当具备的专业知识以及候选人应当具备的形式上和实质上的资格，相关证书应当作为候选申请的附件提交。

3. 主任任职期限或借调期限为 3 年，由内政部部长决定。根据第 2477/1997 号法令第五条第三款规定，内政部部长应决定作为法律规定的例外情况，无须征求服务委员会的意见。

第十四条　处长和办公室主任

1. 行政处和财政管理处由在行政财政领域的大学毕业职业公务员担任处长。

秘书后勤处由在行政会计领域技术学院毕业的职业公务员担任处长。

计算机应用处由计算机领域大学毕业的职业公务员担任处长。

信息交流和国际关系处由在信息交流领域大学毕业生担任的职业公务员担任处长，或者在缺少该类专业人员的情况下，由行政财政领域精通一门外语（英语、法语、德语）的大学毕业生担任处长。

后勤办公室由行政会计领域技术学院毕业的职业公务员担任

主任。

行政支持办公室由行政会计领域中学毕业的职业公务员担任主任。

2. 申诉专员机关借调的工作人员也可以根据第 2477/1997 号法令第五条第五款所作出的决定，被任命为秘书处各内部处室主任。

第十五条　最后条款和暂行条款

1. 本总统法令首次实施时，秘书处岗位根据第二款的规定，采取调任或者借调工作人员的方式，事先发布招募公告，作为一般规定和特殊规定的例外情况，从机关、公共部门或者第 2623/1998 号法令第八条第五款规定的组织中招募。

借调或者调任的工作人员必须具有其所拟担任岗位的相应资格。招募公告应当至少在 1 种日报上刊登，应当包括下列信息：（1）需要借调或者调任的岗位；（2）对形式和实质条件的要求；（3）候选人提交申请的截止日期；（4）申请需要随附的证书或者其他文件及详细资料。

2. 作为例外情况，首次任命相关岗位人员时，信息交流领域的大学学历要求对借调人员可以变通为行政财政领域或者其他领域的大学学历、具有相应的形式资格和熟练的英语、法语或者德语知识。外语要求应当在招募公告中标明。

3. 具备良好计算机知识的证明适用于总统法令第 291/98 号（官方公报第 210/A’/98 号）第二条第三款规定。

4. 本法令第十二条第四款规定的 7 个岗位与第 2623/98 号法令第八条规定相一致，由从机关和第 2190/1994 号法令第十四条第一款规定及第 2527/97 号法令第一条对其修订和补充的规定中所规定的机关和组织中借调。

授权内政部部长公布和执行本法令。

欧盟行政申诉专员法

马立群　译

【翻译说明】

欧盟行政申诉专员制度是根据1992年马斯特里赫特条约（Mastricht Treaty，也称为欧盟条约）而设置的。欧洲议会于1994年3月9日制定了《欧盟行政申诉专员法》（*Statute of the European Ombudsman*），该法于2002年3月14日、2008年6月18日经过两次修正。根据《欧盟行政申诉专员法》第14条规定，应制定欧盟行政申诉专员法相关的实施细则，对此，欧盟于1997年10月16日通过了《欧盟行政申诉专员执行职务的规定》，后于2003年1月1日对该实施细则进行了全面修订。此外，欧盟于2000年12月在法国尼斯举行的会议中，提出了欧盟基本人权宪章，要求欧盟所属的各机关团体的行政机构及它们的公务员应该尊重其与民众之间的关系。为此欧洲议会于2001年9月6日通过《欧盟良好行政行为法》。因此，欧盟行政申诉专员的立法主要包括了《欧盟行政申诉专员法》、《欧盟行政申诉专员执行职务的规定》以及《欧盟良好行政行为法》。欧盟三大机构包括欧洲议会（European Parliament）、欧盟委员会（European Commission）和欧盟理事会（Council of EU）。欧洲议会是欧盟的立法、监督和咨询机构；欧盟委员会是欧盟的常设执行机构，是欧盟唯一有权起草法令的机构；欧盟理事会是一个由来自欧盟成员国各国政府部长组成的理事会，是欧盟的主要决策机构之一。

【法源一】

欧盟行政申诉专员法

（欧洲议会1994年3月9日通过，2002年3月14日、2008年6月18日修正）

欧洲议会：

1. 基于建立欧洲共同体条约，尤其是建立欧洲共同体条约第195条（4），建立欧洲原子能共同体条约第107d（4）条。

2. 基于欧盟委员会的意见。

3. 基于欧盟理事会的认可。

4. 鉴于应制定规范行政申诉专员的法规以及相关条件，并遵守建立欧洲共同体条约的要求。

5. 鉴于一项申诉可能被提交给行政申诉专员所产生的各种条件，以及行政申诉专员履行其职责的过程中所产生的法律与行政程序之间的关系，都应加以规范。

6. 鉴于主动实施调查权的行政申诉专员，必须能够具备所有履行其职责所要求的要素；有鉴于此目的，在行政申诉专员的要求下，欧洲共同体的机构和组织，有责任向其提供所要求的任何信息，不得因为对行政申诉专员的职责存在偏见而拒绝提供。获得并使用机密信息或文件，尤其是欧共体第1049/2001号法规第九条范围内的敏感性文件，应当遵守欧共体相关机构和组织有关安全保障方面的规则。根据第三条（2）之规定，行政机构和组织应提供分类的文件与信息，而应告知行政申诉专员该分类。有鉴于落实第三条（2）之规定，行政申诉专员应事先同意相关机构和组织对分类信息和文件以及其他涉密信息进行处理的条件。如果行政申诉专员并未得到其所请求协助的结果，他应通知欧洲议会，欧洲议会应对此作出适当的解释。鉴于有必要对行政申诉专员揭露失当行政行为，而规定相应的程序；鉴于行政申诉专员应每年向欧洲议会递交工作报告，应制定相关规则加以规范。

7. 鉴于行政申诉专员及其相关工作人员有责任对其在履行职责时所获得的任何信息进行保密；且鉴于行政申诉专员有责任告知

有管辖权的权力机构他认为可能与刑事犯罪有关的事实，以及在调查期间所发现的事实。

8. 鉴于行政申诉专员与特定会员国内的相同类型的行政机构合作，制定符合适用国内法的相关规则。

9. 鉴于欧洲议会必须在行政申诉专员任期届满后，从欧洲公民中选出并任命行政申诉专员，并为其提供确保其独立以及履行职责所要求的各项保证。

10. 鉴于应当规定中止行政申诉专员职责的情况。

11. 鉴于行政申诉专员履行职责必须保持完全独立，并且在欧洲共同体的法院前庄严承诺，在其任职后将勤勉履行职务。

12. 鉴于规定与行政申诉专员行使职责所不相容的行为，例如行政申诉专员的报酬、特权以及豁免权。

13. 鉴于应规定协助和安排行政申诉专员秘书处的职员及服务人员。

14. 鉴于行政申诉专员应为欧洲议会的议员。

15. 鉴于行政申诉专员应决定，采行执行职务条款。

16. 鉴于欧盟条约生效实施，第一位行政申诉专员被任命后，应规定进一步的特定过渡条款。

从而制定下列条文：

第一条

1. 有关行政申诉专员履行职责的法规以及一般条款，应根据欧洲共同体设置条约第 195（4）条以及欧洲原子能共同体设置条约第 107d（4）条制定。

2. 行政申诉专员履行职责必须与条约赋予共同体机构或组织的权力相一致。

3. 行政申诉专员不得干涉法院审理的案件和质疑法院裁决的合法性。

第二条

1. 在上述条约的框架内和基于条约规定的条件，行政申诉专员应当协助揭露共同体机构和组织在工作中的失当行为，并且提出建议，以终止该失当行为。但不包括行使司法权的欧洲法院和初审法院。其他任何机构和公众的行为不得作为申诉对象而向行政申诉专员提出。

2. 欧盟的任何公民，或者在欧盟会员国居住的自然人，或者有注册办事机构的法人，可以直接或通过欧洲议会的议员，向行政申诉专员提起一项有关共同体机构或组织在活动中存在失当行为的情况的申诉，但不包括行使司法权的欧洲法院及初审法院。行政申诉专员在接到申诉申请时，应当尽快通知相关机构和组织。

3. 行政申诉专员必须允许申诉人正式提出申请，并审核确认申请的原因；提起申诉的人可以要求对其申诉进行保密。

4. 申诉人应在得知能够据以提出申请的事实之日起 2 年内提出申请，而且之前必须已经由正确的行政程序，向相关的机构或团体先行提出。

5. 行政申诉专员可以建议提出申诉的人将该申诉递呈另外一个行政机构。

6. 向行政申诉专员提出申诉不应影响向行政或司法程序提出上诉的时限。

7. 当一项申请已启动法律程序，或是由于所提出的事实已终止，必须作出申诉不被受理或终止审查的决定，行政申诉专员在之前所作的任何调查结果，应该永远归档。

8. 除非申请人已经向相关行政机构内部提出所有行政要求或者申请，尤其是工作人员规章的第九十条（1）和（2）规定的程序，都已经被申请人用尽，同时相关机构回复申请的时限已过，否则和欧洲共同体内机构团体及它们的官员和其他服务人员有关的工作关系，不应作为申诉案的内容。

9. 行政申诉专员应当尽快将受理决定通知申请人。

第三条

1. 无论是主动调查或接受申诉后的调查，对于相关欧洲共同体机构或组织的行为，行政申诉专员应进行所有他认为必要的调查，从而证明是否存在行政失当。如果相关机构或组织可以提供有用的意见供他参考，他应通知其该调查行动。

2. 共同体机构和组织负责向行政申诉专员提供任何所要求的信息，并且让他可以接近及使用相关的信息。获取机密的信息或文件，尤其是获取欧共体规章 No. 1049/2001 第九条范围内的敏感文件，应当遵守保障相关共同体机构和组织安全的规则。

共同体机构和组织在提供前节提到的分类信息和文件时，应当告知行政申诉专员该类别等级。

为了实施前述第一节提出的规则，就机密信息和文件及其他包含专业机密的信息如何处置，行政申诉专员应当事先获得相关机构或组织的同意。

相关机构和组织应当向行政申诉专员提供获得欧盟会员国内原始文件资料的途径，以及根据法律或法规而被分级为机密的文件，而后者仅适用于在事前有协议的会员国内。

在通知相关的会员国后，各会员国应向行政申诉专员提供国内原始文件资料。

根据第四条规定，在这两种情形中，行政申诉专员不得泄露这些文件资料的内容。

共同体机构和组织的职务人员及其他工作人员必须在行政申诉专员的要求下作证；他们的证词应代表所属的行政机构，并持续受到专业保密协议的约束。

3. 会员国的权力机构有义务通过在欧洲共同体的会员国常驻代表，向行政申诉专员提供任何有助于帮助辨别欧共体机构或组织失当行政行为情况的信息，除非这些信息被法律或规章作为机密或者根据相关条款限制其公开。尽管如此，在后一种情况下，相关会员国可以允许行政申诉专员得到该类信息，但必须承诺不对外泄露这些信息。

4. 如果行政申诉专员没有得到他所要求的协助，他将会通知欧洲议会，欧洲议会将会作出适当的回应。

5. 在可能的情况下，行政申诉专员应和相关机构和组织共同寻求解决途径，从而消除行政失当行为，并且使申诉人满意。

6. 如果行政申诉专员发现存在失当行政行为，他将通知相关机构和组织，并作出建议草案。收到通知的机构或组织应当在 3 个月内向行政申诉专员递呈一份详细的陈述意见。

7. 行政申诉专员之后应当向欧洲议会和相关机构和组织寄送一份报告。他可以在该报告中提出建议。行政申诉专员应当通知申诉人调查的结果、相关机构和组织的意见，以及行政申诉专员作出的任何建议。

8. 在每个年度结束前，行政申诉专员应当向欧洲议会递交一份调查结果的报告。

第四条

1. 根据欧洲共同体设置公约第二百八十七条以及建立欧洲原子能共同体公约第一百九十四条，行政申诉专员和工作人员应当遵守，不得泄露在调查过程中取得的信息和文件。尤其是第1049/2001号规章第九条范围内的敏感信息，以及属于共同体立法范围内涉及个人信息保护的文件。此外，任何可能伤害到申诉人和其他相关人员的信息，行政申诉专员和工作人员也必须保守秘密。

2. 在调查的过程中，行政申诉专员发现可能触犯刑法的事实，他应当立即通过会员国在欧共体的常驻代表通知有管辖权的国家权力机构。如果认为适当，行政申诉专员也应当通知共同体机构或组织，就其涉案的行政人员以及其他工作人员可以适用“欧洲共同体特权和豁免权议定书第十八条第二节的规定。从行政自律的观点来看，行政申诉专员也可以通知相关共同体机构或组织，他们的相关职员实施的行为所引发争议的事实。

第四条 a

行政监察专员及其相关工作人员除了应当提供以供公众查阅的文件外，还应当提供涉及第四条第一款规定的相关材料，并且须与欧盟第1049/2001号规章之规定的条件和限制相一致。

第五条

1. 如果可能有助于使调查更有效率，更好地维护申诉人的权利和利益，行政申诉专员可以和共同体会员国内相同类型的机构合作，并由其提供所适用的国内法律。行政申诉专员不可以通过该项方式要求查阅第三条禁止其获得的文件资料。

2. 根据建立欧洲共同体公约第一百九十五条以及欧洲原子能共同体公约第一百零七条，以及为避免与其他机构或组织的行为存在任何的重叠，在其职责范围内，行政申诉专员在同等条件下可与负责促进和保护基本权利的会员国机构和组织合作。

第六条

1. 行政申诉专员在每一次任期到期后，应由欧洲议会进行选举。行政申诉专员依法可以连任。行政申诉专员由欧洲议会在议会选举和确定任期后任命。

2. 行政申诉专员应当从欧盟公民中选举产生，该公民须具有完全的公民权利和政治权利，并提供各项保证确保其独立性。此外，还应满足他们国家对最高司法官员所要求的条件，或者具备承担行政申诉专员职务而被认可的能力及经验。

第七条

1. 在任职期满或者其辞职或被解除职务的情况下，行政申诉专员应当停止执行职权。

2. 除了在其被解除职务的情况以外，行政申诉专员应当继续履行其职责，留任到他的继任人员被任命。

3. 在职务提前终止的情况下，应在职位空缺后 3 个月内任命新的继任者，以接续未完成的任期。

第八条

行政申诉专员不再符合任职条件或有严重失职的不当行为，可以在欧洲议会的要求下由欧洲共同体法院解除其职务。

第九条

1. 行政申诉专员履行职责应当完全独立，以欧洲共同体和欧盟公民的普遍利益为工作核心。在其履行职责过程中，不得寻求或接受任何政府或其他机构的指示。他应避免任何与其职责相违背的行为。

2. 行政申诉专员在就任时，应当向欧洲共同体法院庄严宣誓，在任职期间，他将完全独立和公正地履行职责。在卸职后，行政申诉专员有义务保持公正行事，并谨慎接受特定的职务或利益。

第十条

1. 在任职期间，无论是否会获得利益，行政申诉专员不得承担任何政治职务或行政职务，或任何其他工作。

2. 行政申诉专员在报酬、津贴和补贴方面与欧洲共同体法院的法官享有相同等级的待遇。

3. 欧洲共同体特权和豁免议定书第十二条至第十五条以及第十八条应适用于行政申诉专员以及其秘书处的官员和其他职员。

第十一条

1. 行政申诉专员由秘书处协助，秘书处的主要官员由行政申诉专员任命。

2. 行政申诉专员秘书处的官员和其他工作人员应当遵守适用于欧洲共同体有关官员和其他工作人员的规章制度。其成员的人事费用应当被纳入每年的预算程序中。

3. 被任命在行政申诉专员秘书处工作的欧洲共同体及其会员国的官员，应在秘书处工作期限届满后，自动恢复原职。

4. 协助行政申诉专员的职务人员，应遵守《欧洲共同体工作人员规章》第一条所规定的内容。

第十二条

已删除。

第十三条

行政申诉专员应同时是欧洲议会议员。

第十四条

行政申诉专员应在决定中适用实施条款。

第十五条

在欧盟条约生效施行后，第一位被任命的行政申诉专员，应同时履行其议员剩余的任期。

第十六条

已删除。

第十七条

行政申诉专员的决定应当在欧洲共同体的官方期刊上公布，并从公布之日起生效施行。

【法源二】

欧盟行政申诉专员执行职务的规定

第一条　定义

在这些执行职务的条款中：

（a）“相关机构”是指一项申诉或由行政申诉专员主动调查的案件中，被诉的共同体机构或组织。

（b）“行政申诉专员法”是指规范行政申诉专员职责履行的法规和一般条款。

（c）涉及文件和信息时，“涉密”的意思是不得泄露。

第二条　申诉的接收

2.1　在接到申诉时应审核、注册和编号。

2.2　受理通知应送达申诉人，同时应注明该项申诉的注册编号，以及办理该案件的具体的法务人员。

2.3　一项被欧洲议会移送给行政申诉专员的申诉，在申诉人同意的情况下，将被作为一项申诉对待。

2.4　在适当的案件并在申诉人同意的情况下，行政申诉专员可以将一项申诉移送给欧洲议会并作为一项申诉来处理。

2.5　在适当的案件中并在申诉人同意的情况下，行政申诉专员可以将一项申诉移送给其他有权主管机关处理。

第三条　申诉的可接纳性

3.1　基于欧盟条约和法令的规定，行政申诉专员有权决定一项申诉是否属于其职责范围。如果在其权限范围内，不管该申请是否成立，在作出决定前，他可以要求申诉人提供进一步的信息和证据。

3.2　如果一项申诉不在行政申诉专员的管辖权内，行政申诉专员会结束该项申诉的审查，并通知申请人该项决定和原因。行政申诉专员可以建议申诉人向其他有权机构申请。

第四条　受理申诉的调查

4.1　行政申诉专员决定是否存在充足的理由，对一项申诉申请进行调查。

4.2　如果他没有发现进行调查的足够的理由，行政申诉专员可以结束该项申诉，并相应地通知申诉人。行政申诉专员也可以通知相关机构。

4.3　如果行政申诉专员发现有足够的理由可以支持该项调查，他应通知申诉人和相关机构。他应向相关机构转送申诉书副本，并请他们在特定的时间内，通常是在3个月以内，提交一份意见书。该项意见书可以针对申诉案件中特定的方面，或者是特定的问题，提出他们的意见。

4.4　该意见不应当包括被相关机构列为机密的任何信息或文件。

4.5　相关机构可以要求仅就该意见的特定部分向申诉人公开，并应当清楚地指出该相关部分，并说明理由。

4.6　行政申诉专员将相关机构的意见发送给申诉人。申诉人有机会在特定的时间，该时间一般不超过1个月，向行政申诉专员提交评论意见。

4.7　如果认为有必要，行政申诉专员可以作进一步的调查工作。除了相关机构作出答复的期限一般为1个月以外，4.3至4.6款同样适用于后续的调查工作。

4.8　行政申诉专员认为适当时，他可以使用简易程序，以便快速解决问题。

4.9　行政申诉专员完成调查后，应作出合理的决定终结该案件，并通知申诉人和相关机构。

第五条　调查权

5.1　根据行政申诉专员法所规定的情况，行政申诉专员可以要求欧洲共同体内的机构或组织以及会员国相关机构，在合理的时间内，提供调查所需要的信息或文件。他们应当清楚地指明其作为机密的任何信息或文件。

5.2　行政申诉专员可以审查相关机构的档案。相关机构应当清楚地指明档案中被归类为机密的文件。行政申诉专员可以取得所有档案的副本，或者档案中的特定文件资料的副本。行政申诉专员应通知申诉人，他已经启动一项调查工作。

5.3　行政申诉专员可以要求共同体机构或组织的官员或其他工作人员依据该法律规定提供证据。行政申诉专员可以决定提交证据的相关人员在保密状态下提供证据。

5.4　行政申诉专员可以要求共同体组织和机构为他安排进行现场调查。

5.5　当行政申诉专员认为对成功作出一项调查有必要时，他可以求助于学理或专家报告。

第六条　友好解决方案

6.1　如果行政申诉专员发现有行政失当行为，他应尽可能与相关机构合作，以寻求友好的解决方法消除该失当行为。

6.2　行政申诉专员认为该项合作已取得成效，他应在作出合理决定的基础上结案。他应向申诉人和相关机构通知该项决定。

6.3　如果行政申诉专员认为不可能通过友好的方式解决，或者寻求友好解决的尝试已经失败，他可以作出一个合理的决定结案，该决定可以包括一个严厉的警告，或是提出一个有建议方案的报告。

第七条　严厉的警告

7.1　在下列情况，行政申诉专员可以作出严厉的警告：

(a) 相关机构已不可能排除失当行政行为的情况；

(b) 该失当行政行为的事例不会产生广泛影响。

7.2　当行政申诉专员以严厉的警告方式结案时，他应通知申诉人和相关机构 。

第八条　报告和建议

8.1　如果认为存在以下情况时，行政申诉专员应向相关机构作出附建议草案的报告：

(a) 相关机构消除行政失当行为存在的可能。

(b) 失当行政行为的事例具有广泛的影响。

8.2　行政申诉专员应将报告和建议稿的副本送达相关机构和申诉人。

8.3　相关机构应在3个月内向行政申诉专员递交一份详细的

意见。这份详细的意见应当包括对行政申诉专员决定的接受，以及如何实施建议稿措施的说明。

8.4　如果行政申诉专员认为这份详细的意见并不令人满意，他可以就该失当行政行为的情况，向欧洲议会拟定一份专门报告。这份报告也可以包含相关建议。行政申诉专员应将该报告的副本送达该相关机构和申诉人。

第九条　主动调查

9.1　行政申诉专员可以决定主动实施调查。

9.2　在主动实施调查时，行政申诉专员的调查权与申诉人申请后展开调查的权限相同。

9.3　依此类推，由申诉人申请发起的调查程序也适用于主动调查的案件。

第十条　程序要点

10.1　如果申诉人请求保密，行政申诉专员可以将其案件归类涉密案件。如果行政申诉专员有保护申诉人或第三人利益的必要，他也可以主动将一项申诉案件归类为涉密案件。

10.2　如果行政申诉专员认为适当，他可以采取措施确定将一项申诉案件优先处理。

10.3　如果行政申诉专员调查的案件已进入法律程序，他应终结案件。他当时所进行的任何调查结果都将归档，而不再采取任何进一步的行动。

10.4　在调查欧共体机构和团体案件的过程中，如有涉及刑事犯罪的事件，在适当的情况下，行政申诉专员应通知相关国家行政机构。如果行政申诉专员认为可以促进自律程序，也可以通知共同体的机构或组织。

第十一条　向欧洲议会递交报告

11.1　行政申诉专员应就其所有的工作向欧洲议会递交年度报告，包括他所实施的调查的结果。

11.2　除了根据本法第8.4条提出的特殊报告外，当行政申诉专员认为在履行欧盟条约和该法所规定的职责时，在适当的时候，也可以向欧洲议会提出其他特殊报告。

11.3　行政申诉专员的年度和特殊报告，可以包括他认为有助于促进其履行欧盟条约及该法所规定的职责所作出的建议。

第十二条　与会员国行政申诉专员及类似机构的合作

为提高行政申诉专员与会员国行政申诉专员和类似机构实施调查的效率，行政申诉专员可以和各会员国行政申诉专员及类似机构进行合作，在欧盟以及欧洲共同体法律下，更有效率地保护公众的权益。

第十三条　申诉人查阅案卷的权利

13.1　根据以下第 13.3 条之规定，申诉人有权查阅与他（她）的申诉相关的行政申诉专员掌握的案卷。

13.2　申诉人可以行使在当地查阅档案的权利。他（她）可以要求行政申诉专员提供所有档案，或者是档案中特殊资料文件的副本。

13.3　申诉人不得获得：

(a) 根据以上第 5.1 条或第 5.2 条已被行政申诉专员归类为机密的文件和信息；

(b) 根据以上第 5.3 条涉密的证据资料。

第十四条　公众获取并使用行政申诉专员所持有的文件资料

14.1　公众应当有途径获得行政申诉专员掌握的文件资料，适用该项要求的条件与限制与欧洲部长理事会规则第 1049/2001 号中规定的公众可以获得并使用欧洲议会、欧盟部长理事会、欧洲执行委员会文件资料的情况相同。

14.2　公众可以要求获取行政申诉专员掌握的与调查相关的文件，提供申诉当事人并未要求将其归类为涉密的文件资料，或根据上述第 10.1 条所规定的未被行政申诉专员主动认定为涉密的文件资料。公众不得获取：

(a) 根据以上第 5.1 条或第 5.2 条已被行政申诉专员认定为涉密的文件资料和信息；

(b) 根据以上第 5.3 条涉密的证据资料；

(c) 根据以上第 4.5 条，相关机构已经提出请求，仅就意见和答复的特定部分向申诉人公开，行政申诉专员应通知申诉人相关机构已提出请求的原因；

（d）透露将会损害正在进行的调查的完整性的文件。

14.3　申请应通过书面方式（书信、传真或电子邮件）提出，并以足够准确的方式使该文件能够被识别。

14.4　文件可以当场获取或者提供复印件。行政申诉专员可以就提供的复印件收取合理的费用。任何收费的计算方法应当作出解释和说明。

14.5　公众申请的决定应当在收到申请后15个工作日内作出。在特殊情况，可以超出15个工作日的时间限制；应事先通知申诉人并附详细理由。

14.6　如果一项获取文件的申请被全部或部分拒绝，行政申诉专员应提供理由。

第十五条　语言

15.1　申诉人可以以条约规定的任何语言形式递交申请。行政申诉专员不得要求申诉人以其他语言递交申请。

15.2　行政申诉专员在程序中应使用条约规定的一种语言，在申诉案件中，该语言应作为书面语言。

15.3　行政申诉专员决定文件资料应以哪种语言来记录。

第十六条　公布报告

16.1　欧洲行政申诉专员的年度以及特殊的报告应在官方期刊公布，以便使所有有兴趣的公众有途径获取全文。

16.2　和涉密申诉案件有关的任何报告或摘要，都应以不能识别申诉人身份的方式发表。

第十七条　实施

17.1　1997年10月16日通过的实施条款废止。

17.2　该决定于2003年1月1日起实施。

17.3　欧盟议会的主席应当公布通过该决定。公告应在官方期刊公布。

【法源三】

欧洲良好行政行为法

欧洲议会批准颁布的良好行政行为法包含下列实质性条文：

第一条　总则

在涉及公共事务的范围内，欧盟机构及行政人员应该尊重良好行政行为法典所规定的原则，后文中简称良好行政行为法为“法典”。

第二条　个人申请的范围

1. 本法适用于所有的公务人员及其他适用工作人员规则及雇用条件的公务服务人员和公众的关系上。以下所称的“行政人员”包括公务人员及其他服务人员。

2. 所有公共机构和行政机关应当采取必要的措施，确保本法规定的条款同时适用于为机构工作的其他人员。例如，根据私法契约雇用的人员，从其他国家民间机构借调的专家和实习生。

3. 公众是指自然人和法人，不论他们是否居住在欧盟会员国内，或是在会员国内有注册办公室。

4. 为了本法规定的目的：

(a)“机构”一词应指欧洲共同体机关或团体；

(b)“行政人员”应指欧洲共同体的工作人员或其他服务人员。

第三条　适用的实质范围

1. 本法包括良好行政行为的一般原则，可适用于公共机构、行政部门与公众之间，除非另有特殊的条文加以规定。

2. 本法所规定的原则，并不适用于机构与其公务员之间。该关系应由工作人员规则所规范。

第四条　依法行政

行政人员应当根据法律和共同体法所制定的规则和程序实施行政活动。行政人员应特别注意，在作出涉及个人权利和利益的决定时必须要有法律依据，同时决定的内容也必须与法律一致。

第五条　不得歧视

1. 在处理来自公众的请求及作出决定时，行政人员应当遵守平等对待原则。公民在相同的情况下，应得到相类似的对待。

2. 如果在作出决定时存在不同的对待，行政人员应当确定其是基于特殊案件的相关特点而作出的正当决定。

3. 行政人员尤其应当避免在民众之间基于国家、性别、人种、肤色、种族或社会出身、基因特征、语言、宗教信仰、政治或其他任何观点、民族、财产、出身、残疾、年龄或性倾向，而有任何歧视。

第六条　比例原则

1. 在作出决定时，行政人员应当确保所采取的措施与追求的目的合乎比例。在追求的目的与限制公民的权利或为公民增设责任没有合理的关联时，行政人员应当特别避免限制公民的权利或为公民增加公民的责任。

2. 在作出决定时，行政人员应当尊重私人利益与公共利益之间的平衡。

第七条　不得滥用权力

所有权力应当仅得适用于追求相关法规赋予的目的。行政人员尤其应当特别注意，避免使用权力追求缺乏法律基础或不存在以公共利益为动机的目的。

第八条　公平与独立

1. 行政人员应该保持公正和独立。行政人员应当戒除任何可能对公众成员造成负面影响的行为，以及任何原因而造成对一方的偏袒待遇。

2. 行政人员的行为永远不得被个人、家庭或国家利益或政治的压力所引导。行政人员不得参与任何一个与他（她）本人或其家庭的任何亲属有财产利益的决定。

第九条　客观

在作出决定时，行政人员应当考虑相关因素，并应对其中每一个因素都谨慎衡量，并排除任何不相关的因素。

第十条　合法的期待、一致及忠告

1. 行政人员自己的行政行为以及行政机构实施的行政活动都应前后保持一致。行政人员应遵守该机构通常的行政惯例，除非在个案中有造成违背惯例的合法根据；这些根据应以书面的方式予以记录。

2. 行政人员应该尊重公众基于该机构过去的行为而产生合法

且合理的期待。

3. 行政人员应当在必要时，就其职权范围内的事项如何办理，以及通过哪些程序办理该事项，对公民提出建议。

第十一条　公正

行政人员应当无偏私、公平及合理地实施行为。

第十二条　礼貌

1. 行政人员在接待公众时，应抱持服务的心态、礼貌及亲切的态度。在回复信函、电话及电子邮件时，公务人员应尽可能提供协助；在民众提出问题时，尽可能完整、正确地回答。

2. 如果行政人员对相关事务无管辖权，应指引民众去找适当的行政人员。

3. 如果发生了足以影响公众权利与利益的错误，行政人员应该道歉，并尽力消除因错误造成的负面影响，并且根据本法第十九条通知民众可上诉的任何权利。

第十三条　以公民的语言收寄信函

行政人员应该确保每一位欧盟内的公民，或者任何一位民众，可以用欧盟条约规定的官方语言致函欧盟机构，并可以收到同样语言的回信。此一原则同样应尽可能适用于非政府组织等协会、公司等法人。

第十四条　收件通知及指明承办案件的行政人员

1. 每一信件及针对机构的申诉，申诉人都应在 2 周内收到已经收件的确认通知，除非在该段时间内，就能作出实际答复的不在此限。

2. 回复及收件确认通知中都应注明处理该事务的行政人员的姓名以及电话号码，同时应载明他（她）属于哪一种服务类别。

3. 在公众重复地大量滥用信函或申诉，或是毫无重点的陈述的情况下，就没有函复及送出收件确认通知的必要。

第十五条　移送至机构内有管辖权部门的责任

1. 如果公众呈交机构的一封信件或申诉，其注明收件人或转收人为一位总负责人、主管或者无能力处理该项申诉的部门时，该机构的服务单位应确保将此信件或申诉函在不耽误的情况下，转交给机构内有能力提出协助的服务部门。

2. 最初收到信件或申诉的部门，应通知申诉人并注明被移送后接收该案件的行政人员的姓名及电话号码。

3. 行政人员应告知公众或机构，其所呈文件中的错误或疏漏，并且提供一次矫正的机会。

第十六条　听证及陈述的权利

1. 在涉及个人权利或利益的案件中，行政人员必须确保在作出决定的每一个程序阶段中，都尊重当事人答辩的权利。

2. 在作出一个影响公众的权利与利益的决定时，每一位公民都有权利递交书面意见，在必要时，可以发表口头说明。

第十七条　作出决定的合理的时间限制

1. 行政人员应确保向该机构提交的每一项请求或申诉，都会在合理的时间内作出决定，不得拖延，在任何情况下，必须在收到申请之日起 2 个月内回复。该规则同时适用于办理来自民众的信件，以及行政人员提交上级机关请求指示的行政信函。

2. 如果向该机构提出的一项请求或申诉，因该事件本身的复杂性而无法在上述期间内作出决定，行政人员应尽快通知申诉人。在这种情况下，应在最短的时间内告知当事人一个确定的答案。

第十八条　说明作出决定的理由

1. 在作出每一个可能会对个人权利或利益有不利影响的决定时，该机构应说明理由，并清楚地说明该决定的相关事实和法律依据。

2. 行政人员应避免根据简略或含糊不清的理由以及基于个人的推论作出决定。

3. 如果因为很多人关心类似的决定，在可能的情况下，要详细地说明该决定所根据的原因，并应据此拟出标准答案，公务员应确保，日后会对因个人原因而提出要求的民众，提供消息。

第十九条　指明上诉的可能性

1. 机构在作出可能会对个人的权利或利益产生不利影响的决定时，该决定应包含有质疑该决定而提出上诉的说明。尤其应特别表明补救的类型、有管辖权的机构以及提出上诉的时间限制。

2. 该决定尤其应指出进行司法程序和根据建立欧洲共同体条约第二百三十条和第一百九十五条规定指出向欧盟行政申诉专员申诉的可能。

第二十条　告知决定

1. 在作出一个会影响到个人权利或利益的决定时，行政人员应尽快以书面方式告知当事人或相关人。

2. 在告知当事人或相关人之前，行政人员不得将决定内容向其他人或机构透露传播。

第二十一条　资料保护

1. 负责处理公民有关资料的行政人员，应该遵守欧洲议会2001年（欧洲共同体）第45号法规以及欧洲部长委员会2000年12月18日关于共同体机构与组织在处理个人资料的程序中，对于个人的保护，以及这类资料自由流通的意见，尊重个人的隐私及完整。

2. 行政人员尤其应避免为不合法的目的处理个人资料，或将这些资料传送给未经授权的人员。

第二十二条　资讯请求

1. 在行政人员对相关事项有职责时，应向公众提供其所请求的资讯。在适当的时候，行政人员应该在其管辖权范围内，对如何进行行政程序提供建议。行政人员应当注意沟通的信息应清楚且便以理解。

2. 如果要求处理的口头请求太复杂或过于广泛，行政人员应该建议当事人以书面形式系统地提出他的请求。

3. 如果所请求的资料涉及保密，行政人员不得提供所请求的信息时，行政人员应根据本法第十八条的规定，向当事人说明无法提供信息的原因。

4. 在当事人进一步要求行政人员提供其无管辖职责事项的资讯时，行政人员应指示申请人向有职责的人提出，并提供其姓名及电话号码。在当事人进一步提出其他欧洲共同体机构或组织的相关资讯时，行政人员应指引当事人向该机构或组织咨询。

5. 在适当的时候，行政人员应根据公众请求的对象，指示当事人向有职责的机构获取资讯。

第二十三条　公众获取资料文件的要求

1. 行政应根据该机构所批准采用的规则，并遵守 2011 年欧盟制定的第 1049 号规则所规定的一般原则及限制，处理有关要求获取资料文件的事宜。

2. 如果行政人员无法根据公众提出的口头申请为其提供获得及使用的资料文件时，应建议当事人以书面形式系统地提出其申请。

第二十四条　保存适当的记录

行政机构的相关部门应视其所接受的文件资料及采取保存的方法，尽可能对其收发的邮件，保存适当的记录。

第二十五条　法规的宣传

1. 行政机构应采取有效的措施通知公众，其根据本法所享有的权利。如果可能，将文本以电子版形式在机构网站上公布。

2. 执行委员会应代表所有的机构，将本法以宣传册的方式出版并发放。

第二十六条　向欧盟行政申诉专员申诉的权利

任何一个行政机构或行政人员违反本法所规定的原则实施行为，根据建立欧洲共同体条约第一百九十五条及欧盟行政申诉专员法，都可以成为向欧盟行政申诉专员申诉的理由。

第二十七条　运行评审

任何一个行政机构在运作 2 年后，应评审本法实施的情况，并应通知欧盟行政申诉专员评审的结果。

美国亚利桑那州申诉专员法

黄启辉　译

【翻译说明】

美国没有统一的申诉专员制度，但是有些联邦政府的机构中设置有申诉专员，如移民局设有申诉专员办公室，美国海军也设置了申诉专员。有些州也设置了申诉专员，如亚利桑那州、夏威夷州和阿拉斯加州等。

亚尼桑那州申诉专员法于 1996 年 10 月 30 日生效实施，至今经过两次修订。本翻译稿为 2006 年 6 月的最新修订版。本法属于亚利桑那州行政法典第二编第十六章。

第一章　一般条款

第一条　定义

一、投诉人是指向申诉专员提起投诉请求的人。

二、机密信息是指根据联邦法律或者亚利桑那州法律规定，应该被严格限制披露的口头或者书面记录。它也包括投诉人或者证人要求不被公开的个人身份信息。

三、案卷是指书面或者电子形式的记录、备忘录、表格、书籍、信件、文档、画、地图等。

四、听证是用于获取言词证据或者誓言证词的一种调查方式。

五、官员是指申诉专员署的工作人员。

六、申诉专员是指根据亚利桑那州修订法典第四十一章第 1373 条规定，被任命为申诉专员的人。

七、“照片”是指书面记录、电子摄影、摄影档案、电影、录像带、缩微胶片或显微片等。

第二章　保密材料的处理

第一条　投诉人与证人身份的保护

投诉人或者证人要求保密自己的身份信息的，不经其同意，申诉专员不得向任何机构、公众或者其他人泄露其身份信息。

第二条　违反保密义务前终止案件

只有公开投诉人信息，案件的调查才能进一步展开，而该信息投诉人却要求保密其信息时，申诉专员应该终止调查。因上述理由终止调查之前，申诉专员应该询问投诉人是否愿意公开他要求保密的身份信息。

第三条　被废止

第四条　行政机关提供案卷的义务

根据亚利桑那州法典第四十一章第 1378 条的规定，经申诉专员书面申请，行政机关应当给申诉专员的调查提供帮助，为其提供记录、复印件包括保密材料，除非该条规定的例外。申诉专员要求提供的材料涉密的，行政机关可以援引法律规定的拒绝权加以拒绝。

第五条　保守行政机关的机密信息

从行政机关处获得的机密信息，申诉专员应该负有与行政机关同等的保护义务。未取得行政机关事先授权，申诉专员不得将机密信息透露给投诉人，或者其他任何人，除非有法院或其他合法机关的命令。

第六条　被废止

第七条　被废止

第八条　返还保密文件

申诉专员应该将从投诉人处获得的保密材料返还给投诉人，也仅限于投诉人，除非有投诉人书面授权可以将该资料给予第三方或者申诉专员认为投诉人持有该材料是违法的。

第九条　禁止公开讨论申诉调查

申诉专员不能与公众或者媒体讨论本人所实施的投诉调查。

第十条　结案概要

申诉专员应该向公众公布投诉案件处理结果的概要。如果申诉专员认为案件的处理概要有助于政府的执行，或者有助于公众知晓政府行为，或者有助于告诉公众申诉专员的活动与职责。概要不能公布投诉人或证人受保护的身份信息、保密的调查记录、或从行政机关处获得的机密信息。

第三章　投诉的受理与处理

第一条　穷尽行政内救济

在开始实施投诉调查之前，申诉专员应询问投诉人和被投诉的行政机关以确定投诉人已经用尽了所有的行政机关内能处理此问题的手段。

如果投诉人没有在合理的范围内寻求行政机关内部的救济手段，申诉专员应该将投诉转交给被投诉行政机关内正确的人或者机构，并且告知投诉人正确而有效的解决投诉的途径。

如果被投诉的行为正在被诉讼或者被正在进行的正式行政程序处理，申诉专员应该推迟调查，除非申诉专员认为必须立即展开调查，否则会影响公众的健康、安全和福利。

第二条　被关押人的投诉

依据亚利桑那州法典第四十一章第 1377 条的规定，如果投诉人正被惩戒署看管，申诉专员应该驳回他的投诉。驳回的对象也包括由代表囚犯利益的其他人提起的或是对关系囚犯利益的一项规则或政策声明提起的投诉。

第三条　未经调查结案

如果投诉可以通过相互的协商快速解决时，申诉专员应该尽力通过非正式方式解决，没必要展开调查程序。

第四条　匿名投诉

匿名投诉案件除紧急或者能合理、独立地被证实外，申诉专员不得实施调查。

第五条　投诉的提起

关于州政府机关的投诉，可以通过书面、个人、电话、电子传真或者电子邮件的方式投诉。

关于公务员或者政府雇员超越职权、滥用职权或者恣意的投诉，应该以书面方式投诉，并有投诉人的签名。

第六条　滥用职权的投诉

开始调查一个州政府官员的渎职行为之前，申诉专员必须提供一个书面的通知给该官员或者其机构的主要负责人。

关于州政府工作人员滥用职权的调查，如果申诉专员得出的初步报告中包含（对被诉官员）不利的观点和建议，报告提交给行政机关之前应该征求被投诉官员的意见，报告提交给行政机关时，须附有被投诉官员的书面答复。

（1）初次询问应该保密，不得向公众公开。

（2）政府机关工作人员应该在 15 个工作日之内对初步报告作出反馈，除非申诉专员认为迟延会导致重大的伤害或者损失。

（3）政府机关工作人员基于令人信服的理由，可以申请延长对初步报告作出答复的时间。申诉专员应该同意其延长申请，除非申诉专员认为延长答复时间会导致重大的伤害或者损失。

第四章　调查的实施

第一条　通知

在不会损害调查实施有效性的情况下，申诉专员行使亚利桑那州法典第四十一章第 1378 条规定的调查权，需要与行政机关面谈或者审查必要的行政案卷或者获取必要的行为信息时，至少应提前 10 日告知行政机关。基于令人信服的理由，行政机关可以延长这个期限。除非申诉专员认为迟延会造成重大伤害或者损失，申诉专员应该同意其延长申请。

第二条　被废止

第三条　案件终结

具备以下原因，申诉专员可以终止案件：

（一）终止。

调查结束之前，申诉专员署决定终止，因为：

1. 实施完整调查必须披露投诉人身份，投诉人拒绝披露的；

2. 投诉人未能在申诉专员规定的时间内提交其被要求提供的信息或记录的；

3. 投诉人撤回投诉的；

4. 被投诉案件进入行政机关处理程序或者司法程序的；

5. 因为案件涉及犯罪，申诉专员将投诉转交给有管辖权的检察人员的；

6. 或者申诉专员署认为有其他正当理由没有必要继续调查的。

（二）投诉无理由而终结。申诉专员署认为行政机关的行为合理或者没有实质证据证明行政机关行为不合理。

（三）投诉在初步报告之前解决而终结。在讨论初步报告之前，申诉专员署认为投诉全部或者部分有法律依据，且被投诉机关同意提供对行政机关和申诉专员都能接受的解决方案的，调查可以终止。

（四）投诉在初步报告之后解决而终结。在讨论完初步报告之后，申诉专员署认为投诉全部或者部分有理，且被投诉机关同意提供对行政机关和申诉专员都能接受的解决方案的，调查可以终止。

（五）建议未被接受而终结。申诉专员署认为投诉全部或者部分合理，但是被投诉行政机关并不接受申诉专员署的建议。

（六）其他终结的情形。因为其他情形而终结的。

第四条　结论

申诉专员应该根据以下其中一种方式得出调查报告：

（一）调查证实行政行为存在，投诉人的投诉正当有效。

（二）部分投诉正当：

1. 在一个投诉中有众多主张，调查证明至少一个主张是正当合理的，也至少有一个主张不正当或者含糊不清，不确定。

2. 调查证实投诉人与被投诉的行政机关存在共同错误。

（三）投诉不正当——调查出现以下情况时：

1. 被投诉的行政行为不存在，或者

2. 被投诉行政行为存在，但是投诉人的诉求无效。

（四）投诉含糊不清——调查不能让申诉专员明确地作出决定：

1. 被投诉的行政行为是否存在，或者

2. 虽然被投诉的行政行为存在，但不能证明投诉人投诉的诉求正当。

第五条　建议

根据亚利桑那州法典第四十一章第 1376 条至第 1379 条的规定，当一个完整的调查证实投诉是正当的或者部分正当时，申诉专员应该针对投诉提出一个解决的办法。

申诉专员不得建议对某一特定的行政机关工作人员施以纪律处分。

第五章　被投诉行政机关对报告和建议的反应

第一条　初步报告

在发布看法或者建议之前，申诉专员应该与被投诉行政机关沟通并发送一份秘密的初步报告给行政机关。

根据亚利桑那州法典第四十一章第 1379 条的规定，如果对于解决投诉案件有必要，申诉专员、被投诉行政机关可以与其他州行政机关一起分析初步报告，但是不能公开初步报告的内容。

行政机关可以在收到书面初步报告的 15 个工作日之内请求修改意见或者建议。

因为紧急原因，行政机关可以延长反馈期限。申诉专员应该同意延长申请，除非申诉专员署认为延长会导致重大损害或者损失。

如果被投诉机关希望修改初步报告的观点或者推荐意见，申诉专员应该考虑行政机关的请求，在其准备最终的报告时，且应该在 15 个工作日之内通知该机关是否接受其要求。

如果被投诉行政机关对初步报告没有意见，在收到初步报告的 15 个工作日之后，初步报告即成为最终报告。

第二条　最终报告

申诉专员收到行政机关对初步报告的反馈后，如果反馈中有对初步报告的任何可接受性修改意见，或者没有及时提交反馈的，申诉专员应提交最终报告给被投诉行政机关的主要执行官。

如果需要对最终报告作出反馈，被投诉行政机关应该以书面形式在从收到最终报告之日起的 20 个工作日之内作出。反馈的内容包括建议执法行政官员接受或者不接受最终报告的建议。如果行政机关接受建议，反馈应该明确建议被实施的具体日期。

如果申诉专员认为反馈较早提供更有利于保障公众的健康、安全和福利，申诉专员可以要求行政机关在20个工作日之内的某一具体日期提供。另外，如果行政机关有正当理由，申诉专员可以同意延长反馈期限。

第三条　告知投诉人

申诉专员应该送达一份最终报告给投诉人。

(一) 如果投诉通过正式程序解决，申诉专员应以书面形式反馈。

(二) 如果投诉通过非正式程序，申诉专员可以用电话或者书面反馈。

申诉专员将最终报告公布给任何未经授权获取保密信息的个人之前，应该删除报告中的保密信息部分。

加拿大新斯科舍省申诉专员法

刘欣琦　译

【翻译说明】

加拿大是联邦制国家，由中央政府、十个省和三个地区组成，属英美法系。虽然加拿大属于不成文法国家，但是有关申诉专员的法律大部分以成文法的形式表现出来。

加拿大联邦政府没有统一的申诉专员法，但是联邦政府组成部门均设有申诉专员，负责调查人民对政府部门的控告案件。政府部门申诉专员的权利、义务，任免、奖惩等基本内容均由部长指令加以规定。加拿大联邦企业①同样设有申诉专员，但没有专门法律对联邦企业申诉专员进行规制。

在加拿大的十省三区中，有九省一区设立了申诉专员。这九省一区分别颁布了相应的成文法，作为申诉专员设置的来源及行使权利的法律依据。他们分别是艾伯塔省(Alberta)、不列颠哥伦比亚省(British Columbia)、马尼托巴省(Manitoba)、纽芬兰与拉布拉多省(Newfoundland and Labrador)、新不伦瑞克省(New Brunswick)、新斯科舍省(Nova Scotia)、安大略省(Ontario)、魁北克省(Quebec)、萨斯喀彻温省(Saskatchewan)、育空地区(Yukon)。从已颁布的法律来看，不同的省和区对申诉专员的称呼存在一定区别，大部分直接称之为申诉专员，但纽芬兰与拉布拉多省将其称为公民代表(Citizens' Representative)，魁北克省将其称为公众保护者

---

① 加拿大国有企业是指那些依法设立的，由君主所有，由国会和内阁管理的企业。目前加拿大的国有企业有加拿大广播公司、邮政公司和加拿大国铁。

(Public Protector)。相应地，纽芬兰与拉布拉多省颁布的是《公民代表法》(*Citizen's Representative Act*)，魁北克省颁布的是《民众保护者法》(*Public Protector Act*)，萨斯喀彻温省颁布的是《申诉专员与儿童权利保护者法》(*Ombudsman and Children's Advocate Act*)，其余的法律名称均为《申诉专员法》(*Ombudsman Act*)。

加拿大除设立政府申诉专员外，还设有部分非政府申诉专员组织。如银行业和投资业申诉专员办公室，儿童权利申诉专员办公室。这些非政府申诉专员组织是非营利性的。

这里选取了新斯科舍省的申诉专员法进行翻译。

加拿大新斯科舍省申诉专员法

2004年修订

第一条 本法可以引称为《申诉专员法》。

第二条 在本法中

1. "机构"指以下局/署、委员会、处、基金会、国有公司①

(1) 由省督②设立的，或者机构内大部分成员由总督任命的，

① agency, board, commission, foundation, corporation 是国家机构中的一种，agency 通常被称为局或署，如 National Geospatial-Intelligence Agency（美国国家地理空间情报局），Environmental Protection Agency（美国环境保护署）。board 与 commission 通常被称为委员会，如 National Transportation Safety Board（美国国家交通安全委员会），Federal Election Commission（联邦选举委员会）。foundation 是基金会的意思，如 National Science Foundation（国家自然科学基金会）。corporation 通常指国有公司，如 National Railroad Passenger Corporation（美国国家铁路客运公司）。

② Governor in Council 指的是加拿大总督。总督代表加拿大女王，是加拿大联邦内阁的负责人。http://canadaonline.about.com/cs/gg/g/govincouncil.htm。由于加拿大是联邦制国家，各省与联邦相对独立，各省申诉专员不可能由联邦总督任命与管制，在此法案中，将其译为省督可能更为合适。省督的译法在此网站中也可见 http://en.wikipedia.org/wiki/Executive_Council_of_Nova_Scotia。

或者作为省内阁①或省政府组成部门的；

（2）由省督任命的、由省政府财政支持或者监管省政府财政的机关。

2. “政务长官”包括副部长②，局/署的局长/署长或其首席执行官，市长，镇长，适用《市政法》的郡级市的行政首长③，以及市政机构的首长或者首席执行官；

3. “部门”指的是新斯科舍省政府部门及其组成机构；

4. “议会”指的是众议院；

5. “首长”指的是内阁成员中的政府部门领导人，政府机构领导人，负责人。

6. “市政机构”指的是部/署、委员会、学校委员会、基金会、公司、医院、福利机构、监狱以及其他由一个或一个以上市级单位设立或监督的机关；

7. “市政单位”指的是适用《市政法》的郡级市、市、镇以及市级机关；

8. “行政机关工作人员”指的是市级组织的所有公务人员、雇佣人员及其他成员；

9. “申诉专员”指的是依照本法设立的申诉专员。

第三条

1. 申诉专员作为众议院的官员，负责专门的调查工作。

2. 申诉专员由省督任命。

3. 申诉专员不得担任众议院的议员，不得在信托基金机构及盈利性机构中任职，不得从事除众议院或在众议院闭会期间由省督批准之外的其他有偿工作。

---

① Executive Council 指的是省内阁，大部分成员是该省众议院的议员，内阁首长兼任省长。省内阁的结构和职能类似于联邦内阁。

② Deputy Minister 相当于英国的常务秘书，负责日常管理工作。参见 http://en. wikipedia. org/wiki/Deputy_minister_(Canada)。

③ 加拿大新斯科舍省由哈利法克斯市（省会）、布里敦海角郡级市、特鲁罗镇、安佩斯特镇、新格拉斯哥镇组成。市、郡级市、镇属于平级行政区划。参见 http://www. a-gan. com/immigration/canada_main0208. htm。

4. 申诉专员的工资由省督按时支付。

5. 申诉专员在就职之前必须宣誓“我将公正无私地履行本法赋予我的职权，除为实现本法立法目的外，不泄露任何在工作中获取的信息”。

6. 众议长或者众议院秘书长①主持申诉专员的宣誓。

7. 申诉专员的执法支出，为使本法正常运行的支出均由省政府财政负担。

第四条　申诉专员任期为5年，可以连任。

申诉专员辞职时须向众议长提交书面辞呈，在众议长空缺时，向众议院秘书长提交辞呈。

第五条

1. 当申诉专员不能胜任工作或存在其他正当事由时，经众议院提议，省督可以对申诉专员作出撤职或停职处分。

2. 申诉专员在众议院闭会期间出现无法胜任工作或其他正当事由不能继续担任职务的情形时，省督可以向省最高法院②审判庭的法官申请，接受申请的法官可以对申诉专员作出停职处分。

3. 省最高法院的诉讼行为和诉讼程序应当根据省督的申请进行相应调整。

4. 当省最高法院的法官对申诉专员作出停职处分的同时应当

(1) 要求省督任命1名临时申诉专员以替代被停职专员的工作，直到众议院对停职决定作出处理为止。

(2) 在众议院下次常务会议召开之日起10日内向众议院提交申诉专员的停职报告。

5. 在众议院下次常务会议闭会之前，申诉专员的停职必须得到最终处理。

---

① Chief Clerk of the House 负责议会的日常行政工作，对众议长负责，通常为无党派人士。因未找到官方的译法，在此处，将其译为众议院秘书长。http：//www. parl. gc. ca/About/House/Clerk/ClerkOffice-e. htm。

② 加拿大有两套法院系统、省级法院系统与联邦法院系统，省级法院系统由最高法院和县法院组成，联邦法院系统由最高法院和联邦法院组成。

第六条 尽管第三条第五款规定了申诉专员的保密义务，但申诉专员为了使他的结论和建议更有说服力，可在其发布的报告中，披露其在履行职务过程中所获知的信息。

第七条

1. 经省督批准后，申诉专员可以任命助手或者雇员，使他在本法下的职能得以有效执行。

2. 申诉专员的助手和雇员在履行本法职责前必须宣誓“除为实现本法立法目的外，不泄露任何在工作中获取的信息”，宣誓由申诉专员主持。

第八条

1. 申诉专员可书面将本条授予他的权利转授给根据第七条第一款获委任的人，但本法所授予的转授权和报告权除外。

2. 获委任的人在行使本条第一款规定的授权之时，只要当事人要求，就应当提出证据证明授权的存在。

第九条 从本法立法目的可知，本法中的申诉专员同时也是《公共质询法》① 中的专员。

第十条 以下情况不适用本法：

（1）法院的法官以及行使法官职能的人；

（2）内阁②或委员会的审议和诉讼程序。

第十一条

1. 除本条第二款的规定外，当公民认为其合法权益受到以下机构或人员侵害时，可书面向申诉专员提出申诉申请，申诉专员可以根据公民或其代理人的申请启动调查程序，当申诉专员认为以下机构或人员可能存在侵害公民合法权益时也可启动调查程序：

（1）依照新斯科舍省的法律所成立的行政部门及其工作人员；

（2）依照《市政法》或者新斯科舍省中有关市政机构的法律

---

① See http：//nslegislature. ca/legc/statutes/pubinqur. htm。

② “Executive Council” 指的是省内阁，机构设置与加拿大联邦内阁相仿，但规格更小。See http://en. wikipedia. org/wiki/Executive_Council_of_Nova_Scotia.

所成立的市政机构及其工作人员。

2. 存在如下情形时，申诉专员不得开展调查：

（1）根据法律的规定，当公民可将行政机关的决定建议、作为与不作为向法院或法庭提起上诉，提出异议，申请复审时，且无论这些权利是否被行使，是否已过行使期限；

（2）任何以皇家律师、皇家检察官或者皇家委员会的身份所作出的决定、建议、作为或者不作为。

3. 当有人对申诉专员的管辖权提出异议时，申诉专员可以提请最高法院上诉法庭对管辖权异议作出处理。

第十二条

1. 申诉申请应以书面的形式提出；

2. 尽管有第十四条、第二十条、第二十一条的规定，众议院委员会仍然可以将申诉人已向其提交的申诉事项及与申诉有关的事项转交给申诉专员处理；

3. 尽管有第十四条、第二十条、第二十一条的规定，当本条第二款所规定事项已转交给申诉专员处理，申诉专员就应当根据众议院委员会的指示，在其职权范围内调查申诉，并在适当的时候向委员会提交调查报告；

4. 即使其他法律另有规定，当受指控的被拘留人员，监狱服刑人员，隔离病房或精神病医院的病人通过信件的形式向申诉专员提起申诉时，写信人的管辖区域或主管单位应当及时地将信件原封不动地转交给申诉专员。

第十三条 即使法律规定申诉所涉的决定、建议、作为或不作为是终局的或不可置疑的，或者法律没有设置可以改变、复审、撤销、质疑政府部门或市政单位及其工作人员的决定，建议，作为或者不作为的相应程序时，申诉专员仍然可以行使本法所规定的调查权。

第十四条

1. 在如下情形下，申诉专员可以拒绝或终止对申诉的调查：

（1）存在法定救济途径或申诉权，且不论申诉人是否使用过这些救济途径或提出过申诉；

（2）申诉属微不足道，琐屑无聊，无理取闹或非真诚作出；

（3）申诉专员有考虑申诉事件的所有情况后，认为没有必要对申诉做进一步调查；

（4）申诉人对他所申诉的决定，建议，作为或不作为已实际知悉超过 1 年才提出申诉；

（5）申诉人对所申诉事项没有充足的个人利益；

（6）申诉专员在平衡公共利益与受侵害人个人利益后，认为不应对申诉进行调查。

2. 申诉专员如决定不对申诉进行调查或者终止对申诉进行调查，须将此决定及其理由告知申诉人及与此决定有利益关联的人。

第十五条 申诉专员在依法调查申诉之前：

（1）当所调查案件与行政机构有关时，应当告知所涉行政机关的首长或政务长官；

（2）当所调查案件与市政机关有关时，应当告知所涉市政机关的政务长官。

第十六条

1. 本法所规定的每项调查均不公开进行。

2. 除本法另有规定外，申诉专员可以从任何人那里听取或者获得信息，并可进行查询。

3. 申诉专员在必要时可依照本法召开听证，而除本条第四款第五款另有规定外，任何人均无权要求专员聆听其陈述。

4. 在调查过程中，当申诉专员有初步证据能够证明行政机关、市政机构及其工作人员的执法活动导致了申诉的发生，或者其执法活动与所申诉事项有关时，应当向所涉机构的首长、政务长官以及导致申诉发生的行政机关工作人员提出建议，并给予他们听证的机会。

5. 前款所指的首长、政务长官和行政机关工作人员享有聘请律师的权利。

6. 在调查期间或调查结束后一段时间内，申诉专员可以随时向所涉机构的首长、政务长官以及导致申诉发生的行政机关工作人员询问与所调查事项有关的信息。

7. 申诉专员在得出第二十条第一款所规定的结论性意见之前：

（1）当所调查事项与行政机构有关时，应当咨询行政机构的首长，在首长要求的前提下还应向其提出建议；

（2）当所调查事项与市政机构有关时，应当咨询市政机构的行政长官。

8. 申诉专员在调查过程中或调查结束后发现证据证明行政机关或其工作人员存在不依法履行义务或者失当行政行为时，应当将其告知行政机关的首长。

9. 除法律或依据本法第二十五条制定的法规另有规定外，申诉专员可自行制定程序规则。

第十七条

1. 在符合本条第二、三、四、五、六、七款和本法第十八条规定的前提下，申诉专员可以要求他认为能够就正在调查的行动提供资料的人提供资料，被要求人必须提供。只要申诉专员认为某人可能保管或控制与受调查行动有关的资料、文件或物件，即可要求他们提供该资料及出示该文件或物件，不论该资料、文件或物件的持有人是否行政机关的工作人员，也不论该资料、文件或物件是否正由行政机关保管或控制。

2. 申诉专员可以询问以下人员并监督他们宣誓：

（1）他认为能够提供本条第一款所指资料的任何行政机关的人员；

（2）申诉人；

（3）经司法部长同意的申诉专员认为能够提供本条第一款所指信息的人员。

3. 本条第三款中的宣誓由申诉专员主持。

4. 除本条第五款的规定外，申诉专员不得要求那些依法负有保密义务或披露限制的人向其提供与保密义务及披露限制相悖的资料，出示相关的文件和物件，询问相关的问题。

5. 在事先取得申诉人书面同意后，申诉专员可以要求本条第四款中的人向申诉人单独提供与申诉有关的资料，回答相关问题，出示相关文件和物件，被要求人必须提供。

6. 高级法院有关取证规则适用于本法中所指的由被取证人提供的资料，回答的问题，出示的文件和物件所形成的证据。

7. 任何根据本法的规定出席听证的人享有获得与最高法院证人同等劳务费、报酬和开支补助的权利。

8. 任何人在调查过程中向申诉专员所提供的证据，除了就该人在伪证罪的审判中可以接纳为证据外，不得在任何法庭或其他法律程序中作为反驳任何人的证据。

9. 任何人不得因为遵照了申诉专员依照本法所做的指示而获罪。

第十八条

1. 经司法部长书面证明提供任何资料，回答任何问题或出示任何文件或物件可能会披露以下信息时，申诉专员不得要求任何人提供该资料，给予该回答或出示该文件或物件：

（1）省内阁的审议内容；

（2）省内阁或内阁成员的与秘密或机密文件有关的活动且此活动的披露将有损公共利益。

2. 除本条第一款的规定外，任何法律规则如以披露文件或物件或回答问题会危害公共利益为由而授权或规定不出示任何文件或物件或不回答问题，则该法律规则不适用于本法中申诉专员的调查。

第十九条

1. 为施行本法，并在符合本法第十七条、第十八条的规定下，申诉专员可以进入行政机关的场所开展其职权范围内的任何调查；

2. 申诉专员在进入本条第一款所指的场所前，须将调查的意图通知被调查行政机关的政务长官。

第二十条

1. 通过调查，如果申诉专员认为导致申诉发生的原因可能是由于所涉机关的执法行为存在如下情形的，应就其建议及理由作出报告交给所涉机关的首长、政务长官。

（1）不合理、不公正、压迫或者歧视或者行为所依据的法律、法规、惯例存在不合理、不公正、压迫或者歧视；

（2）所依据的法律或者事实部分或全部错误；

（3）错误的；

（4）违反法律规定；

（5）在行使自由裁量权时出于不合理的目的、依据了不相关事实、考虑了不相关因素以及在应当对自由裁量权的行使原因进行说明时，未对其进行说明；

（6）申诉所涉事件应转送给机构或机构人员作进一步考虑；

（7）有关不作为应予纠正；

（8）有关决定应予撤销或变更；

（9）导致或可能导致申诉发生的行为所依据的惯例应予更改；

（10）导致或可能导致申诉发生的行为所依据的法律应予重新考虑；

（11）行使自由裁量权的理由应予说明；

（12）有其他步骤应予采取。

2. 申诉专员在根据本条第一款作出的报告中，可以要求行政机关告知其就报告中的建议预计采取行动的合理期间。

3. 在本条第二款所规定的合理期限内，行政机关未根据申诉专员的建议采取行动，或者拒绝依照建议采取行动，或者所采取的行动不符合申诉专员的要求时，申诉专员可以将报告和建议的副本呈交给省督、市政委员会，必要的时候还可将报告和建议的副本呈交给众议院。

4. 申诉专员根据本条第三款所呈交的每份报告，须连同所涉机关就该报告而提出的评论的副本一份，一并呈交。

5. 申诉专员在报告中不得作出对任何人不利的裁判或评论，除事先给予了被裁判人或被评论人听证的机会外。

第二十一条

1. 申诉专员在提出本法第二十条第一款所指的建议后，当行政机关根据建议所采取的行动不符合申诉专员的要求，申诉专员应当将其作出的建议内容告知申诉人，必要时可对建议的内容进行解释说明。

2. 申诉专员如就任何申诉进行调查，须以他认为适当的方式及在他认为适当的时间，将调查的结果通知申诉人。

第二十二条 申诉专员的行为不能因不符合固定的格式而归于无效，除其行为和决定的作出无职权依据外，专员的行为和决定免于被改变、复核、质询或诉讼。

第二十三条

1. 申诉专员或由专员委托或授权的人在依照本法行使或意欲行使职权，制作报告的过程中不受任何诉讼程序约束，除非其行为是在非真诚的状态下作出的。

2. 申诉专员或由专员委托或授权的人不得在法庭或其他司法程序中以证人的名义提供其在履行本法职责过程中所获知的信息。

第二十四条

1. 申诉专员必须将其职权履行情况的报告按年提交给众议院；

2. 申诉专员出于公共利益或者个人利益，行政机关利益的需要，可以将记录有其履行职责情况或他所调查的特定案件的情况的报告向公众公开，且不论该报告否已呈交至众议院。

第二十五条 众议院可以制定法规以规制申诉专员依据本法所开展的活动。

第二十六条 有下列行为者即属犯罪，可处于500加元以内的罚款

（1）无法定事由故意妨碍、阻挠、抗拒申诉专员或任何其他人根据本法行使权力；

（2）无法定事由故意不遵从申诉专员或其他任何人要求本法作出的合法要求；

（3）在申诉专员或其他任何人根据本法行使权利时，作出明知为虚假的陈述，以误导或尝试误导申诉专员或该人；

（4）拒绝或故意不遵从本法第十二条第四款的要求。

第二十七条 本法不能影响、废除、缩减、侵犯或者授权影响、废除、缩减、侵犯本法外的其他现存法律所规定的有关当事人的程序性权利和法律救济措施。

第二十八条

1. 省督可以制定条例以选派符合本法第二条第一款规定的局/

署、委员会、基金会、国有公司；

2. 本条第一款所规定的省督权力即《法规法》中所指的成立机构的权力。①

① 这里的《法规法》是《机构成立法规》的缩写，详见 http：//www.gov. ns. ca/just/regulations/regs/ombdesig. htm。

澳大利亚1976年监察专员法

（1976年修订的第181号法律）

陈　菲　译

【翻译说明】

澳大利亚的联邦监察专员体制，是在议会之下设立的，对议会负责的监察专员。该制度的基本依据是《澳大利亚监察专员法》。该法制定于1976年，并于2011年进行了最近的一次修改。根据该法，澳大利亚联邦设置联邦监察专员、国防监察专员、邮政监察专员和留学生监察专员，并确定其相应的职能和职权。同时，该法明确了监察专员的工作程序，确定了与检察机关、司法机关之间的关系，并对监察专员向议会负责的体制作出了明确规定。

澳大利亚监察专员法

根据2011年58号法案，本法进行了修正，并于2011年7月18日产生如下版本。

未在上述日期即时生效的修正案，附在本法的注释部分。

已纳入文本中的修正案的实施由注释部分中的适用条文规定。

司法部立法起草与颁布办公室

本法旨在设置联邦监察专员、国防监察专员、邮政监察专员和留学生监察专员，并确定其相应的职能和职权。

第一部分　序言

第1条　简称

本法简称为“1976年监察专员法”。

第2条 生效日期

本法自公布之日起生效。

第3条 释义

（1）除非出现相反含义，本法中的术语应作如下释义：

“ACC”是指根据《2002年澳大利亚犯罪委员会法》第7条设立的澳大利亚犯罪委员会。

“ACMA”是指澳大利亚通信与传媒局。

“ACT法”是指根据《1988年澳大利亚首都直辖区（自治）法》第3条所定义的制定法。

“AFP职员”是指《1979年澳大利亚联邦警察法》中规定的职员。

“AFP专员”是指《1979年澳大利亚联邦警察法》中规定的专员。

“AFP处理事项”是指《1979年澳大利亚联邦警察法》中规定的处理事项。

“AFP行为事项”是指《1979年澳大利亚联邦警察法》中规定的行为事项。

“澳大利亚邮政”是指澳大利亚邮政公司。

“被授权人”是指：

（a）基于本法目的被监察专员任命的被授权人；或

（b）基于本法目的被监察专员任命的被授权人的成员。

“ACC理事会”是指根据《2002年澳大利亚犯罪委员会法》第7B条设立的澳大利亚犯罪委员会的理事会。

“法院或裁判所首席执行官”是指具有或履行下列机构职责的人：

（a）高等法院书记官；

（b）澳大利亚联邦法院登记官（Registrar）；

（c）澳大利亚家事法院首席执行官；

（ca）联邦治安法院首席执行官；

（d）行政上诉裁判所登记官；

（e）基于本法目的，并由规章规定的法院或裁判所的首席执行官；

（f）依据条例规定的替代上述（a）、（b）、（c）、（ca）或（d）目中涉及的机构。

“联邦控股公司”是指由联邦入股组成的公司，该股权能使联邦：

（a）控制该公司董事会的组成；或

（b）控制该公司股民大会中最大数额投票一半以上的数额；或

（c）控制该公司一半以上的已发行股本（排除所有没有权利参加公司利润或资本分配的已发行股本）。

“公共服务提供者”之含义见本法第3BA条之规定。

“CSC”（全称为联邦退休机构）是指根据《2011年澳大利亚政府退休计划管理法》成立的机构。

“部”是指根据《1999年公共服务法》规定的部，但不包括由《1988年澳大利亚首都直辖区（自治）法》第3条（及相关条文）设置的那部分过渡性服务机构。

“副监察专员”是指副联邦监察专员。

“副监察专员（国防）”是指依据生效的第23（1）款任命为副监察专员（国防）的监察专员。

根据本法第3B条之规定，“制定法”是指：

（a）法律；

（b）澳大利亚首都直辖区发布的条例；

（c）圣诞岛地区或科科斯（科令）岛地区发布的条例；

（d）根据法律或（b）、（c）目涉及的条例制定的文书；或

（e）圣诞岛地区或科科斯（科令）岛地区已生效的法［不包括法律，（c）目涉及的条例或（d）目涉及的文书］；

但不包括《1979年诺福克岛法》、《1978年北部地区（自治）法》或诺福克岛、北部地区的制定法。

“诺福克岛的制定法”是指：

（a）《1979年诺福克岛法》第4（1）款中关于制定法的定义之（a）、（b）或（c）目所涉及的法律或条例；或

(b) 根据上述法律或条例制定的文书（包括规则、规章或附则）。

“北部地区的制定法”是指：

(a)《1978 年北部地区（自治）法》第 4（1）款中关于制定法的定义之（a）或（b）目所涉及的法律或条例；或

(b) 根据上述法律或条例制定的文书（包括规则、规章或附则）。

“执法机构”是指《2002 年澳大利亚犯罪委员会法》规定的执法机构。

“官员”是指：

(a) 与部相关的：

(i) 部内已雇用的常任或临时的人员；或

(ii) 经授权代表部行使相关职权或履行相关职责的其他人员（不包括部长）；或

(b) 与规定部门相关的：

(i) 该部门的工作人员或代行其职的人员；

(ii) 该部门的成员（或其副职）或代行其职的人员（或其副职）；

(iii) 受雇于该部门的服务人员，或受雇于该部门的职员之一，不论他/她是否直接受雇于该部门；或

(iv) 经该部门授权代表该部门行使相关职权或履行相关职责的人员。

注：“官员”的含义应符合第 2B 部分的立法目的，参见第 19G 节。

“监察专员”是指联邦监察专员。

“监察专员计划”是指针对消费者提起的有关许可证持有人或制定法授权之部门的决定或行为的投诉所进行调查的计划。

关于澳大利亚首都直辖区的“条例”，包括根据制定法在本区范围内适用的法或法的具体条文（不包括 ACT 法或其具体条文）。

“议会部”是指根据《1999 年议会服务法》设立的议会的各部。

“邮政或其类似服务”包括：

（a）邮政服务；

（b）快递服务；

（c）包裹运输服务。

“PPO”（全称为私人邮政运营商）是指提供邮政或类似服务的个体运营商（不包括澳大利亚邮政公司），不论其是否提供除邮政服务以外的其他服务。

“规定部门”是指：

（a）为了公共目的，或根据制定法或其具体条文设立的法人或非法人团体，而非：

（i）股份有限公司或集团公司；

（ii）有权录取经宣誓而作的证供或直接依法取证，并且依据制定法明确的许可或要求，由议会任命的大法官或法官，或根据法律产生的与上述大法官或法官具有同等地位的人员构成的团体，或包括上述成员在内的团体；

（iii）基于本条第（2）款或规章之规定，为实现本法之目的而不被视为规定部门的团体；及

（iv）皇家委员会；或

（b）基于本法第3A条作为规定部门的联邦控股公司；或

（ba）由总督或某个部长建立，并且由规章宣布为规定部门的法人或非法人团体；或

（bb）法院或裁判所的首席执行官；或

（c）担任或履行根据制定法设立的机构的职务或职能的人员；而非：

（i）法院或裁判所的首席执行官，或为实现本法之目的而担任法院或裁判所首席执行官工作人员的人；或

（ii）基于本条第（3）款或规章之规定，为实现本法之目的而不被视为规定部门的人员；或

（d）履行根据规章任命的职务之职责的人员，或为实现本法之目的由总督或部长（而非根据制定法）任命的规定部门的主官。

“主要官员”是指：

（a）若与澳大利亚公共服务部相关——担任或履行该部秘书机构职务或职责的人员；或

（c）与规定部门相关的：

（i）若规章宣告某部门为主要机构——担任或履行该主要机构职务或职责的人员；或

（ii）在其他情况下——该部门的组成人员或代行其职的人员，或若该部门由2个或2个以上的工作人员组成时，有权主持该部门会议的人员。

（注：“主要官员”的含义应符合第2B部分的立法目的，参见第19G节。）

“注册PPO”是指基于第2B部分的立法目的进行注册的PPO（参见第19ZA节）。

［注：在特定情形下，基于第2B部分的立法目的，一个虽未注册的PPO仍然可被视为注册PPO（参见第19J节）］。

与某一事件，或就某一事件采取的行动，或某一事件有关的行动相关的“责任部长”（Responsible Minister）是指：

（a）若澳大利亚公共服务部负责处理该事件——管理该部的部长；或

（b）若由（a）目中所定义的规定部门负责处理该事件——执行建立该规定部门的制定法或其具体条文的部长；或

（c）若由（b）目中所定义的规定部门负责处理该事件——执行建立该机构的制定法的部长；或

（d）若由上文所定义的其他规定部门负责处理该事件——规章宣布为该部门负责部长的部长；

或其他代理和代表部长的其他部长。

与部相关的“秘书”是指根据《1999年公共服务法》的立法目的所设置的部秘书。

（2）为协助规定部门或履行与规定部门有关的职能，而依照制定法或其具体条文设立的非法人团体，如董事会、理事会、委员会、小组委员会或其他团体，不应被视为本法所指的规定部门，但该团体或代表该团体的个人为执行本法所实施的行为，应被视为规定部门实施的行为。

（3）担任或履行下列机构职务或职责的个人，其下列行为不应被视为规定部门的行为：

（a）作为部的官员或雇员，或作为规定部门的成员履行雇佣职责的机构；

（b）作为团体成员的机构；或

（c）根据制定法为规定部门设立的机构。

但基于本法之目的，担任或履行上述机构职务或职责的个人实施的，或代表上述机构的个人实施的行为，应被视为相关部、团体或部门的行为。

（4）基于本法之目的，如下行为应被视为负责处理该行为涉及事项的部的行为。

（a）部或规定部门的官员以外的人员，基于本法之目的，经总督、部长或部秘书任命或授权，在行使或履行经授予的权力或职责时实施的行为；且

（b）该人员的行为并非其在依制定法或其具体条文设立的机构中行使职务的行为，也并非其担任州或地区的法官、治安官的职务行为。

（4A）尽管有第（4）款规定，若人员由总督、部长或部秘书任命或授权，而非根据制定法规定，行使或履行经授予的权力或职责时实施的行为时，基于本法之目的，规章可以规定该人员行使权力或履行职责的行为不被视为负责处理该行为涉及事项的部的行为。

（4B）基于本法之目的，符合如下条件的行为应被视为部或相关部门实施的行为：

（a）个人不是部或规定部门的官员；且

（b）该人员基于合同成为公共服务提供者或相关部门的雇员；且

（c）基于合同的目的，该人员为了或代表部或相关部门行使权力或履行职责；且

（d）该人员并非基于如下原因，行使权力或履行职责：

（i）担任或履行依制定法或其具体条文设立的机构的职务或职责；或

（ii）担任州或地区的法官或治安官；且

（e）规章没有其他的规定。

（5）基于本法之目的，部的官员实施的下列行为应被视为部的行为：

（a）该官员依其在该部的职务实施的或拟实施的行为，不论：

（i）该行为与部的职能之间，存在紧密联系，还是一个偶发事件；或

（ii）该行为的实施是否在该官员的职责范围之内。

（b）该官员基于制定法授权，在行使职权或履行职责时实施的或拟实施的行为。

（5A）尽管有第（5）款规定，规章仍可规定，为实现本法之目的，担任或履行根据制定法设定的机构的职务或职责的人员，其行为可不被视为规定部门的行为；规章也可规定，为实现本法之目的，部的官员实施的、辅助其职责履行的行为，不被视为部的行为。

（6）基于本法之目的，规定部门的官员实施的行为应被视为该部门的行为：

（a）若该官员依其作为该部门的官员的职务实施的或拟实施的行为，不论：

（i）该行为与规定部门的职能之间，存在紧密联系，还是一个偶发事件；

（ii）该行为的实施是否在该官员的职责范围之内；或

（b）若该官员基于制定法授予而行使职权或履行职责时实施的或拟实施的行为。

（6A）基于本法之目的，若国防部门的成员依其国防部门的成员的身份实施或拟实施的行为应被视为国防部门的行为，无论：

（a）该行为被认为与其作为国防部门成员的职能之间，存在紧密联系，还是一个偶发事件；或

（b）该行为的实施是否在国防部门成员的职责范围之内。

（6B）基于本法之目的，任何人实施的任命国防部门、海军、陆军或空军的首长的行为，或与之相关的行为，不应视为部或国防部门的行为。

（6C）本法中［除（6A）款外］，除非出现相反含义，国防部门或军队的成员，或国防部门的部分成员是指：

（a）已经成为国防部门或军队的成员，或国防部门某部分的成员的人；或

（b）去世之时，具有国防部门或军队的成员，或国防部门某部分的成员身份的人。

（6D）基于本法之目的，若注册 PPO 的官员依其注册 PPO 官员的职务实施或拟实施的行为应被视为注册 PPO 的行为，无论：

（a）该行为与其作为注册 PPO 官员的职务之间，存在紧密联系，还是一个偶发事件；或

（b）该行为的实施是否在该官员的职责范围之内。

（7）本法中，除非出现相反含义，实施的行为是指：

（a）作出决定或建议；

（b）提出议案；及

（c）没有或拒绝实施任何行为，作出决定或建议，或提出议案。

（7A）本法中，除非出现相反含义，涉及州监察专员的部分，亦应适用于依据州法履行与监察专员相似职责的人。

（7B）基于本条之规定（除本款外），关于州监察专员规定的适用发生在如下情形：

（a）与州监察专员相关的州的范围，应包括为澳大利亚首都直辖区和北部地区；

（b）与州监察专员相关的州法，应包括 ACT 法和北部地区的制定法；及

（c）与州监察专员相关的州的部或部门，应视具体情况，包括：

（i）澳大利亚首都直辖区；或

（ii）《1988年澳大利亚首都直辖区（自治）法》第3条所定义的地区部门。

（8）本法中关于联邦的国际关系的部分，应适用于联邦与其他国家的政府或国际组织之间。

（9）基于本法之目的，澳大利亚联邦警察应被视为规定部门。

（10）在本法关于澳大利亚联邦警察的规则适用中，适用于规定部门的官员的部分，亦应适用于AFP职员。

（11）基于本法［除第（6）款外］之目的，国防部门应被视为规定部门。

（12）本法关于国防部门的部分，适用规则如下：

（a）适用于规定部门的官员的部分，亦应适用于国防部门的成员；

（b）适用于规定部门的主要官员的部分，亦应适用于国防部门的首长；及

（c）适用于与规定部门相关的事件或其实施的行为或某一事件的责任部长的部分，亦应适用于国防部长以及代理或代表国防部长的其他部长。

（13）基于本法之目的，由国防监察专员、国防部门首长和国防部的主要官员组织的，与国防部门和国防部相关的任何事项（包括报告），可以由国防监察专员与国防首长或国防部的主要官员进行沟通。

（13A）基于本法之目的，ACC应被视为规定部门。

（14）基于本法之目的：

（a）法院或裁判所的官员（而非首席执行官）；及

（b）法院或裁判所的登记处的工作人员；及

（c）为法院或裁判所提供服务的部的，或联邦的官员或雇员；及

（d）基于本法之目的，根据规章成为法院或裁判所的工作人员；

应是法院或裁判所的首席执行官的工作人员。

（15）本条文中涉及的法院或裁判所的官员，不包括法院的法

官或裁判所的成员。

（16）任何关于：

（a）法院或裁判所的首席执行官；或

（b）议会的部；

依照第（18）款进行适用。

（17）第（16）款适用的部分：

（a）亦应适用于下列涉及责任部长的条文：

（i）第8条第（7A）款第（b）目；

（ii）第8条第（8）款和第（9）款；

（iii）第8条第（10）款第（c）目；

（iv）第11A条第（5）款；

（v）第35条第（3）款第（b）目第（i）、（ia）项；

（b）亦应适用于第8条第（10）款第（a）目涉及的部的部长；

（c）亦应适用于第15条第（6）款涉及的部长。

（18）第（16）款涉及的内容，适用规则如下：

（a）适用于法院的首席执行官的部分，亦应适用于法院的首席大法官或首席法官（不论实际称谓如何）；

（b）适用于行政上诉裁判所登记官的部分，亦应适用于行政上诉裁判所的主席；

（c）适用于裁判所首席执行官（除行政上诉裁判所外）的部分，亦应适用于裁判所的主席或主要成员（不论实际称谓如何），如该裁判所只有1位成员，亦应适用于该成员；

（d）适用于参议院的部的部分，亦应适用于参议院主席；

（e）适用于众议院的部的部分，亦应适用于众议院议长；

（f）适用于议会的部的任何其他部分，亦应适用于参议院主席和众议院议长。

第3A条　规定部门：联邦控股公司

（1）联邦控股公司是规定部门，除非：

（a）基于本条第（2）款予以排除；或

（b）根据规章不认为是规定部门。

（2）如出现以下情形，基于本条第（1）款第（a）目之规定，且不与本条第（3）款相冲突的情况下，联邦控股公司不是规定部门：

（a）该公司在《1994年总理及内阁（细则）法》第6部分生效之时已是联邦控股公司；且

（b）在上述法律生效之时，根据本法当时的规定，并非规定部门。

（3）若规章宣布该公司被视为规定部门，则基于本条第（2）款应予排除的联邦控股公司，根据本款不应被排除。

第3B条　排除于制定法范围之外的与澳大利亚首都直辖区相关的某些立法

（1）ACT法不是制定法。

（2）《1988年澳大利亚首都直辖区（自治）法》和《1974年堪培拉供水（古贡大坝）法》不是制定法。

（3）《1988年澳大利亚首都直辖区规划和土地管理法》第4部分、第10部分第29条和第30条、第63条第（2）款、第66条和第5章不是制定法。

（4）当整个法律或条例不是制定法时，根据该法律或条例制定的文件也不是制定法。

（5）当法律或条例的部分不是制定法时，根据该部分法律或条例制定的文件也不是制定法，除非文书是根据法律或条例的其他部分制定的。

第3BA条　公共服务提供者

个人可基于下列合同（联邦合同，Commonwealth contract），成为部或规定部门的公共服务提供者：

（a）同时满足下列条件：

（i）联邦合同的一方是个人，另一方是部或规定部门或联邦；

（ii）根据联邦合同，个人为了或代表部或规定部门，负责向非部或规定部门或联邦的其他人提供商品或服务；或

(b) 同时满足下列条件：

(i) 联邦分包合同的一方是个人，另一方是基于联邦合同成为部或规定部门的公共服务提供者（符合本条之规定）；

(ii) 根据联邦分包合同和联邦合同，个人为了或代表部或规定部门，负责向部、规定部门或联邦以外的其他人提供商品或服务。

第 3C 条　法律的适用

本法适用于澳大利亚国内外，且扩及其所有海外领土。

第 3D 条　刑法典的适用

刑法典第二章①适用于所有触犯本法的犯罪行为。

第二部分　监察专员的设立、职能、职权和职责

第一章　设立和职能

第 4 条　监察专员和副监察专员的设立

(1) 基于本法之目的，应设立：

(a) 联邦监察专员；及

(b) 1~3 名联邦副监察专员。

(2) 联邦监察专员的职能是对根据本法收到的投诉进行调查，以及下列法律授权其履行的其他职能：

(a) 本法或规章；或

(b) 其他法律或根据其他法律产生的规章；

(c) ACT 法或根据 ACT 法产生的规章；或

(d) 诺福克岛的制定法。

(3) 联邦监察专员履行与澳大利亚税务局有关的职能，如果他/她愿意，可以被称为税务监察专员。

(4) 联邦监察专员履行与移民（包括移民拘留）有关的职能，如果他/她愿意，可以被称为移民监察专员。

(5) 联邦监察专员履行与澳大利亚联邦警察有关的职能，如

---

① 刑法典第二章是关于刑事责任的基本原则的规定。

果他/她愿意，可以被称为执法监察专员。

(6) 联邦监察专员履行根据诺福克岛的制定法授权的职能，如果他/她愿意，可以被称为诺福克岛监察专员。

第5条　监察专员的职能

(1) 根据本法，监察专员：

(a) 应当基于投诉，对部、规定部门涉及行政问题的行为进行调查，且无论该事项发生于本法生效前还是生效之后；及

(b) 可主动对部、规定部门涉及行政事项的行为进行调查，且无论该行为发生于本法生效前还是生效之后；及

(c) 经部长同意，可进行工作安排，并在此安排下，根据制定法授予的特许或权限制定监察专员计划，并展开工作。

(2) 监察专员无权调查：

(a) 部长实施的行为；或

(aa) 议会基于《1987年议会特权法》第16条实施的诉讼行为；或

(b) 议会产生的法院的大法官或法官实施的行为；或

(ba) 法院的首席执行官，或基于本法之目的而成为首席执行官的工作人员实施的如下行为：

(i) 行使法院权力；或

(ii) 履行司法职能或行使司法权力；

(c) 由下列人员实施的行为：

(i) 澳大利亚首都直辖区，圣诞岛地区或科科斯（科令）岛地区的治安官或法医；或

(ii) 担任州或北部地区的治安官，基于法律履行治安官职能的个人；

(d) 任何团体或个人实施的关于澳大利亚公共服务部门或规定部门的雇员的升职、撤职、惩戒或支付报酬的行为；或

(g) 部或规定部门实施的任命个人的行为，该职务依据制定法设立，且不是澳大利亚公共服务部门或规定部门的职务。

(3) 第(2)款第(a)目中对部长实施的行为的规定，并不适用于部长的代理人实施的行为。即便制定法规定代理人行使该权

力实施的行为，应视为部长实施的行为，但根据本款，该行为仍被视为由上述代理人实施的行为。

（3A）基于使本法适用于监察专员之目的，部或规定部门实施的行为，不能仅因该行为是由部长个人已经、拟或可能实施的与部或相关部门相关的行为，就被视为部长实施的行为。

（3B）如果操守专员（Integrity Commissioner）或操守专员助理，恰巧是议会产生的法院的大法官或法官，第（2）款第（b）目不禁止监察专员对其行为进行调查。

（4）第（2）款第（d）目不禁止监察专员调查 AFP 职员实施的行为，或其他人实施的与下列信息相关的行为：

（a）该信息向 AFP 职员提供；且

（b）提出 AFP 职员的行为事项（Conduct Issue）或实践事项（Practices Issue）；且

（c）该信息与另一 AFP 职员实施的行为有关。

（5）监察专员无权根据下列法律调查由西澳大利亚州的雇员实施的行为：

（a）根据《1958 年圣诞岛法》在圣诞岛地区适用的西澳大利亚州的法律；或

（b）根据《1955 年科科斯（科令）岛法》在科科斯（科令）岛地区适用的西澳大利亚州的法律。

（6）第（5）款中涉及的西澳大利亚州的雇员包括：

（a）担任或代理根据西澳大利亚州法律设立的职务的人员；且

（b）根据西澳大利亚州法律雇佣的或由根据西澳大利亚州法律设立的团体雇佣的人员。

（7）第（1）款第（c）目涉及的安排应对由另一方支付的费用进行规定，该费用是监察专员履行与上述安排有关的职责而产生的。

第 6 条　对某些投诉不予调查的裁量

（1）当收到涉及对部或规定部门实施行为的投诉时，监察专员可裁量决定对该行为不予调查，或如果已经开始调查，也可决定不再作进一步的调查：

(a) 如果监察专员确信其收到的投诉是投诉人知悉投诉的行为12个月后作出的；或

(b) 如果监察专员认为：

(i) 该投诉是无意义或无理由，或不诚实的；

(ii) 投诉人对该投诉无充分利害关系；

(iii) 调查或进一步的调查不能确保对整体情况进行充分考虑。

(1A) 若投诉人未事先向实施行为的部或规定部门投诉而直接向监察专员投诉，监察专员可裁量决定在投诉人向部或规定部门投诉后才展开调查。

(1B) 若投诉人向监察专员投诉之前已向实施行为的部或规定部门投诉，监察专员可裁量决定不予调查，除非投诉人告知监察专员其没有得到救济，或者虽有救济但监察专员认为该救济不够充分。

(1C) 若出现以下情形，监察专员应根据本条展开调查：

(a) 若投诉人向监察专员投诉之前已向实施行为的部或规定部门投诉，且根据第（1B）款告知监察专员，其没有得到部或规定部门的救济或有效救济；且

(b) 监察专员认为：

(i) 如果投诉人对部或规定部门投诉后，没有得到救济，且进行救济的合理期限已过；或

(ii) 如果已经得到救济，但该救济还不够充分。

(2) 若投诉人已行使或正在行使权利，使其投诉的行为接受法院或由制定法设立的裁判所的审查，根据具体情况，监察专员对该行为应不予调查或不作进一步的调查，除非监察专员认为有特殊的原因，且能说明其进行调查或作进一步调查是合理的。

(3) 如果监察专员认为，投诉人有权或曾有权利，使该行为接受法院或由制定法设立的裁判所的审查，但投诉人尚未行使该权利，并进而认为，根据案件情况，投诉人仍可行使上述权利，或曾经可以行使上述权利，监察专员应根据这一情况，对该行为不予调

查或不作进一步调查。

（4）无论监察专员启动对部或规定部门遭到投诉的行为的调查，当监察专员认为，部或规定部门已经通过行政方法进行恰当的制度供给，对该事项进行审查时，监察专员可以决定该行为不予调查或不作进一步调查，视情况而定：

（a）如果应投诉人的要求，通过该行政方法对该行为正在进行审查或将进行审查；或

（b）如果监察专员确信投诉人有权要求通过该行政方法对该行为进行审查，且投诉人现在仍有权要求进行上述审查。

（4D）① 无论监察专员启动对部或规定部门遭到投诉的行为的调查，当监察专员认为：

（a）对该行为的投诉已经或将会根据《1998年电讯法》第26部分向ACMA提交；且

（b）该行为由ACMA处理更便捷或更有效；

监察专员可以决定对该行为不予调查或不作进一步调查，并且如果监察专员如此决定，根据具体情况，监察专员应：

（c）将该投诉移交给ACMA；

（d）立即以书面形式通知投诉人，该投诉已经移交；且

（e）监察专员将其拥有或所控制的与该投诉有关的信息或文件交给ACMA。

（4E）根据第（4D）款移交的投诉应被视为根据《1998年电讯法》第26部分向ACMA提交的投诉。

（5）如果向监察专员提交的投诉是投诉人应他人或团体请求作出的，则本条对该投诉的规定亦应适用于请求作出投诉的他人或团体。

（6）如果监察专员认为：

（a）投诉与规定部门的行为有关，且该规定部门是根据《1992年广播服务法》规定的国家广播服务部门；且

① 译注：此版本将修订前的版本的第（4）款后的第（4A）、（4B）、（4C）款删除了。

（b）该投诉应根据《1992 年广播服务法》第 11 部分向澳大利亚通信与传媒局提出，且由该局处理更便捷或更有效；

监察专员可以根据具体情况决定对该行为不予调查或不作进一步调查，并将该投诉移交给澳大利亚通信与传媒局。

（7）如果监察专员根据第（6）款作出决定，监察专员必须：

（a）尽可能迅速地将该投诉移交给该局；且

（b）监察专员将其拥有或所控制的与该投诉有关的信息或文件交给该局；且

（c）尽可能迅速地以书面形式通知投诉人，该投诉已移交给该局。

（8）根据第（7）款移交的投诉应被视为根据《1992 年广播服务法》第 11 部分规定提交的投诉。

（9）如果监察专员认为：

（a）投诉应根据《1999 年公共服务法》作出；且

（b）由该投诉由公共服务专员处理更便捷或更有效；

监察专员可以根据具体情况决定对该行为不予调查或不作进一步调查，并将该投诉移交给公共服务专员。

（10）如果监察专员根据第（9）款作出决定，监察专员必须：

（a）尽可能迅速地将该投诉移交给公共服务专员；且

（b）监察专员将其拥有或所控制的与该投诉有关的信息或文件交给公共服务专员；且

（c）尽可能迅速地以书面形式通知投诉人，该投诉已移交给公共服务专员。

（12）如果监察专员认为遭到投诉的行为涉及部或规定部门的商业行为，监察专员根据具体情况可以决定对该投诉不予调查或终止调查。

（13）如果监察专员认为：

（a）投诉与部或规定部门实施的行为相关；且

（b）该投诉由具体行业的行业监察专员处理更便捷或更有效；

监察专员可以根据具体情况决定对该行为不予调查或不作进一步调查，并将该投诉移交给该具体行业的行业监察专员。

（14）如果监察专员根据第（13）款作出决定，监察专员必须：

（a）尽可能迅速地将该投诉移交给该行业的行业监察专员；且

（b）监察专员将其拥有或所控制的与该投诉有关的信息或文件交给该行业的行业监察专员，使其能针对该投诉有效地开展工作；且

（c）尽可能迅速地将投诉移交事项以书面形式通知投诉人。

（15）根据第（13）款，特殊行业的行业监察专员是指，根据规章宣布担任或临时担任该行业监察专员的职务的人员。

（16）如果监察专员认为：

（a）该投诉涉及对贪污问题（除重大贪污问题外）的指控或控告；且

（b）该指控或控告应根据《2006年执法操守专员法》（*Law Enforcement Integrity Commissioner Act 2006*）第4部分向操守专员提出，且由该专员处理更便捷或更有效；

监察专员可以根据具体情况决定对该投诉不予调查或不作进一步调查，并将该指控或控告移交给该操守专员。

（17）如果监察专员认为：

（a）该投诉涉及对重大贪污问题的指控或控告；且

（b）该指控或控告应根据《2006年执法操守专员法》第4部分向操守专员提出，且由该局处理更便捷或更有效；

监察专员根据具体情况应对该投诉不予调查或不作进一步调查，并应将该指控或控告移交给该操守专员。

（18）如果：

（a）监察专员根据第（16）款作出决定；或

（b）适用第（17）款；

监察专员必须：

（c）尽可能迅速地将涉及对贪污问题或重大贪污问题的指控或控告移交给操守专员；且

（d）监察专员将其拥有，或所控制的与该投诉有关的信息或

文件交给操守专员；且

（e）尽可能迅速地以书面形式通知投诉人，该投诉已移交给操守专员。

（19）在第（16）款至第（18）款中：

“贪污问题”是指《2006 年执法操守专员法》规定的贪污问题。

“操守专员”是指《2006 年执法操守专员法》规定的操守专员。

“重大贪污问题”是指《2006 年执法操守专员法》规定的重大贪污问题。

（20）如果监察专员认为：

（a）该投诉涉及对 AFP 职员的行为事项或实践事项的控告；且

（b）该控告应根据《1979 年澳大利亚联邦警察法》第 40SA 条作出，且根据该法第 5 部分能够进行更便捷或更有效的处理；

监察专员可以根据具体情况决定对该投诉不予调查或不作进一步调查，并根据该法将该控告移交给 AFP 专员。

（21）如果监察专员根据第（20）款作出决定，监察专员必须：

（a）根据《1979 年澳大利亚联邦警察法》第 40SA 条尽可能迅速地将该控告移交给 AFP 专员；且

（b）监察专员将其拥有，或所控制的与该投诉有关的信息或文件交给 AFP 专员；且

（c）尽可能迅速地以书面形式通知投诉人，根据该法该投诉已移交给 AFP 专员。

第 6A 条　涉及 ACC 的投诉的移交

（1）如果：

（a）监察专员认为：

（i）涉及对 ACC 的行为的投诉应向根据联邦、州或地区的法律设立的其他部门作出；且

（ii）该投诉由其他部门处理更便捷或更有效；且

（b）监察专员已将该投诉移交给其他部门，该部门可以对该投诉处理；

监察专员可以根据具体情况决定对该投诉不予调查或不作进一步调查，并将该投诉移交给该部门。

（2）如果监察专员决定移交给投诉，监察专员必须：

（a）尽可能迅速地移交；且

（b）根据第 35B 条之规定，监察专员将其拥有，或所控制的与该投诉有关的信息或文件交给该部门；且

（c）尽可能迅速地以书面形式通知投诉人，该投诉已移交给该部门。

第 6B 条　涉及操守专员的投诉的移交

（1）如果：

（a）监察专员认为：

（i）涉及对操守专员的行为的投诉应向根据联邦、州或地区的法律设立的其他部门作出；且

（ii）该投诉由其他部门处理更便捷或更有效；且

（b）监察专员已将该投诉移交给其他部门，该部门对该投诉可以处理；

监察专员可以根据具体情况决定对该投诉不予调查或不作进一步调查，并将该投诉移交给该部门。

（2）如果监察专员决定移交投诉，监察专员必须：

（a）尽可能迅速地移交；且

（b）根据第 35B 条之规定，监察专员将其拥有，或所控制的与该投诉有关的信息或文件交给该部门；且

（c）尽可能迅速地以书面形式通知投诉人，该投诉已移交给该部门。

第 6C 条　涉及信息专员的投诉的移交

范围

（1）当监察专员确信出现以下情形时，适用本条之规定：

（a）

（i）投诉人根据《1988 年隐私权法》第 5 部分或《1982

年信息公开法》第 7B 部分针对部或规定部门的行为，已经或可能向信息专员进行投诉；且

(ii) 该行为由信息专员处理更便捷或更有效；

(b) 针对部或规定部门的行为的投诉，根据《1988 年隐私权法》第 5 部分或《1982 年信息公开法》第 7B 部分已经完成调查。

与信息专员进行商量的要求

(2) 监察专员：

(a) 必须与信息专员商量，避免出现该投诉同时由信息专员和监察专员处理的情形；且

(b) 可以决定对该行为不予调查或不再继续调查。

移交给信息专员

(3) 如果监察专员决定对第 (2) 款第 (b) 中的行为不予调查或不再继续调查，监察专员必须：

(a) 将该投诉移交给信息专员；且

(b) 以书面形式通知投诉人，该投诉已被移交；且

(c) 监察专员将其拥有或控制的与该投诉有关的信息或文件交给信息专员。

(4) 根据《1988 年隐私权法》第 5 部分或《1982 年信息公开法》第 7B 部分，视情况需要，根据第 (3) 款移交的投诉视为向信息专员作出的投诉。

第 7 条　投诉

(1) 根据第 (2) 款之规定，本法中的投诉应以口头或书面的形式向监察专员作出。

(2) 如果投诉以口头形式作出，监察专员可以自行将口头形式转为书面形式，或随时要求投诉人转为书面形式，如果监察专员对投诉人提出此要求，监察专员可以拒绝对投诉进行调查或进一步调查，直到投诉人将投诉转为书面形式作出。

(3) 被拘留的人有权：

(a) 向拘留人或行使与该拘留权相关职权的人员提出请求：

(i) 根据本法准备书面投诉的材料，并将该书面投诉和任何其他与之相关的信息（如果有）放入一个密封

的信封里；且

(ii) 没有任何不当延误的情况下，由拘留人或其他人员将该密封的信件送交给监察专员；且

(b) 拘留人或行使与该拘留权相关职权的人员，应将其占有或控制的由监察专员寄给被拘留人的密封的信件转交给被拘留人，且不应有任何不当延误。

(4) 如果被拘留人向监察专员提交的密封的信件由第（3）款中所述之人送交给监察专员，或由监察专员寄给被拘留人的密封的信件由第（3）款中所述之人占有或控制，则拘留人和行使与该拘留权相关职权的人员都无权打开信件或检查信件中的任何文件。

(5) 基于第（3）或第（4）款之目的，监察专员可就其寄给被拘留人的密封的信件的识别和转交问题与被拘留人所在的州或地区的相关部门达成安排。

第 7A 条　初步调查

监察专员可进行初步调查

(1) 如果监察专员收到涉及部或规定部门的行为的投诉，或者根据第 5 条第（1）款第（b）目可对该行为展开调查，监察专员应：

(a) 确认其是否有权对该行为进行调查；或

(b) 如果其有权对该行为进行调查，确认其是否有权裁量，决定对该行为不予调查；

对部或规定部门的主要官员进行询问，如果根据第（2）款之规定，与部或规定部门的主要官员达成的工作安排已生效，则对安排中涉及的官员进行询问。

信息披露

(1A) 第（1B）款、第（1C）款和第（1D）款适用于如下情形：

(a) 监察专员要求主要官员，或安排中涉及的官员（如达成工作安排）提供信息（包括对问题的回答）或制作文件或其他记录；或

(b) 根据第（1）款之规定，主要官员或安排中涉及的官员

（如达成工作安排），有理由认为该信息、文件或其他记录将有助于监察专员作出决定。

（1B）如果官员：

（a）提供该信息给监察专员，或制作该文件或记录给监察专员；且

（b）这样做：

（i）违反任何其他制定法之规定；或

（ii）可能使该官员被控有罪或使其受到处罚；或

（iii）泄露提供给部长、部或规定部门的法律意见；或

（iv）泄露部或规定部门的官员与他人或团体的通信，该通信基于法律职业特权（legal professional privilege）不得披露；或

（v）违反公共利益的其他行为；

除与本法有关的《刑法》第137.1条、第137.2条或第149.1条外，该信息、文件或记录不得在诉讼中作为对该官员不利的证据。

（1C）不得根据其他任何制定法之规定，因提供信息、制作文件或记录给监察专员而使该官员受到任何处罚。

（1D）基于《1988年隐私法》之目的，提供信息或制作文件、记录给监察专员的行为，应被视为法律授权的行为。

（1E）第（1B）条并不影响任何人因为法律职业特权而提出与该信息、文件、记录有关的主张。

与部和规定部门达成工作安排

（2）监察专员可随时与部与规定部门的主要官员就接受询问的某组或某类官员达成协议，基于第（1）款进行的该询问，应与该部或部门实施的行为有关。

第8条　调查

监察专员必须将调查予以通知

（1）监察专员根据本法对部或规定部门的行为开始调查前，必须通知该部或规定部门的主要官员，其行为将被予以调查。

（1A）监察专员可随时与部或规定部门的主要官员就调查的方

式及调查的期间达成协议，在协议中，监察专员须告知该主要官员，其意图对该部或部门实施的一组或一类行为进行调查。

秘密调查

（2）根据本法之规定，监察专员应秘密地进行调查，在不违背本法的情况下以其认为合适的方式进行。

信息的披露

（2A）第（2B）款、第（2C）款、第（2D）款和第（2E）款适用于如下情形：

（a）要么：

（i）监察专员根据本法进行调查时（不论该调查是否已经完成），要求个人提供信息（包括对问题的回答）、制作文件或其他记录；或

（ii）个人有理由相信，该信息、文件或其他记录与根据本法进行的调查有关（不论该调查是否已经完成）；且

（b）同时满足下列条件：

（i）个人因其担任部或规定部门的主要官员的职务而获得该信息、文本或记录，且该个人现仍担任该职务；

（ii）个人因其担任部或规定部门的主要官员的职务而获得该信息、文件或记录，且该个人现不再担任该职务，但现任该部或规定部门的主要官员授权该个人向监察专员提供上述信息或制作上述文件或记录；

（iii）个人因其担任部或规定部门的官员（而非主要官员）的职务而获得该信息、文件或记录，且该部或规定部门的主要官员授权该个人向监察专员提供上述信息或制作上述文件或记录；

（iv）个人合法获得上述信息、文件或记录，除因其担任部或规定部门的官员（包括主要官员）的职务这种方式获得外。

（2B）如果个人：

（a）将该信息提供给监察专员，或者制作该文件或记录给监

察专员；且

(b) 这样做：

(i) 违反任何其他制定法之规定；或

(ii) 可能使该个人被控有罪或使其受到处罚；或

(iii) 泄露提供给部长、部或规定部门的法律意见；或

(iv) 泄露部或规定部门的官员与他人或团体的通信，该通信基于法律职业特权不得披露；或

(v) 违反公共利益的其他行为。

除与本法有关的《刑法》第137.1条、第137.2条或第149.1条外，该信息、文件或记录不得在诉讼中作为对该个人不利的证据。

(2C) 不得根据其他制定法之规定，使个人因提供信息或制作文件、记录给监察专员而受到任何处罚。

(2D) 基于《1988年隐私法》之目的，提供信息或制作文件、记录给监察专员被视为法律授权的行为。

(2E) 第(2B)条并不影响任何人因为法律职业特权而提出与该信息、文件、记录有关的主张。

监察专员可获取的信息

(3) 基于本法之目的，监察专员在不违背本法的情况下以其认为合适的方式从上述人员处获得信息，并进行询问。

权利

(4) 在不违背第(5)款的情况下，监察专员或与调查相关的其他人员可以不对投诉人或其他人员进行本法规定的询问。

(5) 除有如下情形外，监察专员在根据本法进行的调查完成之前，不得作出报告，对部、规定部门和个人进行明确或暗示的批评意见：

(a) 如果该意见涉及某个部或规定部门，而监察专员已经赋予部或部门的主要官员以及与被调查行为有关的官员在监察专员或被授权人员面前就该行为以书面或口头的形式提出意见的机会，该官员亦认为妥当；及

(b) 如果该意见涉及某个人，而监察专员已经赋予该个人在

监察专员或被授权人员面前就该行为以书面或口头的形式提出意见的机会，该个人亦认为妥当。

（6）如果根据第（5）条之规定，监察专员或与被授权人员对部或规定部门的主要官员进行询问，该主要官员可以亲自接受监察专员或被授权人员的询问，或由该主要官员授权人员代其接受监察专员或被授权人员的询问。

（7）如果根据第（5）条之规定，监察专员或与被授权人员对个人进行询问，根据具体情况，该个人经监察专员或被授权人员的批准，可由他人代表接受询问。

（7A）如果监察专员在依本法进行的调查中，提出对个人在监察专员或被授权人员面前接受与调查有关的询问，且根据第（5）款提出意见，或根据第 9 条提出要求：

（a）如果涉及该行为的投诉是以口头形式作出的，且该投诉没有转为书面形式，那么该投诉应转为相应的书面形式；且

（b）如果监察专员没有事先通知责任部长该行为正在接受调查，监察专员应通知该部长。

监察专员可就调查与部长讨论

（8）监察专员依本法进行的调查完成前后，可与下列人员讨论与该调查相关的任何事项：

（a）责任部长；或

（b）与该事项相关联的其他部长。

（9）应责任部长的要求，监察专员应在形成涉及第 15 条第（1）或第（2）款中与调查行为相关的事项的最终意见之前，与该责任部长协商。

玩忽职守等

（10）在依本法进行的调查完成之前或之后，如果监察专员认为有证据表明，部或规定部门的官员有玩忽职守或举止不当行为，且有充分证据证明在任何情况下监察专员的意见都是正确的，监察专员应将该证据通知：

（a）如果该官员是部的主要官员——管理该部的部长；

（b）如果该官员是部的官员而不是部的主要官员——该部的

主要官员；

（c）如果该官员是规定部门的主要官员——与调查涉及的行为相关的责任部长；或

（d）如果该官员是规定部门主要官员之外的官员——该部门的主要官员。

（11）如果出现下列情形，监察专员必须将该证据通知给部或规定部门的主要官员：

（a）个人基于合同成为部或规定部门的公共服务提供者或公共服务提供者的雇员；且

（b）监察专员认为，有证据表明该个人有下列行为：

（i）如果该个人是部或规定部门的官员，有可能玩忽职守或举止不当；或

（ii）应提示部或规定部门的主要官员对该官员多加注意；且

（c）有充分证据证明，在任何情况下，监察专员的意见是正确的；

监察专员必须将该证据通知给部或规定部门的主要官员。

警察协助监察专员进行调查的安排

（12）基于对 AFP 行为事项或 AFP 实践事项的投诉的调查，监察专员需要选用受过警训的人员，且这种需要是必需的或可能实现的；

（a）基于调查之目的，通过 AFP 专员供监察专员使用的 AFP 职员；或

（b）基于调查之目的，在 AFP 专员的安排下，同意供监察专员使用的州的警察部队的成员。

第 8A 条　联邦和州监察专员实施的调查

（1）联邦监察专员在其认为合适的情况下，可与州监察专员或 2 个以上的州监察专员，就其对下列涉及行政事务的行为的调查达成工作安排：

（a）部或规定部门实施的行为、州的部或部门实施的行为；

（b）联邦和 1 个或多个州联合组建或管理的部门或其他机构

实施的行为；

（c）（b）目中涉及的部门或其他机构实施的行为和下列部门实施的行为：

（i）部或规定部门；或

（ii）州的部或州的部门。

（1A）联邦监察专员在其认为合适的情况下，可与州监察专员或2个以上的州监察专员，就其对第（1B）款、第（1C）款或第（1D）款涉及的行为的调查达成工作安排：

（1B）本款中适用于如下行为：

（a）导致AFP行为事项或AFP实践事项的行为；且

（b）涉及：

（i）州的警察部队的成员的AFP行为事项；或

（ii）州的警察部队实施的行为；或

（iii）州的部或州的部门实施的行为。

（1C）本款适用于如下团体实施的行为：

（a）由联邦和一个或多个州联合组建或管理；且

（b）包括至少一个AFP职员和一个或多个州的警察部队中的一个成员或多个成员。

（1D）本款适用于依（1C）款规定的团体与下列人员共同实施的行为：

（a）AFP职员或澳大利亚联邦警察；或

（b）州的警察部队的成员；或

（c）州的警察部队；或

（d）州的部或州的部门。

（2）第（1）款或第（1B）款中涉及的部、规定部门或其他部门或机构实施的行为的规定，亦应适用于代表其他部、规定部门、其他部门或机构的上述部、规定部门、其他部门或机构。

（3）按照第（1）款或第（1A）款达成的工作安排，可能涉及某一或多个特定行为、一系列相关的行为、一类行为或一组行为。

（4）联邦监察专员可与其他监察专员或根据本条生效的安排

所涉及的监察专员就该安排的变更或撤销进行协商。

（5）根据本条达成的安排，或该安排的变更或撤销，应以书面形式作出。

（6）规章可以对按照本条达成的安排进行调查的监察专员所参与的活动作出规定。

（7）本条不得影响根据本法的其他条文规定的监察专员的职权和职责。

（8）第（1）款或第（1A）款不应视为授权监察专员：

（a）除依第34条（7）款之规定外，行使州监察专员的任何职权；或

（b）除依第34条第（1）款中涉及的授权的方式外，与州监察专员就行使监察专员的权力达成安排。

第8B条　其他部门实施的关于ACC行为的调查

（1）如果根据联邦、州或地区法律设立的部门有权对ACC实施的行为或ACC的工作人员实施的行为展开调查，监察专员可就该调查与该部门达成工作安排。

（2）如果监察专员与根据州或地区的法律设立的部门达成了上述安排，该部门可以根据州或地区法律规定的最大范围的职权，进行此项调查。

（3）监察专员可与该部门就上述安排的变更或撤销进行协商。

（4）该安排可能涉及某一个或多个特定行为、一系列相关的行为或一类行为。

（5）该安排或该安排的变更或撤销，应以书面形式作出。

（6）规章可以对按照本条达成的安排进行调查的监察专员所参与的活动作出规定。

（7）本条不得影响本法的其他条文规定的监察专员的职权和职责。

（8）本条中：

“ACC的工作人员”是指《2002年澳大利亚犯罪委员会法》规定的ACC的工作人员。

第 8C 条　其他部门实施的关于 ACLEI 行为的调查

（1）如果根据联邦、州或地区的法律设立的部门有权对操守专员实施的行为，或 ACLEI 的工作人员实施的行为展开调查，监察专员可就该调查与该部门的首长达成工作安排。

（2）如果监察专员达成了上述安排，该部门可以根据联邦的法律或州或地区的法律规定的最大范围的职权，进行此项调查。

（3）操守专员可与该部门的首长就上述安排的变更或撤销进行协商。

（4）该安排的作出，或该安排的变更或撤销，应以书面形式进行。

（5）按照本条达成的安排进行调查的监察专员所参与的活动，可由规章作出规定。

（6）本条不得影响根据本法的其他条文规定的监察专员的职权和职责。

（7）本条中：

“操守专员”是指《2006 年执法操守专员法》规定的操守专员。

“ACLEI 的工作人员”是指《2006 年执法操守专员法》规定的 ACLEI 的工作人员。

第 8D 条　监察专员和澳大利亚联邦警察实施的调查

（1）监察专员，如果其认为合适，可与 AFP 专员就下列事项达成工作安排：

（a）3 级的行为事项；或

（b）AFP 实践事项；

由监察专员和澳大利亚联邦警察联合处理。

（2）该安排可能涉及：

（a）某一个或多个特殊的 3 级行为事项；或

（b）一系列相关的 3 级行为事项；或

（c）某一个或多个特殊的 AFP 实践事项；或

（d）一系列相关的 AFP 实践事项。

（3）监察专员可与该 AFP 专员就上述安排的变更或撤销进行

协商。

（4）该安排，或该安排的变更或撤销，应以书面形式作出。

（5）本条不得影响根据本法其他条文规定的监察专员的职权和职责。

（6）本条中：

“3 级行为事项”是指《1979 年澳大利亚联邦警察法》规定的 3 级行为事项。

第 9 条　有权获得信息和文件

（1）如果监察专员有理由相信个人能够提供或制作与根据本法进行的调查有关的信息或制作文件或记录，监察专员可以对该个人作出一个书面的通知，要求其在规定的地方、规定的期限或日期和时间：

（a）向监察专员提供一份个人签名的书面材料，如果是法人，则由法人的官员提供上述信息；或

（b）向监察专员提供该通知规定的上述文件或其他记录。

（1AA）如果监察专员有理由相信某个人是：

（aa）部或规定部门的官员；或

（ab）基于合同成为部或规定部门的公共服务提供者；或

（ac）基于合同成为部或规定部门的公共服务提供者的雇员。

能够提供或制作与根据本法进行的调查有关的信息或制作文件或记录，但监察专员不知道该个人的具体身份，监察专员可以对部或部门的主要官员作出一个书面的通知，要求上述主要官员或主要官员任命的人员在规定的地方，及规定的期限、日期或时间内：

（a）在上述通知中规定的人员面前回答与上述调查相关的问题；或

（b）向上述通知中规定的人员制作规定的文件或其他记录。

（1A）如果根据第（1）款或第（1AA）款规定的要求，或根据第 11A 条第（2）款规定的指令，文件或其他记录已经制作给了监察专员，监察专员：

（a）可以占有、复制或摘录上述文件或其他记录；

（b）基于调查的目的，可以对上述文件或其他记录持续占有

一段时间，以必要为限；且

（c）在上述期限内，应当允许个人在任何合理的时间内检查上述一个或多个文件或其他记录。（当上述文件或记录不由监察专员占有之时，该个人能够随时检查这些文件或记录）

（2）如果监察专员有理由相信个人能够提供与根据本法进行的调查有关的信息，监察专员可以对该个人作出一个书面的通知，要求其在规定的地方，及规定的期限、日期或时间内，在该通知中规定的人员面前回答与调查相关的问题。

（3）如果总检察长向监察专员提供证明书，证明向监察专员披露涉及特定事项的信息（包括回答问题时提供的信息）或披露任何文件或记录的内容将造成下列损害公共利益的后果：

（a）这样做会损害联邦的安全、国防或国际关系；或

（b）这样做会涉及泄露部长和州的部长的通信，该通信的泄露会损害联邦政府和州政府的利益；或

（c）这样做会涉及泄露内阁或内阁委员会的商议或决定；或

（d）这样做会涉及泄露执行委员会（the Executive Council）的商议或建议；或

（e）如果上述信息、文件或记录是或曾是 ACC 或 ACC 委员会的占有或控制下——这样做会：

（i）危及个人的生命；或

（ii）对个人安全造成危险；或

（f）如果上述信息、文件或记录是或曾是操守专员（《2006 年执法操守专员法》中涉及含义）的占有或控制下——这样做会：

（i）危及个人的生命；或

（ii）对个人安全造成危险；

监察专员无权要求个人向其提供任何涉及上述事项的信息，回答涉及上述事项的问题或制作上述文件或记录。

（4）尽管有制定法之规定，但当该个人提供或制作关于下列情况的信息、文件或其他记录，或回答基于本法要求的问题，该个人将不被免责：

（a）会违反其他制定法之规定（不论该制定法产生于《1991

年总理及内阁修正案法》生效之前或之后)；或

(aa) 可能使该个人被控有罪或使其受到处罚；或

(ab) 会泄露下列事项：

(i) 向部长、部或规定部门提供的法律意见；

(ii) 部或规定部门的官员与他人或团体的通信，该通信基于法律职业特权不得披露；或

(b) 会违反其他公共利益；

但该信息，制作的文件、记录，或回答的问题不得在诉讼中作为对该个人不利的证据，除非：

(c) 出现第11A条第(2)款出现的情形；或

(d) 违背本法第36条或违背与本法有关的《刑法》第137.1条、第137.2条或第149.1条。

(5) 个人不会因根据本法的要求提供信息，制作文件、其他记录或回答问题，而受到任何其他制定法规定的处罚。

(5A) 个人根据第(4)款因提供信息，制作文件、其他记录或回答问题而不被免责的事实，不影响任何人因为法律职业特权而提出与该信息、文件、记录有关的主张。

(6) 第(1)款中涉及对不是规定部门的法人的官员的规定，亦应适用于该法人的董事、秘书、执行官或雇员。

(7) 本条中：

州包括澳大利亚首都直辖区和北部地区。

第10条　行使权力的不合理拖延

(1) 如果：

(a) 根据制定法，个人在其有权裁量的范围内进行某一行为或事项；

(b) 制定法没有规定要求该个人作出或拒绝进行该行为或事项的期限；

(c) 制定法规定，针对行使上述权力所作决定的审查请求，可向一个规定裁判所提出；并且

(d) 针对上述行为或事项上的不作为，监察专员已收到投诉。

对该投诉调查完成后，如果监察专员认为，在决定是否进行这

一行为或事项之时，已出现不合理的拖延，监察专员可以授予投诉人一个证明书，证明其认为在进行这一行为或事项上已出现了不合理的拖延。如果监察专员授予投诉人此证明书，为了使申请能够向根据该制定法第（c）目提及的规定裁判所作出，被要求或被允许行使上述权力的人员，应根据证明书规定的日期行使上述权力，作出该行为或事项上的决定。

（1A）如果：

（a）根据制定法，个人在其有权裁量的范围内进行某一行为或事项；

（b）制定法没有规定要求该个人作出或拒绝进行该行为或事项的期限；

（c）制定法规定，针对行使上述权力所作决定的审查请求，可向规定裁判所以外的个人提出，并且制定法还规定，针对上述人员所作审查决定不服的，可向规定裁判所提出审查请求；且

（d）针对上述行为或事项上的不作为，监察专员已收到投诉。

对该投诉调查完成后，如果监察专员认为，在决定是否进行这一行为或事项之时，已出现不合理的拖延，监察专员可以授予投诉人一个证明书，证明其认为在进行这一行为或事项上已出现了不合理的拖延。如果监察专员授予投诉人此证明书，为了使申请能够向根据该制定法第（c）目提及的规定裁判所以外的个人作出，被要求或被允许行使上述权力的人员，应根据证明书规定的日期行使上述权力，作出该行为或事项上的决定。

（2）如果董事会、委员会或其他由 2 人以上的人组成的非法人团体经制定法的授权作出决定，第（1）款和第（1A）款对个人经授权作出决定的适用规定，亦应适用于上述董事会、委员会或非法人团体。

（3）本条中，规定裁判所是指：

（a）行政上诉裁判所；或

（b）基于本条之目的由规章宣布为规定裁判所的其他裁判所。

第 10A 条　监察专员可向行政上诉裁判所提交问题

（1）如果监察专员正在调查部或规定部门实施的行为，无论

是根据制定法或其他法规授权，监察专员在其认为合适的情况下，可就关于该行为或权力行使的特定问题向行政上诉裁判所提交。

（2）如果监察专员向裁判所提交问题，监察专员必须尽快将该提交行为用书面形式通知主要官员。

（3）该裁判所可对该问题作出一个咨询意见。

第11条　监察专员可建议主要官员向行政上诉裁判所提交问题

（1）如果监察专员正在调查部或规定部门实施的行为，无论是根据制定法或其他法规授权，监察专员可以书面形式建议该部或规定部门的主要官员，将关于该行为或权力行使的特定问题提交给行政上诉裁判所，征求咨询意见。

（2）监察专员可：

（a）在调查完成前的任何时间向主要官员提出建议；或

（b）将该报告列入根据第15条提交给部或规定部门的报告中。

（3）如果监察专员提出了建议，主要官员必须在30日内，或在该主要官员收到建议后与监察专员协议的更长的时间内，将该问题提交给裁判所。

（4）该裁判所可对该问题作出一个咨询意见。

（5）本条不限制根据第10A条规定的监察专员的权力。

第11A条　澳大利亚联邦法院的职权

（1）针对本条生效之前或之后提出的有关行使、拟行使权力，或履行、拟履行职责的问题，已经被行使或履行上述权力或职责影响，或者将被其影响的监察专员和部或规定部门的主要官员，可根据具体情况依第（4）和第（5）款之规定，向澳大利亚联邦法院提出申请，要求其针对关于该问题作出决定。

（2）如果个人没有按照监察专员根据第9条作出的通知中的要求，提供信息，制作文件或其他记录，或受监察专员传讯回答与依本法进行的调查相关的问题，监察专员可向澳大利亚联邦法院提出申请，请求法院下达命令。该命令直接规定，视具体情形而定，该个人在规定的地点、期限、日期或时间内提供信息，制作文件或其他记录，或在规定的地点、期限或时间内在监察专员面前回答问题。

（3）澳大利亚联邦法院对根据本条规定向该法院提出申请的相关事项有司法裁判权。

（4）除监察专员已书面通知部长拟提出申请的原因外，监察专员不应向澳大利亚联邦法院提出申请。

（5）除部或规定部门的主要官员已书面通知部长拟提出申请的原因外，该主要官员不应向澳大利亚联邦法院提出申请。

第 12 条　通知投诉人或部

（1）如果监察专员因故对其收到的关于部或规定部门的行为的投诉，不进行调查或不继续进行调查，监察专员应当尽快以其认为恰当的方式将其决定和决定理由通知投诉人、该部或规定部门，除非根据第（2）款与该部或部门就该组行为达成安排。

（2）监察专员可随时与其已收到的或将收到的关于部或规定部门实施的行为的投诉中涉及的该部或规定部门，就该组行为或该类行为的处理达成安排：

（a）对监察专员通知部或规定部门不予调查，或继续调查上述行为的决定以及作出该决定的理由的方式和期限进行规定；或

（b）对监察专员无须通知部或规定部门不予调查，或继续调查上述行为的决定以及作出该决定的理由进行规定。

（3）如果监察专员已经完成对其收到的关于部或规定部门的行为的投诉的调查，监察专员应以其认为合适的方式和时间，向投诉人和该部或规定部门提供调查详情。

（4）如监察专员认为合适，可向部、团体或个人提供关于调查或任何与调查有关事项的评论或建议，除监察专员根据第 15 条已提供给涉及或包括上述事项的报告的部、团体或个人外。

（5）如果监察专员根据第 15 条向部或规定部门提供其收到的关于上述机构行为的投诉的建议报告：

（a）如果部或规定部门收到建议报告后，在合理的时间内针对该建议未进行监察专员认为足够的和适当的行为，监察专员应向投诉人提供该报告的复印件和其认为合适的评论（如有的话）；或

（b）在其他情况下，监察专员可向投诉人提供该报告的复印件和其认为合适的评论（如有的话）。

第13条　询问证人的权力

（1）监察专员可根据第9条主持个人的宣誓或确认，并对其进行询问。

（2）根据第9条第（2）款规定，可以发出通知，使他人（下文称为"被调查人"）前来接受调查的人：

（a）有权主持被调查人宣誓或确认；且

（b）基于宣誓或确认，对被调查人进行盘问。

第14条　进入处所的权力

（1）基于根据本法进行调查之目的，获得授权的人可以在合适的时间：

（a）进入如下地方：

（i）部或规定部门占用的场所；或

（ii）基于合同成为部或规定部门的公共服务提供者的个人占用的场所，如果该个人基于该合同之目的主要占用该场所；且

（b）在该场所进行调查。

（2）第（1）款没有授权任何个人进入下列场所或在下列场所进行调查：

（a）《1914年犯罪法》第80条第（c）目提及的场所；

（b）基于《1952年国防（特殊事业）法》之目的，根据该法第7条规定禁止的场所；或

（c）基于《1952年国防（特殊事业）法》之目的，根据该法第14条规定为禁区的陆地、水域或水路区域；

除非执行《1952年国防（特殊事业）法》的部长或代理该部长的其他部长授权该个人进入上述场所或区域，且被授权进入上述场所或区域的个人须遵守该部长规定的条件，以及在上述场所或区域进行调查的方式。

（3）如果总检察长确信在某一场所进行调查可能损害联邦的国防或安全，总检察长可以书面通知该监察专员，声明该场所是本

款适用的场所，该声明生效后，第（1）款不得授权个人进入该场所或在该场所进行调查，除非该声明：规定部长或代理该部长的其他部长授权该个人进入上述场所或区域，且被授权进入上述场所或区域的个人须遵守该部长规定的条件，以及在上述场所或区域进行调查的方式。

（4）基于根据本法进行的调查之目的，被授权人有权在与调查涉及的部或规定部门的主要官员安排的恰当时间内检查，根据本条进入处所（包括公共服务提供者占用的处所）调查相关的文件［不包括与总检察长根据第9条第（3）款提供的证明书相关的文件］。

（5）第（4）款不应视为对第9条适用的限制。

（6）本条中对被授权人的规定，亦应适用于监察专员和副监察专员。

第二章　报　　告

第15条　监察专员作出报告

（1）根据本法对部或规定部门实施的行为的调查完成后，如果监察专员认为：

（a）上述行为：

（i）违反法律；

（ii）不合理、不公正、残酷或不当地差别对待；

（iii）符合法律规则，制定法的条文或惯例，但是该法律规则、制定法的规定或惯例是或可能是不合理、不公正、残酷或不当的差别对待；

（iv）完全或部分基于错误的法律或事实作出的；或

（v）在任何情况下都是错误的；

（b）在实施行为的过程中，基于不当目的或不相关因素行使裁量权；或

（c）如果行为中包含一项须通过特定方式裁量作出的决定，或者包含一项拒绝进行上述裁量的决定：

（i）在行使裁量权的过程中，考虑不相关因素或不考虑相关因素，并通过这一方式作出或拒绝作出决

定；或

(ii) 调查涉及的投诉人或其他人应被提供，但未提供，决定通过上述方式行使或拒绝行使该权的具体理由；

本条适用于构成该行为的决定、建议、作为或不作为。

(2) 如果监察专员认为有如下情形，监察专员应向相关的部或规定部门报告：

(a) 本条适用的决定、建议、作为或不作为应提交给相关部门作进一步考虑；

(b) 能够并应该实施某些特别的行为，以矫正、减轻或改变本条适用的决定、建议、作为或不作为的影响；

(c) 本条适用的决定应予以取消或改变；

(d) 本条适用的决定、建议、作为或不作为所依据的法律规则，制定法的规定或惯例应予以改变；

(e) 作出本条适用的决定的理由应予以提供而没有提供；或

(f) 与本条适用的决定、建议、作为或不作为相关的应予作出的其他事项。

(3) 监察专员：

(a) 根据第 (2) 款作出的报告中应包括其提出意见的理由；且

(b) 上述报告中也可包括其认为合适的建议。

(4) 监察专员可要求接受报告的部或规定部门在规定时间内提供针对报告中的事项和建议拟作出的行为的详情。

(5) 如果监察专员根据第 (2) 款向部或规定部门作出报告，该部或部门可向监察专员提供针对该报告的评论。

(6) 监察专员应向相关的部长提供其根据 (2) 款作出报告的复印件。

第 16 条　针对监察专员的报告未作出恰当行为的报告

(1) 如果部或规定部门收到监察专员根据第 15 条对其作出的报告后，在合理的时间内针对该报告中的事项和建议未进行监察专员认为足够的和适当的行为，监察专员应书面告知总理。

(2) 如果监察专员根据第 (1) 款向总理提供关于报告的信

息，监察专员应向总理提供下列信息：

（a）如果根据第 15 条第（6）款没有事先向总理提供该报告的复印件——该报告的复印件；且

（b）如果收到该报告的部或规定部门已向监察专员提供关于该报告的评论——这些评论的复印件。

（3）在考虑是否根据第（1）款向总理提供与报告有关的信息，监察专员应考虑收到报告的部或规定部门向其提供的针对该报告的评论。

（4）就与议会的部有关的报告，第（1）款至第（3）款的效力如下：

（a）如果该报告涉及参议院的部——适用于总理的部分，亦应适用于参议院主席；

（b）如果该报告涉及众议院的部——适用于总理的部分，亦应适用于众议院议长；

（c）任何其他的情况——适用于总理的部分，亦应适用于参议院主席和众议院议长。

（5）就与由法院或裁判所的首席执行官组成的规定部门有关的报告，第（1）款至第（3）款的效力如下：

（a）如果该报告涉及法院的首席执行官——适用于总理的部分，亦应适用于法院的首席大法官或首席法官（不论实际称谓如何）；

（b）如果该报告涉及行政上诉裁判所登记官——适用于总理的部分，亦应适用于裁判所的主席；

（c）如果该报告涉及裁判所的首席执行官而不是行政上诉裁判所——适用于总理的部分，亦应适用于裁判所的主席或主要成员（不论实际称谓如何），如该裁判所只有一位成员，亦应适用于该成员。

第 17 条　向议会作特别报告

如果监察专员根据第 16 条第（1）款已采取与某一调查的报告有关的行动，监察专员也可向参议院主席和众议院议长提交该调查报告的复印件，由其向议会两院进行陈述。上述报告应包括相关部或规定部门根据第 15 条第（5）款向监察专员提供的评论的复印件。

第 18 条　监察专员可与主要官员作进一步讨论

根据第 17 条，向议会作出涉及部或规定部门的行为的报告后，监察专员可与该部或规定部门的主要官员讨论报告中涉及的任何事项，以解决该事项。

第 19 条　向议会作年度报告和补充报告

（1）监察专员在每年 6 月 30 日后必须尽快向部长提交其截至当年 6 月 30 日止为期 1 年的工作情况报告，由部长向议会进行陈述。

（2）监察专员可随时向部长汇报，由部长向议会陈述：

（a）年中某阶段的工作情况报告；或

（b）与监察专员行使职权或履行职责有关的任何事项的报告；

但是本条不得影响第 15 条、第 16 条和第 17 条规定的监察专员的职权和职责。

（4）如果监察专员根据第（1）款或第（2）款向部长提交报告，该部长收到报告后，应在议会两院的 15 个会议日内，将该报告提交给两院。

（6）如果监察专员认为根据第（1）款规定的某年度结束后的 6 个月内提交报告不合理，监察专员可在 6 个月内向部长申请延期。如果监察专员提出了该申请，其应向部长作书面陈述，解释监察专员认为 6 个月内提交报告不合理的原因。

（7）部长收到根据第（6）款提交的申请后，可批准其认为在当时情况下合理地延长期限。

（7A）尽管有第（1）款之规定，如果部长对根据第（6）款提交的申请批准延期：

（a）该部长批准延期后，应在议会两院的 3 个会议日内，将包括第（6）款提及的申请，批准延期的陈述和理由在内的陈述的复印件提交给两院。

（b）监察专员应在延长的期限内向部长提交该报告；且

（c）该部长收到报告后，应在议会两院的 15 个会议日内，将该报告提交给两院。

（7B）如果：

（a）监察专员没有在第（1）款规定的某年度结束后的6个月内提交报告；或

（b）部长对根据第（6）款提交的申请批准延期，且监察专员未在延长的期限内提交该报告；

那么：

（c）监察专员应根据具体情况，在6个月或延长期限后的14日内，向部长提交书面陈述，解释没有按照要求提交报告的原因；且

（d）该部长收到陈述后，应在议会两院的3个会议日内，将该陈述提交给两院。

（8）如果监察专员提及根据第（1）款或第（2）款针对依本法进行的调查的报告，除监察专员遵守第8条第（5）款有关调查的规定外，监察专员不应对部或规定部门或个人进行明确或暗示的涉及该调查的批评意见。

第2A部分　国防监察专员的设立、职能、职权和职责

第19B条　国防监察专员职位的设立

（1）基于本法之目的，应当设立国防监察专员。

（2）国防监察专员的职位应由担任联邦监察专员职务的人员担任。

（3）第（2）款中的担任联邦监察专员职务的个人，亦应包括根据第29条任命的代理该职务的个人。

第19C条　国防监察专员的职能

（1）国防监察专员的职能是对根据本法收到的投诉进行调查，以及下列法律授权其履行的其他职能：

（a）本法或规章；或

（b）其他法律或根据其他法律产生的规章；或

（2）根据本法，国防监察专员：

（a）应当基于本法的授权，对其收到的投诉涉及的行为进行

调查；且

（b）可主动调查本法授权其调查的行为。

（3）在不与第（5）款冲突的情况下，国防监察专员依本法授权对对部、规定部门涉及行政事项的行为进行调查，无论该行为发生于本部分生效之前还是生效之后，且该事项与国防部门的工作人员相关，或是由现服役于或曾服役于国防部门的工作人员引起的。

（4）在不限制第（3）款的一般性规定的情况下，第（3）款中涉及的由部或规定部门实施的，关于国防部门人员或其被抚养人的津贴或抚恤金的支付或救济金的提供。这些津贴、抚恤金或救济金是基于服役于国防部门的原因而支付或提供的。

（5）国防监察专员根据本法无权调查：

（a）部长实施的行为；

（b）议会产生的法院的大法官或法官实施的行为；

（c）由下列人员实施的行为：

（i）澳大利亚首都直辖区、圣诞岛地区或科科斯（科令）岛地区的治安官或法医；或

（ii）担任州或北部地区的治安官，并基于法律履行治安官职能的个人；

（d）针对国防部门人员触犯法律（包含根据其性质在国内适用的联合王国法律在内）实施的与国防部门、军队和特定的国防部门的纪律相关的行为；

（e）与授予或拒绝授予国防部门特定人员荣誉或奖励有关的行为。

（6）第（5）款第（a）目中对部长实施的行为的规定，并不适用于部长的代理人实施的行为。尽管制定法规定代理人行使该权力实施的行为，应视为是部长实施的行为，但根据本款，该行为仍被视为由上述代理人实施的行为。

（7）基于使本法适用于国防监察专员之目的，部或规定部门实施的行为，不能仅因该行为是由部长个人已经、拟或可能实施的与部或规定部门相关的行为，就被视为部长实施的行为。

（8）第（5）款第（e）目中对与授予或拒绝授予国防部门的

特定人员荣誉或奖励有关的行为的规定，并不适用于在特殊领域或特殊时期内，对与授予或拒绝授予国防部门、军队和特定的国防部门的一般人员荣誉或奖励有关的行为。

（9）第（4）款中涉及的国防部门人员的被扶养人是指：

（a）与根据制定法实施的行为有关——基于该制定法之目的，是或宣称是国防部门人员的被扶养人的个人，或曾是或宣称曾是国防部门已故人员的被扶养人的个人；或

（b）在其他情况下——是或宣称是完全或部分依靠国防部门人员的个人，或曾是或宣称曾是在国防部门已故人员死亡之时完全或部分依靠国防部门已故人员的个人。

第19D条　联邦监察专员或国防监察专员调查投诉的裁量权

如果联邦监察专员或国防监察专员收到对部或规定部门所实施行为的投诉，担任上述职务的个人依其职能和职责，认为在其能力范围内由其处理，或继续处理该投诉或该投诉的某部分更合适，根据具体情况，可处理或继续处理该投诉或该投诉的某部分。

第19E条　对某些投诉的裁量权

（1）如果国防部门的人员向国防监察专员进行投诉，而该人员有权就其投诉的行为根据《1903年国防法》规定的方式在该法授权的国防部门的人员处寻求救济，并且正在寻求救济：

（a）国防监察专员在投诉人寻求救济后的29日内，不应开始调查，除非：

（i）在29日内获得救济，且第（b）目第（i）和第（ii）项中针对该救济规定的条件得到满足；或

（ii）国防监察专员认为有特殊原因证明在29日内开始调查是正当的；且

（b）如果国防监察专员对该行为开始调查前或后，投诉人已获得救济，国防监察专员应不予调查或不再继续调查，除非：

（i）投诉人通知国防监察专员，其认为没有获得充分的救济；且

（ii）国防监察专员认为该救济不够充分。

（2）如果国防部门的人员向国防监察专员就关于该人员有权

根据《1903年国防法》规定的方式从根据该法授权的国防部门的人员处寻求，但尚未寻求救济的行为进行投诉，国防监察专员应对该投诉不予调查，除非其认为，该人员因特殊情况制约其寻求救济。

第19F条　本法条文对国防监察专员的适用

(1) 第1部分，第2部分（除第4条、第5条、第8A条和第19条外），第3部分的第2章［除第31条第（2）款外］和第4部分［除第35条第（7）款和第（7A）款外］适用于和涉及国防监察专员，适用规则如下：

(a) 涉及监察专员的上述条文之规定（除第34条外），亦应适用于国防监察专员；且

(b) 涉及向监察专员作出的投诉的上述条文之规定（除第34条外），亦应适用于向国防监察专员作出的投诉。

(2) 第6条第（1A）款不适用于国防部门人员向国防监察专员作出的投诉。

(3) 国防监察专员与监察专员根据第19条规定涉及的内容，提交关于工作情况、行使职权、履行职能的报告（除涉及澳大利亚首都直辖区监察专员的上述报告外），具有相同的职权和职责。

(4) 国防监察专员的第一份年度工作报告，应包括自本条生效之日起到下一个6月30日为止的这个时间段的国防监察专员的工作。

(5) 国防监察专员的其他年度工作报告，可遵守根据第19条涉及监察专员年度工作报告的相关规定。

第2B部分　邮政监察专员的设立、职能、职权和职责

第一章　序　　言

第19G条　定义

本部分中：

官员是指：

(a) 与澳大利亚邮政公司相关的：

(i) 受雇于该公司的服务人员，或该公司的工作人员，

不论其是否直接受雇于该公司；或

(ii) 由澳大利亚邮政公司授权代理行使其职权或履行其职责的个人；或

(b) 与注册 PPO 相关的：

(i) 如果该注册 PPO 是个人——该个人或该个人的雇员；或

(ii) 如果该注册 PPO 是法人——该注册 PPO 的董事，秘书或雇员；或

(iii) 如果该注册 PPO 是合伙企业——该合伙企业的合伙人，或雇员。

主要官员是指：

(a) 与澳大利亚邮政公司相关的——澳大利亚邮政公司的常务董事；或

(b) 与注册 PPO 相关的：

(i) 如果该注册 PPO 是个人——该个人；或

(ii) 其他情况下——该注册 PPO 主管部门中主要负责的个人。

第 19H 条　承包商实施的行为

(1) 第 (2) 款和第 (3) 款适用于如下情形：

(a) 与澳大利亚邮政公司或注册 PPO 签订邮政服务合同的承包商或承包商的雇员实施的与邮政或类似服务有关的行为；且

(b) 该承包商或该雇员实施的行为是为了履行或准备履行根据下列合同规定的义务：

(i) 如果该承包商对包括邮政服务合同内的其他合同负责——该其他合同；或

(ii) 其他情况——邮政服务合同。

澳大利亚邮政公司或注册 PPO 行为的归属

(2) 基于本部分之目的，已实施的行为，根据具体情况，属于澳大利亚邮政公司实施的行为，或属于注册 PPO 实施的行为。

(3) 基于本部分之目的，下列行为，视具体情况而定，被视为澳大利亚邮政公司或注册 PPO 官员实施的行为：

（a）个人实施的行为；

（b）如果实施行为的该个人是承包商的雇员——该承包商；

（c）如果第（b）目适用，则该承包商是指：

（i）法人——该法人的董事和秘书；或

（ii）合伙企业——该合伙企业的合伙人。

第 191 条　承包商和邮政服务合同

（4）本条中：

邮政服务合同涉及的承包商，是指：

（a）该邮政服务合同的当事人；或

（b）同时符合下列情况：

（i）与上述邮政服务合同的承包商签订合同（分包合同）的当事人；且

（ii）对包括在邮政服务合同内的分包合同负责。

邮政服务合同是指在澳大利亚涉及提供邮政服务或类似服务的合同。

第 19J 条　针对已注销的 PPO 的适用

（1）本条适用于如下情形：

（a）注册 PPO 在某一特定时间实施行为；且

（b）邮政监察专员在上述行为实施后的 12 个月内收到对该行为的投诉；且

（c）PPO 在上述特定时间之后，未能根据第 19ZC 条第（1）款之规定进行注册（不论未能注册的情形是在监察专员收到该投诉前后）。

（2）上述投诉涉及的该 PPO 应被视为一个注册 PPO 适用本法。

第 19K 条　第 2B 部分不影响本法其他条文的适用

本部分不影响本法其他条文的适用。

第二章　邮政监察专员的设立和职能

第 19L 条　邮政监察专员职位的设立

（1）基于本法之目的，应当设立邮政监察专员。

（2）邮政监察专员的职位应由担任联邦监察专员职务的人员

担任。

（3）第（2）款中的担任联邦监察专员职务的个人，亦应包括根据第29条任命的代理该职务的个人。

第19M条 邮政监察专员的职能

（1）邮政监察专员的职能是对根据本法收到的投诉进行调查，以及下列法律授权其履行的其他职能：

（a）本法或规章；或

（b）其他法律或根据其他法律产生的规章。

（2）根据本法，邮政监察专员：

（a）基于本法的授权，对其收到的投诉涉及的行为进行调查［除第（4）款涉及的投诉外］；且

（b）可主动调查本法授权其调查的行为。

（3）邮政监察专员根据本法授权调查下列机构实施的关于邮政服务或类似服务的行为：

（a）澳大利亚邮政公司；或

（b）注册PPO；

（4）下列投诉不予受理：

（a）澳大利亚邮政公司对注册PPO实施的行为的投诉；或

（b）注册PPO对澳大利亚邮政公司或其他注册PPO实施的行为的投诉；或

（c）该投诉涉及的行为已实施12个月以上。

（5）邮政监察专员在根据第（2）款第（b）目进行的调查，亦应在该行为实施后的12个月内开始。

第19N条 联邦监察专员或邮政监察专员对投诉进行调查的裁量权

（1）本条适用于邮政监察专员或联邦监察专员收到的涉及澳大利亚邮政公司实施的行为的投诉。

邮政监察专员可向联邦监察专员移交投诉

（2）第（3）款适用于如下情形：

（a）该投诉已向邮政监察专员作出；且

（b）邮政监察专员认为，该投诉或该投诉的部分在联邦监察

专员能力范围内由其处理或继续处理更合适。

（3）邮政监察专员可以

（a）要么：

（i）决定不处理该投诉或该投诉的部分；或

（ii）如果已开始处理该投诉——决定不继续处理该投诉或该投诉的部分；且

（b）将该投诉或该投诉的部分移交给联邦监察专员。

（4）根据第（3）款移交的投诉被视为向联邦监察专员作出的投诉。

联邦监察专员可向邮政监察专员移交投诉。

（5）第（6）款适用于如下情形：

（a）该投诉已向联邦监察专员作出；且

（b）该投诉在该行为实施后的 12 个月内作出；且

（c）联邦监察专员认为，该投诉或该投诉的部分在邮政监察专员能力范围内由其处理或继续处理更合适。

（6）联邦监察专员可以

（a）要么：

（i）决定不处理该投诉或该投诉的部分；或

（ii）如果已开始处理该投诉——决定不继续处理该投诉或该投诉的部分；且

（b）将该投诉或该投诉的部分移交给邮政监察专员。

（7）根据第（3）款移交的投诉被视为向邮政监察专员作出的投诉。

（8）根据第（2）款第（b）目或第（5）款第（c）目形成意见时，担任联邦监察专员和邮政监察专员的职务的个人，须注意上述职务各自的职能和职责。

向投诉人提供移交通知

（9）如果联邦监察专员或邮政监察专员移交投诉或投诉的部分，其必须向该投诉人提供书面移交通知。

第 19P 条　将投诉移交给其他法定机构主官的裁量权

（1）本条适用于如下情形：

（a）澳大利亚邮政公司或注册 PPO 已实施的行为；且

（b）在根据第 19M 条第（2）款第（a）目对该行为开始调查之前或之后，邮政监察专员认为：

（i）某法定机构主官（除邮政监察专员或联邦监察专员外），对该类行为有调查、复核或询问的职能；且

（ii）该行为由上述法定机构主官处理更便捷或更有效。

（2）邮政监察专员可以决定对该行为不予调查或不作进一步调查，并且如果邮政监察专员如此决定，根据具体情况，邮政监察专员必须将该投诉移交给上述法定机构主官。

（3）如果邮政监察专员根据第（2）款移交该投诉，邮政监察专员必须尽可能迅速地：

（a）向该投诉人提供书面移交通知；且

（b）向上述法定机构主官提供其占有或控制的与该投诉有关的任何信息或文件。

（4）本条中：

法定机构主官是指根据联邦、州或地区的法律担任任何职务或任命的职务的个人。

第 19Q 条　对某些投诉不予调查的裁量

（1）本条适用于如下情形：

（a）邮政监察专员已收到涉及澳大利亚邮政公司或注册 PPO 的行为的投诉；且

（b）邮政监察专员认为：

（i）该投诉是无意义、无理由或不诚实的；或

（ii）投诉人对该投诉无充分利害关系；或

（iii）调查或进一步的调查不能确保对整体情况进行充分考虑。

（2）邮政监察专员在其裁量权内：

（a）决定对该行为不予调查；或

（b）如果已经开始调查，决定不再作进一步的调查。

第三章　邮政监察专员的职权和职责

第 19R 条　本法其他条文对邮政监察专员的适用

（1）在不与本条冲突的情况下，第（3）款涵盖的条文亦应适

用于邮政监察专员。

（2）除非出现相反含义，第（3）款涵盖的条文适用规则如下：

（a）涉及监察专员的上述条文之规定，亦应适用于邮政监察专员；且

（b）涉及下列机构的上述条文之规定，亦应适用于澳大利亚邮政公司或注册PPO：

（i）部；

（ii）规定部门；

（iii）部或规定部门；且

（c）涉及官员的上述条文之规定，亦应适用于本部分中涉及的官员；且

（d）涉及主要官员的上述条文之规定，亦应适用于本部分中涉及的主要官员。

（3）本条包括以下条文：

（a）第1部分，除下列条文外：

（i）第3条第（2）款至第（5A）款；

（ii）第3条第（6A）款至第（6C）款；

（iii）第3条第（7A）款和第（7B）款；

（iv）第3条第（9）款至第（18）款；

（v）第3A条；及

（b）第2部分，除下列条文外：

（i）第4条和第5条；

（ii）第6条第（1）款；

（iii）第6条第（4D）款至第（4E）款；

（iv）第6条第（6）款至第（15）款；

（v）第6A条；

（vi）第8条第（7A）款第（b）目；

（vii）第8条第（8）款至第（11）款；

（viii）第8A条和第8B条；

（viiia）第9条第（1AA）款第（ab）目和第（ac）目；

（ix）第9条第（4）款第（ab）目；

(x) 第10条、第10A条和第11条;
(xi) 第11A条第(1)款和第(5)款;
(xii) 第14条至第18条;
(xiii) 第19条第(8)款;及
(c) 第31条第(1)款;及
(d) 第4部分,除下列条文外:
(i) 第34条;
(ia) 第35条第(3)款第(b)目第(ia)项;
(ii) 第35条第(7)款和第(7A)款;
(iii) 第35A条第(3)款第(a)目。
(4) 如下表格的第1栏中列明的条文,适用于邮政监察专员:

邮政监察专员的法律适用

	第1栏	第2栏	第3栏
项	本法条文	与邮政监察专员有关的应参照的条文	曾经适用的条文
1	第7A条第(1)款	第5条第(1)款第(b)目	第19M条第(2)款第(b)目
2	第11A条第(4)款	部长	部长和执行《1989年澳大利亚邮政公司法》的部长
3	第12条第(4)款和第(5)款	第15条	Section 19V 第19V条
4	第35条第(6A)款	第6条第(4D)款第(e)目	第19P条第(3)款第(b)目
5	第35B条第(2)款(释义登记的披露方式的第(a)目)	第2部分第2章	第19V条、第19W条或第19X条
6	第35B条第(2)款(释义登记的披露方式的第(b)目)	第6条或第6A条	第19N条或第19P条

（5）基于本部分之目的，第 3 条第（6）款适用于邮政监察专员，其中关于规定部门的规定亦应适用于澳大利亚邮政公司。

第 19S 条　第 9 条规定的邮政监察专员的职权

邮政监察专员根据第 9 条之规定可根据如下情形行使职权：

（a）根据本部分之规定决定对行为是否进行调查；

（b）根据本部分之规定决定对行为是否不予调查或不作进一步调查；

（c）根据本部分之规定开始或进一步调查；

（d）根据本部分之规定准备与调查有关的报告；

（e）如果邮政监察专员已经行使第（a）目至第（d）目涉及的职权——确定澳大利亚邮政公司或注册 PPO 在该职权行使后作出何种行为。

第 19T 条　遵守程序公正的职责

邮政监察专员根据本法行使职权时，必须遵守程序公正的规则。

例 1：如果邮政监察专员根据第 19V 条在报告中陈述对个人的批评性意见，邮政监察专员必须提供该个人在他/她的面前提出意见的机会［参见第 8 条第（5）款］。

例 2：如果邮政监察专员陈述对个人的批评性意见，其必须在下列事项中保持程序公正：

（a）根据第 35A 条第（1）款披露信息或作出陈述；或

（b）根据第 19X 条作出涉及某一调查的报告。

第 19U 条　身份信息的披露

根据第 19V 条或第 19X 条作出涉及某一调查的报告时，邮政监察专员不得披露投诉人的姓名或任何能使投诉人的身份得以明确的其他事项，除非在任何情况下，这样做是公平和合理的。

第 19V 条　邮政监察专员可向澳大利亚邮政公司或注册 PPO 报告

（1）本条适用于如下情形：

（a）根据本法对澳大利亚邮政公司或注册 PPO 的行为的调查已完成；且

（b）邮政监察专员认为该行为：

（i）违反法律；或

（ii）不合理、不公正、残酷或不当地差别对待；或

（iii）在任何情况下都是错误的；且

（c）邮政监察专员认为：

（i）能够并应该实施某些特别的行为来矫正、减轻或改变该行为的影响；

（ii）实施该行为所依据的政策或惯例应予以改变；或

（iii）实施该行为的理由应予提供而没有提供；或

（iv）与该行为相关的应予作出的其他事项；

（2）邮政监察专员应向接受调查的团体报告。

（3）邮政监察专员：

（a）必须在该报告中说明其提出意见的理由；且

（b）也可在报告中提出其认为合适的建议。

（4）邮政监察专员可要求接受调查的团体在规定时间内提供针对报告中的事项和建议拟作出的行为的详情。

（5）接受调查的团体可向邮政监察专员提供针对该报告的评论。

（6）邮政监察专员应向执行《1989 年澳大利亚邮政公司法》的部长提供下列材料的复印件：

（a）该报告；及

（b）根据第（5）款作出的评论；

第 19W 条　部长把某些报告提交议会讨论

（1）本条适用于如下情形：

（a）邮政监察专员已向接受调查的团体提供根据第 19V 条作出的报告；且

（b）接受调查的团体收到该报告之后，在合理时间内没有针对该报告中的事项和建议作出邮政监察专员认为足够的和适当的行为。

（2）邮政监察专员可请求执行《1989 年澳大利亚邮政公司法》的部长向议会两院提交该报告的复印件。

（3）如果邮政监察专员根据第（2）款提出请求，执行《1989年澳大利亚邮政公司法》的部长在收到该请求后，应在议会两院的15个会议日内，将下列复印件提交给两院：

（a）该报告；及

（b）在该请求之前，根据第19V条第（5）款作出的评论。

第19X条　年度报告

（1）邮政监察专员与监察专员根据第19条第（1）款至第（7B）款规定的提交涉及下列事项的报告方面具有相同的职权和职责：

（a）工作情况；及

（b）行使职权和履行职能。

（2）基于第（1）款之目的，监察专员的职权和职责，不包括作出涉及澳大利亚首都直辖区报告的职权和职责。

（3）邮政监察专员的年度工作报告可包括监察专员根据第19条作出的年度工作报告。

（4）邮政监察专员的年度工作报告必须：

（a）确定在当年根据本部分收到的投诉的数量；且

（b）如果邮政监察专员根据第19M条第（2）款第（a）目已对某些行为进行调查，即应确定：

（i）在当年已开始上述调查的数量；及

（ii）在当年已完成上述调查的数量；且

（c）如果邮政监察专员根据第19M条第（2）款第（b）目已对某些行为进行调查，即应确定：

（i）在当年已开始上述调查的数量；及

（ii）在当年已完成上述调查的数量；且

（d）如果邮政监察专员根据第9条对个人作出要求（由于第19R条和第19S条之规定而适用第9条），应包括在当年作出该要求的背景详情和数量；且

（e）如果邮政监察专员根据第19N条第（3）款决定处理或继续处理在联邦监察专员能力范围内的某一投诉或该投诉的某部分，应包括在当年作出该决定的背景详情和数量；且

(f) 包括根据第19V条在当年作出的建议的详情；且

(g) 包括在当年根据上述建议作出行为的统计信息。

第19Y条　邮政监察专员可通知作出不当行为的雇员

(1) 本条适用于如下情形：邮政监察专员认为，在其根据本法开始调查之前或之后，有证据表明澳大利亚邮政公司或注册PPO的官员已作出不当行为。

(2) 如果邮政监察专员认为在任何情况下该证据能充分证明上述看法是正确的，监察专员应将该证据通知：

(a) 如果该官员是澳大利亚邮政公司的主要官员——执行《1989年澳大利亚邮政公司法》的部长；或

(b) 如果该官员是澳大利亚邮政公司主要官员之外的官员——澳大利亚邮政公司的主要官员；或

(c) 如果该官员是注册PPO的官员——注册PPO的主要官员。

第19Z条　诚实提供信息或文件的时间或地点的限制

(1) 制定法不得规定任何人仅因对邮政监察专员的诚信义务，以及涉及邮政监察专员自身的职能或职权，而负有责任，或必须在诉讼中：

(a) 向邮政监察专员提供信息（除根据第9条之规定提出的要求外）；或

(b) 向邮政监察专员提供文件或其他记录（除根据第9条之规定提出的要求外）。

[注：根据第9条之规定提供信息、文件或其他记录，参见第9条第(4)款和第(5)款。]

(2) 第(1)款不应被误解为，如某人的行为被监察专员收到的信息、文件或记录所揭露，该个人可不承担义务，或无须在诉讼中承担义务。

(3) 本条不限制第37条的适用。

第四章　PPO登记簿

第19ZA条　PPO的注册

(1) 邮政监察专员应制作和维护一个PPO登记簿。

(2) 基于本部分的目的，PPO可向邮政监察专员书面申请注册。

（3）如果邮政监察专员收到根据第（2）款作出的申请，其必须将该PPO录入到PPO登记簿上。

（4）当某一PPO被邮政监察专员录入PPO登记簿之时，根据本部分之目的，该PPO应被视为注册PPO。

第19ZB条　应被录入登记簿的信息

（1）邮政监察专员必须将下列信息录入登记簿：

（a）该PPO的名称；

（b）如果该PPO有一个ABN①［《1999年新税收制度（澳大利亚商业号码）法》第41条规定的ABN］——该ABN；

（c）该PPO被录入登记簿的时间。

（2）注册PPO必须通知邮政监察专员录入登记簿的信息的变动情况。

第19ZC条　PPO的注销

（1）注册PPO可基于本部分之目的向邮政监察专员书面申请不再注册。

（2）如果邮政监察专员在特定日期（注销日）收到根据第（1）款作出的申请：

（a）邮政监察专员必须在PPO登记簿上录入该注销日；且

（b）邮政监察专员必须在该注销日后的12个月内将该PPO从登记簿上移除。

（c）基于本部分之目的，该PPO从注销日开始不再被视为注册PPO。

注：在某些情形下，基于本部分之目的，不再注册的PPO仍可被视为注册PPO（参见第19J条）。

第19ZD条　登记簿可进行电子化维护

（1）登记簿可进行电子化维护。

（2）登记簿可供互联网上查询。

第五章　调查的费用

19ZE条　调查的费用

（1）邮政监察专员可以联邦名义向与下列调查有关的澳大利

---

① 译者注：澳大利亚商业号码（Australian Business Number）。

亚邮政公司或注册 PPO 收取费用：

（a）根据第 19M 条第（2）款第（a）目对澳大利亚邮政公司或注册 PPO（视具体情形而定）实施的行为进行的调查；且

（b）该调查已完成。

注：在某些情形下，基于本部分之目的不再注册的 PPO 仍可被视为注册 PPO（参见第 19J 条）。

（2）费用的数额

（a）不得超过邮政监察专员认为其进行调查所需的成本；且

（b）不得超过税费。

（3）执行《1989 年澳大利亚邮政公司法》的部长可作出书面决定，说明邮政监察专员根据本条在某个特定财政年度内对已完成的调查所需收取的费用总额。

（4）根据第（3）款作出的决定不是《2003 年法律文件法》规定的法律文件。

（5）如果根据第（3）款已作出某个财政年度的决定，邮政监察专员根据本条在该财政年度内对已完成的调查所需收取的费用总额，不得超过该决定中规定的数额。

（6）规章可：

（a）规定 1 个或多个计算费用的方法；且

（b）规定费用到期和应付的时间。

（7）费用应支付给代理联邦的 ACMA。

（8）费用：

（a）是应支付给代理联邦的 ACMA 的债务；且

（b）可由代理联邦的 ACMA 向有管辖权的法院请求救济。

第 2C 部分　留学生监察专员的设立、职能、职权和职责

第一章　序　　言

第 19ZF 条　定义

本部分中：

私人注册提供者①的官员，是指下列人员：

(a) 私人注册提供者的雇员；或

(b) 私人注册提供者的工作人员，无论其是否受雇于私人注册提供者；或

(c) 由私人注册提供者授权行使其职权或履行其职能的个人(例如，包括承包商)。

留学生法是指《2000 年留学生教育服务法》②。

行政主管是指《留学生法》规定的行政主管。

私人注册提供者是指根据《留学生法》规定的注册提供者，它不属于如下机构，亦不受其管理：

(a) 联邦；或

(b) 州或地区。

第 19ZG 条

(1) 本条适用于如下情形：

(a) 私人注册提供者在某一特定时间实施行为；且

(b) 留学生监察专员在上述行为实施后的 12 个月内收到对该行为的投诉；且

(c) 在上述特定时间后，基于本部分之目的，该私人注册提供者不再是私人注册提供者。

(2) 上述投诉涉及的该私人注册提供者应继续被视为一个私人注册提供者适用本法。

第 19ZH 条　本部分不影响本法其他条文的实施

本部分不影响本法其他条文的实施。

第二章　留学生监察专员的设立和职能

第 19ZI 条　留学生监察专员职位的设立

(1) 基于本法之目的，应当设立留学生监察专员。

---

① 译者注：私人注册提供者 (private registered provider) 是指向留学生提供某些课程的已注册的机构，参见《2000 年留学生教育服务法》(*Education Services for Overseas Students Act 2000*)。

② 译者注：原文以下均称为《留学生法》。

（2）留学生监察专员的职位应由担任联邦监察专员职务的人员担任。

（3）第（2）款中的担任联邦监察专员职务的个人，亦应包括根据第29条任命的代理该职务的个人。

第19ZJ条　留学生监察专员的职能

（1）留学生监察专员的职能是：

（a）对根据本法收到的投诉进行调查；及

（b）向私人注册提供者提供建议和对留学生的投诉进行处理的最优方法的培训；及

（c）履行下列法律授权的其他职能：

（i）本法或规章；或

（ii）其他法律或根据其他法律产生的规章；或

（2）根据本法，留学生监察专员：

（a）基于本法的授权，对其收到的投诉涉及的行为进行调查；且

（b）可主动调查本法授权其调查的行为。

（3）留学生监察专员根据本法授权对《留学生法》中涉及的留学生、打算留学的学生或已被录取的学生提出的关于私人注册提供者的行为的投诉进行调查。

第19ZK条　移交投诉

（1）本条适用于如下情形：

（a）留学生监察专员已收到涉及私人注册提供者的行为的投诉；且

（b）在对上述行为开始调查之前或之后，留学生监察专员认为：

（i）某法定投诉处理人对该类行为有调查、复核或询问的职能；或

（ii）某法定机构主管对该类行为有调查、复核或询问的职能。

（2）就法定投诉处理人这一情况，留学生监察专员：

（a）应对该行为不予调查或不作进一步调查；且

（b）应将该投诉移交给该法定投诉处理人。

（3）如果留学生监察专员认为该行为由该法定机构主管处理更便捷或更有效，留学生监察专员：

（a）可以决定对该行为不予调查或不作进一步调查；且

（b）如果留学生监察专员如此决定，其必须将该投诉移交给上述法定机构主管。

（4）如果留学生监察专员移交该投诉，其必须尽可能迅速地：

（a）向该投诉人提供移交通知；且

（b）向该法定投诉处理人或法定机构主管提供其占有或控制的与该投诉有关的任何信息或文件。

（5）本条中：

法定投诉处理人是指根据规章规定，有权对《留学生法》中涉及的留学生、打算留学的学生或已被录取的学生提出的关于私人注册提供者的行为进行调查的人。

法定机构主管是指根据联邦、州或地区的法律担任任何职务或任命的职务的个人。

第19ZL条　对某些投诉不予调查的裁量

（1）本条适用于如下情形：

（a）留学生监察专员已收到涉及私人注册提供者的行为的投诉；且

（b）留学生监察专员认为：

（i）该投诉是无意义、无理由或不诚实的；或者

（ii）投诉人对该投诉无充分利害关系；或

（iii）调查或进一步的调查不能确保对整体情况进行充分考虑；或

（iv）投诉人尚未向私人注册提供者提出该投诉；或

（v）投诉人知悉该行为超过12个月后提出对该行为的投诉；或

（vi）投诉人有权或曾有权利使该行为接受法院或由制定法设立的裁判所的审查，但投诉人尚未行使该权利。

（2）留学生监察专员在其裁量权内：

(a) 决定对该行为不予调查；或

(b) 如果已经开始调查，决定不再作进一步的调查。

第三章　留学生监察专员的职权和职责

第19ZM条　本法其他条文对留学生监察专员的适用

(1) 在不与本条冲突的情况下，第(3)款涵盖的条文亦应适用于留学生监察专员。

(2) 除非出现相反含义，第(3)款涵盖的条文适用规则如下：

(a) 涉及监察专员的上述条文之规定，亦应适用于留学生监察专员；且

(b) 涉及下列机构的上述条文之规定，亦应适用于私人注册提供者：

(i) 部；

(ii) 规定部门；

(iii) 部或规定部门；且

(c) 涉及官员的上述条文之规定，亦应适用于本部分中涉及的官员；且

(d) 涉及主要官员的上述条文之规定，亦应适用于本部分中涉及的行政主管。

(3) 本条包括以下条文：

(a) 第3条第(1)款和第(8)款；

(b) 第3C条和第3D条；

(c) 第6A条至第7A条；

(d) 第8条，除下列条文外：

(i) 第(7A)款第(b)目；及

(ii) 第(8)款至第(12)款；

(e) 第8A条，除第(1B)款至第(1D)款外；

(f) 第9条，除下列条文外：

(i) 第(1AA)款第(ab)目和第(ac)目；及

(ii) 第(4)款第(ab)目；

(g) 第11A条，除第(1)款至第(5)款外；

（h）第12条至第14条；

（i）第18条；

（j）第19条，除第（8）款外；

（k）第31条第（1）款；

（l）第33条；

（m）第34条，除第（1）款至第（2A）款外；

（n）第35条，除第（1）款第（e）目和第（3）款第（b）目第（ia）项外；

（o）第35AA条；

（p）第35A条，除第（3A）款外；

（q）第35B条至第38条。

（4）如下表格的第1栏中列明的条文，适用于留学生监察专员：

留学生监察专员的法律适用

	第1栏	第2栏	第3栏
项	本法条文	与留学生监察专员有关的应参照的条文	曾经适用的条文
1	第7A条第（1）款	第5条第（1）款第（b）目	第19ZJ条第（2）款第（b）目
2	第11A条第（4）款	部长	部长和执行《留学生法》的部长
3	第12条第（4）款和第（5）款	第15条	第19ZQ条
4	第18条	第17条	第19ZR条
5	第19条第（2）款	第15条、第16条或第17条	第19ZQ条至第19ZR条

续表

留学生监察专员的法律适用			
	第1栏	第2栏	第3栏
6	第35条第（6A）款	第6条第（4A）款第（e）目或第（18）款第（d）目	第19ZK条第（4）款第（b）目
7	第35AA条第（1）款第（a）目	第5条第（1）款第（b）目	第19ZJ条第（2）款第（b）目
8	第35B条第（2）款［释义登记的披露方式的第（a）目］	第2部分第2章	第19ZQ条，第19ZR条或第19ZS条
9	第35B条第（2）款（释义登记的披露方式的第（b）目）	第6A条	第19ZK条

第19ZN条　第9条规定的留学生监察专员的职权

留学生监察专员根据第9条之规定可根据如下情形行使职权：

（a）根据本部分之规定决定对行为是否进行调查；

（b）根据本部分之规定决定对行为是否不予调查或不作进一步调查；

（c）根据本部分之规定开始调查或进一步调查；

（d）根据本部分之规定准备与调查有关的报告；

（e）如果邮政监察专员已经行使第（a）目至第（d）目涉及的职权——确定私人注册提供者在该职权行使后作出何种行为。

第19ZO条　遵守程序公正的职责

留学生监察专员根据本法行使职权时，必须遵守程序公正的规则。

例1：如果留学生监察专员根据第19ZQ条在报告中陈述对个

人的批评性意见，留学生监察专员必须提供该个人在他/她的面前提出意见的机会［参见第8条第（5）款］。

例2：如果留学生监察专员陈述对个人的批评性意见，其必须在下列事项中保持程序公正：

（a）根据第35A条第（1）款披露信息或作出陈述；或

（b）根据第19ZS条作出涉及某一调查的报告。

第19ZP条　身份信息的披露

根据第19ZQ条或第19ZS条作出涉及某一调查的报告时，留学生监察专员不得披露投诉人的姓名或任何能使投诉人的身份得以明确的其他事项，除非在任何情况下，这样做是公平和合理的。

第19ZQ条　留学生监察专员可向私人注册提供者报告

（1）本条适用于如下情形：

（a）根据本法对私人注册提供者的行为的调查已完成；且

（b）留学生监察专员认为该行为：

（i）违反法律；或

（ii）不合理、不公正、残酷或不当地差别对待；

（iii）在任何情况下都是错误的；且

（c）留学生监察专员认为：

（i）能够并应该实施某些特别的行为来矫正、减轻或改变该行为的影响；

（ii）实施该行为所依据的政策或惯例应予以改变；或

（iii）实施该行为的理由应予提供而没有提供；或

（iv）与该行为相关的应予作出的其他事项；

（2）留学生监察专员应向接受调查的团体报告。

（3）留学生监察专员：

（a）必须在该报告中包含其提出的意见的理由；且

（b）也可在该报告中包含其认为合适的建议。

（4）留学生监察专员可要求该私人注册提供者在规定时间内提供针对报告中的事项和建议拟作出的行为的详情。

（5）该私人注册提供者可向留学生监察专员提供针对该报告的评论。

（6）留学生监察专员应向执行《留学生法》的部长提供下列材料的复印件：

（a）该报告；及

（b）根据第（5）款作出的评论；

第19ZR条　部长把某些报告提交议会讨论

（1）本条适用于如下情形：

（a）留学生监察专员已向私人注册提供者提供根据第19ZQ条作出的报告；且

（b）该私人注册提供者收到该报告之后，在合理时间内没有针对该报告中的事项和建议作出留学生监察专员认为足够的和适当的行为。

（2）留学生监察专员可请求执行《留学生法》的部长向议会两院提交该报告的复印件。

（3）如果留学生监察专员根据第（2）款作出请求，执行《留学生法》的部长在收到该请求后，应在议会两院的15个会议日内，将下列复印件提交给两院：

（a）该报告；及

（b）在该请求之前，根据第19ZQ条第（5）款作出的评论。

第19ZS条　年度报告

（1）留学生监察专员与监察专员根据第19条第（1）款至第（7B）款规定，提交涉及下列事项的报告，且具有相同的职权和职责：

（a）工作情况；及

（b）行使职权和履行职能。

（2）基于第（1）款之目的，监察专员的职权和职责，不包括作出涉及澳大利亚首都直辖区报告的职权和职责。

（3）留学生监察专员的年度工作报告可包括监察专员根据第19条作出的年度工作报告。

（4）留学生监察专员的年度工作报告必须：

（a）确定在当年根据本部分收到的投诉的数量；且

（b）如果留学生监察专员根据第19ZJ条第（2）款第（a）目

已对某些行为进行调查——确定：

(i) 在当年已开始上述调查的数量；及

(ii) 在当年已完成上述调查的数量；且

(c) 如果留学生监察专员根据第 19ZJ 条第 (2) 款第 (b) 目已对某些行为进行调查——确定：

(i) 在当年已开始上述调查的数量；及

(ii) 在当年已完成上述调查的数量；且

(d) 确定：

(i) 留学生监察专员根据第 9 条对个人作出要求的次数；及

(ii) 每次要求的背景详情。

(5) 留学生监察专员的年度工作报告可以包括：

(a) 如果留学生监察专员根据第 19ZK 条决定将投诉移交给法定投诉处理人或法定机构主官，应包括在作出该决定的背景详情和数量；及

(b) 根据第 19ZQ 条在当年作出的建议的详情；及

(c) 在当年根据上述建议作出行为的统计信息；及

(d) 留学生监察专员在当年促成处理投诉的最优方法的详情；及

(e) 留学生监察专员观察下列情况所知悉的详情：

(i) 投诉的发展趋势；或

(ii) 投诉引起的更广泛的问题。

第 19ZT 条　留学生监察专员可对不当行为予以通知

(1) 本条适用于留学生监察专员认为，在其根据本法开始调查之前或之后，有证据表明私人注册提供者的官员已作出不当行为。

(2) 如果留学生监察专员认为在任何情况下，有证据能充分证明上述看法是正确的，监察专员应将该证据通知该私人注册提供者的行政主管。

第 19ZU 条　诚实提供信息或文件的时间或地点的限制

(1) 制定法不得规定任何人仅因对留学生监察专员的诚信义

务，以及涉及留学生监察专员自身的职能或职权，而负有责任，或必须在诉讼中：

(a) 向留学生监察专员提供信息（除根据第 9 条之规定提出的要求外）；或

(b) 向留学生监察专员提供文件或其他记录（除根据第 9 条之规定提出的要求外）。

[注：根据第 9 条之规定提供信息、文件或其他记录，参见第 9 条第（4）款和第（5）款。]

(2) 第（1）款不应被误解为，如某人的行为被留学生监察专员收到的信息、文件或记录所揭露，该个人可不承担义务，或无须在诉讼中承担义务。

(3) 本条不限制第 37 条的适用。

第三部分　监察专员的工作条件和工作人员

第一章　监察专员

第 20 条　释义

本章中，除非出现相反含义，监察专员是指联邦监察专员或副联邦监察专员。

第 21 条　监察专员的任命

(1) 监察专员应由总督任命。

(2) 监察专员应根据事先规定的条款（如有的话），分配本法没有说明的工作事项。

第 22 条　任期

(1) 在不与本法冲突的情况下，根据监察专员的任命文书的规定，其任期不得超过 7 年，但有资格连任。

第 23 条　副监察专员

(1) 总理①可：

① 译者注：原文为部长（Minister），但由于监察专员并不隶属于任何部，而直接向总理（Prime Minister）和议会负责，此处可能为总理的简写，因此译者将其直接翻译为总理。

(b) 将书面通知发布在公报上，任命 1 名副监察专员为（国防部门）副监察专员。

第 24 条　工资和津贴

(1) 监察专员应获得由薪酬裁判所（the Remuneration Tribunal）决定的薪酬。

(2) 监察专员应获得规定的津贴。

(3) 本条根据《1973 年薪酬裁判所法》生效。

第 25 条　请假

(1) 监察专员有根据薪酬裁判所决定的休假权。

(2) 除休假外，总理可批准监察专员请假，假期内的薪酬或其他事项由总理决定。

第 26 条　辞职

监察专员可亲自将其辞职的书面材料递交给总督。

第 27 条　退休

总督在监察专员同意的情况下，因监察专员基于体力或脑力无法胜任，可令其退休。

第 28 条　监察专员的停职或撤职

(1) 议会中的任何一院，在会期内向总督递交请愿书，该请愿书涉及因监察专员的不当行为，或在体力或脑力上无法胜任，请求撤除该监察专员的职务，总督可根据该请愿书撤除该监察专员的职务。

(2) 总督因监察专员的不当行为，或体力或脑力上无法胜任，可暂停该监察专员的职务。

(3) 如果总督暂停监察专员的职务，总理应在议院的 7 个会议日内，将涉及停职的理由的陈述提交给该院。

(4) 如果上述陈述已被提交给议会中的任何一院，该院在收到陈述的 15 个会议日内，可通过决议宣布，该监察专员应被撤除职务。如果议会中的任一议院通过了该决定，总督应撤除该监察专员的职务。

(5) 如果在某个议院收到上述陈述的 15 个会议日结束时，该院没有通过决议，则停职终止。

（6）根据本条对监察专员的停职，不影响其享有薪酬和津贴的权利。

（7）如果监察专员破产，申请法律给予破产债务人的救济金，与债权人和解或就其薪酬达成分配计划，总督应撤除该监察专员的职务。

（7A）除请假外，如果监察专员缺勤达 14 个连续工作日或 12 个月中达 28 日之久，总督可撤除该监察专员的职务。

（8）除本条规定外，监察专员不应被撤职或停职。

第 28A 条　病退

（1）如果监察专员根据本法第 28 条之规定，因体力或脑力无法胜任而停职，随后被撤除职务，那么，基于《1976 年退休法》之目的，该监察专员应被视为《1976 年退休法》第 4A 部分规定的因疾病而退休。

（2）尽管有第（1）款之规定，《1976 年退休法》第 54C 条适用于监察专员。

（3）如果监察专员根据本法第 28 条之规定，因体力或脑力无法胜任而停职，随后被撤除职务，那么，基于《1990 年退休法》之目的，该监察专员应被视为《1990 年退休法》规定的因疾病而退休。

（4）尽管有第（3）款之规定，《1990 年退休法》第 13 条之规定仍适用于监察专员。

（5）如果监察专员根据本法第 28 条之规定，因体力或脑力无法胜任而停职，随后被撤除职务，那么，基于《2005 年退休法》之目的，该监察专员应被视为《2005 年退休法》规定的因疾病而退休。

（6）尽管有第（5）款之规定，《2005 年退休法》第 43 条之规定仍适用于监察专员。

第 28B 条　退休法规定的病退

（1）尽管有第 27 条和第 28 条之规定，监察专员：

（a）基于《1976 年退休法》之目的，为合格的雇员；且

（b）尚未达到（《1976 年退休法》规定的）退休年龄上限；

不能因疾病而退休（《1976年退休法》第4A部分之规定），除非根据《1976年退休法》第54C条之规定，由CSC出具了证明书。

（2）尽管有第27条和第28条之规定，监察专员：

（a）是根据《1990年退休法》确定的退休计划的人员；且

（b）60岁以下；

不能因疾病而退休（《1990年退休法》之规定），除非根据《1990年退休法》第13条之规定，由CSC出具了证明书。

（3）尽管有第27条和第28条之规定，监察专员：

（a）是根据《2005年退休法》规定的1名由PSSAP提供雇主赞助的普通成员；且

（b）60岁以下；

不能因疾病而退休（《2005年退休法》之规定），除非根据《2005年退休法》第43条之规定，由CSC批准且出具了证明书。

第29条　代理的任命

（1）总理可任命个人代理联邦监察专员的职务：

（a）在该职务空缺期间，无论该职务在此之前是否有过任命；或

（b）在任何期间或所有期间，如果监察专员缺勤或离开澳大利亚，或出于其他原因不能履行其职能；

但是在空缺期内任命的代理人的代理期不得超过12个月。

（1A）总理可任命个人代理副联邦监察专员的职务：

（a）在该职务空缺期间，无论该职务在此之前是否有过任命；或

（b）在任何期间或所有期间，如果副监察专员缺勤或离开澳大利亚，或出于其他原因不能履行其职能；

但是在空缺期内任命的代理人的代理期不得超过12个月。

（2）根据第（1）款或第（1A）款对个人的任命，仅在任命文书规定的情况下有效。

（3）如果副联邦监察专员被任命代理联邦监察专员的职务，基于本条之目的，在其代理期间，副联邦监察专员的职务应被视为

空缺。

(4) 如果个人根据第 (1) 款第 (b) 目或第 (1A) 款第 (b) 目代理联邦监察专员或副联邦监察专员的职务，且该职务在代理之时出现空缺，在不与第 (2) 款冲突的情况下，该个人可继续代理该职务，直到总理将该空缺补上，或代理期限已满 12 个月。

(5) 总理可随时终止根据第 (1) 款作出的任命。

(6) 总理可决定根据本条被任命的个人的任职条件，包括薪酬和津贴。

(7) 第 25 条和第 26 条适用于根据本条被任命的个人，亦同样适用于监察专员。

(8) 如果个人代理根据本条任命的职务，该个人可能行使其代理的职务的所有职权，及可能履行其代理的职务的所有职能。

(9) 对根据本条行使代理权的个人已经作出的行为，或与其相关的事件的有效性，不因如下问题遭到质疑：任命条件未出现，任命行为存在瑕疵、错误，任命行为已失效，或者该个人进行代理活动的条件未出现或已终止。

第二章　工作人员

第 30 条　已废止

第 31 条　工作人员

(1) 基于本法之目的所需的工作人员应是根据《1999 年公共服务法》雇用的人员。

(2) 基于《1999 年公共服务法》之目的，

(a) 监察专员和协助监察专员的 APS 雇员一起组成法定机构；且

(b) 监察专员是该法定机构的首长。

第 32 条　已废止

第四部分　附则

第 33 条　监察专员的司法豁免

(1) 在不与第 35 条冲突的情况下，无论是监察专员或其下属，行使或意图行使依本法或《1979 年澳大利亚联邦警察法》第五部分第七章授予的权力或职权时，其诚实的作为或不作为行为不得被起诉或在其他程序中承担责任。

（2）本条对监察专员的规定，亦应适用于副监察专员或监察专员的代理人。

第34条　委托

（1）监察专员可通过书面委托文书作出一般性的或特殊性的授权，委托个人：

（a）根据本法规定的所有或任一职权，除根据第15条、第16条、第17条规定职权和委托的职权；

（b）根据委托文书行使涉及第（7）款中的由州的相关法律或委托文书许可的转委托的权力；和

（c）根据《1979年澳大利亚联邦警察法》第五部分第七章规定的所有或任一职权。

（2）国防监察专员可通过书面委托文书作出一般性或特殊性的授权，委托给个人其根据本法规定享有的所有或任一职权，除根据第15条、第16条和第17条规定的职权和第19F条第（3）款提及的职权。

（2A）邮政监察专员可通过书面委托文书，全权或特别授权给个人其根据本法规定享有的所有或任一职权，但不包括根据第19V条和第19W条规定的职权和第19X条提及的职权。

（2B）留学生监察专员可通过书面委托文书，全权或特别授权给个人其根据本法规定享有的所有或任一职权，但不包括根据第19ZQ条和第19ZR条规定的职权和第19ZS条提及的职权。

（5）应受行使委托权影响的个人的要求，委托人应提供该委托文书或文书的复印件，以备该个人检查。

（7）如果出现以下情形，监察专员被授权行使上述职权：

（a）根据州的法律，州监察专员通过委托文书一般性或特殊性授权，委托给联邦监察专员其根据州的法律规定的职权；且

（b）总理同意监察专员行使根据该委托文书规定的委托权。

第35条　官员的保密

（1）本条中，官员是指：

(a) 监察专员;

(b) 副监察专员;

(c) 第31条第(1)款提及的工作人员;或

(d) 并非第(b)款或第(c)款提及的人,监察专员根据第34条委托其职权的个人或被授权人;或

(e) 第8条第(12)款中提及的供监察专员调遣的人。

(2) 在不与本条冲突的情况下,官员无论在任职期间或离职期间,不得直接或间接地将其依官员的身份获得的信息制作成记录或泄露给任何人,或就该信息与他人交流。该信息是根据本法或《1979年澳大利亚联邦警察法》第5部分第7章规定披露或获得的,包括州监察专员提供的,或联邦监察专员在行使根据第34条第(7)款规定的州监察专员委托的权力时披露或获得的。

如有违背,应处500澳大利亚元罚金。

(3) 第(2)款不妨碍官员:

(a) 为行使监察专员的职权和履行监察专员的职能,将其行使官员职责时获得的信息制作成记录,或泄露给任何人,或就该信息与他人交流。

(b) 出现如下情形时,向个人披露或交流信息:

(i) 如果该信息是由部或规定部门在履行官员职责时提供的,应经该部或部门的主要官员或责任部长同意;或

(ia) 如果该信息是由基于合同成为部或规定部门的公共服务提供者或其雇员提供的,应经该部或部门的主要官员或责任部长同意;或

(ii) 如果该信息是由除第(i)目或第(ia)目提及的人员之外的个人提供的,应经该个人同意。

(4) 在不与第(5)款冲突的情况下,第(2)款不阻止监察专员或副监察专员披露根据本法作出的报告中涉及的、其认为应被披露的决定和建议。

(5) 如果总检察长向监察专员提供证明书,证明:

(a) 对于某个特定类型事项中关于特定事项的信息和文件的

披露；

(b) 对于某个特定文件或某些特定类型文件的披露；

基于该证明书中规定的理由，或是第9条第(3)款第(a)、(b)、(c)、(d)或(e)目提及的理由，将会损害公共利益，官员无论在任职期间或离职期间，不得直接或间接地进行如下活动，第(6)款规定的除外：

(a) 向任何人泄露或交流其根据本法所获得的事项或文件；

(b) 向任何人泄露或交流上述文件的内容；或

(c) 向任何人提供上述文件，或文件的复印件、摘录。

如有违背，应处以2年监禁。

(6) 第(5)款不阻止官员履行下列职责：

(a) 向其他官员透露或交流第(5)款提及的信息；

(b) 向其他官员提供第(5)款提及的文件的内容、复印件或摘录；或

(c) 向被依法授权保管上述文件的个人要求归还该文件。

(6A) 第(2)款不阻止监察专员或代表监察专员的官员根据第6条第(4D)款第(e)目或第6条第(18)款第(d)目提供信息或文件。

(7) 在不与第(7A)款冲突的情况下，如果监察专员为行使职权或履行职能，向州监察专员提供信息，或提交文件或其复印件、摘录，监察专员应确信本条关于州监察专员取得的信息的保密规定与州法一致。

(7A) 第(7)条不适用于监察专员根据第34条第(7)款被授权行使州监察专员权力时获取的信息或文件。

(8) 现任或离任官员，不得被强迫在任何法庭（无论是否行使联邦法院管辖权）或依联邦或州或地区法律，或当事人授权的个人面前，听到、接受和调查证据，披露其在现任或离任官职中获得的信息，如果该信息是根据本法或《1979年澳大利亚联邦警察法》第五部分第七章规定披露或获得的。

第35AA条　向操守专员披露信息和文件

(1) 本条将适用于以下情形：

（a）监察专员主动调查第 5 条第（1）款第（b）目提及的行为；且

（b）在调查过程中，监察专员获得的信息或文件可能与贪污问题有关。

（2）在不与第 35B 条冲突的情况下，本法不得阻止监察专员将下列信息提交给操守专员：

（a）披露该信息；或

（b）作出陈述；或

（c）提供该文件；

（3）本条中：

“贪污问题”是指《2006 年执法操守专员法》规定的贪污问题。

“操守专员”是指《2006 年执法操守专员法》规定的操守专员。

第 35A 条　监察专员披露信息

（1）在不与第 35B 条和第 35C 条冲突的情况下，如果监察专员认为，披露其履行职能或调查的信息或陈述，是基于部、规定部门或个人的利益或公共利益，则本法不得阻止监察专员向任何人或公众或一部分公众披露上述信息或陈述。

（2）如果披露涉及特定调查的信息或陈述可能干扰该调查或其他调查的进行或报告的制作，监察专员根据第（1）款不得披露该信息或陈述。

（3）监察专员根据第（1）款披露涉及特定调查的信息或陈述时，不得：

（a）对部、规定部门或个人进行明确或暗示的批评意见，除非监察专员遵守第 8 条第（5）款有关调查的规定外；或

（b）披露投诉人的姓名或任何能使投诉人的身份得以明确的其他事项，除非在任何情况下，这样做是公平和合理的。

（4）尽管有第 8 条第（2）款和第 35 条［该条第（5）款除外］之规定，本条生效。

第 35B 条　ACC 信息的披露

（1）如果总检察长向监察专员提供证明书，证明如果采用证明书中登记的某个或某些披露方式对特定的 ACC 信息予以披露，可能会损害如下权益而违反公共利益，监察专员不得如此披露 ACC 信息：

（a）个人的安全；或

（b）个人被指控或可能被指控犯罪的公正审判；或

（c）适当履行 ACC 的职能；或

（d）执法机构的运行；

（2）本条中：

ACC 信息是指由 ACC 或 ACC 委员会现在或曾经占有或控制的信息、文件或记录的内容。

与信息、文件或记录相关的登记的披露方式是指：

（a）在根据第 2 部分第 2 章作出的报告中包括该信息、文件或记录的内容；或者

（b）根据第 6 条或第 6A 条向个人或部门提供该信息、文件或记录；或

（c）向州监察专员提供该信息、文件或记录；或

（d）向根据第 8B 条与监察专员达成安排的部门提供该信息、文件或记录；或者

（e）根据第 35A 条第（1）款披露或作出陈述披露该信息、文件或记录的内容；或者

（f）根据其他规定的方式披露该信息、文件或记录的内容。

第 35C 条　ACLEI 信息的披露

（1）如果总检察长向监察专员提供证明书，证明如果采用证明书中登记的某个或某些披露方式对特定的 ACLEI 信息予以披露，可能会损害如下权益而违反公共利益，监察专员不得如此披露 ACLEI 信息：

（a）个人的安全；或

（b）个人被指控或可能被指控犯罪的公正审判；或

（c）适当履行操守专员的职能；或

(d) 执法机构的运行;

(2) 本条中:

ACLEI 信息是指由操守专员现在或曾经占有或控制的信息、文件或记录的内容。

与信息、文件或记录相关的登记的披露方式是指:

(a) 在根据第 2 部分第 2 章作出的报告中包括该信息、文件或记录的内容; 或

(b) 根据第 6 条或第 6A 条向个人或部门提供该信息、文件或记录; 或

(c) 向州监察专员提供该信息、文件或记录; 或

(d) 向根据第 8B 条与监察专员达成安排的部门提供该信息、文件或记录; 或

(e) 根据第 35A 条第 (1) 款披露或作出陈述披露该信息、文件或记录的内容; 或

(f) 根据其他规定的方式披露该信息、文件或记录的内容。

第 36 条 违法行为

(1) 根据本法对个人作如下要求时, 个人不应拒绝或未能:

(a) 受监察专员传讯;

(b) 宣誓或确认;

(ba) 提供信息; 或

(c) 回答问题或制作文件、记录;

如有违背, 应处 1000 澳大利亚元罚金或 3 个月监禁。

(2A) 如果该个人有合理的理由, 则第 (1) 款不适用。

注: 被告对第 (2A) 款 [参见《刑法》第 13.3 条第 (3) 款] 涉及的事项承担举证责任。

(3) 本条对监察专员的规定, 亦应适用于副监察专员。

第 37 条 免于民事诉讼

个人如下行为致使他人损失、损害或损伤, 如该行为是诚实的, 免于民事诉讼:

(a) 根据本法向监察专员提起投诉;

(b) 基于本法之目的, 根据第 9 条的要求或第 11A 条的指令,

向第 35 条规定的官员作出陈述或提供文件或信息，不论该陈述是否作出，或该文件或信息是否提供。

第 38 条　规章

总督在不违背本法的情况下，可制定规章。规定根据本法要求或允许规定的事项，或规定有必要或便于执行本法的事项，尤其应对受监察专员传讯的证人的报酬和费用进行规定。

澳大利亚首都直辖区 1989 年监察专员法

史艳丽　译

【翻译说明】

澳大利亚是联邦制国家，共辖六个州（相当于我国的省）、一个直辖区和一个领地，分别是：新南威尔士州、维多利亚州、昆士兰州、西澳大利亚州、南澳大利亚州、塔斯马尼亚州、首都直辖区（堪培拉）和北领地。

澳大利亚的州和联邦都有关于监察专员的立法。最早的是 1971 年《西澳大利亚议会特派员法》，随后是 1972 年《南澳大利亚监察专员法》、1973 年《维多利亚监察专员法》、1974 年《昆士兰议会特派员法》、1974 年《新南威尔士监察专员法》、1976 年《澳大利亚联邦监察专员法》、1978 年《塔斯马尼亚监察专员法》、1980 年《北领地监察专员法》、1989 年《澳大利亚首都直辖区监察专员法》。其中，1974 年《昆士兰议会特派员法》被 2001 年《昆士兰监察专员法》所代替。

首都直辖区是澳大利亚最后一个制定监察专员法的。《澳大利亚首都直辖区监察专员法》自 1989 年颁布后经历了数次修改。几乎每个条文都被修改过（有的历经数次修改，如第 5 条的内容修改次数多达 18 次）。有的条文被替代，有的条文被删掉（如第 26 条在 2007 年 4 月 12 日修订时因失效而被删除），还有的条文被删除后又被增补进来（如第 2 条在 2001 年因失效被删除后又在 2007 年修订时被增补）。本文翻译以澳大利亚首都直辖区议会法律顾问授权发布的修订版为蓝本，该版本于 2010 年 9 月 28 日生效。

该法依据《2001 年立法法》的规定进行修订，包括文字修改和内容修订。

本法中有的条文附有注释。因为注释多指向其他法律（大多指向《2001 年立法法》），主要起解释作用，不是本法的一部分，所以，为了保持法条之间的连贯性，本次翻译略去注释部分。

澳大利亚首都直辖区监察专员法

本法旨在规定监察专员的任命条件并明确监察专员公署的职责和权限。

第一部分　序　　言

第 1 条　名称

本法名为《1989 年监察专员法》。

第 2 条　释义

释义是本法的一部分。

第 2A 条　注释

注释是解释性内容，不是本法的一部分。

第 3 条　没有法定职权的主体

本法中，为协助或行使法定职权而依法设立的非法人组织不能视为拥有该职权，但是该组织及其工作人员的行为视为依法定职权作出的行为。

本法中，个人行使与其管理或者执行的特定部门职能有关的行为，视为依职权作出的行为。

本条中的“特定部门”是指：

1. 雇用工作人员执行职务的；或
2. 拥有机构成员的；或
3. 为法定职权依法建立的；或
4. 由法律法规授权建立的。

第 3A 条　视为行政行为的个人行为

本法中，符合以下条件的，政府官员的行为视为行政机关的行为：

1. 作为政府官员，不论他采取的行为是否属于下列情形：

（1）与执行公务相关或附属于执行公务；或

（2）属于其职权范围；或

2. 在履行法定职责的过程中：

如果另有法律授予官员其他职权，那么该法必须同时规定，该官员执行所授职权时的行为不能视为本法所指的行政行为。

本法中，以下人员可以通过被委任，或者被行政长官、部长、相关行政机关的首长授权，履行某种行政职责：

1. 管理或执行法定机关职责的官员；或

2. 联邦法院或州法院的法官；或

3. 联邦或州的行政官。

除第 3 款的规定外，如果另有法律规定某人被委任或者被行政长官、部长、相关行政机关的首长授权履行行政职责，那么该法应同时规定，此人履行职责的行为视为本法所指的行政作为。

第 3B 条　视为授权机关行为的个人行为

本法中，符合以下条件的，授权机关官员的行为视为授权机关的行为：

1. 作为授权机关的官员，不论他采取的行为是否：

（1）与执行公务相关或附属于执行公务；或

（2）属于其职权范围；或

2. 在履行法定职责的过程中。

第 3C 条　本法的适用——《澳大利亚首都直辖区国家电力法》

依据国家电力规则设定的 AER 和 NEMMCO① 不适用本法。

在本条中，AER 是指根据《澳大利亚首都直辖区国家电力法》设定的澳大利亚能源监察局。国家电力规则是指根据《澳大利亚首都直辖区国家电力法》第 6 条核准的国家电力规则。NEMMCO——参见《澳大利亚首都直辖区国家电力法》。

---

① NEMMCO，是指国家电力市场管理公司。

第二部分　监察专员的设立、职能、权力和职责

第一节　设立和职能

第 4 条　监察专员公署的设立

设立监察专员公署。

第 4A 条　基本职能

监察专员的基本职能包括以下内容：

1. 依据本法调查投诉；

2. 行使本法赋予的其他职能；

3. 行使《1994 年公众利益披露法》赋予的其他职能；

4. 监督警长或警长授权查阅儿童性罪犯名册的人遵守《2005 年刑法（儿童性罪犯）》第四章（儿童性罪犯名册）的规定。

第 5 条　本法授权的调查投诉的职能

除本法另有规定外，监察专员有权：

1. 对以下行为中涉及的行政问题进行调查：

（1）本法实施后行政机关作出的已被投诉至监察专员的行为；或

（2）根据《1988 年澳大利亚首都直辖区自治政府法（附随条款）》第 28 条的规定转交给监察专员的投诉；或

（3）案件发生后本法实施前，向联邦监察专员提出后又依据《1988 年澳大利亚首都直辖区自治政府法（附随条款）》第 28 条的规定转交给监察专员的投诉。

2. 主动开展调查。

对以下各种行为，监察专员无权调查：

1. 部长的行为；

2. 以下人员作出的行为：

（1）最高法院院长或法官；

（2）最高法院或地方法庭的常务司法官或副常务司法官行使司法职能的；

3. 澳大利亚首都直辖区的地方法官或死因裁判官的行为；

4. 法庭、法庭的成员或法庭工作人员行使法庭协调职能的

行为；

5. 皇家委员会根据《1991年皇家委员会法》的行为；

6. 调查委员会根据《1991年调查法》的行为；

7. 环境专员的行为；

8. 澳大利亚首都直辖区或该地区环境管理领域（不包括根据《2000年公用事业法》第十四部分（路灯和雨水））的行为；

9. 人权委员会、委员及其工作人员行使委员会审议职能时的行为；

10. 司法委员会根据《1994年司法委员会法》的行为；

11. 任何团体或个人所采取的针对受雇于公共服务机关的人员对就业所采取的行为，包括升职、终止任用、培训、报酬的支付；

12. 行政机关或授权机关之外的其他法定机构聘用工作人员的行为；

13. 根据《2001年立法法》第五部分第二节（法规影响报告书的必备条件）采取或不采取的行为；

14. 机构采取的以下行为：

（1）为残疾人服务、健康服务、儿童和青少年服务、老人服务提供或支持提供，或在该过程中的行为；或者

（2）拒绝提供残疾服务、健康服务、为儿童和青少年或老年人服务的行为。

第2款第1项的规定中，部长的行为不包括部长代表的行为。

针对第3款，如果另有法律授权部长代表可以采取某种行为，那么该行为视为部长的行为。

在适用本法有关监察专员的规定时，机构采取的行为与部长个人行为有关时视为部长的行为。

在本条中：

残疾服务——参见《2005年人权委员会法》第8条。

健康服务——参见《2005年人权委员会法》第7条。

儿童和青少年服务——参见《2005年人权委员会法》第8A条。

老年人服务——参见《2005年人权委员会法》第9条。

第 6 条　不予调查投诉的裁量

投诉属于以下情形的，监察专员有权自主决定不调查或不继续调查：

1. 侵害权利的行政行为作出后，投诉人知情但超过 12 个月未进行投诉的，或

2. 监察专员认为：

（1）投诉是琐碎的、无理取闹的或者是恶意的；或

（2）投诉人对投诉事件没有足够的利益；或

（3）综合各种情况考虑，对行为的调查或者继续调查是不值得的。

如果投诉人未先向行政行为的作出机关投诉而直接向监察专员投诉，那么监察专员有权作出裁量，决定不进行调查，除非投诉人已向相关行政机关进行了投诉。

如果投诉人向监察专员投诉时，已经向行政行为的作出机关投诉，那么监察专员有权作出裁量，决定对该投诉不予调查，除非投诉人告知监察专员该机关并未纠正自己的行为，或者虽然纠正但是投诉人对纠正结果不满意。

在不与本条款冲突的情况下，监察专员有权对以下行为进行调查：

1. 投诉人向监察专员投诉，并且依照第 3 款规定，告知监察专员，其已经向相关机关提出投诉，但是该机关不予纠正或不予彻底纠正。

2. 有以下情形之一的，监察专员有权进行调查：

（1）有关机关在接到投诉后，经过合理期限后仍没有纠正自己的行为；或

（2）已经作出纠正，但是结果令人不满意。

如果投诉所涉行政行为已经或者正在依法被法院或仲裁庭审查，那么只有存在特殊的原因时，监察专员才能调查或者继续调查。

如果投诉人有权或曾经有权将行政行为提交法院或者仲裁庭审查而无正当理由怠于提交时，综合考虑各种情况，监察专员可决定

不调查或者不继续调查。

满足以下条件的，调查开始前或者开始后，如果监察专员认为依照行政管理对该行为进行审查是合适的，那么他有权决定不调查或不继续调查：

1. 应投诉人的要求，对该行为已经、正在或者即将依照行政管理进行调查；或

2. 监察专员确信投诉人有权并合理使该行为依照行政管理进行审查。

如果是依据其他人的要求向监察专员提出投诉，那么本节适用于投诉人的规定，同样适用于其他人。

第 6A 条　转交投诉至政府官员的裁量

本条适用于以下情形：

1. 依据本法，监察专员认为投诉所涉行政行为属于以下各种情形：

（1）对行政行为的投诉，或者申请或请求对行政行为调查或复查，属于政府官员的职权范围；

（2）由政府官员处理问题会更加便利或者更加有效；

（3）综合考虑各种因素，将投诉提交给政府官员更为合适；

2. 政府官员同意以上规定。

监察专员有权决定对该行政行为不调查或不继续调查。

决定作出后，监察专员应将该投诉及其持有的所有相关文件或资料转交给政府官员。

在本条中，“政府官员”是指由首都直辖区、联邦、州或其他区依照法律设立的政府机关的官员。

第 6B 条　转交投诉至其他主体的强制性规定

监察专员应将投诉转交至对投诉进行调查更为合适的下列主体：

1. 环境专员；

2. 人权委员会；

3. 公共利益倡导者。

转交投诉时，应一同转交相关文件和资料。

第 7 条　投诉

除第 2 款另有规定外，投诉可以是口头或书面的。

如果是口头投诉，监察专员应将其记录下来，或者有权随时要求投诉人改为书面形式。投诉人未满足该要求的，监察专员有权拒绝调查或者继续调查。

被拘留人在拘留期间有下列权利：

1. 请求拘留人或行使相关拘留权的人员（托管人）：

（1）为其提出书面投诉和其他相关资料提供便利，并将该投诉和其他资料（如果有的话）装入密封的信件；

（2）将该信件毫不迟延地投递给监察专员。

2. 毫不迟延地接收监察专员发回给拘留所的密封信件。

以下情形中，托管人无权打开信件或检查其内的文件：

1. 由托管人转寄的被拘留人寄给监察专员的密封的信件；

2. 由托管人占有或控制的监察专员寄给被拘留人的密封的信件。

针对第 3 款和第 4 款的规定，就识别和投递密封信件的相关问题，监察专员可以与被拘留人所在的联邦、州或首都直辖区的相关机关作出安排。

第 8 条　初步调查

依据投诉或主动开展调查时，监察专员应出于以下目的咨询行政机关的主要官员或第 2 款规定所涉官员：

1. 确定自己是否有权对该行为进行调查；

2. 如果有权调查，那么是否有权自主决定对该行为不予调查；

监察专员有权作出如下安排：依第 1 款规定，就投诉所涉行政行为向有关官员进行全面咨询或特别咨询。

第 9 条　调查

调查开始前，监察专员应通知所涉机关的主要官员。

监察专员有权就通知方式和期限作出安排。

依据本法，调查不公开进行。在与本法不冲突的情况下，也可采用监察专员认为合适的方式进行。

为执行本法，监察专员可从其认为合适的人员那里获取信息或询问该人。

在与第6款不冲突的情况下，投诉人或其他相关人员不必出面向监察专员或其他调查所涉及人员说明情况。

依据本法，在调查结束前，满足以下情形的，监察专员有权作出明显或隐晦地批评相关人员或机构的报告：

1. 如果该批评涉及行政机关，监察专员已经为该机关的主要官员和受调查行为的主要负责官员提供了机会，让他们当面解释并且提交证明自己行为正当性的口头或书面材料；

2. 如果该批评涉及个人，监察专员已经为相关人员提供了机会，让该人当面解释并且提交证明自己行为正当性的口头或书面材料。

依据第6款的规定，在有机会当面解释的情况下，既可以是主要官员亲自出面，也可以由该主要官员授权他人代为解释。

依据第6款的规定，监察专员向行政机关的主要官员之外的人提供当面解释的机会，那么根据案件情况，经监察专员或被授权人的批准，可由其他人代为出面解释。

依据第6款的规定，监察专员为某人提供当面解释和提供意见书的机会，或依据第11条的规定满足以下要求：

1. 如果投诉是口头的，尚未形成书面材料，那么该投诉应当形成书面材料；并且

2. 如果调查之前未曾通知主管部长，监察专员应予以通知。

监察专员可在调查完成前或完成后与主管部长商议与调查相关的所有事项。

应主管部长的要求，监察专员应当在对第18条第1款、第2款涉及的与受调查行为相关事项的最终处理意见作出前，与部长协商。

在调查完成前或完成后，如果有证据证明政府官员违反职责或行为不当，或监察专员的行为是正当的，那么监察专员应将证据通知以下人员：

1. 行政机关的：

(1) 主管部长（涉案官员是行政长官时）；或者

（2）行政长官（涉案官员不是行政长官时）

2. 授权机关的：

（1）主管部长（涉案官员是主要官员时）；或者

（2）主要官员（涉案官员不是主要官员时）。

第 10 条　与其他监察专员的协议

监察专员可与联邦监察专员、州监察专员，就针对以下行政事务进行的调查作出书面协议：

1. 由联邦、州的机关、部门或机构作出的行为；

2. 由首都直辖区和联邦，或首都直辖区和一个及以上的州，或首都直辖区、联邦和一个及以上的州组建或共同管理的机关或机构作出的行为；

3. 由第 2 项提及的机关或其他机构作出的行为以及

（1）机关；或

（2）联邦或州的部门或机构作出的行为。

第 1 款所指的行为包括该机关或其他机构代表其他机关作出的行为。

监察专员可与其他监察专员就协议的变更或撤销进行书面协商。

法律法规可对监察专员依据本条协议开展调查的活动作出规定。

本条规定不得妨碍本法其他条款设定的监察专员的权力和职责。

第 1 款规定没有赋予监察专员下列权力：

1. 除第 32 条第 3 款规定外，行使联邦监察专员或州监察专员的权力；或

2. 除第 32 条第 1 款提及的委托外，就联邦监察专员或者州监察专员行使监察专员权力达成协议。

第 11 条　获取信息和文件的权力

对能够提供信息、文件或与调查有关的其他记录的人员，监察专员有权书面通知其在规定的地点和期限内或具体的时日上交以下材料：

1. 个人签名的书面材料，如案件涉及法人，由法人的负责人向监察专员提供所要求的信息；或

2. 出示规定的文件或其他记录；或

3. 提供规定的信息以及其他文件或记录。

对能够提供信息、出示文件或与调查有关的其他记录的政府官员，或者能提供信息和出示文件或其他记录，但是不知道该官员的身份，监察专员可书面通知行政机关的主要官员，要求其或其委托的其他人员在规定的地点和时间：

1. 出面回答与调查相关的问题；或

2. 出示规定的文件或其他记录；或

3. 回答相关问题，以及出示相关文件或其他记录。

按照第1款、第2款或第14条第2款的规定提交后，监察专员有权作出下列行为：

1. 占有、复制或摘抄文件或其他记录；

2. 在一定时间内，为调查而占有文件或其他记录；

3. 在该时间内，允许被授权的人在监察专员未占有文件或其他记录时，有权在合适的时间检查一个或多个文件或其他记录。

如果有理由，监察专员可书面通知能够提供调查所涉信息的相关人员，要求其在规定的地点和时间交代问题。

如果部长提供书面材料，证明披露规定事项的信息（包括回答问题时提供的信息）、文件或记录的内容，将会损害公共利益，那么监察人员无权要求其披露：

1. 泄露部长或州部长或直辖区部长通信内容，可能会损害首都直辖区和联邦、州或者其他直辖区的关系；或者

2. 泄露行政长官或者执行委员会的商议或决策；

如果联邦总检察长提供书面材料，证明披露规定事项的信息（包括回答问题时提供的信息）、文件或记录的内容，将会损害公共利益，那么监察人员无权要求其披露：

1. 损害联邦的安全、国防或国际关系；或

2. 泄露联邦部长和州部长或直辖区部长的通信内容，可能会损害联邦政府与州政府或直辖区政府的关系；或

3. 泄露联邦内阁或内阁委员会商议或决策；

尽管另有法律规定，不能免除相关人员提供信息、出示文件、记录、回答问题等的法律责任，但是依据本法要求可免除其责任。因为：

1. 可能与其他法律规定相抵触，违反公共利益或导致其入罪或被处罚；或

2. 可能泄露提供给部长或机构的法律意见；

但是，这种信息、文件或记录的出示或者回答问题在诉讼过程中不被视为证据，除非：

3. 适用第 14 条第 2 款规定；或

4. 是《刑法》第三部分第四节关于犯罪行为的法律程序（虚假或误导性陈述、信息和文件）。

依据本法提供信息、文件或其他记录以及回答问题的人不受其他法律追诉。

第 1 款对“官员”的规定同样适用于法人（非行政机关）的主管、秘书、执行官或雇员。

第 12 条　行使权力的不当迟延

调查开始后，如果官员行使权力存在以下情形，则监察专员有权给投诉人出具证明书，证明不当迟延的存在：

1. 根据法律规定，官员有权行使裁量以作出或不作出某行为或某事情；并且

2. 法律没有规定这种作为或不作为的期限；并且

3. 根据法律规定，相对人有权向指定的法庭提出申请，复查官员所做的决定；并且

4. 相对人已经对官员的不当迟延向监察专员进行了投诉。

相对人依据第 1 款第 3 项规定的向指定的法庭的提出复查申请，那么监察专员的证明书出具之日视为行政机关作出不作为的决定。

调查开始后，如果认为官员存在以下情形，则监察专员有权给投诉人出具证明书，证明不当迟延的存在：

1. 根据法律规定，官员有权行使裁量以作出或不作出某行为

或某事情；并且

2. 法律没有规定这种作为或不作为的期限；并且

3. 根据法律规定，相对人可以向个人而不是指定的法庭申请复查官员行使权力时所做的决定，法律同样也规定了可以向指定的法庭申请复查本段最开始提到的申请，该申请是针对最后提及的官员作出的决定。

4. 相对人已经对官员的不当迟延向监察专员进行了投诉。

相对人依据第3款第3项规定向个人提出复查申请，则监察专员的证明书出具之日视为行政机关已经作出不作为的决定。

第1款、第2款、第3款和第4款的规定适用于法律授权董事会、委员会或其他由2个及以上的人组成的非法人组织行使权力作出决定的情形。

在本条中，“指定的法庭”是指：

1. 民事和行政审裁庭（澳大利亚首都直辖区）；或者

2. 法律授权为指定法庭的其他法庭。

第13条　将问题提交给民事和行政审裁庭（澳大利亚首都直辖区）

监察专员的调查适用本条规定。

监察专员可将民事和行政审裁庭（澳大利亚首都直辖区）针对规定问题作出的咨询意见交给相关的主要官员。

在以下情形中，监察专员有权：

1. 在调查完成前的任何时间内向主要官员提出建议；

2. 依据第18条规定，在调查完成后，在向相关机关所作的报告中提出建议。

如果监察专员向主要官员提出建议，那么该主要官员必须将建议中的规定问题提交给民事和行政审裁庭（澳大利亚首都直辖区）。

民事和行政审裁庭（澳大利亚首都直辖区）有权就规定问题向主要官员提供咨询意见。

第14条　最高法院的权力

除第3款和第4款规定外，如果存在问题影响监察专员和行政机关的主要官员行使权力和执行职能，则应向最高法院提出申请。

相关人员没有满足第 11 条的规定，则监察专员有权向最高法院请求指令。该指令要求相关人员在规定的地点和时间内提供信息、出示文件或其他记录，或出面回答问题。

在书面通知了相关行政机关的主管部长而得不到满意答复的情况下，监察专员才能向最高法院申请。

在书面通知了行政机关的主管部长而得不到满意答复的情况下，行政机关的主要官员才能向最高法院申请。

最高法院对申请涉及的事项有审判权。

第 15 条　投诉人和行政机关的知情权

如果决定不调查或者不继续调查，监察专员应尽快以适当的方式将该决定及理由通知以下人员：

1. 投诉人；

2. 行政机关，除非依第 2 款规定，与该机关达成的关于该行为的协议生效。

监察专员可不定期就投诉中涉及的行政行为与作出行政行为的机关达成协议。协议中应包括以下内容：

1. 监察专员将不调查或不继续的决定及理由通知该机关的方式和期限；或

2. 监察专员无须将不调查或不继续的决定及理由通知该机关。

完成调查后，监察专员应当以适当的方式在合理的时间内向投诉人和行政机关通报调查的详细情况。

如果合适，监察专员有权向任何机构、团体或者个人（依据监察专员根据第 18 条的规定已经提交了报告的除外）提供涉及有关调查或者引起调查的有关事项的评论或建议。

依据第 18 条的规定，监察专员向行政机关提交包含针对所涉行政行为的建议的报告：

1. 收到报告后，如果该行政机关未在合理期限内采取恰当充分的措施，那么，在适当情况下，监察专员向投诉人提供包括评论（如果有）在内的建议内容副本；或

2. 在其他适当情况下，监察专员向投诉人提供包括评论（如

果有）在内的建议内容副本。

第 16 条　询问证人的权力

依据第 11 条的规定，监察专员主持宣誓或要求证人出面，并进行监督。

第 17 条　进入处所的权力

为了调查，监察专员或被授权人员有权在合理的时间内进入行政机关的处所，进行现场调查。

为了调查，被授权人员与相关行政机关的主要官员进行协商后确定日期。在该合理时间内，被授权人有权检查处所中保存的与调查相关的任何文件，第 11 条第 5 款、第 6 款规定的除外。

第 2 款规定不影响第 11 条的效力。

第二节　2005 年监测犯罪（性侵犯儿童者）的警察遵守法

第 17A 条　《儿童性罪犯名册》是什么？

本法中：

有关《儿童性罪犯名册》的内容，参见《2005 年刑法（儿童性罪犯）》第 117 条。

第 17B 条　获取警方的适当协助

为行使有关《2005 年刑法（儿童性罪犯）》第四章（儿童性罪犯名册）的职能，监察专员向警方提出合理请求时，首席警官必须确保警官和经首席警官授权的其他有权查阅儿童性罪犯名册的人对监察专员进行适当协助。

第 17C 条　进入警方处所的权力

如果有理由相信澳大利亚联邦警察局的处所里有包含或涉及有关儿童性罪犯名册的文件，或者与监察专员行使《2005 年刑法（儿童性罪犯）》第四章（儿童性罪犯名册）职能有关，那么监察专员或警官在告知首席警官之后，可以随时进入澳大利亚联邦警察署的任何处所。

监察专员或警官有权查阅或者复制在警署内发现的任何文件，以及有关查阅必需的行为或便利条件。

第三节　报　　告

第 18 条　报告

调查结束后，如果监察专员认为：

1. 所涉行政行为有以下情形之一的：

（1）违反法律；

（2）不合理、不公平、欺压或歧视；

（3）符合法律规则、法律条款或管理；但是该规则、条款或管理可能是不合理、不公平、欺压或歧视；

（4）完全或部分基于法律上或事实上的错误而作出的行动；

（5）基于各种因素考虑是错误的；

2. 在行为作出的过程中，基于不当目的或不相关的因素行使裁量权；

3. 如果行为组成或包括以特定方式行使裁量权或拒绝行使裁量权的情形，那么本条规定适用于构成行为的各种决定、建议、作为或不作为：

（1）考虑了不相关因素或未考虑相关因素

（2）应告知理由而未告知

存在以下情形之一的，监察专员应向有关机关提交报告：

1. 适用本条的决定、建议、作为或不作为应当提交给有关机关作进一步考虑；

2. 能够并且应该采取某些具体措施以矫正，削弱或改变适用本条的决定、建议、作为或不作为的影响；

3. 本条规定适用的决定应予取消或改变；

4. 本条规定适用的决定、建议、作为或不作为所依据的法律规则、法令条款或管理应予更正；

5. 作出适用本条规定的决定的理由应予提出而没有提出；

6. 针对适用本条规定的决定、建议、作为或不作为的应作出的其他事项；

以下情形中，监察专员应当作出下列行为：

1. 依据第 2 款规定提交报告并说明理由；并且

2. 提出自己认为合理的建议。

监察专员有权要求接收报告的行政机关，在规定的时间提供拟采取的措施。

监察专员依第2款规定向行政机关作出报告，那么该机关可自主决定向监察专员作出针对该报告的评论。

监察专员应向相关机关的主管部长提供第2款规定报告的副本。

第19条　向首席部长做报告

依据第18条规定向行政机关所作的报告中的事项和建议，如果没有得到充分适当的采纳，则在作出报告后的合理时间内，监察专员应以书面形式通知首席部长。

如果依据第1款的规定，就某个报告通知首席部长，则监察专员应向首席部长提供以下材料：

1. 报告的副本——如果之前没有依照第18条第6款的规定向部长提供报告的副本；

2. 评论的副本——如果相关行政机关就监察专员提交的报告进行了评论。

在考虑依据第1款的规定向首席部长作出报告时是否提供相关信息，监察专员应考虑行政机关就报告所作的评论。

第20条　向议会做专门报告

依据第19条第1款的规定，如果已经将调查报告的相关信息提供给了首席部长，那么监察专员也应将其准备好的该报告的副本以及依据第18条第5款规定的评论副本提供给作为议会的代表的议长。

第20A条　关于警察遵守《2005年刑法（儿童性罪犯）》的报告

任何时候，监察专员都有权向部长呈递《2005年刑法（儿童性罪犯）》实施情况的书面报告。报告应包括以下内容：

1. 依据第17C条的规定进行检查的结果；

2. 在作出该报告期间，有权查阅儿童性罪犯名册的首席警官和由首席警官授权的其他人遵守《2005年刑法（儿童性罪犯）》第四章（儿童性罪犯名册）情况。

依据本条规定，部长在《2005年刑法（儿童性罪犯）》的实施中要求监察专员提供报告，那么监察专员必须在收到要求后尽快提交相关报告。

依据本条规定，监察专员必须向首席警官提交所有报告的副本。

第21条　向议会做报告

监察专员有权不定时地向部长提交以下报告：

1. 1年中某阶段的工作报告；

2. 权力行使或者职能履行过程中所涉及或引发的任何事项的报告；

本条规定不得影响第18条、第19条和第20条所规定的监察专员的权力和职责。

部长在收到监察专员提交的报告后，应在议会会议期15日内向议会呈交。

第三部分　监察专员的任职条件及工作人员

第一节　监察专员

第22条　任命

总督任命监察专员。

监察专员任职所需期限和条件（如果有）没有规定者，适用本法。

第23条　任期

在与本部分规定不冲突的情况下，监察专员的任期最多7年。

年过65岁的人不得被任命为监察专员，已经被任命为监察专员的人如果年过65岁则不得连任。

第24条　工资和津贴

监察专员的薪酬、津贴和其他权利由以下形式产生：

1. 由监察专员的薪酬审裁处决定；

2. 由首席部长依据《1995年薪酬审裁法》作出的临时性决定。

由以下途径担任监察专员的，不适用本条规定：

1. 依据《1988年澳大利亚首都直辖区自治政府法（附随条

款）》第 28 条的规定；

2. 首都直辖区和联邦之间的协议。

第 25 条　休假

部长有权批准监察专员休假的期限和条件，就像部长决定薪酬和其他事项一样。

以下情形适用第 1 款的规定：

（1）联邦监察专员负责首都直辖区监察专员公署；并且

（2）联邦监察专员是依据《1976 年澳大利亚联邦监察专员法》被批准休假；

第 26 条　已废止

第 27 条　退休

当监察专员身体或精神不能胜任工作时，经其申请，总督应允许其退休。

第 28 条　停职和免职

当监察专员行为不当或身体、精神不能胜任工作时，总督可以根据议会的提请，免去其职务。

当监察专员身体或精神不能胜任工作时，总督可以暂停其工作。

停职后，部长应在 7 天会议期内向议会陈述停职原因。

收到陈述后，议会应作出以下行为：

1. 15 天会议期内作出决议，宣布将解除监察专员的职务。

2. 议会宣布后，总督应解除监察专员的职务。

如果总督的陈述是在 15 天的议会会议期结束后作出的，则议会就没有通过解除职务的决议，那么停职决定就终止。

监察专员破产或者丧失个人偿还能力时，总督必须解除其职务。

除去部长批准的假期，监察专员连续 14 日或 12 个月内累计达 28 日擅离职守时，总督有权解除其职务。

除本条规定之外，监察专员不被免职或停职。

停职期间，监察专员有权获得薪酬和津贴。

本节规定不适用于联邦监察专员负责直辖区监察专员公署的

情形。

第 29 条　委任

联邦监察专员负责直辖区监察专员公署时，根据《1976 年澳大利亚联邦监察专员法》获委任的人有权在其缺席或不能履行职责时行使本法赋予的职责。

第二节　工作人员

第 30 条　工作人员

为实现本法目的，以下人员可以成为监察专员的工作人员：

1. 公职人员；或

2. 如果联邦监察专员负责直辖区监察专员公署，那么包括第一项涉及的人员以及依据《1999 年澳大利亚联邦公共服务法》任命或聘用的人员。

第四部分　其他规定

第 31 条　监察专员免予起诉

在与第 33 条规定不冲突的情况下，监察专员及其代理人对行使职权时的善意的作为或不作为所导致的行为、诉讼或诉讼程序不负法律责任。

第 32 条　委托

监察专员可以通过文书将权力委托给他人：

1. 除本法第 18 条、第 19 条、第 20 条、第 21 条规定的权力外，本法规定的其他权力中的任意一项或全部；

2. 依据本条第 3 款规定的委托文书，可由联邦或州的相关法律或委托文书允许的转委托。

受委托人应出示委托文书或委托文书的副本，以便受行使委托权影响的人检查。

满足以下条件，监察专员有权获得授权行使权力：

1. 依据联邦或州的法律，联邦监察专员或州监察专员有权概括性地或按照委托文书的规定将其权力进行委托；

2. 部长书面同意监察专员依该委托文书行使受委托的权力；

第 33 条　保密义务

在本条中，官员指：

1. 监察专员；

2. 第 30 条提及的工作人员；

3. 第 32 条规定的受委托之人或由法律授权之人。

在与本条规定不冲突的情况下，在职期间及离职后，官员都不得直接或间接泄露其以官员身份与他人交流获得的信息，包括联邦监察专员或州监察专员提供的或监察专员行使受委托权力时披露或获得的信息。

违反本条规定者，最高处罚 50 个处罚单位，或者 6 个月监禁，或者并罚。

官员的以下行为不受保密义务约束：

1. 因行使职权而制作笔录，或向他人泄露或与之交流；或

2. 向他人泄露或交流信息满足以下情形之一的：

（1）经过机构的主要官员或主管部长的同意（信息是官员行使职权时提供的）；或者

（2）经过信息提供人的同意（信息提供人并非第 1 项提到的人）。

在不与第 5 款规定相冲突的情况下，监察专员公开其依《2004 年年度报告（政府机构）法》所作报告中的结论和建议的理由不受第 2 款规定约束。

如果部长或联邦检察总长提供材料证明向监察专员披露有关事项的信息或文件；或披露文件将会损害公共利益（证明材料符合第 11 条第 5 款和第 6 款的规定），则无论在任职期间还是离职之后，除第 6 款另有规定外，官员都不得直接或间接泄露或与他人交流任何依本法获得的有关该事项或文件的信息；泄露或与他人交流该文件的内容，或向他人提供该文件或副本或摘录。

违反本款规定者，最高处罚 50 个处罚单位，或者 6 个月监禁，或者并罚。

第 5 款规定不适用于官员在履行职责时的以下行为：

1. 泄露或与其他官员交流第 5 款所提及的信息；或

2. 向其他官员提供第 5 款提及的文件的内容、副本或摘录；或

3. 把向其出示的文件交回法律授权保管的人员。

在不与第 8 款规定相冲突的情况下，为行使职权，监察专员准备向联邦监察专员或州监察专员提供信息或发送文件、文件的副本或文件的摘录，那么其应确保联邦法律或州法律就联邦监察专员或州监察专员的保密义务作出了与本条相一致的规定。

第 7 款规定不适用于联邦监察专员或州监察专员依第 32 条第 3 款行使监察专员的权力时获得的信息或文件。

不得强迫现任或离任官员，在诉讼中出面向法庭、法律授权之人或各方约定之人作出聆悉、接收或检查证据，或公布其以官员身份获得的信息。

第 34 条　公布信息

如果公布信息或作出陈述符合机构利益或个人利益或公共利益，则本法不得阻止监察专员向任何个人、所有公众或部分公众公布或陈述有关行使职权时获取的信息。

如果依据第 1 款规定公布或陈述可能会妨碍调查或其他调查行为或本法规定的报告的作出，则监察专员不得公布或陈述该信息。

依第 1 款规定公布或陈述时，监察专员不应有以下行为：

1. 明显或隐晦地表达批评某个机构或个人的观点，除非监察专员遵守第 9 条第 6 款对该调查的规定；

2. 公布投诉人的名字或其他会使投诉人的身份得以确认的事项，除非在任何情况下这样做都是公平合理的。

在不与第 9 条第 3 款和第 33 条（除第 33 条第 5 款外）冲突的情况下，本条规定有效。

第 35 条　罚则

无正当理由，相关人员不得拒绝为以下行为：

1. 出席监察专员的活动；

2. 宣誓或提供证言；

3. 提供信息；

4. 回答问题或出示文件或记录；

违反本条规定者最高处罚 50 个处罚单位，或者 6 个月监禁，或者并罚。

第 36 条　免予民事诉讼

相关人员不因其下列善意的行为致人损失、损害或伤害而被提起民事诉讼：

1. 依本法向监察专员进行投诉；或

2. 为执行本法，根据第 11 条的要求或第 14 条的指令，向第 33 条所指的官员作出陈述、提供文件或信息，不论该陈述是否作出，文件或信息是否提供。

第 37 条　费用和证人等开支的确定

部长有权以书面形式确定以下内容：

1. 费用和证人出庭的支出；

2. 其他相关事项的费用和开支。

确定文书需要进行申报。

第 38 条　制定规章权

总督有权为本法制定规章。

释　　义

（参见第 2 条）

机构是指行政机关或授权机关。

被授权人是指监察专员为本法的实施而授权的人。

法令是指法律或法规，但不包括《澳大利亚首都直辖区国家电力法》或《澳大利亚首都直辖区国家电力规则》。

《澳大利亚首都直辖区国家电力法》——参见《1997 年电力法（国家计划）》第 5 条（《澳大利亚首都直辖区国家电力法》的适用）。

官员是指：

1. 与行政机关有关的

（1）行政机关的公职人员（包括行政机关的主要官员）；

（2）任何由行政机关主要官员授权代表行政机关行使权力或

履行职责的其他人员。

2. 与授权机关相关的

（1）授权机关的组成人员或者临时代理人员；

（2）授权机关的成员，或者临时成员，或者成员的代表；

（3）为授权机关的职员提供服务的人员或为该机关的职员，不论该人员是否被授权机关雇用；

（4）经授权机关授权代表其行使权力或履行职能的人员。

州监察专员是指依据州法律行使和本法第二部分（监察专员的设立、职能、权力和职责）规定的监察专员职能相同的人。

授权机关是指：

1. 为了公共目的，由法令或根据法令规定而组建的法人或非法人团体，而非

（1）法人公司或法人组织；

（2）依据第3条第1款规定（没有法定职权的主体）或法规规定的为执行本法而不被认为是授权机关的团体。

2. 任何为执行本法而被宣布为授权机关的其他法人或非法人团体，即

（1）由总督或部长设立的团体；

（2）由首都直辖区控制的法人公司或法人组织。

3. 除第3条第2款规定之外，管理或执行依法设立的环境委员会办公室职能的人，而不是环境委员会办公室。

4. 管理或执行为实现本法目的而由总督或部长设立的办公室法定职权的人。

5.《1990年首都控股公司法》所指的首都控股公司或子公司。

主要官员是指：

1. 行政机关的行政长官；

2. 授权机关中，

（1）如果法规宣布某办公机构为该机关的主要办公机构，那么主要官员指主持该办公机构的人员；

（2）在《1990年首都控股公司法》所指的首都控股公司或子公司的情况下，主要官员是指该公司或子公司的首席执行官；

（3）其他情况下，组成或临时组成该机关的人员，或如果该机关是由 2 个或更多人构成，主要官员是指有权主持所有会议或代理其职务的人员。

机构的主管部长指：

1. 除第 2 款、第 3 款规定外，对机构负责的人；

2. 在对“授权机关”进行界定的第 3 款中，部长是指管理有关规定的部长；

3. 在对“授权机关”进行界定的第 2 款或第 4 款中，部长是指被法规确定为对授权机关负责的部长，或者其他代理或代表部长的其他部长。

采取措施是指：

1. 作出决定或提出建议；

2. 制订方案；

3. 没有或拒绝：

（1）采取行动；

（2）作出决定；

（3）提出建议；

（4）制订方案。

澳大利亚昆士兰州2001年监察专员法

史艳丽　译

【翻译说明】

昆士兰州是澳大利亚除西澳大利亚州外的第二大州。昆士兰州是澳大利亚的州和联邦中较早制定议会专员法的州，1974年便颁布了《昆士兰议会特派员法》。该法由《2001年监察专员法》代替。关于“监察专员”的相关规定，在昆士兰州的多部法律里都有所涉及。随着《2001年监察专员法》的颁布，多部法律在具体内容上，随之做了改动。这些改动具体反映在本法的附表1和附表2中。比如《1994年举报人保护法》将“议会特派员”改为了“监察专员”，《1993年国有企业法》将法条中出现的《1974年议会特派员法》改为《2001年监察专员法》。《1992年信息自由法》在进行修订时，也将“议会特派员”改为了“监察专员”，并增加了机构的战略评估等内容。因为其他法律的修订与本次翻译的联系并不是很紧密，所以本翻译版本中不包含附表1和附表2。

昆士兰州2001年监察专员法

2001年第73号法案

2001年11月13日通过

为调查政府机关的行政行为和推进行政程序及其他目的，本法设立监察专员公署。

第一部分　导　　言

第一节　概　　述

第1条　简称

本法案简称为《2001年监察专员法》。

第 2 条　生效

本法自公布之日起生效。

第 3 条　定义

本法适用附表 3 中的词典对术语的定义。

第 4 条　注释

注释是本法的一部分。

第 5 条　立法目的

本法目的在于以下两个方面：

为人们提供一个及时、有效、独立、公正地调查行政行为的途径；以及提高政府机关的行政决策和行政管理的质量。

第 6 条　立法目的的实现

立法目的通过以下方式实现：

任用监察专员；以及

授权监察专员行使以下职能：

1. 调查政府机关的行政行为；以及

2. 为提高行政决策和行政管理质量，在一般情况下或针对具体个案，向行政机关提出建议。

第二节　重要概念

第 7 条　“行政行为”的含义

“行政行为”是指有关行政方面的一切行为，包括以下各方面内容：

1. 决策和行为；

2. 错误地作出决策或行为，包括错误地为决策的理由提供书面声明；

3. 制定提案或计划；

4. 提出建议，包括向部长提出建议；

5. 为向部长提出建议而采取的行为。

但是，“行政行为”不包括执行公务的警官、刑事司法委员会的官员和犯罪委员会的官员作出的行为。

第 8 条　“机构”的含义

“机构”是指以下各主体：

1. 部门；

2. 地方政府；

3. 公共主管当局。

机构不包括履行与机构相关的职能的法人或个人，和依法设立的董事会、理事会、委员会、附属委员或其他类似主体。

依据本法，个人不是机构，但是享有以下权利：

1. 作为机构的官员履行公职；或者

2. 任职于机构；或者

3. 实现本法设置机构的目的。

第9条　“公共机关”的含义

“公共机关”是指以下各主体：

1. 除个人外的以下主体：

(1) 为公共目的依法设立的；或

(2) 为公共目的依法由政府设立的；

2. 由总督会同行政局或部长创立的主体；

3. 除个人外，由法规宣布为公共机关的主体，以及满足以下条件的主体：

(1) 直接或间接由政府资金支持或者通过其他方式由政府控制，或

(2) 根据法律设立。

4. 主管依法设立的公署的个人。

5. 占有以下职位的个人：

(1) 是由总督会同行政局或者部长作出任命，而不是依据法律；以及

(2) 由法规宣布为公共机关。

但是，以下几种情形不属于“公共机关”：

1. 部门或部门的内设机构；

2. 地方政府或地方政府的一部分；

3. 法院，或者行使司法或者与法院有关的执行法院职权的司法办公室的人，或者依授权执行职权的人；

4. 登记处、法院其他办公室，或者登记处的工作人员或其他行使法院公职的人，在其与法院司法职权相关的范围内。

注释：第2款第1项、第2项所指主体是第8条第1款规定的机构。

第10条　政府机关行政行为的含义

政府机关的行政行为包括以下方面：

1. 由政府机关作出的，或者属于政府机关的职权范围的，或者为了政府机关而作出的行为；以及

2. 由政府机关的官员作出的，或者为了政府机关的官员而作出的行为；以及

3. 非政府机关的主体被授权作出的行为，或者被授权执行政府机构的职能时作出的行为。

第二部分　监察专员

第11条　监察专员

设立1名监察专员。

监察专员是议会的工作人员。

第12条　监察专员的职能

监察专员的职能包括以下内容：

1. 通过以下方式，调查政府机关的行政行为：

（1）受议会或者议会法定委员会的委托；或者

（2）接受投诉；或者

（3）由监察专员主动发起。

2. 对正在被调查的政府机关的行政管理和行政程序方面的行为进行研究，并向该机关提出建议：

（1）用适当的方式解决不当行政行为引发的不利影响；或者

（2）改进行政管理和行政程序。

3. 为政府机关的行政管理和行政程序进行常规性思考，同时为改进行政管理和行政程序提出建议或者提供信息或其他的帮助；以及

4. 本法或其他法律授予监察专员的其他职能。

第 13 条　监察专员不受约束

除非其他法律法规有规定，监察专员的以下行为不受任何人约束：

1. 依据本法执行监察专员职务；或者

2. 调查优先权。

第三部分　对政府机关行政行为的调查

第一节　权限范围

第 14 条　调查对象

监察专员有权调查政府机关的行政行为。

监察专员有权调查已被法律规定为终局行为的行政行为，或者不能上诉的行为，或者不得反对、审核、推翻或质疑的行为。

第 15 条　与其他受理投诉机构的联系

监察专员有权为以下行为：

1. 联系由监察专员任命的其他受理投诉的机构，这些受理投诉的机构依据各自的职能对行政行为进行调查；以及

2. 和其他受理投诉的机构一起订立安排，以避免不适当的重复调查活动。

第 16 条　非调查对象

监察专员不得质疑以下内容：

（1）决定，包括由部长或内阁作出的政策决定；

（2）监察专员为实现执行内阁的决定而作出的决定。

同时，监察专员不得调查以下行政行为：

（1）法庭或法庭成员在执行法庭审议职能时作出的行为；或者

（2）担任国家法律顾问或者国家大律师的人，在法律程序中作出的行为；或者

（3）警员依据或者可能依据《1989 年刑事司法法》进行调查的行为；或者

（4）警官依据《1990 年警察行政法》第七部分①的规定，可能或者已经受到纪律处分的行为；或者

（5）审计总长；或者

（6）依据《1990 年争端解决中心法》进行的调停会议上的调停者；或者

（7）依据《1991 年人权委员会法》拥有调解人地位的人。②

第 17 条　向最高法院提出申请

本部分内容适用于监察专员在调查行动中进行调查的权力问题。

监察专员有权向最高法院提出申请以解决该问题。

该申请必须在封闭的法庭中进行。

注释：本部分内容适用于依据《1991 年司法审查法》行为被调查的主体或者投诉人。

第二节　开始调查

第 18 条　开始调查

如果有以下情形之一的，监察专员有权调查政府机关的行政行为：

（1）有针对该行政行为的投诉；或者

（2）监察专员认为有必要对行政行为进行调查。

监察专员必须调查议会委托的有关政府机关的行政行为。

第 19 条　议会委托

议会或议会法定委员会有权向监察专员委托任何他认为应由监察专员进行调查和报告的政府机关的行政行为。

当收到委托后，监察专员必须尽快调查。

---

① 《1990 年警察行政法》第七部分（内部命令和纪律）。

② 此外，《1993 年国有企业法》第 182 条（《2001 年监察专员法》）停止了该法适用涉及法定的总指挥官的规定事项。依据该法，针对股份制企业，《1993 年地方政府法》第 728 条包含了类似的条文，《1993 年国有企业法》第 184 条完全排除了公司总指挥官对本法的适用。——译注。

第三节 投 诉

第20条 投诉

除非另有规定，针对政府机关行政行为的投诉必须满足以下条件：

（1）可以是口头或书面形式；以及

（2）可以是任何明显直接受行政行为影响的个人或团体，包括法人或非法人（投诉人）；以及

（3）必须在投诉人最初知晓该行政行为之日起1年内提出。

第1款第3项中，投诉人知晓该行政行为的起算点是其得到通知的合理期间。

除第1款规定外，监察专员还有权作出以下行为：

（1）拒绝对口头投诉进行调查，直到投诉人提交书面形式的投诉；或

（2）接受投诉人明显代表他人进行的投诉；或

（3）监察专员认为超出第1款第3项规定期限提出的投诉存在特殊情况，而接受这种投诉，并且接受投诉是合适的；或

（4）接受投诉人表面上不是针对政府机关的行政行为而实际是由行政行为引起的投诉。

从实现本法目的考虑，监察专员针对特定投诉在必要时可以为投诉人提供帮助以提出书面投诉。

但是，如果依据本法提出投诉的人已经死亡，或者监察专员认为该人已经完全不能表达自己真实意思表示的，那么投诉可以由监察专员认为合适的其他人代为提出（此人同样是投诉人）。

此外，如果被拘留或监禁的人提出投诉，那么拘留或监禁的负责人必须为该投诉的提出提供必要的便利。

违反前款规定者最高处罚100个处罚单位或1年监禁。

第21条 投诉的限制性规定

如果法律条文明确禁止或限制通信，或授权其他主体或要求其他主体禁止或限制通信，那么该被禁止或限制的通信权利不能通过本法提出投诉来进行救济。

第 22 条　初步聆讯

在本节中，监察专员有权进行合理且必要的聆讯以决定是否对投诉进行调查。

政府机关的主要官员有责任为监察专员的初步聆讯提供合理帮助。

第 23 条　拒绝调查

如果存在以下情况，监察专员有权拒绝调查，或者对已经开始的调查，拒绝继续调查：

1. 投诉是微不足道的；或

2. 投诉事属琐屑无聊、无理取闹或非真诚作出；或

3. 投诉人在投诉行为中没有足够的直接利益；或

4. 满足以下两个条件：

（1）投诉人尚未穷尽其上诉、委托、复审或其他救济方式；

（2）在这种情况下，监察专员开始调查前或继续调查前，要求投诉人穷尽其权利或救济方式是合理的；

5. 满足以下两个条件：

（1）投诉人已经穷尽上诉、委托、复审或其他救济方式；

（2）在这种情况下，对投诉行为的调查或继续调查是不必要或不正当的；

6. 在这种情况下，对投诉开展调查或继续调查是不必要或不正当的。

此外，监察专员不需要调查其信任的其他投诉机构已经进行过的调查，或者还未开始的调查监察专员曾经已有类似的调查。

第 1 款第 4 项第一个条件和第 5 项第一个条件中涉及的权利和救济不包括《1991 年司法审查法》规定的向最高法院提出申请的权利。

如果存在以下情形，监察专员必须将其决定和理由在合理情况下尽快以书面形式通知投诉人：

1. 不能对投诉进行调查；或

2. 拒绝对投诉进行调查；或

3. 拒绝继续对投诉进行调查。

第四节　其他规定

第 24 条　调查概述

监察专员有权进行整体调查或部分调查：

1. 非正式地；或

2. 根据第四部分①的规定行使权力。

第 25 条　程序

除非另有规定，监察专员有权采取其认为适当的方式来规范调查程序。

进行调查时，监察专员要遵守以下内容：

（1）必须保密；

（2）不被证据规则束缚但是必须遵从自然正义；

（3）不需要对调查进行听证；

（4）有权以其认为合适的方式从相关人员那里获取信息；

（5）在其认为合适时进行聆讯。

第 26 条　磋商

监察专员有权在调查时或调查后，与涉及投诉行为的任何部长进行磋商。

如果存在下列情形，监察专员必须和部长进行磋商：

1. 符合下列条件之一的：

（1）部长要求就调查与监察专员进行磋商；

（2）调查涉及部长的建议。

2. 监察专员正考虑依据第 50 条②规定就调查做一份报告。

如果调查过程中认为做调查报告有可能影响或关系到某个政府机关，那么监察专员必须在做报告之前，给该机关的主要官员就正在被调查的事件进行评论的机会。

本条中的“部长”包括地方政府的主席、市长或主管长官。

---

① 第四部分是“调查的权力和程序”。

② 第 50 条是“报告和建议”。

第四部分　调查的权力和程序

第一节　调查的权力

第 27 条　通知主要官员

监察专员必须在行使权力之前，依据第 2 款的规定向政府机关的主要官员发出通知：

（1）监察专员决定，或被要求对政府机关的行政行为进行调查；

（2）监察专员打算依据本部分规定行使权力；

通知必须满足以下要求：

（1）监察专员进行调查的目的；

（2）在合理范围内，确定行政行为的调查对象；

（3）监察专员依据本部分规定进行调查时的全部权力。

发出通知以后，监察专员有权依据本部分规定行使权力进行调查。

第 28 条　要求提供文件和信息

监察专员有权向相关人员发出通知，要求其在规定的合理时间内为以下行为：

1. 向监察专员提供以下内容：

（1）与调查有关的规定类型的口头或书面信息；

（2）与调查有关的规定文件或其他规定物品，或者规定文件的副本。

（3）所有与调查有关的规定类型文件所包含的信息，或者规定类型文件的副本。

2. 为调查而合理要求创建包含信息的文件。

第 29 条　要求出庭和提供文件或信息

监察专员有权向相关人员发出通知，要求其做到以下几点：

1. 在规定的合理时间和地点出席。

2. 在规定的时间和地点内：

（1）提供与调查有关的相关信息；

（2）回答被合理要求的有关调查的问题；

(3) 提供与调查有关的规定文件或其他物品，或者规定文件的副本；

(4) 提供所有与调查有关的规定类型文件所包含的信息或者规定类型文件的副本。

如果该人是囚犯，那么监察专员有权向（矫正服务）行政长官发出通知，由行政长官通知囚犯规定的时间和地点。

前款提到的通知囚犯时间和地点是（矫正服务）行政长官的法定权力。

（矫正服务）行政长官必须遵守关于行政长官的工作指南。

依据本条规定，囚犯仍然在（矫正服务）行政长官的监护之下。

本条中的“（矫正服务）行政长官”是指依据《2000 年矫正服务法》的规定处理事项的部门的行政长官。“囚犯”是指在（矫正服务）行政长官监护之下的人。

第 30 条　遵守调查要求

除非有合理的理由，接受调查要求的人必须遵从要求。违反者最高处罚 100 个处罚单位。

“合理的理由”是指：

1. 在调查要求的时间内，接受调查的人对理由的详细情况进行说明，以便监察专员对理由的合理性作出判断。

2. 根据监察专员的意见，他认为该人的理由是合理的。

“合理的理由”并不限于前款的内容。

第 31 条　法院的权力

本条适用于被调查人没有合理理由而不遵从调查要求的情形。

应监察专员的要求，裁判法庭可以发出传票要求该人出席。

传票的规则，适用《1999 年统一民事程序规则》，但规则 417、规则 418 和规则 420 除外。

注释：参见《1999 年统一民事程序规则》第十一章（证据），第四部分（传票）和规则 417（服从传票），规则 418（党内服从传票）和规则 420（党外服从传票）。

本条所称“传票”包括：

1. 出示传票；

2. 作证传票；

3. 出示和作证传票。

第 32 条　保管文件

依据本节规定产生的文件或其他物品，监察专员有以下权力：

1. 为进行调查而在合理期限内持有该文件或物品；

2. 如果是文件，有权摘录并复印。

监察专员持有该文件或物品时，他必须允许有权检查文件的人在任何合理时间内进行检查，哪怕该文件或物品已经不由他持有。

第 33 条　提供信息的方式

依照本节规定，如果相关人员被要求提供信息，那么无论是否回答问题，监察专员有权：

1. 要求提供信息时宣誓；

2. 践行誓言。

本条所指的宣誓是指被要求提供信息者宣誓其提供的信息是真实的。

被要求提供信息者不得拒绝宣誓要求。

违反前款规定者，最高处罚 100 个处罚单位。

第 34 条　进入机关处所调查

在给政府机关的主要官员以合理通知后，监察专员有权在合理的时间：

1. 进入属于政府机关的地方进行检查；

2. 满足合理要求，为调查而带走该处的人员、设备和材料；

3. 对所属文件进行摘录和复印；

4. 要求该机关的官员为监察专员行使第 1 项到第 3 项的职权提供合理帮助。

依据第 1 款第 4 项的规定，除非有合理的理由，否则相关人员必须服从。

违反第 2 款规定者，最高处罚 100 个处罚单位。

第 35 条　费用

监察专员应支付有关人员因为遵守本节要求或在调查提供协助

而引发的合理费用。

在第1款中，“有关人员”不包括：

1. 机构；

2. 执行机构授予的权力的机构官员；

3. 因投诉而引起调查的投诉人。

第二节　逮捕权

第36条　申请逮捕令

存在下列情形时，监察专员有权向裁判官申请令状去逮捕某人（“逮捕令”）：

1. 此人没有遵从第29条第1款①规定出席的；

2. 依据第30条第2款②的规定，监察专员认为没有合理的理由的；

3. 该人因不遵守调查要求而接到的传票。

申请必须宣誓，并且声明令状的根据。

如果监察专员没有向裁判官提供所需的所有信息，裁判官有权拒绝其申请。

举例——裁判官有权要求补充信息来支持申请的法定声明。

第37条　发出逮捕令

如果以下内容被确定，则裁判官有权发出逮捕令：

1. 某人拒绝遵从调查要求或传票出庭；

2. 逮捕令能够确保该人出庭。

逮捕令必须规定警官有权逮捕该人，确保该人出现在监察专员面前。③

第三节　藐　　视

第38条　藐视监察专员

在调查中，如果存在下列行为之一的，即为藐视监察专员：

---

① 第29条是“要求出庭和提供文件或信息”。

② 第30条是“遵守调查要求”。

③ 警察有关逮捕人的详细权力，参见《2000年警察权力和责任法》第19条（逮捕或拘留的一般权力以及执行逮捕）、第376条（对个人实施强制措施）以及第226条（依据逮捕令拘禁某人而不是因其犯罪）。

1. 侮辱或威胁以下人员：

（1）监察专员；

（2）向监察专员给予或提供信息和文件的人；

（3）律师或其他向监察专员给予或提供信息和文件的人。

2. 故意妨碍监察专员或者有其他破坏性行为。

3. 在监察专员依据本法行使职权的地方或者附近区域，引发骚乱或参与骚乱，干扰监察专员行使职权。

4. 妨碍或者殴打出席或被要求出席的人。

5. 针对监察专员，通过书面或口头方式使用虚假和诽谤性的语言。

6. 当监察专员代理司法行为时，藐视法庭的行为。

7. 发布或允许发布监察专员已经命令禁止发布的有关监察专员的信息或其他涉及监察专员的文件。

本条中，“监察专员”包括监察专员的职员。

第 39 条　对藐视的处罚

依据本条规定，藐视监察专员的行为将受到处罚。

监察专员应就藐视行为向最高法院（以下简称“法院”）提交书面证明。

就前款规定来说，藐视必须有足够的证据使监察专员的证明被采信。

法庭应发出逮捕令，要求警察逮捕该人使其出庭受审，依法得到处理。

《1980 年保释法》有关藐视的证明程序，同样适用于刑事诉讼程序。

法庭必须调查所谓的藐视。

以下情形，法庭必须举行听证：

1. 证人证言和证据可能导致藐视被反驳或者被证实；

2. 藐视监察专员的人在答辩时所作的所有陈述。

如果确定某人犯了藐视法庭罪，那么法院应惩罚该人，就像该人在执行非货币命令时犯下的藐视法庭罪一样。

《1999 年统一民事程序规则》中执行非货币命令的规定，经必要的修改后适用于法庭的调查、听证和惩罚权。

监察专员提交的藐视证明应记录在案。

第40条　藐视和犯罪行为

如果违法者的行为包括藐视监察专员和犯罪行为，那么违法者可能因藐视行为或犯罪行为受到起诉，但是他不得因同样的行为受到两次惩罚。

本条中，“违法者”是指因藐视监察专员而有罪的人，或被指控有罪的人。

第四节　罪　　行

第41条　虚假或误导性的陈述

任何知情人不得就所知事项向监察专员或监察专员的职员提供虚假或误导性的陈述。

违反者最高处罚100个处罚单位。

根据第1款规定的陈述即使没有具体说明什么是“虚假或误导性的”也已经构成犯罪。

第42条　虚假或误导性的文件

任何知情人不得就所知事项向监察专员或监察专员的职员提供虚假或误导性的文件。

违反者最高处罚100个处罚单位。

以下情形不适用第1款规定：

1. 该人已尽其最大努力仍不能避免向监察专员或其职员提供虚假或误导性文件；

2. 如果该人已经或者可合理获取正确信息并提交了该正确信息。

根据第1款规定所作的陈述即使没有具体说明什么是“虚假或误导性的”也已经构成犯罪。

第43条　侵害或妨碍监察专员或其职员的罪行

任何人不得侵害或妨碍监察专员或其职员依据本法行使职权。

违反者最高处罚40个处罚单位或者6个月监禁。

本条中，“侵害”是指《刑法典》第245条的规定。“妨碍”包括阻挠、抗拒和试图妨碍。

第五部分　协助监察专员行使职权的其他规定

第 44 条　适用《刑法典》

《刑法典》第 120 条、第 123 条、第 123A 条、第 124 条、第 125 条、第 126 条、第 127 条、第 128 条、第 129 条和第 130 条（明确规定）① 的内容经过必要修改后适用于依据本法进行的调查。

以下调查不适用前款规定：

1. 司法程序的调查；
2. 监察专员是拥有司法职位的人；
3. 涉及监察专员能力时，关于司法能力的证明；
4. 涉及提供或隐匿证词；
5. 证人证言来自于监察专员掌握的资料；
6. 涉及提供或使用证据；
7. 涉及证人被传唤出庭提供信息；
8. 涉及法庭委托权限时，关于监察专员的委托权限的调查。

第 45 条　信息披露和特权

法律法规规定的拥有或持有信息的政府官员在信息披露方面没有保密义务或者没有其他限制的，适用监察专员进行初步聆讯或调查时的信息披露规定。

在初步聆讯或调查中，国家或政府机关没有任何特权，这也适用于在与调查相关的法律程序中出示文件或提供证据。

任何提供信息、出示文件或做与初步聆讯或调查相关事情的人，拥有与法院诉讼中证人一样的权利。

第 3 款规定服从第 1 款和第 2 款和第四部分第一节②的规定。

---

① 《刑法典》第 120 条（司法腐败）、第 123 条（伪证罪）、第 123A（伪证罪——反言）、第 124 条（对伪证罪的处罚）、第 125 条（被控伪证罪的证据）、第 126 条（捏造证据）、第 127 条（证人腐败）、第 128 条（欺骗证人）、第 129 条（毁坏证据）、第 130 条（阻止证人出庭）。

② 第四部分（调查的权力和程序）第一节（调查的权力）。

第46条　未规定的特定事项的披露

本法不要求或授权任何人为以下行为：

1. 在有关内阁或内阁委员会议事程序中提供任何信息或回答任何问题；

2. 在第1项里提到的议事程序中出示或检查文件。

对于第1款规定来说，在首相的授权下，首相领导下的行政长官所做的涉及第1款规定中相关问题的证明是有说服力的。

如果总检察长书面证明会侵害国家安全或影响调查或侦查犯罪行为，则监察专员不得要求其为以下行为：

1. 提供信息或回答问题；

2. 出示任何文件或其他物品。

第47条　保护帮助监察专员的人

本条规定适用于任何在初步聆讯或调查中为监察专员提供信息或文件的人（"有关人士"）。

禁止任何人对"有关人士"进行伤害或威胁，或试图伤害或共谋伤害，或引诱他人进行伤害。

违反者最高处罚100个处罚单位。

本条中"伤害"包括解雇此人。

第48条　根据调查要求提供的特定文件不被采纳

本条规定适用于以下情形：

1. 向监察专员提供调查所需的文件；

2. 为监察专员调查所需，制造此前并不存在的文件。

该文件在民事或刑事诉讼中不作为对抗当事人的证据。

本条中"民事或刑事诉讼"不包括因提供虚假信息或文件而引发的诉讼程序。

第六部分　报告和建议

第一节　特别调查的报告

第49条　适用于第一节的调查

本节规定适用于非因议会的委托而开始的调查。

本节规定适用于调查所涉及的行政行为有以下情形时：

1. 违反法律。

2. 不合理、不公平、欺压或不当歧视。

3. 依据法律法规或行政管理，在特定情况下是或可能是不合理、不公平、欺压或不当歧视。

4. 行政行为包含了以下因素：

（1）出于不正当目的；

（2）不相关的依据；

（3）不相关的考虑。

5. 应说明理由而未说明。

6. 全部或部分基于错误的法律或事实。

7. 是错误的。

第50条　报告和建议

有以下情形之一的，监察专员有权在向有关机关的主要官员提交的报告中说明他认为应采取的行为以及理由，同时也可以提出他认为适当的建议：

1. 行政行为应提交合适的机构做进一步审议；

2. 该行为可能并且应该纠正、缓和或改变其所产生的影响；

3. 与行政管理相符的行政行为应是多种多样的；

4. 重新考虑行政行为所依据的法律；

5. 为行政行为提供理由或深层次的理由；

6. 应采取任何其他步骤。

在调查中或调查结束后，如果监察专员认为有证据证明政府官员违反职责或行为不端，那么他必须为以下行为：

1. 就该官员的违反职责或行为不端提交报告。

2. 有可能的话，在适当的情况下，监察专员可以将报告副本发送给以下人员：

（1）该机关负责的部长；

（2）如果该机关是地方政府，那么发送给该地方政府的主席、市长或主管长官。①

---

① 事实上，《1989年刑事司法法》第37条第2款第1项（部分事项的处理）要求监察专员对依该法成立的投诉部分中涉及或可能涉及的官员渎职行为进行处理。

如果第2款规定不适用，监察专员有权发送报告副本给负责的部长。

如果该机关是地方政府，那么其主要官员必须将报告和所有建议的副本发送给该地方政府的所有成员。

第51条　报告提出建议后的行为

本条规定适用于监察专员依据第50条规定向政府机关主要官员提交报告进行建议的行为。

监察专员有权要求行政机关的主要官员，就以下内容在规定的时间内告知监察专员：

1. 为落实建议已经或拟采取的措施；或
2. 说明为落实建议采取的措施不完善的理由。

如果符合以下条件，监察专员应向首相提交报告副本和主要官员所作解释的副本：

1. 监察专员认为主要官员在合理期限内没有提出适当的措施；
2. 在这个合理期限内，监察专员已经考虑了该官员所有的解释；
3. 监察专员认为向首相提交副本是合适的。

如果向首相提交了报告（“原始报告”）的副本和所有解释的副本，那么在议会闭会期间，监察专员应向议长提交他认为的合理范围内的有关原始报告和所有解释的报告。

第二节　其他报告

第52条　监察专员主动向议会提交的报告

在适当情形下，监察专员有权随时就其行使职权时引发的问题，向议长提交报告。

第53条　就议会委托所作的报告

如果是接受议会的委托而启动的调查，那么监察专员必须在议会闭会期间向议长提交调查报告。

第54条　有关议长权力的其他报告

根据监察专员的书面请求，议长可以授权监察专员发布其向议会所作的涉及公共利益或政府机关、组织或个人利益的报告，无论报告中涉及的事项是否已经解决：

1. 属于监察专员一般性的监察职能；或

2. 监察专员调查的特定案件。

第三节 其他规定

第 55 条 含有不利评价的报告

本条适用于监察专员依法在报告中提出针对某人的不利评价。

在报告作出前，监察专员应当提供给该人就不利评价进行解释的机会。否则，监察专员不能作出不利评价。

如果此人进行了解释而监察专员依然坚持提出不利评价，那么监察专员应确保此人有答辩的机会，并将其答辩公正地记载在报告里。

第 56 条 特殊情况下不披露身份的报告

本条适用于以下情形：

1. 监察专员调查的事项涉及个人；

2. 依据本法，该人的身份不得披露。

在依据第 51 条第 4 款和第二节所作的报告中，监察专员不得披露此人的身份以及任何可能推知此人身份的信息。

第 57 条 告知投诉人调查结果

如果是接受投诉人的投诉而启动的调查，那么监察专员必须尽快以其认为合适的方式将调查结果通知投诉人。

第七部分 关于监察专员的特别规定

第一节 任 用

第 58 条 任用

监察专员由总督会同行政局任命。

监察专员任用的依据是本法，而不是《1996 年公众利益法》。

第 59 条 任用前的程序

符合以下条件的人可以被任命为监察专员：

1. 部长已经在全国范围内进行宣传，呼吁符合条件的人申请该职位；

2. 部长已就下列内容和议会委员会进行了协商：

（1）任命选拔的程序；

（2）任命某人为监察专员。

第1款第1项和第2项（1）不适用于监察专员的连任。

第60条　监察专员的任职限制

在过去3年内有以下情形之一的，不得担任监察专员：

1. 是昆士兰州议会或其他州议会或联邦议会的成员。

2. 是以下机构的长官：

（1）主席办公室、市长办公室或主管长官办公室，议员或地方政府成员；

（2）其他州与第（1）提到的相同的职位。

第61条　任期

监察专员的任期应根据任用文书确定，每届任期不超过5年，可以连任。

但是，连任监察专员的总期限不得超过10年。

第62条　报酬和条件

监察专员有权取得报酬和差旅费以及其他由总督会同行政局决定的津贴。没有监察专员的书面同意，不得缩减监察专员任期内的报酬。

经总督会同行政局的决定，监察专员有权休假。

第63条　履职前的誓言

履职前，监察专员必须宣誓其将忠实而公正地履行职责。

宣誓必须由议长主持。

第64条　对外就业限制

没有部长的事先批准，在每个特定案件中，监察专员不得：

1. 享有监察专员公署之外的任何其他机构的利益；

2. 在监察专员公署之外从事任何有报酬的工作。

违反第1款的规定属于第二部分规定的不端行为。

第65条　代理监察专员

在出现以下情形之一时，总督会同行政局有权委任某人行使监察专员职能：

1. 在职位出现空缺时；

2. 监察专员缺席、不在境内或者因其他原因不能行使职权时。

代理监察专员依本法任命，而不是依据《1996年公众利益法》。

《1954年法律释义法》第25条①第1款第2项第四和第五的规定不适用于代理监察专员。

第二节　免职或停职

第66条　免职或停职的理由

监察专员被免职或停职的理由如下：

1. 被证明无能、不称职或行为不端；

2. 确有可公诉的罪行。

第67条　免职决议

总督有权基于议会决议，免除监察专员的职务。

免职的动议只能由首相提出。

当满足以下条件时，首相有权提出动议：

1. 首相已经将动议的原因向监察专员作了声明；

2. 这个声明和监察专员的所有书面反映均已经提交议会；

3. 首相已经就该动议和议会委员会进行了协商；

4. 以下人员已就该动议达成一致：

（1）议会委员会的所有成员；或

（2）议会委员会的大部分成员，而不是政党多数成员或议会中政府各方的多数成员。

第68条　停职决议

总督有权基于议会决议，中止监察专员的职务。

停职的动议只能由首相提出。

当满足以下条件时，首相有权提出动议：

1. 首相已经将动议的原因向监察专员作了声明；

2. 这个声明和监察专员的所有书面反映均已经提交议会；

3. 首相已经就该动议和议会委员会进行了协商；

4. 以下人员已就该动议达成一致：

（1）议会委员会的所有成员；或

① 《1954年法律释义法》第25条（任命权中的附带权力）。

（2）议会委员会的大部分成员，而不是政党多数成员或议会中政府各方的多数成员。

符合以下情形的，在停职期内，监察专员有权获得薪酬和津贴：

1. 议会形成支付这段期间内的薪酬和津贴的决议；或

2. 议会没有形成第一项的决议，但是总督会同行政局批准这段时间的薪酬和津贴的支付。

第69条　议会闭会期监察专员的停职

议会闭会期内，总督会同行政局有权停止监察专员的职务。

当满足以下条件时，总督会同行政局有权停止监察专员的职位：

1. 首相已经将停职的原因向监察专员作了声明；

2. 首相已经考虑了监察专员对声明所作的所有说明。

在停职开始后的3个议会会议日内，首相应将声明和监察专员作出的所有书面说明提交议会讨论。

停职的生效期为：

1. 停职开始后6个议会会议日结束之日起；或

2. 如果之前监察专员已因议会的动议被停职或免职。

如果根据第4款第1项规定，停职已经生效，那么监察专员有权在停职期间获得薪酬和津贴。

第70条　《1954年法律释义法》

《1954年法律释义法》第25条①第2款第1项到第3项的规定不适用于监察专员的免职或停职。

第三节　辞职和离职

第71条　辞职

任何时候，监察专员都可向总督提交书面辞职报告。

第72条　离职

监察专员辞职后有权作为候选人参与以下选举：

1. 昆士兰州议会、其他州的议会或联邦议会；

---

① 《1954年法律释义法》第25条（任命权中的附带权力）。

2. 主席办公室、市长办公室、主管长官办公室、议员或地方政府成员；

3. 其他州的与第 2 项中提到的相同的职位。

第八部分　行政

第一节　机构的设立和管理

第 73 条　监察专员公署

设立监察专员公署。

监察专员公署包括监察专员和监察专员的职员。

第 74 条　机构管理

监察专员管理监察专员公署。

第 75 条　不受外界约束

除了受监察专员公署管理外，有关以下内容，监察专员的职员不受外界约束：

1. 监察专员行使调查职权的方式；

2. 调查优先权。

第二节　公署成员

第 76 条　职员

为设立监察专员公署之必要，监察专员有权雇用职员。

职员的任命依据本法，而不是依据《1996 年公众利益法》。

除非另有规定，监察专员的职员任职条件由总督会同行政局决定。

第 77 条　借调

公职人员有可能被借调到监察专员公署。

本条中的借调是指以下情形：

1. 某人成为监察专员的职员；

2. 《1996 年公众利益法》不适用于该人。

第 78 条　临时工和非正式工

如有必要，监察专员有权依据本法雇用临时工和非正式工。

监察专员有权决定雇员的任期。

雇员的任期应符合《1999 年劳资关系法》中关于产业工人的

规定。

监察专员雇员的雇用依据本法，而非依据《1996年公众利益法》。

第三节　权利保护

第79条　公职人员被任命为监察专员的权利保护

公职人员依据本法被任命到监察专员公署工作后，当他继续担任公职人员时，有权保留其服务于监察专员公署期间既有和应有的所有权利。

如果该人不是因为行为不端离开监察专员公署，那么他有权被雇为公职人员。

该人的级别和报酬依据公共服务委员会或者参照其他单位的标准确定（认为此人已经是公职人员并已经参加了常规的进修课程）。

第80条　成为公职人员的权利保护

某人依据本法以公职人员的身份被任命在监察专员公署工作，那么他在监察专员公署工作期间应被视为公职人员。

第1款的规定不适用于任职期间的行为不端的监察专员、代理监察专员。

第81条　非公职人员作为监察专员的权利保护

本条规定适用于任职于其他国家机关的非公职人员因辞职或任期结束而停止担任监察专员的情形。

在其他国家机关工作的该人有权获得等同或高于之前担任的监察专员的职级和报酬。此人依法在监察专员公署的任职应视为在国家机关任职。

第2款的规定不适用于任职期间行为不端的监察专员。

本条中，“监察专员”包括代理监察专员。

第82条　被借调公职人员的权利保护

如果依据第77条规定被借调的话，公务人员应享有以下权利：

1. 在继续担任公职人员时有权享有任职于监察专员公署时的权利。

2. 可向公共服务机构申请职位并任职，其地位类似于公职人员。

借调结束后，被借调到监察专员公署的人员与其他公职人员享有同等待遇。

如果不是因为行为不端导致借调结束，此人有权被雇为公职人员。

此人的职级和报酬将同于或高于公共服务委员会或者参照其他单位的标准，并且假定此人在没被借调的情况下已经参加了常规的进修课程。

第四节　战略评估

第83条　监察专员公署的战略评估

监察专员公署的战略评估依据本节规定进行。

战略评估至少每5年进行一次，从依据第85条第4款①规定向部长和监察专员递交关于最近战略评估的报告（早期报告）开始计算，直到审查者依据第4款被任命进行最新的战略评估。

但是，如果议会委员会向议会提交了早期报告，而依据《1995年议会委员会法》第24条②规定，部长应对委员会在报告中提出的建议作出回应，那么这5年时间的计算就从部长作出规定的回应开始。

每份战略评估报告由总督会同行政局任命的具有相应资格的人（审查者）进行，其应就审查提交报告。

战略评估的职权范围由总督会同行政局决定。

在审查者被任命进行战略评估前，部长必须与议会委员会和监察专员就以下内容进行协商：

1. 审查者的任命；
2. 审查的职权范围。

报酬和审查者任命的其他条件由总督会同行政局决定。

本条中，“战略评估”包括以下内容：

1. 对监察专员职能的评估；

---

① 第85条是“战略评估的报告”。

② 《1995年议会委员会法》第24条是“对委员会报告的部长回应”。

2. 对监察专员是否经济、有效、及时地行使职能的评估。

第84条　战略评估的进行

审查者有权进行下列战略评估：

1. 有权依据《1977年金融管理和审计法》的规定授权审计员对某主体进行审计。

2. 依据本法和其他法律，审查者授权审计员对某机构进行审计的行为。

第85条　战略评估的报告

战略评估的审查者必须向部长和监察专员提交有关审查报告的副本。

在收到该报告副本后的21日内，监察专员有权向审查者提出有关该报告的任何方面的书面建议。

监察专员依据第2款规定提出了建议后，审查者必须为下列行为：

1. 就该建议达成一致，则将达成一致的修改意见写入报告中；

2. 不能就建议达成一致，则将全部建议写入报告中。

满足第1款和第3款规定后，审查者必须向部长和监察专员提交报告（审查报告）。

除了依据第3款作出的改变外，审查报告必须与第1款规定的报告一致。

接到报告后，部长必须在3个议会会议日内向议会提交审查报告。

依据《1995年议会委员会法》第8条①第2款规定，该报告应提交议会委员会。

第五节　其他事项

第86条　转授权

依据本法，监察专员有权将其除报告权和建议权以外的权力转授给其职员。

---

① 《1995年议会委员会法》第8条是“法定委员会的作用”。

第87条　年度报告

监察专员公署适用《金融管理法》第39条①规定：

1. 适格的部长就是本节规定的主管部长。

2. 《金融管理法》第39条第4款第3项可以忽略不用。

依据《金融管理法》第39条第1款的规定，监察专员向适格部长提交书面报告以及提交该报告副本给财务主管时，他必须向议长和议会委员会提交该报告副本。

第1款和第2款不限制本法其他关于监察专员提交报告的规定。

本条中，《金融管理法》是指《1977年金融管理与审计法》。

第88条　预算

每个财政年度，监察专员必须准备提出有关收支预算。

监察专员必须向《1977年金融管理与审计法》第二部分规定的部长提交预算。

部长应当在每个财政年度就监察专员提交的预算与议会委员会进行协商。

第九部分　议会委员会

第89条　职能

依据本法，议会委员会有以下职能：

1. 监控和检查监察专员依据本法行使职权；

2. 在必要的时候，就监察专员、监察专员的职能、监察专员行使职能等问题，向议会提交报告；

3. 检查年度报告，并可以适当的方式从不同角度对报告进行评价；

4. 为更有效执行本法，就监察专员公署的职能、组织和程序的改变向议会提交报告；

---

① 《1997年金融管理和审计法》第39条是“部门年度报告和短表年度报告”。

5. 本法授予议会委员会的其他职能。①

第十部分 其他规定

第90条 获得翻译或其他帮助的权利

本条规定适用于监察专员认为相关人士因为英语知识欠缺或其他原因导致调查前或调查中不能理解英语或合理流利地使用英语的情形。

监察专员应采取一切合理举措，以确保翻译者或其他合适的人为相关人员和监察人员进行有效沟通提供帮助。

第91条 禁止信息发布

特定情况下，如果认为合适，监察专员有权禁止发布其行使职权过程中依法获得的信息或文件内容。

第92条 保密

监察专员的职员、机关工作人员以及其他在初步聆讯或调查中获取信息的人员禁止为以下行为：

1. 披露超出以下范围的信息：

（1）行使职权；

（2）为行使职权制定的报告；

（3）由行使职权产生的建议；

（4）依据本法涉嫌妨害公务引起的诉讼程序。

2. 使用信息使他人获益。

违反者最高处罚100个处罚单位。

本条中，“监察专员的职员”包括监察专员。

第93条 免责

监察专员的职员不因依法忠诚履职和无过失行为而招致民事责任。

前款免除的监察专员的职员应承担的民事责任，由昆士兰州政府承担。

本条中，“监察专员的职员”包括监察专员。

① 《1995年议会委员会法》第10条规定同样赋予议会委员会该职权。

第 94 条　制定规则的权力

总督会同行政局有权依据本法制定规则。

第十一部分　废止和修订

第 95 条　《1974 年议会特派员法》的废止

《1974 年议会特派员法》（1974 年第 19 号）废止。

第 96 条　由附表 1 修订

根据附表 1 修订所涉及的法律。

第十二部分　过渡性条文

第 97 条　对第十二部分进行定义

这部分中，“议会特派员”是指依据已废止的《1974 年议会特派员法》进行行政调查的议会特派员。

第 98 条　延长任期

本条生效后，依据已废止的《1974 年议会特派员法》获得职位或官职的人继续被视为依据本法获得相同的职位或官职。

此人在该职位或官职上的任用根据本法继续有效。

如果任用是有期限的，则：

1. 依据本法，未满任期内继续任用；

2. 第 61 条第 2 款①适用于，在本条生效以前根据已废止的《1974 年议会特派员法》被任命为议会特派员的，其依据该法的任命期限视为其依据本法任命为监察专员的期限。

第 99 条　行为的持续

本条生效后，任何依据已废止的《1974 年议会特派员法》已开始但未结束的行为都可以依据本法继续存在。

第 100 条　特定行政行为的调查

监察专员有权依照本法对本条生效之前产生的行政行为行使职权，视同该行为发生在本条生效以后。

---

① 第 61 条是“任用期限”。

第101条　战略评估

依据已废止的《1974年议会特派员法》第32条规定的战略评估作出的报告，应被视为第83条第2款①规定的战略评估的早期报告。

第102条　援引《1974年议会特派员法》

如果情况允许，任何援引《1974年议会特派员法》的法律或文件，视为对本法的援引。

第103条　议会特派员和其他委托

如果情况允许，任何法律或文件中对议会特派员或代理议会特派员的委托，可以视为对监察专员或代理监察专员的委托。

第104条至第107条是根据《1977年金融管理和审计法》的修订所作的适当修改和调整说明；第108条至第110条是根据《1992年信息自由法》的修订所作的适当修改和调整说明。本翻译版本省略这两部法律就监察专员问题所作的具体修改内容。

附表3

释义

第3条

“行政行为”参见第7条②。

“机构”参见第8条③。

“有关机关”是指被调查的主体，包括作出行政行为的机构或行政行为中涉及的机构或行政行为所指向的机构。

“议会”是指立法议会。

“投诉人”是指符合第20条规定的人。

“投诉”是指依据第20条④规定作出的行为。

---

① 第83条是“战略评估办公室”。

② 第7条：行政行为的定义。

③ 第8条：机构的定义。

④ 第20条：投诉。

“投诉机构”是指除监察专员之外，依据本法有权进行调查或审查政府行政行为的主体。例如：

- 根据《2000年儿童青年委员会法》的儿童青年委员会
- 根据《1989年刑事司法法》的刑事司法委员会
- 根据《1991年反歧视法》的反歧视委员
- 根据《1991年健康权委员会法》的健康权委员
- 根据《1997年犯罪委员会法》的昆士兰犯罪委员会
- 根据《2000年监护和管理法》的成年监护人

“定罪”包括认罪，或法庭裁决犯罪，甚至未被记录的定罪。

“调查”是指依据本法进行的调查。

“调查需要”是指第28条或第29条①的要求。

“通知”是指书面通知。

机构的“人员”包括以下情形：

1. 机构的主要官员；
2. 机构的成员；
3. 机构的工作人员；
4. 被机构或机构雇用的人员。

“监察专员的职员”包括以下情形：

1. 依据第76条②雇用的人员；
2. 依据第77条③借调到监察专员公署的公务人员；
3. 依据第78条④雇用的临时的或非正式的人员。

第八部分第一节“监察专员办公室”（Ombudsman Office），是指监察专员公署（Office of Ombudsman）。

警务人员、刑事司法委员会人员或犯罪委员会人员的“职业

① 第28条：提供文件或信息的要求；第29条：出席和提供文件或信息的要求。

② 第76条：职员。

③ 第77条：借调。

④ 第78条：临时工和非正式工。

行为”是指任何依据法律或法令赋予其行使职权时所能采取的行为，包括以下情形：

1. 强制执行权；

2. 调查权、信息收集权、寻找和询问权；

3. 逮捕和拘留权；

4. 维护社会秩序和安定的权力；

5. 身为警务人员的权力。

比如，根据《2000年警察的权力和责任法》的警察或刑事司法委员会官员的权力。

政府机关行政行为的“议会委托”是指依据第19条①作出的委托。

“初步聆讯”是指依据第22条第1款②进行的聆讯。

“主要人员”是指以下情形：

1. 部门的行政长官；

2. 地方政府的行政长官；

3. 法定机关的管理人；

4. 其他机构是指以下情形：

(1) 没有分支机构的法人；

(2) 独立的个体；

(3) 主持2人以上联合组织的人。

“公共机关”参见第9条③。

“主管部长”是指以下情形：

1. 管理该部门的部长；

2. 在地方政府中执行《1993年地方政府法》的部长；

3. 在原住民地方政府中执行《1984年社区服务（原住民）法》的部长；

4. 在托雷斯海峡岛屿地方政府中执行《1984年社区服务（托

① 第19条：议会委托。

② 第22条：初步聆讯。

③ 第9条：公共机关的定义。

雷斯海峡）法》的部长；

5. 依据第 9 条第 1 款第一项的公共机关——执行设立公共机关的部长；

6. 依据第 9 条第 1 款第一项的公共机关——执行设立机构的部长；

7. 其他的机构——法定机关的负责部长。

“战略评估”是指依据第 83 条①进行的评估。

① 第 83 条：战略评估机构。

新西兰申诉专员法

李易玟　译

【翻译说明】

新西兰自公元10世纪即有人类居住。1840年2月6日，土著毛利人和英国王室在岛屿湾的怀唐伊镇签署了《怀唐伊条约》，新西兰成为英国王室的一个殖民地，这个条约也被认为是新西兰的建国文件。

作为一个年轻的国家，新西兰相比于英国，在政治制度上更富有活力，一些较为时兴的政治制度能在新西兰生根发芽。它也是斯堪的纳维亚国家以外第一个采用申诉专员制度的国家。具体而言，该国关于申诉专员的主要法源包括如下几个方面：

第一，宪法。新西兰以1840年《怀唐伊条约》(*The Treaty of Waitangi*)为基础制定了一系列法律。新西兰1986年正式颁布《宪法》。《1975年申诉专员法》列举在《1986年宪法》附则一中。据此，《1975年申诉专员法》属于宪法性法律。

第二，专门法律。新西兰议会在1962年颁布《议会专员法》，首次对申诉专员制度作出规定。1975年，该国重新修改颁布了《1975年申诉专员法》，并沿用至今。该法共33条，详细规定了申诉专员的职能、任期、管辖权、权利保护、行使职权时所应依据的程序等。该法附表1列明适用该法的新西兰国家机关或组织，附表2规定了与之相关法律的修订或废除。由于附表1所列明的国家机关、组织、地方机构多达100个，附表2列明的相关法律也种类繁杂，本翻译版本对附表内容没有译出。

第三，其他单行法律。新西兰政府在《1982年政府信息法》、《1987年地方政府信息和会议法》、《1989年酷刑罪行法》和《2000

年受保护的信息披露法》中再次规定了申诉专员的职能。就此点而言，新西兰申诉专员制度并非仅由《1975 年申诉专员法》规范，而是形成了以《1975 年申诉专员法》为主体，其他四部法律为补充的较为完整的法律规范体系。

第四，行为准则，根据《1975 年申诉专员法》第 15 条的规定，新西兰众议院可依据该法以及《1982 年政府信息法》、《1987 年地方政府信息和会议法》、《2000 年受保护的信息披露法》制定申诉专员的行为准则。就目前新西兰政府官方提供的法律文件来看，新西兰议会根据《1982 年政府信息法》、《1987 年地方政府信息和会议法》制定了具体的行为准则（Practice Guidelines-Official Information），但该行为准则并不限于规范申诉专员的职权及处事程序，而是较为全面地规定了该法实施的具体要求。

新西兰 1975 年申诉专员法

第一条　简称与生效时间

（1）本法简称 1975 年申诉专员法；

（2）本法附表 1 第 3 部分，以及与该部分相关联的本法第十三条、第十八条以及第二十二条，应由总督根据政府会议命令指定生效日期。

（3）前款规定外的其他条文，自本法通过之日起生效。

第二条　释义

（1）除另有说明，本法中的一些概念应作如下释义：

申诉专员，是指根据本法所规定的职能、职权或职责，对申诉进行调查的监察人员。

国有企业是指：（a）《1986 年国有企业法》（*State-Owned Enterprises Act* 1986）第二条规定的组织，以及本法附表 1 第 2 部分所列举的组织；（b）已非《1986 年国有企业法》第二条规定的组织，但仍为本法附表 1 第 2 部分所列举的组织。

（2）根据本法附表 1 第 2 部分的立法意图，如果一个或多个国有企业在如下方面拥有或控制了一个公司，无论这种控制是直接或是间接的，该公司都将被视为该国有企业的关联公司，具体情况如下：（a）如该公司根据《1955 年公司法》注册产生，则应控制了该公司的权益股本（《1955 年公司法》第一百五十八条）；（b）如该公司根据《1993 年公司法》注册产生，则应控制了该公司发行的股票，但不包括超出一定资本和利润分配数量的没有参与权的股票。

（3）根据本法附表 1 第 2 部分的立法意图，如果一个或多个皇家研究机构在如下方面拥有或控制了一个公司，无论这种控制是直接或者间接的，该公司都将被视为该皇家研究机构的关联公司，具体情况如下：（a）如该公司根据《1955 年公司法》注册产生，则应控制了该公司的权益股本（《1955 年公司法》第一百五十八条）；（b）如该公司根据《1993 年公司法》注册产生，则应控制了该公司发行的股票，但不包括超出一定资本和利润分配数量的没有参与权的股票。

（4）根据本法附表 1 第 2 部分的立法意图，如果一个或多个地区卫生部门在如下方面拥有或者控制了一个公司，无论这种控制是直接或者间接的，该公司都将被视为该地区卫生部门的关联公司，具体情况如下：（a）如该公司根据《1955 年公司法》注册产生，则应控制了该公司的权益股本（《1955 年公司法》第一百五十八条）；（b）如该公司根据《1993 年公司法》注册产生，则应控制了该公司发行的股票，但不包括超出一定资本和利润分配数量的没有参与权的股票。

第三条　申诉专员

（1）设置至少 1 名地位等同于国会工作人员和特别调查员的申诉专员。

（2）根据本法第七条之规定，总督须根据众议院的建议任命申诉专员。

（3）根据《1988 年国家组织法》与《1956 年政府年金基金法》之规定，获任为申诉专员的任何人，都不能被视为女王陛下的雇员。

（4）设置首席专员，他是申诉专员署的代表，并协调和分配其他申诉专员的工作。

（5）如果总督确信，首席专员因疾病、缺席或其他情形，而无法有效履行职责，可以指派其他申诉专员在此期间代行首席专员的职责。

（6）代理首席专员的任命，及其基于该任命所做的行为，不得因该任命的条件尚未成就或已经终止而遭到任何质疑。

第四条　申诉专员的从业禁止

申诉专员不得担任议会议员或地方政府成员，并且未经总理在特定情况下的许可，不得担任其专员职位以外的其他负有职责及俸给的职位，亦不得从事其专员职责以外的其他有报酬的职业。

第五条　申诉专员的任期

（1）除本法另有规定外，申诉专员的任期为 5 年。

（2）除非某个申诉专员的职位即将取消，每个申诉专员在继任者得到任命之前，都应保留原职。申诉专员可以多次得到重新任命。

（3）所有申诉专员均可随时以书面形式向众议院议长申请辞职，当众议院议长缺位或出国之时，可以向总理申请辞职；若非根据本法第八条之规定进行委任的申诉专员，任一申诉专员都应在年满 72 岁之时以上述方式辞职。

第六条　除职或停职

（1）申诉专员如无法履行职责、破产、失职或有不当行为，总督可随时根据众议院的建议将其除职或停职。

（2）在议会闭会期间，如总督有充足证据证明申诉专员不能履行职责、破产、失职或有不当行为之时，可会同行政会议决定暂停申诉专员的职务，但在下次议会开会后 2 个月，该停职决定自行失效。

第七条　递补

（1）如因申诉专员死亡、辞职或免职而导致职位空缺，应根据本条规定进行递补。

（2）如申诉专员职位在议会开会期间发生空缺，总督应根据众议院的建议任命申诉专员。假如该职务空缺出现之时距议会闭会不足2个月，且议会没有就此提出建议，那么视同该职位空缺出现于议会闭会期间，并适用本条第3款之规定。

(3) 如在议会闭会期间出现职务空缺，适用如下规定：

(a) 除非暂缺的职位即将取消，总督应会同行政会议，任命申诉专员以递补该缺，被任命者将任职至该任命得到众议院的确认。

(b) 在下次议会会议开始之日起2个月内，如果该任命未得到确认，该任命将会失效，该申诉专员职务将继续空缺。

第八条　申诉专员的临时委任

(1) 如申诉专员病退、缺席，或出于其他任何暂时性原因，总督可随时根据本条规定任命申诉专员；任何据此任命的申诉专员都应获得总督认可，其薪酬不高于本法第九条规定的非首席专员。

(2) 根据本条规定授予申诉专员的权力，应在首席专员签发许可之后方得行使，该许可应包含如下内容：首席专员认为，为了恰当地履行申诉专员根据本法产生的职责，须临时设置1个新增的申诉专员。

(3) 根据本条（而非本法第五至七条）之规定，因某申诉专员疾病或缺席，或因其他暂时性原因而获任的申诉专员，其任职期限由总督确定，并用委任状的形式予以明确，但最长不得超过2年。

(4) 根据本条任命的申诉专员，可多次获得任命，但其任职期限总共不得超过5年。

(5) 本法第七条经必要调整后，可适用于基于本条文对临时申诉专员的任命，从而使临时任命的过程类似于申诉专员的递补。

第九条　申诉专员的薪金和津贴

(1) 申诉专员的薪酬应由公共财政支出，不得在本条文之外进行额外拨款。

(a) 薪金应由薪酬委员会及时决定；

(b) 津贴应由薪酬委员会及时决定。

(2) 首席专员的薪金和津贴可高于其他申诉专员。

(3) 在申诉专员得到再次任命的任期内，其报酬不应减少。

（4）虑及申诉专员在出差时因履行职务而耗费的时间，应根据《1951 年费用及旅费津贴法》之规定，在本条第 1 款以外，支付其差旅津贴和费用，申诉专员应享受立法委员会成员因公出差的同等待遇。

第十条　申诉专员的入职宣誓

（1）申诉专员在开始履行职责前，应宣誓必将忠实公正地履行职责，除本法第二十一条之规定外，不得泄露因履行职责而获得的任何信息。

（2）宣誓由众议院议长或书记官主持。

第十一条　职员

（1）首席申诉专员可委任所需官员和雇员（包括临时的官员或雇员），以保障申诉专员依本法享有的职能、职责及职权得到有效运行。

（2）除本法另有明确规定外，首席申诉专员对本条第 1 款中规定的人员，享有雇主的一切权力、权利及责任。

（3）首席申诉专员采用的人事政策应符合良好雇主原则的要求。

（4）根据《1988 年国家组织法》和《1956 年政府年金基金法》之规定，依本条第 1 款获任为官员或雇员的任何人，都不能被视为女王陛下的雇员。

第十二条　申诉专员及职员的退休津贴

为提供申诉专员及本法规定的官员或雇员养老金或退休补贴，应按照《1989 年养老计划法》之规定，登记退休计划，缴纳养老金和保险金。

第十三条　申诉专员的职能

（1）结合本法第十四条之规定，申诉专员有权对关涉行政事务并影响公民个人或公民团体自身身份的决定、建议、作为或不作为进行调查。这类行为由本法附表 1 的第 1、2 部分所列举的部门或组织作出，或由本法附表 1 的第 3 部分所指定或明确的委员会全体（而不是委员会中的任何单个委员）、小组委员会作出，或是由上述机构、组织的官员、雇员或组成人员根据其身份，在其职权范围内作出。

（2）结合本法第十四条之规定，不论在本法生效之前或之后，视具体情况而定，申诉专员可以调查任何组织、委员会、小组委员会或上述机构的官员、雇员和成员对内阁大臣以及本法附表 1 第 3 部分列明的组织所作的建议，这一规定不影响本条第 1 款规定的普适性。

（3）申诉专员可根据公民向其提出的申诉，也可根据其自身意愿展开调查。即使这些申诉看起来与本条前款所规定的决定、建议、作为或不作为无关，申诉专员仍可对因这些决定、建议、作为或不作为而产生的申诉展开调查。

（4）除本条前款规定外，众议院的任一委员会可在任何时候提请申诉专员，要求其对递交给该委员会的请愿以及与该请愿有关的事项进行调查、报告。

在上述情况下，根据委员会的特别指示，申诉专员应在其管辖权范围内调查该事项，或在其认为恰当时向委员会报告。本法第十七条、二十二条、二十四条之规定，并不适用于本款所规定的调查或报告。

（5）除本法前款规定外，总理经首席专员同意，可随时指定 1 名申诉专员，对总理认为应由申诉专员调查，且不涉及司法程序的事件进行调查或报告。申诉专员仍应立即调查该事件并向总理报告，亦可在他认为适当时向国会报告。本法第二十二条之规定，并不适用于本款所规定的调查或报告。

（6）本法授予申诉专员的权力，无论基于何种法律之何种条款，其对相关决定、建议、作为或不作为进行的处理行为都是终局性的；也即，不得对该处理提出上诉；亦即，不得挑战、复核、撤销或质疑申诉专员针对任何个人或组织的决定、建议、作为或不作为的处理。

（7）申诉专员不得对如下事项进行调查：

（a）根据法律、法规规定，当事人可向法院或裁判所提出上诉、抗辩，或申请审查的决定、建议、作为或不作为，且无论该上诉、抗辩或申请是否在该案中实际发生，也不论该权利是否已过时效。

假使在特定情形下，当事人享有或曾经享有上述权利，申诉专员也已经进行了一项调查（该调查与本条其他款目所述的决定、建议、作为或不作为无关），但仍然不能以此为由认为申诉专员应当进行该项调查。

（b）任何个人根据《1956年受托人法》之规定，作为受托人进行的决定、建议、作为或不作为。

（c）任何个人经政府许可，担任皇家法律顾问，从事法律业务，或在诉讼中担任皇家法律顾问，在这个过程中所进行的决定、建议、作为或不作为。

（d）警察部门的决定、建议、作为或不作为，但这些事项不包括警察部门工作人员的工作条件和待遇问题。

（8）本法并未授权申诉专员对新西兰海军、陆军、皇家空军的现役或退役人员、候选人员的如下情况进行调查：（a）这些人员作为上述机构成员或候选人员的工作情况和待遇问题；（b）对这些人员施加的足以影响其作为上述机构成员或候选人员资格的任何命令、要求、决定、惩戒或处罚。

（9）根据本法，申诉专员是否享有对某个或某类案件进行调查的权力，关于这类问题的争议，如申诉专员认为适当，可依据《1908年裁决令法》向高等法院申请裁决，此时也应适用《1908年裁决令法》。

第十四条　对地方机构提起的某些申诉的时效

本法第十三条之规定存在如下例外：申诉专员不得对本法附表1第3部分所列明的委员会或机构内设委员会（教育委员会和医院委员会除外）的决定、建议、作为或不作为进行调查，也不得对本条所述机构的官员、雇员或成员行使职权的行为进行调查，但如果该决定或建议发生于附表1第3部分生效前，或者该作为、不作为发生或持续至附表1第3部分生效前6个月的，不在其列。

第十五条　众议院可制定申诉专员行为准则

（1）依据本法、《1982年政府信息法》、《1987年地方政府信息和会议法》和《2000年举报者保护法》，众议院在认为有必要时，可制定、撤销或变更申诉专员行使职权的行为准则。

（2）该准则可授权申诉专员基于公共利益，任何个人、部门或组织的利益，随时报告其根据本法、《1982年政府信息法》、《1987年地方政府信息和会议法》和《2000年举报者保护法》行使职权的情况，以及其所调查的任何特定案件，上述报告所涉及内容并不限于本法已经规定的必须向众议院报告的事项。

（3）依据本条制定的行为准则，必须根据《1989年法律法规颁行法》的规定颁布。

第十六条　申诉方式

（1）可以通过书面或口头方式向申诉专员提起申诉。

（1A）以口头方式提起的申诉应尽快形成书面材料。

（2）即便法律可能另有规定，但被羁押的嫌疑人、罪犯，或根据《1969年精神卫生法》所定义的患者寄送给申诉专员的书信，应由上述人员所在机构的相关负责人立即转送至申诉专员处，且不得折封该信函。

第十七条　申诉专员可以拒绝进行的调查

（1）申诉专员可以拒绝进行如下调查：

（a）如果申诉专员认为，一项在管辖权之内的申诉，其申诉事项除可向众议院提出请愿之外，根据现有法律、行政措施，尚有充分的救济渠道或上诉权利，申诉人有理由采用这些渠道，申诉专员可以拒绝调查或者拒绝做进一步调查。

（b）如果申诉专员在对申诉的调查过程中了解了整个案情，并认为无须进一步调查，可拒绝对该投诉进行进一步调查。

（2）除本法授权申诉专员的一般性规定外，如果申诉人在得知作为申诉事项的决定、建议、作为或不作为之日起12个月内未向申诉专员送交申诉的，或者申诉专员认为存在如下情形之时，申诉专员可以酌情决定不进行调查，或视案件的如下具体情况不做进一步调查：

（a）申诉事项无关紧要；

（b）申诉事项琐屑无聊、无理取闹或缺乏诚意；

（c）申诉人对于申诉事项不存在充分的个人利益。

（3）申诉专员在作出不调查的决定或者不进一步调查的决定之时，须将该决定告知申诉人并说明理由。

第十七条（A） 申诉转交隐私权事务专员

（1）在依据本法受理申诉之后，如申诉专员认为，依据《1993年隐私权法》，该申诉所涉及的全部或部分事项更适合由隐私权事务专员管辖，申诉专员应立即与隐私权事务专员商议，以使该申诉以更适当的方式处理。

（2）申诉专员与隐私权事务专员在根据本条第1款之规定会商之后，申诉专员应尽快决定申诉所涉及的全部或部分事项是否应根据本法进行处理。

（3）依据《1993年隐私权法》，如果申诉专员决定受理该申诉，应立即将投诉或根据案件的情况，将申诉的适当部分转送至隐私权事务专员做相应处置，并告知申诉人已采取上述措施。

第十七条（B） 申诉转交卫生与残疾事务专员

（1）在依据本法受理申诉之后，如申诉专员认为，依据《1994年卫生与残疾事务专员法》，该申诉所涉及的全部或部分事项更适合由卫生与残疾事务专员管辖，申诉专员应立即与卫生与残疾事务专员商议，以使该申诉以更适当的方式处理。

（2）申诉专员与卫生与残疾事务专员在根据本条第1款之规定会商之后，申诉专员应尽快决定申诉所涉及的全部或部分事项是否应根据本法进行处理。

（3）依据《1994年卫生与残疾事务专员法》，如果申诉专员决定受理该申诉，应立即将投诉或根据案件的情况，将申诉的适当部分转送至卫生与残疾事务专员做相应处置，并告知申诉人已采取上述措施。

第十七条（C） 申诉转交情报安全总监察长

（1）在依据本法受理申诉之后，如申诉专员认为，依据《1996年情报安全总监察长法》第五条之规定，该申诉所涉及的全部或部分事项更适合由情报安全总监察长管辖，申诉专员应立即与情报安全总监察长商议，以使该申诉以更适当的方式处理。

（2）申诉专员与情报安全总监察长在根据本条第1款之规定

会商之后，申诉专员应尽快决定申诉所涉及的全部或部分事项是否应根据本法进行处理。

（3）依据《1996 年情报安全总监察长法》，如果申诉专员决定受理该申诉，应立即将投诉或根据案件的情况，将申诉的适当部分转送至情报安全总监察长做相应处置，并告知申诉人已采取上述措施。

第十八条　申诉专员的办事程序

（1）申诉专员依本法展开调查前，须告知其意图展开调查的有关部门的常任负责人，或依案情需要告知相关机构的行政首长。

（2）申诉专员依本法展开的调查须秘密进行。

（3）申诉专员可以对其认为适当的人进行调查、信息采集或询问。申诉专员无义务举行听证，且任何人无权要求申诉专员举行听证——除非申诉专员在调查过程中认为，有充足理由证明其所做的报告或建议会对有关部门、组织或个人产生不利影响，申诉专员应当允许该部门、组织或个人进行听证。

（4）在涉及本法附表 1 第 1 部分和第 2 部分列明的机关或组织的调查中，申诉专员可根据实际情况，在调查过程中或调查终结后，与调查事项所涉及部门的部长进行磋商。同时，申诉专员在调查结束之后，并在就本法第二十二条第 1、2 款所指事项形成最终意见之前，还可与提出磋商要求的部长进行磋商，而当一项有关调查对象的建议向某个部长作出之时，申诉专员也可以与该部长进行磋商。

（5）在涉及本法附表 1 第 3 部分列明的机关或组织的调查中，申诉专员可酌情在调查过程中或终结后，与调查事项所涉及的市长或组织机构负责人进行磋商。同时，申诉专员在调查结束之后，并在就本法第二十二条第 1、2 款所指事项形成最终意见之前，还可以和提出磋商要求的市长、组织机构负责人进行磋商，而当一项有关调查对象的建议向某个市长、组织机构负责人作出之时，申诉专员也可以与该市长或组织机构负责人进行磋商。

（6）在调查过程中或调查终结后，如果申诉专员有充分证据证明任何机关、组织的官员或雇员存在严重违反职责或不当的行为，应当将该案移交适当的机关。

（7）申诉专员可根据本法规定、众议院制定的申诉专员准则以及有关生效条款的规定，酌情制定相应程序。

第十九条　证据

（1）依据本条和本法第二十条之规定，申诉专员可随时要求任何人提供其所知晓的有关被调查案件的信息，并随时要求任何人提供其所保管或控制的与上述案件有关的文件、资料或物品。

本款适用于任何机构或组织的官员、雇员及成员，亦不论相关文件、资料或物品是否由该机构或组织保管或控制。

（2）申诉专员可传唤如下人员，并令其在申诉专员主持下进行宣誓接受调查：

（a）本法附表1列明的机构或组织的官员、雇员或成员，以及申诉专员认为可能提供上述信息的人员；

（b）申诉人；

（c）在任一案件中，经总检察长事先批准，申诉专员认为能够提供信息的任何人员。

申诉专员进行的该项调查应被视为《1961年刑法》第一百零八条（伪证罪）所界定的司法过程。

（3）根据本条及本法第二十条第1款之规定，即便某人根据法律规定（该法律须由国会制定，或根据《1989年法律法规颁行法》之规定，由行政会议的命令颁布）对某一事项负有保密或不披露的义务，申诉专员仍可向其提出要求，令其就该保密事项提供信息或回答申诉专员的问题，或者令其提供相关文件、资料或者物品，哪怕服从该要求可能有悖于其保密或不披露的义务。

（4）服从申诉专员的要求（依据本条第3款的规定），并不违反保密或不披露的义务，也不是对施加了该项义务的法律的违反。

（5）任何人都与出庭证人一样，在提供信息、回答问题、出示文件、资料及物品方面享有同样的权利。

（5A）依本法实施的任何调查，须遵守《1982年政府信息法》或《1987年地方政府信息和会议法》，本条第5款并未禁止申诉专员：

（a）根据本条第1款规定，要求申请人提供信息、出示相关资料、文件或物品；

（b）审查相关信息、文件、资料或物品，以决定是否适当地排除相关信息、文件、资料或物品，但这并不能提供申诉专员任何信息，也不意味着申诉专员在本款之外，有权获取这些信息，或使用相关信息、文件、资料或物品。

（5B）对于本条第（5A）款所指的信息、文件、资料或物品：

（a）除下列人员外，申诉专员不得向任何人泄露该信息、文件、资料、物品，或从该文件、资料、物品中获知的信息：

（i）该文件、资料或物品的提供者；

（ii）由申诉专员聘请的，以确定该信息、文件、资料或物品是否应根据第5款之规定进行合理排除的出庭律师或事务律师；

（iii）法院。

（b）申诉专员可以将其意见告知相关文件、资料或物品的提供者，以及声称其权利有效的申诉人。

（c）在决定是否披露信息之时，申诉专员不得考虑任何其他信息，以及来自相关文件、资料或是物品中的信息，除非其认为当事人主张的权利无效，并已告知当事人相关决定。

（6）任何人在申诉专员进行询问的过程中，或在其他程序中对申诉专员进行的陈述或回答，均不得作为在法庭上或其他程序中用以指控他人的证据，同时，向申诉专员提交的任何证据都不得用以指控任何人。但是，某人的宣誓证词因涉嫌《1961年刑法》关于伪证罪的规定而遭到审理的除外。

（7）任何人依本条之规定服从申诉专员的要求，不得以违反本法之外的其他法律为由被起诉。

（8）为实施本条之规定，被申诉专员要求到场的人员，与出庭证人享有同样的费用、津贴、补助，且亦应适用根据《1957年简易程序法》制定的相关规定。

为实施本款，申诉专员与法院一样享有基于上述规定产生的权力，即全部或部分确定、驳回或增加所付款项。

第二十条　不得披露的事项

（1）如果总检察长证实，对申诉专员提供信息、回复询问，或者提供资料、文件、物品等，可能存在如下情形，申诉专员应视案件具体情况，不再要求提供信息、回复询问，或提供资料、文件、物品等：

（a）可能会损害新西兰的安全、国防或国际关系（包括新西兰与任一国政府或国际组织的关系），或有碍犯罪的调查或侦察；

（b）可能涉及泄露内阁会议内容；

（c）可能涉及泄露内阁议程、与内阁成员有关的机要事件或秘密，且可能损害公共利益。

（2）结合本条第1款之规定，任何授权或要求当事人以可能损害公共利益为由，拒绝提供文件、资料，或拒绝回答问题的法律，不适用于申诉专员进行的调查或其他程序。

第二十一条　申诉专员及职员的保密义务

（1）负有公职的申诉专员及职员，以及由首席专员指定的人员，均应视为《1961年刑法》第一百零五、一百零五（A）条所规定的公职人员。

（2）申诉专员及上述人员须对其在执行职务时所知悉的相关事件保密。

（3）任何公职人员或首席专员任命的人员，在其依据本法执行职务前，须在申诉专员主持下发誓，非为执行本法，不得泄露基于本法知悉的任何信息。

（4）本条第1至3款虽有规定，但申诉专员认为，为了进行调查，得出结论或提出建议，需要披露相关信息的，也可以进行披露。

（5）本条第4款所规定的权限范围，不包括：

（a）可能有损于下列事项的信息：

（i）可能会损害新西兰的安全、国防或国际关系（包括新西兰与任一国政府或国际组织的关系）；

（ii）《1982年政府信息法》第七条所保护的利益；

（iii）预防、调查或侦察犯罪。

(b) 可能涉及泄露内阁审议内容的信息；

(c) 申诉专员依本法第十九条第 3 款的规定，收集的信息、答复、文件、资料或物品。

第二十一条 (A)　与隐私权事务专员会商

本法第二十一条虽已规定，但申诉专员仍须依《1993 年隐私权法》之规定，同隐私权事务专员就其职权相关的事项进行商议，商议范围包括 (但不限于)：

(a) 依本法第十七 (A) 条所作的决定。

(b) 依本法或其他法律之规定，在调查中发现的相关事项；

(c) 有关隐私权的事项，且不论该事项是否为依本法提起的特定投诉。

为达到商议目的，申诉专员须向隐私权专员披露其认为必要的信息。

第二十一条 (B)　与隐私权事务专员会商

本法第二十一条虽已规定，但申诉专员仍须依《1994 年卫生与残疾事务专员法》之规定，同卫生与残疾事务专员就其职权相关的事项进行商议，商议范围包括 (但不限于)：

(a) 依本法第十七 (B) 条所作的决定。

(b) 依本法或其他法律之规定，在调查中发现的相关事项；

(c) 有关卫生与残疾事务专员管辖范围的事项，且不论该事项是否为依本法提起的特定投诉。

为达到商议目的，申诉专员须向卫生与残疾事务专员披露其认为必要的信息。

第二十一条 (C)　与情报安全总监察长会商

本法第二十一条虽已规定，但申诉专员仍须依《1996 年情报安全总监察长法》之规定，同情报安全总监察长就其职权相关的事项进行商议，商议范围包括 (但不限于)：

(a) 依本法第十七 (C) 条所作的决定。

(b) 依本法或其他法律之规定，在调查中发现的相关事项；

(c) 有关情报安全总监察长管辖范围的事项，且不论该事项是否为依本法提起的特定投诉。

为达到商议目的，申诉专员须向情报安全总监察长披露其认为必要的信息。

第二十二条　调查后的程序

（1）在根据本法展开的调查终结后，如申诉专员认为被调查的行政决定、建议、作为或不作为存在如下情形时，须根据本条进行处理：

（a）与法律相抵触；

（b）存在不合理、不公正、过于苛重或不当的差别对待，或是根据一部/项存在不合理、不公正、过于苛重或不当的差别对待的法律、法规、地方法规或惯例作出的行为；

（c）所依据的法律或事实存在全部或部分错误；

（d）不具有正当性。

（2）当申诉专员认为，在进行决定、建议、作为或不作为的时候，裁量权的行使存在目的不当、基于不相关理由或考虑了不相关因素等情形，或者基于裁量权所做的决定应说明理由但未说明时，亦应适用本条。

（3）申诉专员认为案件属于下列情况时，可以适用本条规定：

（a）有关问题须交有权机关进一步复核；

（b）该不作为应当改正；

（c）决定应当撤销或更改；

（d）决定、建议、行为或不作为所依据的惯例是应当改变的；

（e）决定、建议、行为或不作为所依据的法律应当再审查；

（f）应就决定说明理由；

（g）应采取其他措施。

申诉专员应将其看法与理由报告给相关机构或组织，并提出适当的建议。

在此情况下，申诉专员可以要求有关机构或组织在特定时间内，将实施申诉专员建议的措施（如有的话）予以告知。

如调查涉及本法附表1第1部分和第2部分所列明的机构或组织，申诉专员应将其报告或建议的附本，送交该机构或组织的负责人；如果调查涉及本法附表1第3部分列明的组织，申诉专员亦应将其报告或建议的附本送交市长或该组织的负责人。

（4）在报告作出后合理的期限内，如申诉专员认为合理、充分的解决方案没有得到采用，申诉专员可以在对与报告有关的部门或机构或从这些部门或机构的角度所作的陈述进行分析之后，将该报告的附本和陈述提交总理，并择机将该报告呈送众议院。

（5）申诉专员依据本条第四款所作的报告，必须附有与报告有关的部门或机构所作的陈述，或出于这些部门或机构的角度所作的陈述。

（6）本条第四、五款之规定，不适用于对本法附表 1 第 3 部分所列明的机构或组织所进行的调查。

（7）本条任何内容，均不能被视为申诉专员可以对任何个人进行评论，除非该人员获得进行听证的机会。

第二十三条　申诉专员可要求公布报告大纲

（1）当申诉专员根据本法第二十二条第三款作出一个涉及本法附表 1 第 3 部分所列明的任一组织的报告之时，可将其报告大纲送交该组织的首长，并可要求该首长向公众提供该大纲复印件，供公众在办公期间无偿查阅。任何公众成员可以复制该大纲的全部或任一部分内容。

（2）在根据本条第 1 款将书面的报告大纲转交给相关组织的首长之前，申诉专员应将该报告大纲的草案副本转送相关组织研读，并尽可能地在该大纲中加入该组织提出的建议。

（3）收到报告后的 1 周之内，该组织的首长应动用该组织的经费，按照申诉专员关于该报告公开的要求及公开的地点，通过要求的方式，或在要求的报纸上进行公告。

（4）上述报告须在公告发布之日起 4 周内，向公众公布。

第二十四条　向申诉人告知调查结果

（1）对受理的投诉进行调查，并依本法第二十二条第三款提出建议后，认为被建议方没有在合理的时间内采取任何充分适当措施的，申诉专员应将其建议及其认为适当的看法告知申诉人。

（2）申诉专员应在其认为适当的时间内，以适当的方式告知申诉人调查结果。

第二十五条　程序不受质疑或审查

除申诉专员缺乏管辖权以外，申诉专员所适用的程序不应以缺乏形式要件为由被认定无效，申诉专员所适用的程序不能被反对、审查、撤销，或在法院受到质疑。

第二十六条　程序权利

（1）结合本条第二款之规定：

（a）申诉专员、其他公职人员或由首席专员指定的人员根据本法、《1982 年政府信息法》、《1987 年地方政府信息和会议法》或《2000 年举报者保护法》之规定，为执行职务或意图执行职务所进行的活动、报告或发言，不得遭到民事或刑事起诉，除非上述行为出于恶意。

（b）申诉专员及上述人员均不得被传唤至任一法院、或在任一司法程序中被要求提交涉及上述人员依据本法、《1982 年政府信息法》、《1987 年地方政府信息和会议法》或《2000 年举报者保护法》在执行职务之时所知悉的证据。

（2）本条第一款之规定不适于以下情形：

（a）触犯《1961 年刑法》第七十八条、第七十八 A 条第一款、第一百零五条、第一百零五 A 条、第一百零五 B 条规定的情形；

（b）共同触犯《1961 年刑法》第七十八条、第七十八 A 条第一款、第一百零五条、第一百零五 A 条、第一百零五 B 条规定的情形。

（c）试图触犯《1961 年刑法》第七十八条、第七十八 A 条第一款、第一百零五条、第一百零五 A 条、第一百零五 B 条规定的情形。

（3）任何人依据本法、《1982 年政府信息法》、《1987 年地方政府信息和会议法》或《2000 年举报者保护法》，在申诉专员要求之下，或在相关程序中向申诉专员提交陈述、信息、文件、资料或物品，应享有在法院要求之下或相关程序中的同等权利。

（4）为实施《1992 年诽谤法》附表 1 第 2 部分第三条之规定，申诉专员依据本法、《1982 年政府信息法》、《1987 年地方政府信息和会议法》或《2000年举报者保护法》所做的报告，应被视为新西兰议会授权行使调查权的人员所做的官方报告。

第二十七条　进入处所的权力

（1）为施行本法，根据本条规定，专员可随时进入并视察本法附表1所列明的任何机构或组织所占用、管理或控制的任何处所；并根据本法第十九、二十条的规定，在该处所内进行属其职权范围内的调查。

（2）专员进入任何处所前，须通知该处所的有关机构的常任首长，或根据案件需要，通知控制该处所的行政首长。

（3）当总检察长确信，基于本条文所授予的权力的行使，可能会损害新西兰的安全、国防或国际关系（包括新西兰与任一国政府或国际组织的关系）之时，可以随时告知首席专员，排除本条第1款在特定处所或特定类别处所中的适用。

第二十八条　申诉专员的转授权

（1）申诉专员可以书面形式，随时将本法授予他的任何权力转授给他的下属，但转授权和制作报告的权力除外；

（2）本条规定的转授权可针对特定人员、在特定时期内具有特定职务的人或特定级别中具有特定职务的人作出。

（3）依本规定进行的授权可随时取消，该授权不阻碍申诉专员行使任何职权。

（4）授权可能会受制于申诉专员认为适当的限制或条件，它们可能是一般意义上的，也可能是针对特定案件或特定类型案件作出的授权。

（5）除非授权被撤销，其效力应持续到委托期满。如果进行授权的申诉专员职务终止，授权将被视为由该申诉专员的继任者作出。

（6）任何依据本规定接受委托、行使申诉专员职权的人员，在被要求之时，须提供证据证明其享有该项权力。

第二十八条（A）　名称保护

（1）除非法律有规定，或是事先取得首席专员的书面授权，依本法任命的申诉专员之外的任何人，都不得基于获得报酬或其他任何目的，在任何商业、贸易、服务或其他行业中使用申诉专员的名称，也不得自称为申诉专员。

（2）触犯本条第一款的人员，应通过简易程序处以不超过1000新元的罚款。

第二十九条　年度报告

根据本法第二十二条第七款的规定以及众议院对申诉专员行使职责的现行有效的规定，申诉专员应每年向众议院就其依据本法、《1982年政府信息法》、《1987年地方政府信息和会议法》以及《2000年举报者保护法》的规定行使职权的情况进行报告，但这并不限制申诉专员在其他任何时间的报告权。

第三十条　刑事责任

任何人触犯本法并有下列情形之一，经即席判决定罪后，应处以不超过200新元的罚款：

（a）无合法理由，故意妨碍、阻挠或抗拒申诉专员或任何其他人根据本法行使职权；

（b）无合法理由，拒绝或故意不遵从申诉专员或任何其他人根据本法提出的合法要求；

（c）在申诉专员或任何其他人根据本法行使职权之时，故意作出虚假陈述或蓄意误导的陈述，或试图进行误导；

（d）在没有取得授权之时，直接或间接表示其依据本法取得了相应权力。

第三十一条　国会为实施本法进行的拨款

除本法另有规定外，为实施本法，国会应拨付相应款项，以支付所有依本法规定产生的工资、津贴以及其他应付的支出。

第三十一条（A）　审计

（1）众议院须指定审计师对申诉专员进行审计。

（2）依本条规定指定的审计师应依据《2001年公共审计法》的规定进行审计。

（3）为实现本条文的意图，审计师在执行职务之时享有与审计长相同的职权与职责。

第三十二条　根据议会的命令修改附表 1 的权力

（1）当本法附表 1 所列明的机构或组织被撤销、变更，或是新设机构之时，总督根据议会的命令，可对上述附表进行必要的修改，以应对上述机构的撤销、变更、新设。

（2）总督可随时根据行政会议的命令，修改本法附表 1 第 2 或第 3 部分的内容：

（a）地方机构和其他机构的名称，以及对这些机构级别的说明；

（b）删去上述第 2 或第 3 部分的任何地方机构或其他机构的名称以及对这些机构级别的说明，且无论该名称或说明是否出现在最初制定的法律条款中，还是包含在其他法律或国会的命令中。

第三十二条（A）　不限制《1989 年酷刑犯罪法》

本法不限制《1989 年酷刑犯罪法》第 2 部分的适用。

第三十三条　废止、修改及保留

（1）根据本条第五款的规定，本法附表 2 所列明的法律自此废止。

（2）《1969 年心理卫生法》第六十三条应进行修改，删去该条第一款中“该申诉专员”，改为“任一申诉专员”。

（3）本法的条文是对其他一些制定法或法律规则的补充，这些法律为个人提供了救济途径、上诉权或异议权，或者规定了对某个事项进行调查或询问的程序。本法不应限制或影响上述救济途径、上诉权、异议权或程序运行。

（4）《1962 年议会专员（申诉专员）法》第四条第一款虽已废止，但基于该款作出建议所进行的任命继续有效，直至本法生效时的议会解散或终结时止。

（5）本法附表 2 所列明的，与根据《1968 年议会专员（申诉专员）法修正案》第二条第六款增加的《1962 年议会专员（申诉专员）法》附表第 3 部分所列明的机构有关的法律规定，将继续生效，直到本法附表 1 第 3 部分生效时止。

南非公众保护专员法

叶元芬　译

【翻译说明】

1993 年南非临时宪法规定建立公众保护专员制度（the Public Protector），1995 年 10 月 1 日公众保护专员署正式成立，南非公众保护专员既是一种制度，也是一个人。南非公众保护专员和最高法院法官是同一职级，公众保护专员的任命，由国民大会委员会推荐，经大会表决，由总统任命。在南非，除公众保护专员，还有一位副公众保护专员，且在全国九个省分别都设有代表。

南非规范公众保护专员运作的关键法律有两部：1994 年通过、2003 年修订的公众保护专员法和 1998 年行政道德法。根据公众保护专员法，公众保护专员的管辖范围涵盖了除法院判决之外的所有公共行政管理行为。行政道德法及道德守则（The Executive Members' Ethics Act, Executive Ethics Code）授权公众保护专员调查所有被指控违反行政道德的行政人员。其他相关法律还包括反腐败立法和信息公开法及披露保护法（Prevention & Combating of Corrupt Activities Act, Promotion of Access to Information Act, Protected Disclosures），也肯定公众保护专员有权调查政府行政行为和采取补救行动。

【法源一】

南非共和国宪法（节选）

第一百八十一条　机构设立及行政原则

（1）为巩固共和国之民主，特设立如下机构：

(a) 公众保护专员；

(b) 南非人权委员会；

(c) 文化权、宗教权和语族权促进和保护委员会；

(d) 性别平等委员会；

(e) 审计长；

(f) 选举委员会。

(2) 上述机构具有独立性，且只服从于宪法和法律，应秉持公正，在行使权力和履行职责时，做到不畏惧，不偏私。

(3) 其他国家机关应通过立法或其他方式给予上述机构协助和保障，以确保这些机构的独立、公正、尊严和效率。

(4) 任何个人或国家机关均不得干涉上述机构履行其职能。

(5) 上述机构对国民议会负责，每年就其活动和履行职能情况向议会作至少一次报告。

第一百八十二条　公众保护专员的职能

(1) 公众保护专员依法享有如下权力：

(a) 在国家行政和公共行政领域中，对于被指控或怀疑构成不当的行为，以及结果造成不当或损害的行为，进行调查；

(b) 报告该行为；

(c) 采取适当的补救措施。

(2) 公众保护专员享有国家法律规定的其他权力和职能。

(3) 公众保护专员不能调查法院的判决。

(4) 公众保护专员对于所有个人和社团具有可接近性。

(5) 公众保护专员的报告应向公众公开，除非依国家法律规定存在必须将报告保密的特殊情况。

第一百八十三条　任期

公众保护专员任期为7年，不可连任。

第一百九十三条　任命

(1) 本章设立的公众保护专员以及各委员会成员应是：

(a) 南非公民；

(b) 能够胜任该工作的适当人选；

（c）满足国家法律规定的其他要求的男性或女性。

（4）总统有权根据国民大会的建议，任命公众保护专员、审计长，及以下委员会成员

（a）南非人权委员会；

（b）性别平等委员会；

（c）选举委员会。

（5）国民大会建议的人选应是：

（a）由国民大会中各党派的代表按一定比例组成的委员会进行提名的；

（b）由国民大会的决议通过：

（i）如果是任命公众保护专员或审计长，应获得国民大会至少60%成员的支持；

（ii）如果是任命委员会成员，应获得国民大会半数以上成员的支持。

（6）公众参与建议的程序参照本法第59节第一条（a）款之规定。

第一百九十四条　免职

（1）本章设立的公众保护专员、审计长或各委员会成员仅在下列情况下，方可免职：

（a）行为不当，无行为能力或不称职；

（b）并经国民大会委员会对此作出决定；

（c）最终由国民大会通过免职决议。

（2）国民大会的免职决议：

（a）如果是罢免公众保护专员或审计长，应由大会2/3以上成员通过；

（b）如果是罢免委员会成员，应由大会半数以上成员通过。

（3）总统

（a）在国民大会委员会启动对某人免职的程序后，有权随时暂停此人的工作；

（b）有权根据国民大会的免职决议罢免此人。

【法源二】

南非公众保护专员法

1996 年南非共和国宪法规定设立公众保护专员署，为了规范与此有关的事项，制定本法。

前言

根据 1996 年南非共和国宪法第一百八十一至一百八十三条，设立公众保护专员署。在国家行政和公共行政领域中，对于被指控或怀疑构成不当的行为，以及结果造成不当或损害的行为，公众保护专员均有权依法进行调查并报告该行为，并且有权采取适当的补救行动，以巩固共和国之民主。

根据宪法第一百九十三至一百九十四条，规定公众保护专员的任免机制。

根据宪法授权制定与公众保护专员署有关的若干附带事项。

本法由南非共和国议会通过。

第一条　释义

在本法中，除非文意另有所指，

“委员会”是指第二条（1）中所指的一个委员会；

“宪法”是指 1996 年南非共和国宪法；

“副公众保护专员”是指根据第二 A 条（1）任命的人；

“调查”是指第七条提到的调查，包括与之相关的任何初步调查；

“公众保护专员署成员”包括公众保护专员、副公众保护专员、公众保护专员雇员以及第三条（12）和第七条（3）（b）款规定的人；

“部长”是指负责司法行政工作的内阁成员；

“公众保护专员”是指根据第一 A 条任命的人。

第一 A 条　建立和任命

（1）共和国应有公众保护专员。

（2）如有必要，总统应委任一个符合宪法第一百九十三条规定的公众保护专员。

（3）担任公众保护专员职务的适当人选应是南非公民，并且是

（a）曾任高等法院法官；

（b）曾任辩护人或律师，执业期间不少于10年；

（c）拥有辩护人或律师的任职资格，并在大学教授法律至少10年；

（d）拥有司法行政、公共行政或公共财政领域的专业知识和经验，累计工作期间不少于10年；

（e）曾担任议员10年以上；

（f）拥有第（b）至（e）款列举的经验，且累计期间长达10年。

（4）公众保护专员在其公务职责范围外，不得担任任何有报酬的工作。

第二条　公众保护专员的薪酬、职缺及其他任职条款及条件

（1）国民大会的委员会：

（a）根据宪法第一百九十三条第（5）（a）款提名公众保护专员；

（b）根据第二A条（3）提名副公众保护专员；

（c）根据宪法第一百九十四条第（1）（b）款及第（3）（a）款审议公众保护专员的免职决议；

（d）根据第二A条（9）（b）款及第（11）（a）款（ii）项审议副公众保护专员的免职决议；

（e）根据宪法或本法审议其他事项。

（2）国民大会可以随时根据委员会的建议决定公众保护专员的薪酬及其他任职条款和条件，但是其薪酬：

（a）不低于高等法院法官；

（b）不得减少，在任期内也不得对任职条款和条件作出不利改变。

（3）如果国民大会和议会不在会议期间，在下列情况下，委员会可以允许公众保护专员辞职：

（a）专员的健康状况一直不佳；

（b）专员自己提出申请：但是该希望辞职的申请应至少提前3个月向国民大会或委员会提交，除非在特定情况下国民大会或委员会允许有更短的期间。

（4）如果委员会依据第（3）条允许公众保护专员辞职，委员会主席应将此事实报告给国民大会：但是委员会根据本节所作的决定必须由国民大会批准。

（5）公众保护专员就有关公众保护专员署的任何事项，可在任何时间与委员会沟通联系。

第二A条　副公众保护专员的任命、薪酬及其他任职条款和条件、职缺、免职

（1）总统有权根据国民大会的建议，任命副公众保护专员并决定任期，但任期不得超过7年。

（2）副公众保护专员在任期结束时，可以根据第（1）条获得连任。

（3）国民大会建议的人选应是：

（a）由委员会提名的；

（b）由获得国民大会半数以上成员支持的大会决议通过。

（4）担任副公众保护专员职务的适当人选应是南非公民，并且是

（a）曾任辩护人或律师，执业期间不少于10年；

（b）拥有辩护人或律师的任职资格，并在大学教授法律至少10年；

（c）拥有司法行政、公共行政或公共财政领域的专业知识和经验，累计工作期间不少于10年；

（d）曾担任议员10年以上；

（e）拥有第（a）至（d）款列举的经验，且累计期间长达10年。

（5）国民大会随时根据委员会的意见决定副公众保护专员的薪酬及其他任职条款和条件。

（6）副公众保护专员享有公众保护专员的职权。

(7) 凡公众保护专员因故不能履行其公务职能，或在公众保护专员任命之前，由副公众保护专员代为履行其职能。

(8) 当副公众保护专员出现职缺时，第二条 (3) 及第 (4) 款在适用时可以进行必要的修改。

(9) 副公众保护专员仅在下列情况下，方可免职：

(a) 行为不当，无行为能力或不称职；

(b) 并经委员会对此作出决定；

(c) 最终由国民大会通过免职决议。

(10) 国民大会免职副公众保护专员的决议，必须由国民大会半数以上成员通过。

(11) (a) 如果针对副公众保护专员的投诉是以第 (9) 规定之情况为理由，且该投诉已被国民大会接受，或者该投诉虽正在调查中但总统认为该投诉涉及事项性质严重以致该专员不适合履行其职能，总统可随时暂停副公众保护专员的工作。

(b) 总统在根据 (a) 款暂停副公众保护专员工作时，同时可决定是否暂停其待遇，包括薪酬及其他任职条款或条件。

(12) 总统有权根据国民大会罢免副公众保护专员的决议罢免副公众保护专员。

(13) 如果副公众保护专员的职位出现空缺，在符合本条规定的情况下，总统应尽快委任另一人担任该职。

第三条　公众保护专员的雇员

(1) 根据宪法和本法，公众保护专员在履行其职能时，有权要求下列人员根据自己的指示和管理予以协助：

(a) 副公众保护专员；

(b) 为协助公众保护专员履行财务、行政及文书工作，公众保护专员有权委任或根据第 (12) 条借调有适当资格和经验的人作为首席行政主任；

(c) 根据第 (12) 条借调的或由公众保护专员任命的雇员，应是对公众保护专员履行职能有必要的。

第 (2) ~ (8) (已删除)

(9) 公众保护专员根据第一条 (b) 项或 (c) 项任命的人员

有权领取报酬、津贴及其他待遇福利，并由公众保护专员决定委任的条款及条件和期限等。

（10）公众保护专员在行使其第（1）款和第（9）款的权力时，应咨询财政部部长。

（11）（a）公众保护专员根据本节决定薪酬、津贴和其他雇用条件的文件，应在该决定作出后14日内提交国民大会。

（b）如果国民大会不赞成某决定，该决定就会在不被赞成的程度范围内停止施行。

（c）如果一个决定依据（b）款之规定不再被施行，则

（i）在此之前根据该决定作出的行为仍被视为有效；

（ii）根据该等决定而享有、产生或招致的任何权利特权或义务责任，在上述日期后失效。

（12）公众保护专员履行第（1）（b）款规定的职能时，有权要求依法借调公共服务人员予以协助。

（13）公众保护专员署成员须

（a）公正、独立，在履行职责时应做到真诚善良，不畏惧，不偏袒，无偏见和成见；

（b）担任全职，不得兼任其他职位职业或其他公职，除非是由委员会豁免的副公众保护专员，以及第七条（3）（b）款规定的人。

（14）如果雇员与所从事的公务有金钱利益或其他利益，可能妨碍其公平公正和适当地履行职能时，该雇员不得按第七条进行调查或提供协助，第七条（3）规定的人除外。

（15）如果雇员没有透露存在第（14）款规定的利害联系，仍按第七条在进行调查或提供协助，公众保护专员可以采取他认为必要的措施，以确保调查的公平公正和适当。

第四条　财务和报表

（1）第三条（1）（b）款提到的首席行政主任：

（a）应遵守1999年公共财政管理法；

（i）对公众保护专员署的收支和结算负责；

（ii）保管必要的会计和其他相关记录的材料；

(b) 有时行使公众保护专员赋予的职责，并就此向公众保护专员负责。

(2) 第 (1) 条第 (a) 款 (ii) 项所提到的记录材料由审计长审核。

第五条　公众保护专员的责任

(1) 公众保护专员署是法人。

(2) 1957 年国家责任法在适用于公众保护专员署时可以进行必要的修改，该法中所指的“有关部门部长”应解释为履行公务职能时的公众保护专员。

(3) 对于善意表示并提交给议会的任何报告、决议、观点或建议中所反映的事项，或者依本法或宪法而知的任何事项，公众保护专员和公众保护专员署雇员都不承担责任。

第六条　公众保护专员的报告事项和其他权力

(1) 任何人都可以就公众保护专员管辖范围内的任何事项向公众保护专员提出申诉：

(a) 以书面、口头宣誓或作出肯定声明的形式，指明：

(i) 申诉事项的性质；

(ii) 认为调查有必要的理由；

(iii) 知道的其他有关信息。

(b) 采用经公众保护专员允许的其他形式，以期公众保护专员署对于所有人具有可接近性。

(2) 公众保护专员署成员免费提供必要的协助，以使任何人都能行使第 (1) 款规定之申诉权。

(3) 如果申诉人对申诉事项有明显偏见，公众保护专员可以拒绝调查，比如：

(a) 申诉人是国家工作人员，或者是 1994 年公共服务法的适用对象，却没有依照 1994 年公共服务法之规定用尽所有合理补救措施；

(b) 对第 (4) 款及第 (5) 款规定的行为有偏见，没有采取所有合理步骤，穷尽法律补救措施。

(4) 公众保护专员有权：

（a）主动或在收到投诉后调查：

（i）与各级政府行政事务相关的行政失当；

（ii）行使公共职能时，滥用或不合理使用权力，或有不公平、随意、无礼或其他不正当行为，或无故拖延履行；

（iii）2004年预防和打击腐败活动法第1~4部分中提到的不当或不诚实行为，或不作为或罪行，或第2章第17节、20节或21节有关公共资金的（只限于因为它涉及上述罪行）；

（iv）在行使公共行政职能或与各级政府行政事务有关或执行公共职能时，作为或不作为而不当、非法获取或者承诺获取财富和不正当利益；

（v）在各级政府中担任雇员，或者履行公共职能时，作为或不作为而导致违法或造成不当损害。

（b）自行决定通过以下方式努力解决争端或纠正任何行为或不作为：

（i）调解、和解或谈判；

（ii）在必要时，对任何关于适当补救措施的申诉提供咨询；

（iii）任何其他适宜的方式。

（c）在调查之前、期间或之后，有下列权力：

（i）认为事实表明相关人员实施了犯罪，可以将此事通知有关检控当局，

（ii）认为时机成熟，可以查阅与调查有关的任何材料，可以调查有关的公共机构或行政机构，可以对造成的损害赔偿提出适当的建议，或对认为有关联的公共机构或行政机构提出适当的建议。

（d）对于主动或根据投诉或要求而处理与2000年促进政府信息公开法的实施和操作有关的争议，应通过以下方式，努力自行解决：

（i）调解、和解或谈判；

(ii) 在必要时，向任何关于适当补救措施的申诉人提供咨询；

(iii) 任何其他适宜的方式。

(5) 除第 (4) 款规定之外，公众保护专员有权主动调查或在收到投诉后调查：

(a) 国家作为多数或控股股东的机构或公共实体（参见 1999 年公共财政管理法第 1 节的定义）的行政管理失当；

(b) (a) 款规定的机构或实体的工作人员滥用权力，或有不公平、随意、无礼或其他不正当行为，或无故拖延；

(c) 因与 (a) 款规定的机构或实体的事务有关的作为或不作为，而不当、非法获取或者承诺获取财富和不正当利益；

(d) 因 (a) 款规定的机构或实体的雇员的作为或不作为，导致非法或给其他人造成不当损害。

(6) 第 (4) 款和第 (5) 款之规定不得被解释为赋予了公众保护专员调查法院司法审判活动的权力。

(7) 公众保护专员应能胜任主动或在收到投诉后的调查，以及第 (4) 款和第 (5) 款规定的调查范围内的任何事项。

(8) 公众保护专员或他的雇员应能胜任其工作，但是在任何情况下，任何个人或机构都不得强迫其回答与调查获悉情况有关的问题。

(9) 交由公众保护专员处理的投诉或事宜不得被舆论消遣，除非在特殊情况下公众保护专员表示允许，或者有关事件或事项是在发生 2 年后才提交给公众保护专员。

第七条　公众保护专员的调查

(1) (a) 公众保护专员有权主动、或在收到投诉和指控后、或根据自己已掌握的行为信息，例如符合本法第六条 (4) 和 (5) 之规定的行为信息，进行初步调查，以确定该投诉、指控或信息资料的性质，或该有关事项的处理方式。

(b) (i) 调查的形式和程序由公众保护专员视个案情况而定；

(ii) 公众保护专员可直接指出某类人或所有人的出席是不可取的，并且不应参与全部或部分调查程序。

（2）除非法律有相反规定或公众保护专员特别决定，任何人不得向其他人透露公众保护专员记录文件中的内容或公众保护专员、副公众保护专员、第（3）（b）款规定的人在调查过程中掌握的证据记录。

（3）（a）公众保护专员在调查期间或之前，可向下列人员提出要求：

（i）依法受各级政府雇用的人员；

（ii）依法被授权执行公共职能的人员；

（iii）受公众保护专员管辖的、给予协助的、受他监督和控制的，或者在个案调查或普查中承担职责的人员。

（b）（i）公众保护专员可指定任何人代表他进行全部或部分调查并向他报告，为此目的该人应有公众保护专员的授权。

（ii）1999 年公共财政管理法第 9 节的规定和财政部根据第 76 节颁发的条例和指示的规定，在适用于调查委员会调查人员时可以进行必要的修改。

（4）（a）为进行调查，公众保护专员可直接要求任何人提交宣誓书或确认声明，或亲自到席提供证据，或出示其掌握控制的对调查事项有影响的任何文件，并可查问这样的人。

（b）公众保护专员或任何经他正式授权的人，对于有合理理由怀疑掌握了与调查事项有关资料的人员，可要求其解释说明。

（5）作出第（4）条（a）款所指的传唤决定时，应向被要求到席的人发出详情传票，由公众保护专员签署并通过挂号信邮寄，或者由公众保护专员授权的人交付送达被传唤人。

（6）公众保护专员可依第（4）款要求任何人到席，并在宣誓或作出确认声明之后作证。

（7）公众保护专员或其书面授权的人可以执行宣誓或确认声明。

（8）任何依第（4）款的规定被传讯的人，进行上述活动可得到辩护人或代理人的协助，并有权细读第（2）款的文件或记录，以刷新其记忆。

(9)(a)如果在公众保护专员的调查过程中被要求到席的人与调查的问题有关，而且可能对该人造成损害或产生不利结果，公众保护专员应当给予这类人作出回应的机会，不过可以采取在这种情况下被认为是适宜的任何方式。

(b)(i)根据第(4)款传讯的人，如果牵涉提交给公众保护专员的证据的一部分，该人须有获得听证的机会。

(ii)该人或其法律代理人有权通过公众保护专员，对本节的条款中规定的由公众保护专员决定到席的其他证人提出质疑。

(10)本节的规定适用于第(9)款提及的任何人。

(11)公众保护专员可就本节中提到的对调查有影响的或附带性事项订立规则，但这种规则必须在政府宪报刊登，并提交国民大会省览。

第七A条　公众保护专员进入处所

(1)公众保护专员有权进入，或授权他人进入任何建筑物或处所，并在那里作出他认为必要的调查或询问，并在这些楼宇里扣押他认为跟调查有关的任何物品。

(2)进入第(1)款所述的处所，应善意持有由裁判官或有司法管辖权的地区法官发出的授权令：但这样的授权令可由设在另一辖区内的法官发出，如果该法官认为有正当理由。

(3)裁判官或法官发出第(2)款规定的授权令所依据的事实必须是经宣誓或确认的，并能说明

(a)调查或查询的性质；

(b)引起调查或询问的因由；

(c)本节条款提到的搜索、扣押对调查有必要，并且有合理理由相信或怀疑第(1)款所列人或事物在该处所。

(4)本节规定之授权令可在任何一天发出，一直生效，直至：

(a)已经执行了该授权；

(b)发出授权令的人或有相当权力的人撤销该授权；

(c)首次发出后3个月届满。

(5)(a)针对阻止进入处所及妨碍搜查处所的人，有本节授权令授权的人，可以对其使用合理必要的武力，包括破门或破窗而入：但是此人应预先听到要求进入该场所和试图进入该场所的意图。

(b)如果有关人员有合理理由认为，作为搜索对象的物件、簿册或文件，是可能被破坏、篡改或销毁的，且（a）款但书限制性条款是第一次适用，那么该限制性条件不应适用。

(6)按本节条款发出的授权令，应当在白天执行，除非在合理的情况下，发出授权令的人授权在夜间执行。

(7)依本节条款执行授权令的人在开始执行之前，

(a)向在控制场所内的人表明自己的身份，并给予授权令的复印件，如果无人在场，应将授权令复印件附在该场所的突出位置；

(b)对于对方就该授权令执行权的疑问，应按其要求进行详细说明。

(8)按本节条款在执行授权令或进行搜查时，如果有人主张对相关物件或资料拥有特权并因此拒绝检查或拒绝清除，而执行授权令或进行搜查的人认为该物件资料所含信息对于调查或询问是必要的，那么可以要求有管辖权的或有授权的高等法院书记官，为保全之目的对该物件资料进行扣押和移动，直到法院就是否有特权这一问题作出裁决。

第八条　调查结果的公布

(1)在符合第（3）款规定的情况下，公众保护专员可以采取他认为适当的方式，公开调查的结论、观点或建议。

(2)(a)公众保护专员每年至少应向国民大会作一次书面工作报告，同时报全国省级事务委员会省览。

(b)在任何时间，如果出现以下情况，公众保护专员可以向国民大会提交个案调查结果报告：

(i)认为有必要；

(ii)认为是为公众利益考量；

(iii)需要国民大会的迫切注意或干预；

(iv) 国民大会议长要求这样做;

(v) 省务院主席要求这样做。

(2A) (a) 公众保护专员的报告向公众公开，除非公众保护专员认为存在必须将报告保密的特殊情况。

(b) 如果公众保护专员认为存在报告需要保密的特殊情况，委员会必须审查有关的理由和原因，如果该委员会同意，这些报告应按议会的规则作为机密文件处理。

(c) 本节中“特殊情况”指的是，有关报告的发表有可能:

(i) 危害共和国公民的安全;

(ii) 损害其他调查或作进一步调查;

(iii) 扰乱社会秩序，破坏社会安宁或共和国的安全 ;

(iv) 将有损于共和国的利益;

(v) 公众保护专员认为对其履行职能有影响。

(3) 公众保护专员的调查结果，在其认为合适的时候，应当提供给并尽快提供给申诉人和相关人员。

第九条　不得藐视公众保护专员

(1) 任何人不得:

(a) 侮辱公众保护专员或副公众保护专员;

(b) 妨碍与调查有关的任何事情，如果调查已进入法院审理，将构成藐视法庭。

(2) 法律不禁止在国会中讨论正在调查的事项，或者依本法条款公众保护专员已经结束调查的事项。

第十条　费用补偿

在调查中所发生的全部或部分费用，经财政部部长或其授权的人具体批准或一般批准，公众保护专员可指示由国家资金支付给该人。

第十一条　法律责任

(1) 任何人违反本法第三条 (14)、第七条 (2) 及第九条，或干扰宪法第一百八十一条第 (4) 款规定的公众保护专员署的运作，即属犯罪。

(2) 任何人没有披露存在第三条 (14) 所规定的利益关系，

即属犯罪。

（3）任何人没有正当理由，违反第七条（4），即拒绝遵照或未遵照指示及要求，或拒绝回答问题，或作虚假陈述，或者违反第七条（6），即拒绝按公众保护专员要求作出宣誓或肯定性声明，即属犯罪。

（4）依本法的任何条款被定罪的人，处以不超过40000南特的罚款，或处以不超过12个月的监禁，或同时处以该等罚款及监禁。

第十二条　（已删除）

第十三条　法的实施

本法的规定不影响其他法律所规定的调查、职责履行或权力行使。

第十四条　法的废除

1979年公众保护专员法（1979年第118号）、1983年辅佐法官法修正案（1983年第55号）以及1991年辅佐法官法修正案（1991年第104号），现予以废除。

第十五条　简称

本法简称为“1994年公众保护专员法”。

【法源三】

1998年行政道德法

为了规范内阁成员、副部长和省行政委员会成员的行政道德，并规定与此有关的事项，制定本法。

第一条　释义

在本法中，除另有说明：

“内阁”是指宪法第九十一条（1）中所指的内阁；

“内阁成员”包括总统；

“道德守则”是指本法第二条规定的道德守则；

“行政委员会”是指宪法第一百三十二条规定的省行政委员会。

“政府”：

（a）涉及内阁成员或副部长时，是指国家政府；

（b）涉及省委员时，是指省委员所属的省政府。

“省委员”是指省行政委员会成员，包括省长。

“公众保护专员”是指宪法第一百八十一条所规定的公众保护专员。

第二条　道德守则

（1）经与议会协商，总统有权在宪报上发布旨在建设一个更加公开、民主和负责的政府的道德守则，内阁成员、副部长和省委员在履行职责时必须遵守该守则。

（2）道德守则应包括以下内容：

（a）规定内阁成员，副部长和省委员应做到

（i）恪守诚信，坚持善治；

（ii）依法履行义务。

（b）规定内阁成员，副部长和省委员不得

（i）从事其他有报酬的工作；

（ii）以与其职责不符的方式行政；

（iii）置身于公务职责和私人利益相冲突的险境；

（iv）利用职权或因职务而获取的信息，为自己或他人谋取不正当利益；

（v）以有损于政府威信的方式行政。

（c）规定财产披露的内容，其中内阁成员和副部长向总统披露，省委员向省长披露：

（i）就职时拥有的所有财产利益；

（ii）就职后由自己、亲属或其他关系人获得的与道德守则相关的财产利益，包括馈赠、赞助国外旅行、养老金、招待费和其他财产利益。

（d）规定依（c）款披露财产内容须包含的基本信息，确保公众在相同的条件下也能获悉，信息具体应包含的内容由国民大会决定，以满足大会成员的要求，同时也有权规定其他信息的披露。

（3）道德守则应规定确保该守则有效实施的必要事项。

第三条 公众保护专员调查权

（1）在接到依第四条之规定指控行政人员违反道德守则的投诉后，公众保护专员应当进行调查。

（2）公众保护专员应在收到投诉后 30 日内提交涉嫌违反道德守则的事项的报告：

（a）如果投诉是针对内阁成员、省长或副部长，该报告向总统提交；

（b）如果投诉是针对省委员，该报告向省长提交。

（3）在依前条之规定提交报告时，调查尚未完成，待调查结束时，公众保护专员应再提交一份调查报告。

（4）依本节之规定进行调查时，公众保护专员享有 1994 年公众保护专员法的所有授权。

（5）（a）如果报告是依第（2）（a）款针对内阁成员或副部长作出的，总统必须在不超过 14 日的合理期限内向国民议会提交报告副本及相关意见，连同已采取或应采取的有关措施的报告。

（b）如果报告是依第（2）（a）款针对省长作出的，总统必须在不超过 14 日的合理期限内向省务院提交报告副本及相关意见。

（6）如果报告是依第（2）（b）款作出的，省长必须在不超过 14 日的合理期限内向省立法机关提交报告副本及相关意见，连同已采取或应采取的有关措施的报告。

第四条 投诉

（1）收到下列人员就涉嫌违反道德守则的投诉，公众保护专员有权根据第三条进行调查：

（a）总统、国民议会议员或省务院终身委员，针对内阁成员或副部长的投诉；

（b）省长或省立法机关成员，针对省委员的投诉。

（2）投诉必须采用书面形式，并且必须包含以下信息：

（a）投诉人的名称和地址；

（b）内阁成员，副部长或省委员被指控涉嫌违反道德守则的全部详情；

（c）公众保护专员法或道德守则规定的其他资料。

（3）本节之规定不得妨碍公众保护专员依 1994 年公众保护专员法对市民的投诉进行调查。

第五条　不得影响内阁成员、副部长和省委员的任免

本法之规定不得妨碍或延误内阁成员、副部长或省委员的任免，不得妨碍依宪法修改职务之设置。

第六条　不得影响刑事检控

本法之规定不得妨碍或延误法庭追诉内阁成员、副部长或省委员。

第七条　简称

本法简称为 1998 年行政道德法。

菲律宾监察专员法

陈　菲　译

【翻译说明】

监察专员在菲律宾语中被称为“Tanodbayan”，该制度最早可追溯至菲律宾革命政府时期，并由1973年菲律宾宪法正式创设。

1898年6月23日，菲律宾革命政府发布法令，设立常设委员会（Permanent Commission）。该委员会由副总统主持，有权审理针对部门官员和省、市官员的案件，这一制度可被视为监察专员制度的起源。常设委员会制度在1899年菲律宾宪法中得到正式确立。

“二战”之后的历届菲律宾政府也设立了类似机构，这些机构的主要职能是进行调查，并给国会、总统提供建议：基里诺总统在1950年设立了诚信局（Integrity Board）；马格赛赛总统在1957年设立了申诉和行动总统委员会（Presidential Complaints and Action Commission）；加西亚总统在1958年设立了政府绩效总统委员会（Presidential Committee on Administration Performance Efficiency）；马卡帕加尔总统在1962年设立了反贪污总统委员会（Presidential Anti-Graft Committee）；马科斯总统分别在1966年、1970年和1971年设立了改革与政府运行的总统办事机构（Presidential Agency on Reforms and Government Operations）、申诉调查委员会（Complaints and Investigation Office）和行政援助总统委员会（Presidential Administrative Assistance Committee）。

上述机构的职能主要体现为调查和建议。1973年菲律宾宪法则规定成立一个名为Sandiganbayan的反贪污法庭和名为Tanodbayan的检察机关，赋予这些反贪机关相当大的职权。此后，根据第1486、1487号总统法令，分别设立了上述两个机构。其中，

Tanodbayan 受理和调查针对公共部门（包括政府所有或控制的公司）的投诉，进行恰当的建议，并对特定的刑事、民事和行政案件进行调查、起诉。

此后，菲律宾于 1987 年 2 月 2 日通过全民公投制定了新宪法，也就是现行宪法。该法并未废止“Tanodbayan”的制度，但给了它一个新的名称——“监察专员”（ombudsman），同时，原“Tanodbayan”的职权由监察专员署下属的特别检察官署继受。1987 年宪法第十一章“公职人员的责任”中的第 5 条到第 14 条对监察专员的制度进行了较为详细的规定，确立了监察专员制度的基本框架，其内容主要包括：监察专员署的组织机构、职权范围和经费保障。这就为监察专员制度的设置和职权行使提供了宪法基础。

此后，菲律宾国会专门制定了《1989 年监察专员法》，对监察专员的组织形式等进行了更加明确、系统的规定，它是目前菲律宾监察专员制度运行的基本依据和核心法律。根据这些法律规定，在吕宋、米沙鄢、棉兰老岛和军队内部设置以副监察专员为首的专门机构，同时，还设立了特别检察官署进行相关案件的控诉工作。由此，菲律宾国内建立起了一套比较统一的监察专员制度。

【法源一】

菲律宾共和国宪法（节选）

1987 年

第十一章　公职人员的责任

第五条　兹设立独立的监察专员署。该署由被称为“Tanodbayan”的监察专员、总务副专员和分别处理吕宋、米沙鄢和棉兰老岛事务的副专员组成，上述每个地区至少要有 1 名副专员。同时，还可以单独任命 1 名军务副专员。

第六条　除副专员外，监察专员署的官员和雇员应由监察专员根据文官法任命。

第七条　现有的“Tanodbayan”今后改称为特别检察官署，除应由根据本宪法设立的监察专员署行使的权力之外，该机构依法行使现有或其后法律所赋予的权力。

第八条 监察专员及副专员应为出生于菲律宾的菲律宾公民，任命时至少年满40岁，正直独立，应具有菲律宾法律职业资格，其在任命前的最近选举中不得作为任何公职的候选人。监察专员应当具有担任菲律宾的法官或律师10年以上的经历。

监察专员及副专员，在其任期内必须遵守本宪法第9章第1节第二条之限制。

第九条 监察专员及其副职，应由总统在1个由司法与律师理事会提供的不少于6名候选人的名单中选择任命，其后凡有缺额，则每个缺额均应在3个月内，从1个不少于3名候选人的名单中选择任命，上述任命无须确认。

第十条 监察专员及副专员分别具有与宪法委员会主席、成员同等的职级、工资及待遇。在其任期内，其工资不得削减。

第十一条 监察专员及副专员的任期均为7年，且不得再任，并不得在离职后的第一次选举中竞选任何公职。

第十二条 监察专员及副专员是人民权益的保护者，他们在收到任何针对政府及其所属部门、代理机构或其他政府单位（包括政府拥有或控制的公司及其所属机构等）的官员和雇员的投诉之时，必须立即展开行动。如情况许可，应告知投诉人调查结果及其所进行的处理。

第十三条 监察专员署享有如下列权力、职能和职责：

（1）主动发起，或根据公民的投诉，对任何官员、雇员、公务单位或代理机构有可能存在违法、不公、不当或低效的作为或不作为进行调查。

（2）根据宪法，依申请或主动督促所有政府部门、所属机构或代理机构、政府单位以及政府所有或控制的公司的官员或雇员，使其能依法履行职责和义务，或禁止、预防、纠正权力行使过程中的滥用或不当。

（3）督促相关官员采取适当措施，对犯有过错或玩忽职守的公职人员或雇员采取适当措施，并建议对这些人员进行撤职、停职、降级、罚款、警告或起诉，并确保该相关官员服从该建议。

（4）命令相关官员在任何适当情形之下服从于法律之规定，复制与其官署的公共资金、公共财产应用有关的合同、交易文本，将有关违法情况向审计委员会进行汇报，以获得恰当的处理。

（5）要求所有政府部门提供必要帮助和信息支持，以便于其履行职责，如有必要，还可以检查相关记录和文件。

（6）在案情允许的情况下，通过恰当的程序披露相关信息。

（7）检查政府中存在的效能低下、形式主义、管理不善、虚伪诈欺、腐化堕落的原因，并为驱除这些现象，维护政府部门的公正和高效提出正式建议。

（8）制定监察专员署的程序规则，执行法律规定的其他权力、职能和职责。

第十四条 监察专员署享有财政自主权。其经过批准的年度拨款应自动、定期拨付。

【法源二】

1989 年监察专员法（全文）

兹为确定监察专员署的职能安排和组织机构，并考虑其他立法目的，制定本法。

兹有菲律宾国会参议院及众议院制定法律如下：

第一条 标题

本法名为“1989 年监察专员法”。

第二条 声明

政府应当保持公共服务中的诚实、正直，并采取积极有效的措施应对贪污腐败。

公职是一种公共信托。公职官员及雇员必须时刻向人民负责，以其无上责任感、正直、忠诚、效率，服务于人民，以爱国公正的精神为处世标准，以谦卑中庸的理念为生活态度。

第三条 监察专员署

监察专员署包括：总务副专员署、吕宋副专员署、米沙鄢副专员署、棉兰老岛副专员署、军务副专员署和特别检察官署。经监察专员推荐，总统可在必要之时增设其他副职。

第四条　任命

监察专员及其副职（包括特别检察官），其初次任命应由总统在1个由司法与律师理事会提供的不少于21名候选人的名单中择选任命，其后凡有缺额，则每个缺额均应在3个月内，从1个不少于3名候选人的名单中择选任命，上述名单必须在普遍发行的报纸上刊载。

在组建监察专员署、填补职位空缺的过程中，必须考虑到地域、文化或种族因素，其目的在于，监察专员署应当尽可能地在地域、种族、文化上更能够代表菲律宾国家的状况。

第五条　资格

监察专员及副职（包括特别检察官），必须是年龄在40岁以上的出生于菲律宾的本国公民，正直诚恳、自主独立，具备菲律宾法律执业资格，同时不能是任何即将进行的国家或地方选举的候选人，不问该项选举是例行选举还是特别选举。监察专员必须在菲律宾从事10年及以上的法官工作或其他法律业务。

第六条　职级和工资

监察专员及副专员分别具有与宪法委员会主席、成员同等的职级、工资及待遇。在其任期内，其工资不得削减。

监察专员署的公诉人员、调查人员及法律顾问应获得不少于政府内任何同等职位人员的工资。

第七条　任期

监察专员及其副职（包括特别检察官），任期7年，不得连任。

第八条　离职和缺额补充

（1）根据宪法第11章之规定，① 监察专员在被弹劾并被确认犯有违宪、叛国、受贿、贪污、腐败，以及其他重罪或丧失公众信任之时，应当离职。

（2）副专员或特别检察官，在发生上述监察专员离职事由之

① 译注：菲律宾宪法第11章是“公职人员的责任”，根据该章节，众议院有提出一切弹劾案的专属权力，参议院有审理和裁决一切弹劾案件的专属权力。

时，由总统依据恰当的程序免职。

（3）在职的监察专员因死亡、辞职、撤职或永久性地无法行使职权之时，总务副专员将同时作为执行监察专员代行职责，直至新的监察专员依法定程序产生为止。如果总务副专员无法胜任该项工作，总统将指定任何一个副专员或特别检察官代理该职位。

（4）在职的监察专员因故暂离岗位或暂时无法行使职权之时，总务副专员应代行其职责，直至监察专员返回岗位或能够履行职责为止。

第九条　执业禁止

监察专员、副专员、特别检察官，在其任期内不得兼任其他官职，或有其他职业。上述人员不得在其任期内直接或间接从事其他职业，参与经营活动，不得与政府及其所属部门、代理机构或其他政府单位（包括政府拥有或控制的公司及其所属机构等）之间因签订合同、获得特许权利、特别待遇而发生经济联系。上述人员必须严格避免在其执行职务过程中出现利益冲突。上述人员在离开现有职务之后，不得在最近的选举中竞选任何其他职务。上述人员在离开原岗位之后 2 年内不得在监察专员署出庭或办理业务。

任何人如果与监察专员、副专员及特别检察官有配偶关系或第四亲等以内的血亲或姻亲关系，或具有法律、商业或职业上的合伙或伙伴关系，在该人员离任之后 1 年内，不得作为法律顾问或代理人涉足任何由监察专员处理之事务，不得直接或间接办理相关业务。

此项禁律当然适用于相关官员任期之内。其适用范围也应当扩展至律师事务所、公司及专业团体。

第十条　关系的披露

监察专员、副专员、特别检察官有义务根据其所可能知悉的知识和/或信息，宣誓并公开披露上一条文所涉及人员的身份以及与自身具有的关系。

此项被披露信息须在被任命者就职之前及其后，每年交总统办公室、监察专员署备案。根据本条所披露的信息是公共记录的一部分，并应根据个人或团体之申请供其查询。

第十一条　组织机构

监察专员在监察专员署的授权委托、权能分配问题上，享有职权、履行职责，并管理和支配监察专员署。

（1）监察专员署基于履行职责之必要，可以确定若干行政人员安排，并设立相关服务机构。那些被任命为责任人或管理者的人员应享有等同于相应政府岗位的职级和工资。

（2）总务副专员署应监督并管理监察专员署下设各署的日常工作。同时，它必须执行监察专员指派的其他任务和职责。

（3）特别检察官署应由特别检察官及其领导的调查人员组成。特别检察官署是监察专员署的有机组成部分，并在监察专员的领导和监督下工作。

（4）特别检察官署在监察专员的监督管理之下，经监察专员授权，享有如下权力：

（a）针对由反贪污法庭管辖的犯罪案件，进行初审，并向反贪污法庭提起公诉；①

（b）进行辩诉交易；

（c）执行监察专员分派的其他任务。

特别检察官应享有等同于副专员的职级和工资。

（5）监察专员署（包括特别检察官署）的机构设置和编制安排，应由监察专员核准和规定。监察专员应当根据文职人员法、法规、规章等任命监察专员署（包括特别检察官署）的所有官员和雇员。

第十二条　官署所在地

监察专员、总务副专员、吕宋副专员和军务副专员在大马尼拉设置官署；米沙鄢副专员在宿雾市设置官署；棉兰老岛副专员在达沃市设置官署。监察专员可以基于公共利益之需要，在上述人员所管辖区域内改变其官署所在地。

---

① 译注：根据现行的 1987 年菲律宾宪法第 11 章第 4 条的规定，“现存的反贪污法庭仍将继续存在并按照法律发挥其审判职能”。

第十三条　法定职责

监察专员及副专员是人民权益的保护者。他们在收到任何针对政府及其所属部门、代理机构或其他政府单位（包括政府拥有或控制的公司及其所属机构等）的官员和雇员的投诉之时，必须立即展开行动。如证据确凿，为进一步促进政府服务于人民，他们应对相关人员课以行政、民事及刑事责任。

第十四条　限制

任何法院不得发出禁止令，以延迟监察专员根据本法所进行的调查，除非有表面证据证明该调查事项已经超出了监察专员署的管辖权。

针对监察专员所做的决定或查明的事实所提起的诉讼，任何法院都不得受理，但最高法院可以就单纯的法律问题进行聆讯。

第十五条　权力、职能和职责

监察专员署享有如下权力、职能和职责：

（1）主动发起，或根据公民的检举，对任何官员、雇员、公务单位或代理机构有可能存在违法、不公、不当或低效的作为或不作为进行调查和起诉。该署享有反贪污法庭所管辖案件的初审权，在其初审过程中，它能接管任一层级、任一政府调查机构的调查权。

（2）根据宪法，依申请或主动督促所有政府部门、所属机构或代理机构、政府单位以及政府所有或控制的公司的官员或雇员，使其能依法履行职责和义务，或禁止、预防、纠正权力行使过程中的滥用或不当。

（3）督促相关官员采取适当措施，对犯有过错或玩忽职守的公职人员或雇员采取适当措施，并建议对这些人员进行撤职、停职、降级、罚款、警告或起诉，并确保该相关官员服从该建议；如果任何相关官员缺乏正当理由而拒绝执行监察专员关于撤职、停职、降级、罚款、警告或起诉该犯有过错或玩忽职守的公职人员或雇员的建议，监察专员应根据本法第二十一条之规定对该相关官员进行纪律处分。如果相关官员没有正当理由，不遵守监察专员关于犯有过错或玩忽职守的官员或雇员进行撤职、停职、降级、罚款、警告或起诉的处分，将获得相应的纪律处分。

（4）命令相关官员在任何适当情形之下服从于程序规章，复制与其官署的公共资金、公共财产应用有关的合同、交易文本，将有关违法情况向审计委员会进行汇报，以获得恰当的处理。

（5）要求所有政府部门提供必要帮助和信息支持，以便于其履行职责，如有必要，还可以检查相关记录和文件。

（6）在案情允许的情况下，通过恰当的程序披露第（1）、（2）、（3）、（4）款提及的相关事务。监察专员有权根据其规章条例确定披露的范围；任何由监察专员披露的事务必须确保中庸、公正和真实。

（7）检查政府中存在的效能低下、形式主义、管理不善、虚伪诈欺、腐化堕落的原因，并为驱除这些现象，维护政府部门的公正和高效能提出正式建议。

（8）监督宣誓，发出传票和随带证件到庭作证的传票，通过调查询问来取证，并有权检查和取得银行账号和记录。

（9）参照法庭规则惩戒藐视行为，亦即参照同样的程序，施以同等处罚。

（10）授权其副职或其调查人员、代表，以确保本法条文所述职权、职能、职责的有效实施。

（11）针对1986年2月25日之后取得的不正当财产和来源不明财产展开调查并采取适当措施，就该事件提起诉讼。

监察专员必须优先处理针对高级政府官员和（或）管理岗位官员的投诉，优先处理涉及严重违法事件的投诉，以及涉案标的额巨大的投诉。

第十六条　适用范围

本法适用于本法第十三条提及的政府官员及雇员在其任期内的所有不当、违法和不作为。

第十七条　豁免

在监察专员的所有听证、询问和其他程序（包括初审程序）中，任何人一旦被传唤为证人，不得因为其在庭上或庭下提供的证言、文件或由其提供的其他材料，可能使其牵连其中或被起诉，而拒绝出庭作证的义务，也不得以此为由拒绝提供账册、票证、函件、纪要和（或）其他证据。但是，既然不能基于强迫而获得的证据控告他人有罪，人们就有权不自证其罪，也有权不提供证词、证据、文件或其他类型的证据。

考虑到这种可以想见的情形，并考虑到法庭规则的恰当设计，为实现及促进其宪法职能和法定职责，监察专员在自己及其下属进行听证、询问或其他程序中，为查明事实的确有必要获得某人的证言、物证、书证或其他证据的情况下，可以给予该人员以起诉豁免权。根据本条及上一条文所授予之豁免权，不得用以豁免证人关于伪证罪的刑事起诉，也不得用以豁免对证人进行降级和撤职的处分。

依照上述条款，任何拒绝出庭、作证的行为都将被处以藐视罪，并被剥夺刑事豁免权。

第十八条　程序规则

（1）为有效实施其职权、职能和职责，监察专员署应当颁布其程序规则。

（2）该程序规则须将法庭规则作为其补充规则。

（3）该规则应在政府公报上发布，或经三家在菲律宾全国发行的报纸（其中一家必须使用菲律宾语）上发布，该规则在公布之日起15日后生效。

第十九条　投诉

监察专员所受理的投诉包括但不限于以下形式的作为或不作为：

（1）违反法律、法规的行为；

（2）不合理、不公平、残暴的或歧视性的行为；

（3）虽然行为本身符合法律规定，但超越了作出机关的职权；

（4）适用法律错误或事实不清；

（5）虽未违背裁量之权限要求，但不具备裁量理由之正当性；

（6）其他不合比例的、不道德的或有失公正的行为。

第二十条　例外

如有以下几种情形，监察专员署则无须就关于作为或不作为的投诉展开调查：

（1）投诉已由其他司法或者准司法主体予以适当救济；

（2）投诉超出了监察专员署的管辖权范围；

（3）投诉所涉及事项缺乏处理价值、轻微琐碎或不可信；

（4）投诉人与被投诉事项之间没有充分的个人利益；

（5）投诉人未能在相关作为或不作为发生之日起 1 年内提出投诉。

第二十一条　受纪律约束的官员及其例外

监察专员署对所有政府及其所属部门、单位、代理机构中经选举产生和任命产生的官员均享有纪律处分权，这包括内阁官员、地方政府官员、政府所有或控制的公司及其下属部门的雇员；但这一范围不包括只能通过弹劾方得撤职的官员，也不包括议会成员和司法官员。

第二十二条　调查权

监察专员在获得授权的情况下，有权对只能依弹劾罢免的官员的任何重大不当行为展开调查，该调查的目的应是为了查证某项弹劾事由。

在任何情况下，一旦有证据显示，政府官员或雇员与非公职人员进行串通，监察专员及副专员均有权对该非公职人员展开调查。官员或雇员及该非公职人员将被并案审查，且承担同等处罚和责任。

第二十三条　正式调查

（1）监察专员署的调查活动必须遵循其自身的程序规则，并严格遵循正当程序原则的要求。

（2）监察专员署为了有效地采用适当的行政程序应对犯错的官员或雇员，可以选择将特定的投诉移送至有关纪律当局，该项审查应在公务服务法所规定的期限内完结。无正当理由延宕监察专员署所移交的案件的，应对具体承办该项委托的官员及雇员采取行政措施，该延宕行为应被视为渎职行为，并处以不超过 5000 比索的罚款。

（3）在本监察专员法所规定的任何调查中，监察专员可以：

（a）进入或检查任何政府部门、代理机构、委员会或裁判所的办公地点；

（b）检查并使用任何账册、记录、档案、文件或其他文件；

（c）主持针对投诉者以及相关官员的秘密聆讯。

第二十四条　预防性停职

在相关调查尚未完结之时，监察专员及其副职如发现证据足够充分，并证明如下任一情形的，可以对任何官员或雇员进行预防性停职：

（a）该官员或雇员存在不诚实的行为、专制行为、严重的不当行为或严重的玩忽职守；

（b）现有证据可以确保离职本身是合理的；

（c）被告留任该部门可能不利于该案审理。

预防性停职期间，被调查人工资停发，该期间在监察专员署终结案件审理之前应当一直延续，但不得超过6个月，然而，当监察专员所为的停职安排应归因于被调查人的错误、疏忽或申请之时，不受此限，在此情形下，该项延宕时间不被计算入停职期间。

第二十五条　处罚

（1）针对第807号总统法令所规定的行政程序，应适用该法所规定的罚则与规范。

（2）在其他行政程序中，惩罚包括从1年的停薪停职到开除公职，并没收其非法所得，或处以5000比索到该员贪污、受贿所得的和/或造成损失的两倍数额罚金，这些处罚均由监察专员根据客观事实，考虑该官员或雇员被控或被检举的事实中可能存在的减轻或加重情节，进行酌情处理。

第二十六条　调查

（1）监察专员署应基于所收到的报告或投诉，调查有关政府官员、雇员、政府部门或机构的作为或不作为，监察专员及其副职应考虑是否存在如下事项：

（a）违反法律或规章；

（b）就政府官员、雇员、政府部门或机构的功能、职能而言，其行为缺乏理性、欠缺公平、专断横行、不合比例、反复无常；

(c) 存在适用法律、法规、规章错误，或在事实认定方面存在明显错误；

(d) 基于不正当的动机或不道德的考虑；

(e) 存在理由说明义务之时，无法明确或充分地进行解释；

(f) 效率低下或存在其他令人反感的行为。

(2) 针对涉及官员作为或不作为的一切形式的投诉，监察专员署必须受理。监察专员在受理该投诉后，应立即展开调查，如发现该事项完全没有事实依据，应停止该项调查，告知投诉人并说明理由。如发现该事项需要进一步调查，则必须首先提供给被调查的政府官员或雇员一个关于投诉的摘要，并要求其在收到该摘要后72 小时内书面答辩。如果该答辩得到监察专员署认可，将停止该事项调查。

(3) 如果投诉关系到拖延或拒绝履行法定义务，或有必要立即采取措施以保护投诉人权利之时，监察专员署必须立即采取措施，并命令相关官员、雇员、部门或机构完成如下事项：

(a) 迅速履行法定职责；

(b) 暂停或停止有偏私的法令的执行；

(c) 纠正疏忽义务的行为；

(d) 对被调查中的行政行为进行充分解释；

(e) 为保护或维持投诉人之权利，结合具体情况采取其他一切必要措施。

(4) 任何延宕或拒绝监察专员或其副职发出的命令和指示的行为，都应导致相关官员或雇员获得行政纪律处分。

第二十七条　决定的效力与终局性

监察专员署的所有临时命令都即时生效并具有执行力。

关于监察专员署的命令、指示或决定的复议申请，应在收到书面通知之日起 5 日内呈递，并在如下情况下予以考虑：

(1) 发现了新证据，并足以实质影响到监察专员署的命令、指示或决定；

(2) 被认为有损动议人利益的法律错误或违法行为，如果只提出了关于复议的动议，该动议应在受理之日起 3 日内得到处理。

当有足够证据支持时，监察专员署所做的事实认定亦是终局的。任何通报批评、申斥训诫或扣发1个月以下的工资的命令、指令或决定，都是终局的，不得上诉。

在所有的行政纪律案件中，根据法庭规则第四十五条之规定，针对监察专员署的命令、指令或决定，当事人可以在收到该命令、指令或决定的书面文书或拒绝复议动议的文书之后10日内提交调卷申请，上诉至最高法院。

基于正义的考虑，上述规则可以由监察专员署进行修正或改良。

第二十八条　自治区、城市和省的调查

监察专员署可以在大马尼拉之外的自治区、城市和省设立分署，这些分署根据监察专员的决定，接受吕宋副专员署、米沙鄢副专员署、棉兰老岛副专员署的直接领导。关于投诉的调查，可以根据所涉及地域或领域分配给相应副专员或特别检察官，他们根据监察专员署的规则、特别指示或正式命令进行活动。在调查期间，副专员或检察官可以发布应受监察专员复核的、即时生效的命令和临时性救济措施。在调查结论出台之后3日内，副专员或检察官必须向监察专员署递交关于案件的全部记录，以及他的调查报告和结论。在接到上述报告之日起5日内，监察专员应当对恰当的命令、指令或决定予以确认。

第二十九条　不当法律的变更

如果监察专员认为一部法律或规章不公平或不公正，他应当向总统和国会建议对该法进行修改或废除。

第三十条　决定的呈递与发布

在任何案件中，当监察专员作出不利于某一公共官员或机构的决定、结论或正式建议之时，他应当将该决定、结论、正式建议或意见呈递给相关部门、代理机构或政府单位或相关省、市、自治区的首长，敦促其即刻采取一些必要的行动。当呈递该决定、结论、正式建议之时，除非所涉机构或官员不同意，监察专员应当写入该机构或官员所进行的申辩，它们既可以是对以往存在的困难的陈述，也可以是基于现实对监察专员建议的拒绝。

第三十一条　调查员和检察官的选任

监察专员可以以其官署人员和（或）委任任何由财政负担的国家检察官或政府服务部门的律师作为特别调查员或检察官，辅助特定案件的调查与起诉。那些被委任的辅助监察专员的人员必须在监察专员的监督与管理之下工作。

监察专员及其调查员与检察官（包括常任的职员和由监察专员委任的人员），有权监督宣誓，有权发出传票和随带文件到庭作证的传票，据此召集和迫使证人出庭并宣誓作证，并（或）将其携带的账册、文件或其他证据交由监察专员等人控制，他们还有权通过向反贪污法庭或证人居住地、证据发现地内享有司法管辖权的下级或高级法院申请，确保任何拒不出庭的证人出庭到场。

第三十二条　证人的权利和义务

（1）根据监察专员的要求提供信息的人，应当获得与法庭审理中必须出庭的证人一样的费用和差旅补贴。根据证人的要求以及案情需要，监察专员可以根据具体情况为证人及其家庭提供安全保护。基于此项考虑，监察专员可以命令任何警察或安全部队提供上述安全保护并由监察专员承担费用。

（2）根据监察专员要求作证的人，无论其是否为公共机构人员，其是否遭遇强制措施，其所提供的是口头或书面信息，都应当享有与法庭审理中的证人一样的特别待遇与豁免权，同时在其被询问之时有权获得法律顾问的帮助。

（3）如果拒绝相应监察专员或副专员的传唤，拒绝检查，或者故意阻碍作证，监察专员或副专员应当发出命令，促使该证人出庭并进行陈述，以确定其是否应当以藐视罪遭到惩罚。关于藐视罪的归罪程序，应遵照法庭规则进行。

第三十三条　向监察专员署提供帮助的职责

任何部门、局或公署、下属部门、代理机构、其他政府单位，包括政府所有或控制的公司以及地方政府，在监察专员、副专员及特别检察官的要求之下，必须向监察专员署提供帮助。

第三十四条　年度报告

监察专员署应当在国会开会后 30 日内，就其工作和职责履行情况，向总统及议会发布年度报告。

第三十五条　恶意投诉

如以恶意驱使或显见的不道德原因，针对政府官员或雇员提交1个完全无正当理由或完全虚假的投诉，将被处以1个月以上（不含本数）至6个月以下监禁，并被处以5000比索以下的罚金。

第三十六条　针对妨害公务的处罚

如故意阻止或妨碍监察专员署职权的有效行使，或在回答监察专员、副专员和特别检察官询问之时，故意误导或试图误导监察专员，应被处以5000比索以下的罚金。

第三十七条　举报特权

所有由监察专员投递的寄往菲律宾国内的官方信件、电报都应免费收寄、配送、投递，但寄往私人或非政府组织的信件不得超过120克。所有通过政府邮政系统寄往监察专员署进行投诉的邮件、电报应免费，但电报词数不得超过150字。

第三十八条　财政自主

监察专员署应当享有财政自主权。对监察专员署的拨款不得少于前些年度运作的适当数目，并在拨款被批准后，自动地、有规律地发放。

第三十九条　拨款

根据现行的一般财政法的规定，针对特别检察官的拨款，应拨发给监察专员署。此后，对特别检察官必要拨款的总和应纳入年度总预算案。

第四十条　条款独立性

如果本法的任何条款被认定违宪，其他未牵涉条款仍然合法有效。

第四十一条　撤销条款

任何法律、总统法令、指导性意见、行政命令、规则、规章，如果与本法冲突，将视具体情况被撤销或修订。

第四十二条　生效

本法将在公布于政府公报或3份在菲律宾普遍发行的报纸上刊载之日起15日后生效。

韩国腐败防治与国民权益委员会法

常晓云　译

【翻译说明】

《韩国腐败防治与国民权益委员会法》于2008年2月29日颁布，本文所翻译的是来源于韩国国民权益委员会官网 http：//www. acrc. go. kr/eng_ index. html 中该法的英文版本全文。韩国是将申诉专员与腐败防治结合在一起进行立法规定的。该法第1、2、3、4、7章的内容与申诉专员制度有关。

2008年2月，韩国通过了《腐败防治与国民权益委员会法》，成立国民权益委员会，直属国务总理管理。韩国国民权益委员会主要由申诉专员委员会（Ombudsman Bureau）、反腐败委员会（Anti-Corruption Bureau）和行政复议委员会（Administrative Appeals Bureau）三大职能部门组成，其中申诉专员委员会专门调查和处理侵害公民权益或给公民造成不便的行政违法行为、不当行为以及待完善的制度或政策等事项。在韩国除了国民权益委员会中的申诉专员委员会外，在各级地方政府还设有1名地方申诉专员，负责处理对当地政府及其所属机构的申诉，以及对行政管理制度的改善提出建议。

第一章　总　　则

第一条　立法目的

本法的目的在于通过建立国民权益委员会来解决公民的申诉和控告、改善不合理的行政管理制度、预防并有效控制腐败行为，以保护公民的基本权益，保障行政的合法性并营造廉洁的公务和社会环境。

第二条 定义

本法所采用的术语定义如下：

1. “公共机构”是指下列机构和组织：

(a)《政府组织法》规定的各级行政机关和《地方自治法》规定的地方议会与地方政府；

(b)《地方教育自治法》规定的教育办公室的负责人、地区教育办公室以及教育委员会；

(c)《国会法》规定的国会、《法院组织法》规定的各级法院、《宪法法院法》规定的宪法法院、《中央选举管理委员会法》规定的各级选举管理委员会以及《监察院法》规定的监察院；

(d) 与《公职人员伦理法》第3条第（1）款第10项规定的公务有关的组织。

2. “行政机构”是指中央行政机关、地方政府、具有行政权或《公共机构运营法》第4条授权或委托行使行政权的法人、组织及其成员。

3. “公职人员”是指下列人员：

(a)《国家公务员法》、《地方公务员法》规定的公务员，以及在任职资格、委任、教育培训、供职、薪酬、职位保障等方面被其他法律确认为公务员的人员；

(b) 与上述第1款（d）项规定的公务相关的组织负责人及其工作人员。

4. “腐败行为”是指下列不法行为：

(a) 公职人员滥用其职权或权威，或者违反与其职责有关的法律、法规为本人或第三方谋取非法利益的；

(b) 在执行公共机构预算的过程中，在获取、管理、处分公共机构财产的过程中，或者在签订和履行公共机构作为一方当事人的合同的过程中，因违反法律、法规给公共机构造成财产损失的；

(c) 强迫、怂恿、建议或鼓励他人从事或隐瞒上述（a)、(b）两项所规定的行为的。

5. “申诉”是指对行政机构违法的、不当的或消极的行为（包括实际发生的行为和不作为）的申诉，以及对侵犯公民权利或给公民造成不便、带来负担的不合理的行政管理制度的申诉（包括现役军人和服兵役的人员的申诉和控告）。

6. “申诉人”是指向国民权益委员会或地方申诉专员提起申诉的公民、法人或组织。

7. “非政府组织”是指依据《非营利和非政府组织援助法》第4条注册在主管部长或市长/地方长官之下的非营利性和非政府的组织。

8. “地方申诉专员”是指依据本法第32条成立的处理对地方政府及其所属机构（包括法律、法规授权行使地方政府及其职能部门权力的法人、组织及其成员；下文同）的申诉与改善相关制度的实体。

第三条　公共机构的职责

1. 公共机构应履行职责预防腐败，以增强社会道德意识。

2. 如果公共机构认为，为了预防腐败有必要消除法律上、制度上、行政上的不一致，或者提出其他相关问题，其应立即改善或纠正上述问题。

3. 公共机构应尽力实施诸如教育、宣传等合理措施，以增强公民及其工作人员的反腐意识。

4. 公共机构应致力于促进反腐方面的国际合作与交流。

第四条　政党的义务

1. 依《政党法》注册登记的政党及其成员应努力营造廉洁透明的政治文化。

2. 政党及其成员应培植透明的选举文化，以身作则，并确保政治资金募集和使用的透明。

第五条　私人企业的义务

私人企业应建立合理、健全的贸易秩序和商业道德，并采取必要的措施预防各种腐败。

第六条　公民的义务

每个公民对公共机构实施的反腐政策、措施应给予充分的合作。

第七条　公职人员的忠诚义务

每位公职人员应尊重法律、法规，公正热情地履行自己的职责，杜绝腐败，维护自己的尊严。

第八条　公职人员行为准则

1. 依本法第七条规定的公职人员须遵守的行为准则应由总统令、国会规则、大法院规则、宪法法院规则、中央选举管理委员会规则、公共机构规则予以规定。

2. 第 1 款规定的公职人员应遵守的行为准则包括下列内容：

（1）禁止和限制公职人员接受与其职责有关的任何人的宴请、金钱以及其他财产利益。

（2）禁止和限制公职人员利用其职位影响人事管理、寻求经济利益、结党营私。

（3）公职人员应遵守公开透明的人事管理制度以形成良好的官场风气，清正廉洁，维护公共机构的廉正和尊严。

3. 如果公职人员违反了第 1 款规定的公职人员行为准则，其将受到纪律制裁。

4. 第 3 款规定的纪律制裁措施的种类、程序与执行由相关法律、法规及违反者所属公共机构章程规定。

第九条　公职人员的生计保障

中央与地方政府应努力保障公职人员的生计，并采取必要措施改善他们的薪酬与待遇，使他们能专心履行职责。

第十条　要求权益保障机构提供援助

国民权益委员会或地方申诉专员在履行职责必要时，可以要求诸如韩国国家人权委员会等行政机构，或者要求致力于依法促进社会公平、维护公共利益、保护公民权益和改善法律、法规及制度的法人或组织提供必要的援助。

第二章　国民权益委员会

第十一条　国民权益委员会的设立

国民权益委员会（以下简称为“委员会”）设立在总理办公室之下，以处理公民的申诉和控告、改善不合理的行政管理制度、预防并有效控制腐败。

第十二条　职能

委员会应履行下列职能：

1. 制定、执行保护、救济公民权益及打击腐败的政策；

2. 调查、处理公民的申诉和控告，提出与申诉有关的整改意见或建议；

3. 在处理申诉的过程中，如果认为有必要改进相关行政管理制度及其运作程序，应提出改进的意见或建议；

4. 调查、评估委员会处理的申诉的结果和行政管理制度改进的情况；

5. 制定反腐政策，提出预防腐败的建议以协助公共机构完善其制度与政策，并调查公共机构制度、政策的完善情况；

6. 检查、评估公共机构为预防腐败所采取措施的进展情况；

7. 制定、实施反腐及保护公民权益的教育和宣传计划；

8. 同与委员会活动有关的个人、法人及组织进行合作，支持其反腐活动，支持非营利性民间组织的反腐活动；

9. 促进与委员会有关的国际合作；

10. 提供关于举报腐败的信息和咨询，并受理举报；

11. 保护和奖励举报人；

12. 检查法律、法规中存在的造成腐败的因素；

13. 收集、管理并分析有关预防腐败与保护权益方面的数据和资料；

14. 确保公职人员行为准则的执行情况，受理并处理违反行为准则的举报，并保护举报人；

15. 提供有关申诉的指导和咨询，检查并通报所提交申诉的处理情况；

16. 开通一体化公民在线参与门户网站，建立并经营处理公民申诉的政府电话服务中心；

17. 与地方申诉专员开展合作，协助、培训各地方申诉专员的活动；

18. 仲裁并解决有关群体性纠纷，调查并处理商业投诉以解决其困难；

19. 处理有关根据《行政复议法》设立在总理办公室之下的行政复议委员会的运营事宜；

20. 处理其他法律、法规规定由委员会管辖的事项；

21. 处理为提高公民权益由总理提上委员会议事日程的事项。

第十三条　委员会的构成

1. 委员会由 15 名成员组成，包括 1 名主席、3 名副主席和 3 名常务委员。一般情况下，3 名副主席协助主席负责申诉与投诉、反腐败以及总理行政审判委员会的工作。总理行政审判委员会的组成由《行政审判法》规定。

2. 下列人员若有能力公正、独立地履行处理申诉与反腐的职责，可被任命或委任为委员会主席、副主席及其他委员：

（1）在大学或经认可的科研机构中具有副教授（或相应职称）及以上职称 8 年及以上的人员；

（2）具有 10 年及以上工作年限的法官、检察官、律师；

（3）现在或曾经是三级及以上的公务员；

（4）具有 10 年及以上工作年限的注册建筑师、注册税务师、注册会计师、专业工程师或专利律师；

（5）根据第三十三条第 1 款任职 4 年及以上的地方申诉专员；

（6）具有行政管理方面的知识和经验、拥有较高社会威望的其他人员以及由非政府组织推荐的其他人员。

3. 主席和副主席由总理提名、总统任命。常务委员由主席提名、总统任命。非常务委员由总统任命或委任，其中 2 名非常务委员应分别由国会和大法院首席大法官提名任命或委任。

4. 主席、副主席属于政务职公务员，常务委员可视为具有高级别的特殊职公务员。

5. 如果委员职位出现空缺，应立即任命或委任新委员。一般情况下，新任命或委任的委员的任期应重新开始计算。

第十四条　主席

1. 主席代表委员会履行职责。

2. 当主席因不可抗力不能履行职责时，由主席指定 1 名副主席代表其履行职责。

第十五条　委员资格的缺失

1. 具有下列情形之一的，不具备委员资格：

（1）非韩国公民；

（2）具有《国家公务员法》第三十三条规定的任意一种情形；

（3）政党党员；

（4）自己登记作为1名候选人，参与依据《公务员选举法与选举舞弊防止法》举行的选举。

2. 任何委员具有上述第1款规定之情形的，应当立即辞职。

第十六条　工作的独立性和职位保障

1. 委员会应独立履行其权力范围内的职责。

2. 主席和委员的任期为3年，可以连任一届。

3. 不得解除或撤销任何委员的职务，除非具有下列情形：

（1）具有第十五条第1款规定的任意一种情形；

（2）因精神或身体上的疾病难以履行其职责；

（3）违反第十七条兼职限制的规定。

4. 若某委员具有上述第3款第（2）项之情形，经全体委员2/3以上多数通过后，由总统或总理根据主席的提议解除或撤销该委员的职务。

第十七条　兼职限制

委员在其任职期间不得兼任：

1. 国会议员或地方议会议员；

2. 总统令规定的能从行政机构得到特殊利益的个人、官员及法人或组织的工作人员。

第十八条　委员的回避与申请回避

1. 委员如果具有下列情形之一的，不得参与委员会的审议与决定：

（1）如果他/她或其配偶与所涉事项一方当事人有利害关系，或者作为共有权人或共同债务人与一方当事人分享利益或分担义务；

（2）如果他/她与申诉人有血缘或姻亲关系；

（3）如果他/她是所申诉事项的证人、评估人员、法律顾问或伤害鉴定人员；

（4）如果他/她在被任命或委任为委员之前已经参与申诉事项的调查、审查或审计；

（5）如果他/她是或曾经是申诉人的代理人。

2. 如果由于特殊理由，该委员的存在使当事人难以期望获得公平的审议与决定，当事人可以对该委员提出回避申请。

3. 任何委员如果具有第 1、2 款规定之情形，他/她可主动退出申诉事项的审议与决定。

第十九条　委员会的决议

1. 委员会会议应由登记注册的多数委员参加，决议需以出席会议委员多数表决通过。但有关第二十条第（1）款第 4 项规定事项之决议，由登记注册的委员多数表决通过。

2. 根据第十八条未参与审议、决议的委员不计入第十九条第 1 款规定的登记注册委员的人数。

3. 有关委员会运作的其他必要事项由总统令规定。

第二十条　小委员会

1. 委员会可建立由 3 名委员组成的委员会（以下简称“小委员会”）审议、决定申诉事项，但下列事项除外：

（1）总统令规定的事项，包括依据第四十六条提出的整顿意见中涉及多数人利益的事项；

（2）有关根据第四十七条提交制度完善建议的事项；

（3）与对依据第五十一条提出的审查请求作出的决定有关的事项；

（4）有关要求改变委员会先前决议的事项；

（5）委员会依据小委员会的决议直接处理的事项；

（6）主席认为应当由委员会处理的其他事项。

2. 小委员会所有委员应达到法定人数，所有决议由全体委员共同作出。

3. 有关小委员会的职责及运营的其他必要事项由总统令规定。

第二十一条　分委员会

为有效履行职责，委员会可在各地设立分委员会。

第二十二条　专家委员

1. 在必要时，主席可以任命学术界、社会组织以及其他相关领域的专家作为委员会的专家委员，以支持委员会的工作及进行专业研究。

2. 主席可依据第 1 款任命或指定专家委员。

第二十三条　秘书处的设立

1. 委员会应设立秘书处来处理委员会的行政事务。

2. 主席任命 1 名副主席兼任秘书处秘书长。在主席的领导下，秘书长负责处理秘书处的事务，领导、监督秘书处的工作人员。

3. 除本法规定外，有关秘书处的组织及运营的必要事项由总统令规定。

第二十四条　咨询机构

1. 委员会可设立一个咨询机构，对与履行职责有关的必要事项提出意见、建议。

2. 依据第 1 款设立的咨询机构的组成及运营的必要事项由总统令规定。

第二十五条　公务员等的借调

1. 委员会在履行职责必要时可以从国家机关、地方政府、《公共机构运营法》第四条规定的组织以及有关法人或组织中临时调任其公务员或工作人员到委员会工作。

2. 依据第 1 款规定已派遣公务员或工作人员到委员会的国家机关、地方政府、《公共机构运营法》第四条规定的组织以及有关法人或组织的负责人应为他们在安置、晋升、待遇等方面采取优惠措施。

第二十六条　工作情况的报告、通报等

1. 委员会应每年向总统和国会报告工作情况，并公布最新情况。

2. 除第 1 款规定的报告外，必要时，委员会可以向总统和国会进行其他专项报告。

第二十七条　改善制度的建议

1. 必要时委员会可对公共机构负责人提出制度完善的建议，

以更有效地预防腐败。

2. 公共机构负责人在收到根据上述第 1 款提出的制度完善建议，应在其完善制度措施中体现该建议，并将依建议所采取措施的实施结果通知委员会，委员会可以检查该建议的履行情况。

3. 若公共机构负责人在收到根据上述第 1 款提出的制度完善建议后，发现难以按照委员会的建议采取措施，其应请求委员会复查该建议。一旦被请求，委员会必须做出回应。

第二十八条　核查法律中导致腐败的因素

1. 委员会可核查相关法律、总统令、总理令、部令和其他指令、规则、公告、通告、条例以及规则中是否存在导致腐败的因素，并可以建议有关公共机构负责人采取行动来消除这些因素。

2. 有关依据第 1 款进行核查的程序与方式由总统令规定。

第二十九条　听取意见

1. 在履行第十二条第 5 至 14 项规定的职能时，委员会可根据需要采取下列措施：

（1）要求公共机构作出解释或提交有关材料、文件等，评估所涉事项的现状；

（2）要求所涉事项的利害关系人、相关人员或公职人员到场陈述意见。

2. 下列情形，委员会不得采取上述第 1 款规定的措施：

（1）有关国家机密的情报；

（2）有关侦查、审判和刑罚执行，包括安全措施、安全监控措施、保护性拘留措施、缓刑措施、保护性羁押措施、看守措施以及社区服务命令的适当性事项，以及由监察院进行审查的事项；

（3）有关行政复议或行政诉讼、宪法法院的裁决、宪法请愿、监察院的审查以及依照其他法律正在进行的其他异议和救济程序的事项；

（4）有关依照法律、法规正在进行的调和当事人之间利益冲突的程序（包括和解、调解、调停、仲裁等）的事项；

（5）已由判决、决定、裁决、和解协议、调解协议、仲裁裁决等所确定的事项，或者已由监察院根据《监察院法》所决定的其他事项。

3. 上述第1款规定的各项措施均以委员会履行第十二条各款项规定的职责所必需为限，并且应注意避免妨害其他公共机构履行职责。

4. 公共机构负责人应该真诚地遵守第1款规定的提交材料与配合评估事项现状的要求。若发现难以满足上述要求，其应当作出解释。

5. 公共机构负责人可以派其公职人员或有关专家出席委员会，陈述他们的意见或提交有关制度完善的材料。

第三十条　保密要求

委员会的在职或前任成员（包括委员会委员、专家委员及全体职员）以及其他调派到委员会或受委员会委任执行委员会工作的人员，均不得泄露他们在执行委员会工作时所获得的机密情报。

第三十一条　在刑事条款适用中有关公务员的法律拟制

在适用刑法和其他有关委员会工作的法律的刑事条款时，委员会中的非公务员的委员和专家委员以及临时派遣的工作人员均被视为公务员。

第三章　地方申诉专员

第三十二条　地方申诉专员的设立

1. 为改善行政管理制度，每个地方政府都设有1名地方申诉专员负责处理对当地政府及其所属机构的申诉。

2. 地方申诉专员应履行下列职责：

（1）调查、处理对地方政府及其所属机构提起的申诉；

（2）提出与申诉有关的整改意见或建议；

（3）在处理申诉的过程中，如果认为有必要改进相关行政管理制度及其运作程序，应提出改进的意见或建议；

（4）调查、评估地方申诉专员处理的申诉的结果和行政管理制度改进的情况；

（5）提供有关申诉的指导与咨询服务，并协助处理有关事宜；

（6）培训、宣传地方申诉专员活动；

（7）与国外权益保护机构、国际组织等开展有关申诉专员活动的交流与合作；

（8）处理其他法律、法规委托给地方申诉专员处理的事项。

第三十三条　地方申诉专员的任职资格

1. 下列人员若有能力公正、独立地履行处理申诉的职责，经地方议会同意，可由相关地方政府长官委任为专员：

（1）现在或曾经在大学或经认可的科研机构中具有副教授（或相应职称）及以上职称的人员；

（2）现在或曾经是法官、检察官或律师；

（3）现在或曾经是四级及以上公务员；

（4）具有5年及以上工作年限的注册建筑师、注册税务师、注册会计师、专业工程师或专利律师；

（5）具有行政管理方面的知识和经验、拥有较高社会威望的人员以及由非政府组织推荐的人员。

2. 每位专员的任期为4年，并且不得连任。

3. 如果专员的任期届满或职位出现了空缺，相关地方政府长官应该在其任期届满后或职位出现空缺后的30日内委任其继任者。

4. 被委任填补前任专员任期届满前出现的职位空缺的专员，其任期重新开始计算。

第三十四条　经费保障

地方政府长官应该为地方申诉专员履行第三十二条第2款规定的职责提供必要的经费。

第三十五条　适用国民权益委员会有关条款

一般情况下，本法第十五条、第十六条第3款、第十七条、第十八条、第二十五条以及第三十一条之规定亦可适用于地方申诉专员。

第三十六条　执行机构

1. 地方政府长官应成立一个执行机构来协助地方申诉专员履行职责。

2. 该执行机构应由负责人及其他必要的工作人员组成。

第三十七条　工作情况的报告、通报等

1. 每位专员应每年向相关地方政府长官及地方议会报告其工

作情况，并公布这些情况；

2. 除第1款规定的报告外，必要时，专员还可向相关地方政府长官及议会进行其他专项报告。

第三十八条　有关地方申诉专员组织及运营的事项

除本法规定的事项外，有关地方申诉专员的组织及运营的必要事项由地方政府条例规定。

第四章　申诉的处理

第三十九条　申诉的提出与受理

1. 任何人（包括定居韩国的外国人）均可向委员会或地方申诉专员（以下简称专员）提出申诉。一般情况下，申诉人可向另一专员提出同一申诉。

2. 任何人向专员提出申诉应提交书面申诉状（包括电子文本，下文同），如有其他特殊原因，也可以口头方式提出申诉。申诉状应包括以下内容：

（1）申诉人的姓名和住址（如果是法人或组织，应载明其名称、主要办事机构所在地和法定代表人的姓名）；

（2）申诉的事实依据、理由及争议焦点；

（3）有关行政机构的名称等总统令规定的其他事项。

3. 除了法定代理人之外，申诉人还可以委托以下人员为申诉代理人，一般情况下，申诉人委托代理人应有书面的委托证明：

（1）申诉人的配偶、直系亲属和兄弟姐妹；

（2）法人（申诉人若为法人）的工作人员；

（3）律师；

（4）依据其他法律可以成为申诉代理人的人员；

（5）经专员同意的人员。

4. 申诉一旦提出，专员不得拒绝呈送，不得拒绝受理，无正当理由不得退回已受理的申诉，但其他法律、法规另有规定的除外。如果专员拒绝呈送、拒绝受理申诉或退回已受理的申诉，应立即向申诉人说明理由。

第四十条　申诉的移交

1. 申诉受理后，若认为该申诉由有关行政机构处理更为合适，专员可将申诉移交给该行政机构先行处理。一般情况下，该行政机构负责人应当根据专员的要求，向其通报申诉处理的结果。

2. 若有关行政机构负责人认为该申诉由专员处理更为合适，其可以将该申诉移交给专员处理。一般情况下，申诉移交过来时，专员应受理。

3. 依据第 1 款，专员将申诉移交给有关行政机构先行处理，专员应立即向申诉人通报情况并说明理由。必要时，专员可以向该申诉人提供有关其权利救济途径与程序的建议。

4. 申诉人依据第三十九条第 1 款向委员会和地方申诉专员同时提出了申诉，委员会与地方申诉专员应立即通知对方。在这种情况下，他们应相互合作处理该申诉。

第四十一条　申诉的调查

1. 申诉受理后，专员应立即展开调查。但下列案件，可以不予调查：

（1）第四十三条第 1 款规定的案件；

（2）申诉内容被认为是错误或毫无根据的案件；

（3）专员认为不合适对其展开调查的其他案件，以及不属于申诉范围的案件。

2. 调查开始后，如果专员认为没有必要继续调查，或出现了上述第 1 款规定的情形，可以中断或推迟调查。

3. 如果专员决定停止、中断或推迟调查，应立即通知申诉人并说明理由。

第四十二条　调查措施

1. 依据第四十一条在对申诉进行调查的过程中，申诉专员认为有必要，可以采取下列措施：

（1）要求有关行政机构作出解释并提供相关的材料、文件；

（2）要求有关行政机构的工作人员、申诉人、利害关系人或其他相关人员到场并陈述意见；

（3）调查现场、与被调查事项有关的场所和设施；

（4）委托其他机构进行鉴定或评估。

2. 如果申诉专员的工作人员依据第 1 款规定调查现场或听取

意见，其应携带有关身份证明，并向有关人员出示。

3. 专员依据第 1 款提出的要求或进行的调查，有关行政机构负责人应服从，并应给予真诚积极的配合。

第四十三条　不予受理的申诉

1. 专员不受理以下申诉或将其移交到其他有关机构处理：

（1）要求高层政治决策或涉及国家、政府机密的申诉；

（2）涉及国会、法院、宪法法院、选举管理委员会、监察院或地方议会的申诉；

（3）涉及已由主管机构处理得当的刑事侦查、刑罚执行的申诉，或与监察院已展开审查的案件有关的申诉；

（4）与正在进行的行政复议、行政诉讼、宪法法院审判、监察院审查以及其他法律规定的其他异议或救济程序有关的申诉；

（5）与依法正在进行的旨在平衡各方当事人之间利益的和解、调解、调停、仲裁程序有关的申诉；

（6）所涉及的权利义务关系已为生效判决、决定、裁决、和解协议、调解协议，仲裁裁决等所确定的申诉，或监察院已对其提起诉讼的申诉；

（7）涉及公民之间的权利义务关系以及个人隐私的申诉；

（8）涉及行政机构工作人员人事管理行为的申诉。

2. 如果专员根据第 1 款的规定拒绝受理申诉或将其移交给其他有关机构处理，专员应立即向申诉人通报情况并说明理由。必要时，专员可以向该申诉人提供有关其权利救济途径与程序的建议。

3. 如果有关行政机构负责人发现被调查的申诉具有第 1 款规定的情形，应立即通知专员。

第四十四条　和解建议

在调查过程中或调查结束后，为使申诉得到公正处理，必要时，专员可组织当事人进行和解并向当事人提出和解意见。

第四十五条　调解

1. 为了确保涉及多数人或有广泛社会影响的申诉得到迅速、公正的解决，必要时，专员可依当事人之申请或依职权启动调解程序。

2. 双方当事人达成书面调解协议，并在协议上签名和盖章，经专员确认该协议无误后，调解协议生效。

3. 依照第 2 款成立的调解协议与民法所规定的和解协议具有同等效力。

第四十六条　整改意见和建议

1. 依据申诉调查结果，专员有充足理由认为有关行为是违法的或不合理的，其可向有关行政机构负责人提出适当的整改方案。

2. 若申诉调查的结果认为申诉人申诉的案件是有充分根据的，专员应向有关行政机构负责人呈递意见予以说明。

第四十七条　制度完善的意见和建议

如果在调查或处理申诉过程中发现有关法律、法规、制度、政策等需要完善，专员可以向有关行政机构负责人提出完善的建议并说明理由。

第四十八条　陈述、申辩权

1. 在根据第四十六、四十七条向有关行政机构负责人递交整改意见或制度完善建议之前，专员应事先给予该行政机构、申诉人或利害关系人陈述、申辩的机会，听取他们的意见。

2. 有关行政机构的工作人员、申诉人以及利害关系人可以参加专员主持的听证会来陈述其意见，递交必要的材料。

第四十九条　决定的通报

专员应当及时将申诉的处理决定告知申诉人及相关行政机构负责人。

第五十条　处理结果的反馈

1. 有关行政机构负责人应当遵从专员依据第四十六、四十七条递交的意见和建议，并进行整改。在收到意见和建议后 30 日内，将整改的结果反馈给专员。

2. 如果有关行政机构负责人收到建议后，并未依据第 1 款规定进行整改，其必须以书面方式向专员说明理由。

3. 专员在收到有关行政机构负责人依据第 1、2 款作出的回复后，应立即将该回复告知申诉人。

第五十一条　提请审查

在调查和处理申诉过程中，如果发现有关行政机构工作人员因故意或明显过失存在违法或不当行为，委员会可要求监察院或有关地方申诉专员可要求当地政府对其进行审查。

第五十二条　核查建议的履行情况

专员应核查依据第四十六、四十七条提出的意见、建议的履行情况。

第五十三条　公布

只要未被其他法律限制，未侵犯他人隐私，专员可以公布以下事项：

1. 依据第四十六、四十七条提出的意见、建议；

2. 依据第五十条第 1 款有关行政机构负责人反馈的整改结果；

3. 依据第五十条第 2 款有关行政机构负责人反馈的未整改的理由。

第五十四条　委员会与地方申诉专员以及地方申诉专员之间的关系

（1）非因合理理由，委员会、各地方申诉专员应各自独立地履行职责，应相互磋商、相互协助。

（2）委员会应当积极支持地方申诉专员的活动。

第五章　举报腐败行为与保护举报人

第五十五条　举报腐败行为

任何人发现腐败行为均可向委员会举报。

第五十六条　公职人员举报腐败行为的义务

如果公职人员得知其他公职人员有腐败行为，或者其他公职人员胁迫或怂恿其实施腐败行为，其应该立即将此事实向侦查机关、监察院或委员会举报。

第五十七条　诚信举报的义务

如果某人明知或应当知道其所举报的内容不实，仍然举报有关腐败行为的，其将无权获得本法的保护。

第五十八条　举报的方式

举报腐败行为应以书面形式进行，举报书中应载明举报人的个人信息、举报的意图、目的及理由。在揭露腐败行为时，应同时提交举报对象的信息及证明其不法行为的证据。

第五十九条　举报的处理

1. 委员会收到举报后，应当向举报者核实下列信息：

（1）确定举报内容所必需的事项，如举报人的姓名、地址、职业以及举报的细节和目的；

（2）举报内容是否属于第二十九条第 2 款规定的事项。

2. 委员会可以要求举报人提交必要的材料，以查明第 1 款规定事项的真实性。

3. 若对举报的腐败案件有必要进行侦查，委员会应当将其移交给监察院、侦查机关或负责监督相关公共机构的主管机构（以下简称“侦查机构”）。如果举报涉及国家机密，应当依总统令来处理。

4. 如果因委员会已受理的举报而被怀疑涉嫌腐败的人属于下列各项中规定的高级公务员，并且其涉嫌的腐败行为需要进行刑事侦查，公诉机关、委员会应以自己名义对其提出指控：

（1）副部级及以上公务员；

（2）特别市市长、广域市市长以及道知事；

（3）总警督及以上警衔的警官；

（4）法官或检察官；

（5）将军以上军衔的军官；

（6）国会议员。

5. 收到按照第 4 款立案的指控后，公诉机关应该将其侦查结果通知委员会。这同样适用于委员会已受理的正在侦查的案件以及牵涉到其他正在侦查的案件。

6. 委员会应在收到腐败举报之日起 60 日内将案件处理完毕，若有正当理由，比如需要补充侦查，期限可再延长 30 日。

第六十条　侦查结果的处理

1. 侦查机构应自立案之日起 60 日内结束对案件的检查、侦查或审查。若有正当理由，期限可以延长，侦查机构应该通知委员会延期的理由与期限。

2. 对依据第五十九条接受举报的侦查机构应该在结束检查、

侦查或审查后的10日内将检查、侦查或审查的结果通知委员会。委员会在收到该结果后，应立即将该结果的要点通知举报人。

3. 必要时，委员会可要求侦查机构对其按照第2款发出通知的侦查结果作出说明。

4. 当侦查机构所进行的检查、侦查或审查活动被认为不适当时，委员会可在接到侦查终结通知书之后30日内提出合理的理由，如提出新的证据，要求侦查机构再次进行检查、侦查或审查。根据上述第2款后半部分的规定，举报人在得知侦查结果后，可对结果提出异议。

5. 被要求再次进行检查、侦查或审查的侦查机构应在结束检查、侦查或审查后7日内将其进一步检查、侦查或审查的结果通知委员会。在此情况下，委员会收到检查、侦查或审查的结果后，应立即将该结果的要点通知举报人。

第六十一条　申请裁决

1. 根据第五十九条第4、5款之规定涉嫌犯有腐败行为的人又犯有《刑法》第129条至第133条和第355条至第357条规定的犯罪行为，包括依据其他法律应受更严厉惩罚的案件，而且委员会对其已提出了指控，或者提出指控的案件正在侦查，或者与其他正在侦查的案件有关，如果有关公诉人通知委员会其将不会对上述两类案件提起公诉，委员会可就此决定正确与否提请与该公诉人所属的高等检察署相对应的高等法院作出裁决。

2. 《刑事诉讼法》第260条第（2）至（4）款、第261条、第262条、第262条第（4）款、第264条和第264条第（2）款在细节上修改后，可适用于第1款所规定的裁决。

3. 关于第1款规定的裁决申请，如果公诉人在法定追诉时效届满前10日内没有提起公诉，将视为公诉人业已通知委员会其届时将不会提起公诉；关于委员会根据第五十九条第4款提出的指控，如果公诉人在委员会提出该指控后的3个月内没有提起公诉，将视为公诉人业已通知委员会3个月期限届满时其没有提起公诉。

第六十二条　免遭报复的保障

1. 依据本法举报腐败行为、陈述或提交材料的人在其工作条件或职位上不得遭受不利待遇或歧视，包括其所属单位对其采取纪律制裁措施。

2. 因为举报腐败已遭受或可能遭受不利待遇或歧视的人，可要求委员会采取保障其职位的措施，以及消除歧视影响、调到其他职位、停止对其采取的纪律制裁等其他必要措施。

3. 在经济上或行政上遭受不利待遇的人，例如，许可、执照被撤销、合同被取消等，可以要求委员会采取确保许可、执照、合同暂时履行等必要措施以将其遭受的不利待遇予以改正或恢复原状。

4. 委员会在收到根据上述第 2、3 款提出的请求后，应进行调查。

5. 委员会可以采取下列方式进行第 4 款规定的调查：

(1) 要求请求人或有关人员到委员会陈述意见或提交书面意见；

(2) 要求请求人、有关人员或有关机构提交与调查有关的材料；

(3) 查明与请求人、有关人员或有关机构相关的事实和情况。

6. 依据第 5 款规定受到调查或被采取措施的人员应该真诚地予以配合。

7. 当公职人员提出的职位保障要求经调查被认为合理时，委员会可要求其所属的组织、团体或公司的负责人以及有关机构采取适当的职位保障措施。一般情况下，该机构负责人应该按照委员会的要求办理，该机构负责人应遵照委员会的要求，但有合理的理由除外。

8. 如果公职人员因举报腐败行为而要求委员会采取诸如调职、借调等适当的人事管理措施，委员会可以要求行政安全部部长或相关公共机构负责人采取必要措施。在这种情况下，行政安全部部长或有关公共机构负责人应该优先考虑该请求，并将结果通知委员会。

9. 委员会可要求有关的纪律执行官员对侵犯第 1 款规定之权利的人采取纪律措施。

第六十三条　遭受不利待遇的推定

如果某公职人员依据本法举报了腐败行为以及依据第六十二条第 2 或 3 款向委员会提出了恢复原状的请求，或为此提起了诉讼，可以推定其因举报腐败已遭受不利待遇。

第六十四条　举报人的保护

1. 委员会的工作人员，以及按照第五十九条第 3 款之规定负责侦查举报事项的侦查机构工作人员未经举报人的同意，不得泄露或暗示举报人的身份。

2. 为使其本人、家人、亲属或同居者免遭压力、报复或恐惧，举报人认为应受到保护时，其可要求委员会采取保护措施。在这种情况下，委员会可要求韩国国家政策机构委员长、当地警察机构负责人或有管辖权的警察局负责人采取有关保护措施。

3. 韩国国家政策机构委员长、当地警察机构负责人或有管辖权的警察局负责人在收到委员会依据第 2 款规定提出的要求后，应该按照总统令规定的条件立即采取措施保护有关当事人。

4. 如果举报人因举报腐败而遭到不利待遇或歧视，或者有合理充分的理由认为其可能遭受不利待遇或歧视，《特别犯罪举报人保护法》第七条（隐去私人信息）、第九条（检查身份证件）和第十二条（咨询诉讼程序）在细节上修改后可适用于被举报腐败行为的侦查程序及随后的刑事诉讼程序。

5. 任何人不得公开、举报或让他人知晓举报人的个人信息，或者使他人认为他/她就是举报人，不得泄露举报人正受到上述第 3、4 款规定的措施保护的情况。

第六十五条　合作者的保护

第六十二条、第六十四条、第六十六条在细节上修改后可适用于除举报人以外的其他人员的职位保障或人身保护，这些人是在检查、侦查或审查举报材料的过程中，对依本法举报的腐败行为发表意见、提交材料等给予合作的人。

第六十六条　罪责的减免

1. 如果举报人依据本法举报腐败导致自己所犯之罪被侦破，可以减轻或免除该举报人的刑罚。

2. 上述第1款规定在细节上修改后可适用于公共机构所采取的所有纪律制裁措施。

3. 如果举报人依据本法举报了腐败行为，并不违反其他法律、协定、职业守则等规定的在履行职责时保守秘密的义务。

第六十七条　条款的适用

本法第六十二至六十六条之规定在细节上修改后可适用于下列情形：

1. 举报人向其所属的公共机构举报腐败行为；

2. 举报人向主管或监督其所属组织、团体或企业的公共机构举报腐败行为；

3. 举报人举报违反《公职人员行为准则》的行为。

第六十八条　奖励与补偿

1. 如果举报人依据本法举报腐败行为给公共机构带来了经济利益，或避免了经济损失，或维护了公共利益，委员会可建议对其按照《奖励与勋章法》授予奖励或依照总统令给予物质奖励。

2. 如果举报人依据本法举报腐败行为直接导致增加或挽回公共机构的收入，或避免了其他额外的经济开销及类似情况，其可向委员会申请支付补偿金。在这种情况下，补偿金应包括恢复到举报人遭受歧视之前的状态所需的费用。

3. 委员会收到依据第2款规定要求支付补偿金的申请后，由根据第六十九条建立的奖励审议委员会就该申请是否具备总统令规定的条件进行审查、决议后，委员会应向申请人支付补偿金。但假如公务员举报腐败行为与其职责有关，该补偿金可能会减少或不予支付。

4. 按照上述第2款请求补偿金的申请应该在自举报人知悉挽回或增加公共机构收益，或者降低成本之日起2年内提出。

第六十九条　奖励审议委员会

1. 委员会应该设立一个奖励审议委员会来审查和决定第六十八条第1、2款规定的奖金、补偿金支付的相关事宜。

2. 奖励审议委员会应该审查和决定下列事项：

（1）有关奖金和补偿金支付的条件；

（2）有关奖金和补偿金支付的数额；

（3）有关奖金和补偿金支付的其他事宜。

3. 有关奖励审议委员会组成及运营的必要事项由总统令规定。

第七十条　支付补偿金的决定

1. 委员会在收到依据第六十八条提出的补偿金申请后，应该决定是否支付补偿金以及补偿金的数额，如果支付，应该在自收到申请之日起 90 日之内支付，有正当理由的除外。

2. 如果委员会决定按照上述第 1 款支付补偿金，应该立即通知申请人。

第七十一条　与其他法律、法规的关系

1. 按照第六十八条获得补偿金的人也可以依据其他法律、法规申请其他补偿金。

2. 如果即将获得补偿金的人已依本法获得补偿金或已基于同样的原因按照其他法律、法规获得补偿金，且其所得的奖金或补偿金的数额等于或超过按照本法所获得的补偿金的数额，本法所规定的补偿金将不再支付给他/她；如果其所得的奖金或补偿金的数额少于依照本法所应得的补偿金的数额，依照本法所应支付的补偿金的数额为两者之差额。

3. 依据本法已获得补偿金的人若基于同样的原因依据其他法律、法规获得其他补偿金的，应支付的补偿金的数额应该扣除其已获得的补偿金数额。

第六章　公民提请审查权

第七十二条　申请审查的权利

1. 如果某公共机构在执行职务过程中，因违反法律、法规，或涉嫌腐败而严重损害了公共利益，任何年满 20 周岁的公民均可提出由不少于总统令规定人数签名的请求，请求监察院进行审查。如果请求审查的事项涉及议会、法院、宪法法院、选举管理委员会或监察院的职务行为，该类请求应相应地向议会议长、大法院首席大法官、宪法法院院长、中央选举管理委员会主席和监察院主席提出（以下简称“有关公共机构负责人”）。

2. 下列事项不得适用上述第 1 款规定提请审查：

（1）有关国家安全和国家机密的事项；

（2）有关侦查、审判及刑罚执行（包括所有安全措施、安全监控措施、保护性拘留措施、缓刑措施、保护性羁押措施、看守措施以及社区服务命令）的适当性事项；

（3）有关私权利关系或个人隐私的事项；

（4）其他公共机构已经或正在进行审查的事项；但发现新调查的结果不同于业已进行的审查，或业已进行的审查存在明显疏漏的除外；

（5）总统令规定的不适合进行审查的其他事项。

3. 任何有关地方政府及其长官权限内的行政管理事务的审查请求应适用《地方自治法》第十六条之规定，不适用上述第 1 款之规定。

第七十三条　审查的请求方式

根据总统令规定的条件，拟提请审查的人应以署名的书面形式提出请求，并载明其姓名、住址、职业等信息，以及请求审查的目的和理由。

第七十四条　审查决定的作出

1. 有关依据第七十二条第 1 款主文提出的审查申请，由监察院规则规定的国家监察请求审议委员会决定是否进行审查。

2. 有关公共机构负责人收到根据第七十二条第 1 款提请的审查申请，应当自收到申请之日起 30 日内，依据国会规则、大法院规则、宪法法院规则、中央选举管理委员会规则或者监察院规则决定是否进行审查。

（3）如果监察院或有关公共机构负责人认为某项审查申请没有理由，监察院或负责人应驳回该请求，并在决定作出之日起 10 日内通知申请人。

第七十五条　依申请的审查

1. 监察院或有关公共机构负责人应当自审查决定作出之日起 60 日内完成审查。若有正当理由，60 日期限可以适当延长。

2. 监察院或有关公共机构负责人应当在审查结束之日起 10 内将审查结果通知申请人。

第七十六条　运作

有关公民请求审查的必要事项应当按照国会规则、大法院规则、宪法法院规则、中央选举管理委员会规则或者监察院规则处理，本法另有规定的除外。

第七章　附则

第七十七条　制度完善的建议

在处理申诉的过程中，如果发现任何不合理的制度，或认为有必要予以完善的事项，委员会可以就上述事项向总统和国会递交改进意见。

在处理申诉的过程中，如果发现有关法律或条例明显不合理，委员会或地方申诉专员可以向国会或地方议会递交该法律或条例的修正案或废止案。

第七十八条　申诉信息的保护

委员会、地方申诉专员和有关行政机构不得因披露申诉信息而侵犯申诉人和利害关系人的利益。

第七十九条　提起申诉必要事项的告知

1. 委员会、地方申诉专员和有关行政机构负责人应尽可能为申诉人申诉提供方便，包括告知提起申诉的必要事项以及操作指南等。

2. 在处理申诉时，委员会、地方申诉专员应安排专门工作人员负责核实资料，并与有关行政机构进行合作等，另外，还应努力为申诉人提供方便。

第八十条　与有关行政机构的合作

1. 委员会、地方申诉专员为履行职责，必要时，可以要求有关行政机构提供必要的协助。

2. 被委员会或地方申诉专员要求协助的行政机构应真诚地给予协助，有正当的理由除外。

第八十一条　推进教育

1. 为唤醒公众的权利意识、纠正违法行为，委员会、地方申诉专员应对公众进行教育、提升公众意识。

2. 委员会、地方申诉专员可与教育科学技术部部长就协助学校进行申诉处理、侵权行为救济、反腐败等方面的教育进行商讨。

3. 委员会、地方申诉专员可与有关行政机构负责人就公务员教育、培训课程中的申诉制度和反腐内容进行商讨。

第八十二条　因腐败被解雇的公职人员的任职限制

1. 因犯有与其职务有关的腐败行为而当然地辞职、被开除或调职的公职人员不得在任何公共机构中任职，辞职后 3 年内不得在与其曾任职务有密切联系的任何具有一定营利性的私营公司（以下简称“营利性公司”）中任职，辞职后 5 年以内不得在任何以寻求公共利益和与营利性公司相互合作为目的的社会团体或机构（以下简称“社团”）中任职。

2.《公职人员伦理法》第十七条第 2 款之规定在细节上做必要修改后可适用于确定公职人员辞职前的职务与营利性公司之间密切联系的程度、确定上述第 1 款规定的营利性公司以及社团的范围。

第八十三条　要求解雇受聘人员

1. 如果某人违反第八十二条之规定受雇于公共机构，委员会应该要求相关公共机构负责人将其解雇，有关公共机构负责人应当遵从该项要求，但有正当理由的除外。

2. 如果某人违反第八十二条之规定受雇于营利性公司或社团，委员会应要求有关公共机构负责人采取措施解除其在该营利性公司或社团中的职务，有关公共机构负责人在收到该要求后，应提请该营利性公司或者社团负责人将其解雇。在这种情况下，该营利性公司或社团的负责人应该立即遵从该项要求，但有正当理由的除外。

第八十四条　有关国会等的特殊情形

国会、法院、宪法法院、中央选举管理委员会或监察院应尽力主动真诚地履行本法第十二条第 5 项至第 8 项规定的职责以预防内部腐败。

第八十五条　授权条款

1. 关于行政复议，除本法规定外，适用《行政复议法》。

2. 有关本法实施的必要事宜，除本法规定外，总统令、国会规则、大法院规则、宪法法院规则、中央选举管理委员会规则以及监察院规则均可规定。

第八章　罚则

第八十六条　利用公务秘密罪

1. 公职人员利用其在行使职权过程中得知的秘密而获取财物或财产利益的，或利用此秘密使第三人获得财物或财产利益的，应处以 7 年以下有期徒刑，或处以 5000 万韩元以下的罚金。

2. 如果发生第 1 款规定的情形，可以并处有期徒刑与罚金。

3. 犯有第 1 款规定之罪的人获得的或明知第三人利用其罪行获得的财物或财产利益应该予以没收，或者收缴与没收财物等值的财产。

第八十七条　泄露公务秘密罪

违反第三十条规定，泄露其在行使职权过程中得知的机密信息的，应当处以 5 年以下有期徒刑，或处以 3000 万韩元以下的罚金。

第八十八条　泄露个人信息罪

违反第六十四条第 5 款之规定的人，应处以 3 年以下有期徒刑，或处以 1000 万韩元以下的罚金。

第八十九条　违反有关因行为不当被解雇的公职人员的任职限制罪

因不当行为被解雇的公职人员违反第八十二条第 1 款受雇于公共机构、营利性公司或社团的，应处以 2 年以下有期徒刑，或处以 2000 万韩元以下的罚金。

第九十条　不服从命令罪

依据第六十二条第 1 款之规定在职位或工作条件上对举报人施加损害或歧视的人没有遵从第六十二条第 1 款规定的要求的，应处以 1 年以下有期徒刑，或处以 1000 万韩元以下的罚金。

第九十一条　玩忽职守的罚金

1. 因玩忽职守，犯有下列情形之一的，应处以 1000 万韩元以下的罚金。

（1）违反第六十二条第 1 款之规定在职位或工作条件上对举报人施加损害或歧视的人。

（2）违反第六十二条第 6 款和未遵从第六十二条第 5 款规定

要求的人；

（3）除了违反第六十二条第1款之规定在职位或工作条件上对举报人施加损害或歧视的人以外，无正当理由未遵从委员会依照第六十二条第7款提出的要求的人。

2. 无正当理由阻碍、拒绝、规避或故意拖延履行第四十二条规定的职责的，应以玩忽职守行为处以500万韩元以下的罚金。

3. 第1、2款规定的玩忽职守罚金，由委员会根据总统令征收和收缴。

4. 当委员会依据第1、2款规定对玩忽职守行为处以罚金时，应当对违法行为进行调查核实，然后告知被处罚人其将因玩忽职守被处罚金及罚金的数额，同时指明其违法事实、告知其提出异议的方式、期限。

5. 对依据第3款规定因玩忽职守行为被处罚金不服的，可以在被告知处罚决定之日起30日内向委员会提出异议。

6. 如果依据第3款规定因玩忽职守行为被处罚金的人依据第4款提出了异议，委员会应立即通知有管辖权的法院，依据《非讼案件诉讼程序法》对玩忽职守罚金进行审理。

7. 被处以玩忽职守罚金的人既未在第5款规定的期限内提出异议，又未缴纳罚金的，可以遵照未缴纳国家税收的行为来处理。

8. 有关违反第六十二条第1款规定处以玩忽职守罚金的标准等必要事项应单独规定。

日本全国市民申诉专员联络会议章程

董晓进　译

【翻译说明】

市民申诉专员联络会议是以行政监督为目的的自发的市民团体，通过市民申诉专员间的信息交换、经验交流以及共同研究，以实现监督和纠正国家、地方公共团体等的失当行为之目的。现在，仅加入“全国市民申诉专员联络会议”的市民申诉专员就有 80 个以上。市民申诉专员的职能主要是监督行政。市民申诉专员最大的特点便是完全独立于行政机关。市民申诉专员完全保证了申诉专员所必备的中立性和独立性。“全国市民申诉专员联络会议”现设 4 名代表干事、1 名事务局长、1 名财政干事。会议的方针等重大事项由约每两月举行一次的“扩大干事会”决定。每年夏季举行全国大会。经费由各申诉专员的会费、在诉讼中胜诉的居民捐助的部分赔偿、各申诉专员募集的款项构成。会议不接受行政、企业的任何补助金、扶助金（全国大会的运营补助金除外）。

第一条　名称

本会全称为全国市民申诉专员联络会议。

第二条　目的及工作

本会通过市民申诉专员间的信息交换、经验交流以及共同研究，以实现监督和纠正国家、地方公共团体等的失当行为之目的。

第三条　会员

本会是由赞成第二条目的的全国的团体所组成的。另外，个人也可以成为赞助会员。

会员不得利用本会为特定党派工作。

第四条　干事及代表干事

本会设干事会，干事会由从各个地域的参加团体中选出的干事组成。

代表干事由干事互选产生。

代表干事的任期为 1 年。

干事会酌情召开，对实现第二条之目的以及工作开展的必要事项进行商议。

第五条　事务局

本会设事务局以及事务局长。

本会的事务局所在地以及事务局长的确定，由干事会决定。

第六条　会计

每年的 4 月 1 日至次年的 3 月 31 日是本会的会计年度。

团体会员的会费（负担金）为一年一万日元、赞助会员每年至少五千日元。

本会设财政干事，检查财产状况。

本会的财政干事由干事会决定。

日本川崎市市民申诉专员条例

董晓进　译

【翻译说明】

日本没有全国性的申诉专员，但近年来日本各自治体纷纷设立的申诉专员以及市民自发成立的市民申诉专员已经开始进入了人们的视线。各自治体设立的申诉专员制度以行政苦情处理、行政监督、行政改善为主要目的。川崎市是日本最早设立申诉专员制度的自治体，之后采用申诉专员制度的自治体大多参考了川崎市的经验。川崎市申诉专员制度遵循了自治体组织法的框架，并制定了专门的申诉专员条例。该条例在2000年进行了修改，修改后的条例以更为符合实际和富有效率作为目标 ，并从侧面影响了日本申诉专员制度的发展。该条例于1990年7月11日颁行。

目录

第一章　总则

第一条　目的及设置

本市基于市民主权的理念，设置川崎市市民申诉专员，以实现简单快速地处理与市政相关的苦情、监督市政、矫正违法、保护公民权益、确保市民对市政的信赖、谋求市政制度的改善等目的。

第二条　管辖

市民申诉专员的管辖范围是与市政机关执行业务相关的事项以及实施该业务的职员的行为。但是，以下事项不属于市民申诉专业的管辖范围：

（1）根据有关判决、裁决等确定的权利关系的事项；

（2）有关议会的事项；

（3）依据川崎市个人信息保护条例第二十四条规定的个人信息保护委员的相关职务事项；

（4）规定由川崎市人权救济专员管辖的事项；

（5）与职员的职务内容相关的事项；

（6）与市民申诉专员或人权申诉专员的行为相关的事项。

第三条　市民申诉专员的职务

市民申诉专员的职务如下：

（1）调查并快速简易地处理有关市政的苦情；

（2）对相关事项自发进行调查；

（3）对市政违法活动采取劝告、监督和纠正等措施；

（4）在制度的改善方面提出意见；

（5）对劝告、表明意见的内容予以公开。

第二章　责任义务

第四条　市民申诉专员的责任义务

市民申诉专员作为市民权益的保护者，必须公平且恰当地履行职务。

市民申诉专员在履行职务时可与人权申诉专员等其他市政机关及其工作人员配合以保障相互职务的顺利进行。

市民申诉专员不得为政治的目的所用。

第五条　市政机关的责任义务

市政机关在市民申诉专员履行职务时必须尊重其独立性。

市政机关必须积极协助市民申诉专员履行职务。

第六条　市民的责任义务

为达成本条例的目的，市民必须致力于使该制度合理且顺利地运营。

第三章　市民申诉专员的组织等

第七条　市民申诉专员的组织等

市民申诉专员定员 2 人，其中 1 人为代表市民利益的申诉专员。

市民申诉专员从人格高尚、社会威望高、对地方行政有出色见识的人才中选拔，经议会同意后由市长予以委任。

市民申诉专员每届任期 3 年，可连任一期。

市民申诉专员可根据另外的规定获得一定数额的报酬。

第八条　秘密保守义务

市民申诉专员不得泄露其在职务上获知的秘密。市民申诉专员在离职后亦应承担此项保密义务。

第九条　职务解除

市长在市民申诉专员因身心问题不能履行职务或违反职务上的义务时，可经议会同意解除申诉专员的职务。

第十条　禁止兼职等

市民申诉专员不得兼任众议院议员、参议院议员、地方公共团体议会的议员等其他政治团体的职务。

市民申诉专员不得在与本市有利害关系的企业或其他团体中担任职务。

第四章　苦情处理等

第十一条　苦情的提出

任何人都可就与市政机关执行业务相关的事项以及与该业务相关的职员的行为向市民申诉专员提出苦情。

第十二条　苦情的提出程序

欲提出苦情者，必须向市民申诉专员提出记载了下列各事项的书面文件。但在无法提出书面文件时，亦可口头提出：

（1）苦情提出人的姓名、住所（法人或其他团体的名称、事务所或事业所的所在地以及代表人的姓名）；

（2）苦情提出的主旨、理由以及苦情提出事由发生的日期；

（3）其他规则上规定的事项。

苦情可由代理人提出。

第十三条　苦情的调查等

市民申诉专员认为提出的苦情属于下列事项时，可不予调查：

（1）属于第二条但书中规定的事项；

（2）苦情提出人所提出的、作为苦情提出的原因的事实与苦情提出人自身无利害关系；

（3）距苦情的内容或与苦情相关的事实发生日已经过 1 年。但有正当理由时不受此限；

（4）被认为是虚伪或没有其他正当理由时；

（5）其他被认为可不予调查的事项。

市民申诉专员根据前项规定对苦情不予调查时必须附理由地及时通知苦情提出人。

第十四条　向相关市政机关的通知等

市民申诉专员在依申请或依职权对苦情予以调查的事项进行调查时，需通知相关市政机关。

市民申诉专员在对苦情的调查开始后认为没有必要调查的，可中止或结束调查。

市民申诉专员中止或结束对苦情的调查时，必须附理由地及时通知提出人。

第十五条　调查的方法

市民申诉专员在对苦情调查的过程中认为有必要的，可向有关市政机关提出说明，阅览该机关所持有的账簿、文书或其他记录或进行实地调查。

市民申诉专员在对苦情调查的过程中认为有必要的，可向关系人或相关市政机关发问、听取事实或请求协助实地调查。

市民申诉专员在其认为必要时，可请求专门机关对专门的技术事项进行调查、鉴定、分析等。

第十六条　向苦情提出人通知结果

市民申诉专员需及时向苦情提出人通知调查结果。但是，依第十九条第 3 项进行通知时不受此限。

第十七条　劝告以及意见表明

市民申诉专员在其认为必要时，可向相关市政机关就苦情等的调查结果的矫正措施予以劝告。

市民申诉专员在其认为必要时，可向相关市政机关表明其对苦情等调查结果在制度上的改善意见。

市民申诉专员依第 1 项的规定予以劝告或依前项规定表明意见时，可在其认为必要时请求人权申诉专员共同执行。

第十八条　对劝告或意见的尊重

依前项规定接受劝告或意见的市政机关，必须尊重该劝告或意见。

第十九条　报告等

市民申诉专员依第十七条第 1 项的规定予以劝告时，可要求市政机关出具其对矫正措施的报告。

依前项规定被要求出具报告的市政机关，必须在被要求出具报告之日起 60 日内向市民申诉专员出具其对矫正措施的报告。

市民申诉专员依第十七条的规定予以劝告或表明意见时，或依前项规定得到相关报告后，必须及时向苦情提出人通知相关意旨。

第二十条　公开

市民申诉专员须对其依第十七条的规定作出的劝告、意见，或依前条第 2 项规定得到的相关报告的内容予以公开。

市民申诉专业依前项规定对劝告、意见以及报告的内容予以公开时，必须对个人信息尽到最大限度的保护。

第五章　补则

第二十一条　事务局

设事务局处理与市民申诉专员相关的事务。

设专门调查员调查与市民申诉专员的职务相关的事项。

第二十二条　实施报告

市民申诉专员每年须对本条例的实施状况向市长及议会进行报告并予以公布。

第二十三条　委任

本条例施行的相关必要事项由市长决定。

附　则

（施行时间）

1　本条例的施行时间由市长决定。

（1990 年 10 月 16 日规则第 76 号，1990 年 11 月 1 日起施行）

（经过措施）

2　本条例对本条例施行之日起往前推一年的期间内发生的事实的相关苦情同样适用，但不适于该一年期间之前发生的事实的相关苦情。

日本行政咨询委员法

董晓进　译

【翻译说明】

“申诉专员”于19世纪60年代自外国传入日本，到19世纪80年代时，符合日本特色的行政咨询制度作为能与北欧的申诉专员相比较的制度开始进入人们的视线。1996年，总务省在东京举办了以申诉专员制度为主题的国际研讨会，来自瑞典、澳大利亚等各个国家的代表参加了本次研讨会。总务省重点介绍了能与各国的申诉专员制度相比肩的日本行政咨询制度，并在讨论会中将日本的行政咨询制度的运用状况作了详细的报告。1993年日本的行政咨询制度正式加盟了国际申诉专员协会。日本行政咨询委员法于1966年6月30日颁布，最终修订于1999年12月22日。

第一条　目的

本法规定与苦情咨询相关业务的必要事项，以促进解决国民关于行政上的苦情、达到行政的民主运营的目的。

第二条　行政咨询委员

总务大臣可委托有社会威望并对行政活动的改善有了解和热情的人从事以下事务：

（1）接受与行政机关等的事务相关的苦情的咨询，按照总务大臣的决定向苦情提出人提供必要的建议并向总务省或相关行政机关通知该苦情。

（2）针对依前项规定通知过的苦情，对行政机关提出质询并在认为必要时将该行政机关的处理结果告知苦情提出人。

依前项规定进行的委托，委托人的任职时间为2年，并须确定委托人管辖的市、街、村（包括特别区，同附则第 2 项）的范围。

依第 1 项规定确定的受托人称之为行政咨询委员（以下称“委员”）。

第三条　公布

总务大臣依前条第 1 款的规定进行委托时，需采取适当措施向相关居民公布委员的姓名和住所。

委员从事与业务相关的教育及宣传。

第四条　陈述意见

委员可向总务大臣陈述其通过执行业务得到的关于行政运营的改善方面的意见。

第五条　纪律

委员不得泄露其在执行业务期间可能得知的秘密。委员卸任后同样适用。

委员的地位不得被政治目的所利用。

委员必须公平且适当地执行业务。

第六条　解职

总务大臣认为委员有符合下列情形之一时，可依第二条第 1 项的规定解除委托：

（1）因身心障碍，难以执行业务时；

（2）怠于执行业务或违反第五条的规定时；

（3）作出不符合委员身份的不正当行为时。

第七条　业务指导

委员可接受总务大臣在业务上的指导。

第八条　费用

委员在业务上不得接受国家的报酬。

委员在预算范围内可确定因执行业务必要支出的费用。